Europäisches Kartellrecht und Schiedsverfahrensrecht nach der Reform durch die VO 1/2003

Schriftenreihe zum deutschen und europäischen Gesellschafts- und Wirtschaftsrecht

Herausgegeben von Christoph Teichmann und Florian Bien

Begründet von Günter Christian Schwarz †

Band 17

PETER LANG

Anna-Katharina Friese

Europäisches Kartellrecht und Schiedsverfahrensrecht nach der Reform durch die VO 1/2003

PETER LANG

Bibliografische Information der Deutschen Nationalbibliothek
Die Deutsche Nationalbibliothek verzeichnet diese Publikation in der Deutschen Nationalbibliografie; detaillierte bibliografische Daten sind im Internet über http://dnb.d-nb.de abrufbar.

Zugl.: Würzburg, Univ., Diss., 2017

D 20
ISSN 1614-239X
ISBN 978-3-631-76106-9 (Print)
E-ISBN 978-3-631-76107-6 (E-PDF)
E-ISBN 978-3-631-76108-3 (EPUB)
E-ISBN 978-3-631-76109-0 (MOBI)
DOI 10.3726/ b14356

Peter Lang – Berlin · Bern · Bruxelles · New York · Oxford · Warszawa · Wien

Diese Publikation wurde begutachtet.

www.peterlang.com

Meinen Eltern

Vorwort

Die vorliegende Arbeit wurde als Dissertation an der Juristischen Fakultät der Julius-Maximilian Universität Würzburg angenommen.

Ich danke meinem Doktorvater Prof. Dr. Oliver Remien für seine Unterstützung bei der Fertigstellung dieser Arbeit. Meinen herzlichen Dank gilt auch an meinen Zweitgutachter Prof. Dr. Florian Bien für die schnelle Erstellung des Zweitgutachten und die Aufnahme dieser Arbeit in seine Schriftenreihe. Zudem danke ich dem Max-Planck-Institut für ausländisches und internationales Privatrecht in Hamburg für die exellenten Bedingungen bei der Erstellung dieser Arbeit.

Ferner danke ich meinen Freunden, die mir über die Jahre der Entstehung dieser Arbeit Mut und Durchhaltevermögen gegeben und in mühevoller Kleinarbeit diese Arbeit Korrektur gelesen haben: Dr. Christiane Kappes (geb. Kusche), Johanna Kuhnen (geb. Binder), Dr. Jan Drees Kuhnen, Theresa Kruss (geb. Dietz), Dr. Jolanta Kostuch, Mareike Wenzel, Dr. Juliane Ahner und Rainer Krull.

Besonderer Dank gebührt meiner Familie: Meinem Bruder Johann Friese, dessen Unterstützung und Liebe ich mir stets sicher sein kann. Der größte Dank aber gilt meinen Eltern, Dr. med.dent Sabine Dorothea Friese (geb. Mengelbier) und Ingo Gunter Friese, die mir stets Vorbild und Freund zugleich waren. Sie haben mir durch ihre finanzielle Unterstützung und Liebe eine sorgenlose Kindheit, Studium, Referendariat und Promotionsstudium ermöglicht und damit die Basis für meine persönliche und berufliche Entwicklung gelegt, obwohl sie dabei selbst in vielerlei Hinsicht zurückgesteckt haben. Nur durch ihren steten Zuspruch, Rat, Liebe und Förderung aber auch Forderung bin ich dieser Mensch und dieser Jurist geworden. Ihnen ist in liebevoller Dankbarkeit und Zuneigung diese Arbeit gewidmet.

Inhaltsübersicht

Abkürzungsverzeichnis

Die im Text verwendeten Abkürzungen richten sich nach *Kirchner, Hildebert / Butz, Cornelie:* Abkürzungsverzeichnis der Rechtssprache, 6. Auflage, Berlin 2008. Insbesondere werden folgende Abkürzungen verwendet:

a.A.	andere Ansicht
AA	Arbitration Act
AAA	American Arbitration Assoziation
ABl.	Amtsblatt der EG
Abs.	Absatz
AEUV	Vertrag über die Arbeitsweise der Europäischen Union, ABl. (EG), 2008, C-115/47
a.F.	alte Fassung
AG	Die Aktiengesellschaft
All ER	The All England Law Reports
Am. Rev. Int. Arb.	The American Review of International Arbitration
Anh.	Anhang
Arb. Int.	Arbitration International
Art.	Artikel
ASA Bull.	Association Suisse de l'arbitrage Bulletin (Schweizerische Vereinigung für Schiedsgerichtsbarkeit)
AWD	Außenwirtschaftsdienst des Betriebs-Beraters bis 1974, danach RIW
Az.	Aktenzeichen
BB	Betriebs-Berater
BB-Beilage	Betriebs-Berater-Beilage
Bd.	Band
BeckOK	Beck'scher Onlinekommentar
BelgZPO	belgische Zivilprozessordnung
BGB	Bürgerliches Gesetzbuch, Gesetz vom 18. August 1896 (RGBl. S. 195) i.d.F. der Bekanntmachung vom 2. Januar 2002 (BGBl. I, S. 42), berichtigt am 2. Mai 2003 (BGBl. I, S. 738), zuletzt geändert durch das 2. Justizmodernisierungsgesetz vom 22. Dezember 2006 (BGBl. I, S. 3416)
BGBl.	Bundesgesetzblatt
BGE	Entscheidungen des Schweizerischen Bundesgerichts (Amtliche Sammlung)
BGH	Bundesgerichtshof
BGHZ	Entscheidungen des BGH in Zivilsachen
BKartA	Bundeskartellamt
bzw.	beziehungsweise

CA	Cour d'Appel (französisches Berufungsgericht, Gericht 2. Instanz); Court of Appeal (Großbritannien); Court of Appeals (USA)
CAT	Competition Appeal Tribunal
Ch	Chancery Division
CIEI	Legal Issues of European Integration
CMLRev.	Common Market Law Review
Colum. J. Eur. L.	Columbia Journal of European Law
DB	Der Betrieb
ders.	Derselbe
d. h.	das heißt
dies.	Dieselbe/Dieselben
DIS	Deutsche Institution der Schiedsgerichtsbarkeit
Dok.	Dokument
DÖV	Deutsche Öffentliche Verwaltung
DRiZ	Deutsche Richterzeitung
EBOR	European Business Organisation Law Review
EBLR	European Business Law Review
ECLR	European Competition Law Review
EFTA	European Free Trade Assoziation (Europäische Freihandelsassoziation)
EheGVO	Verordnung (EG) Nr. 2201/2003 des Rates über die Zuständigkeit und die Anerkennung und Vollstreckung von Entscheidungen in Ehesachen und in Verfahren betreffend die elterliche Verantwortung und zur Aufhebung der Verordnung (EG) Nr. 1347/ 2000 vom 27.11.2003 (ABl. (EG) 2003, L 338/1) (EheGVO, „Brüssel II a")
EG	EG-Vertrag vom 25. März 1957 (BGBl. II, S. 753), in der Fassung vom 2.10.1997, zuletzt geändert am 15.4.2005 (ABl. (EG) L-157/11)
EG	Europäische Gemeinschaft
EGBGB	Einführungsgesetz für das Bürgerliche Gesetzbuch vom 18. August 1896 in der Fassung der Bekanntmachung vom 21. September 1994 (BGBl. 1994, I-2494; 1997, I-1061)
EGInsO	Einführungsgesetz zur Insolvenzverordnung vom 5. Oktober 1994 (BGBl. 1994, I-2911)
Einf.	Einführung
Einl.	Einleitung
ELRev.	European Law Review
EMRK	Europäische Menschenrechtskonvention, in der Fassung der Bekanntmachung vom 17. Mai 2002 (BGBl. 2002, II-1054)
EuG	Europäisches Gericht 1. Instanz
EuGH	Europäische Gerichtshof
EuGRZ	Europäische Grundrechte Zeitschrift

EuGVVO a.F.	Verordnung (EG) Nr. 44/2001 des Rates über die gerichtliche Zuständigkeit und die Anerkennung und Vollstreckung von Entscheidungen in Zivil- und Handelssachen vom 22. Dezember 2000 (ABl. (EG) 2001, L-12, 1)
EuGVVO a.F.	Verordnung (EG) Nr. 1215/2012 des Rates vom 12. Dezember 2012 über die gerichtliche Zuständigkeit und Anerkennung und Vollstreckung in Zivil- und Handelssachen (ABl. (EU) Nr. L 351, S. 1 ff.)
EuInsVO	Verordnung (EG) Nr. 1346/2000 des Rates über Insolvenzverfahren vom 29.5.2000 (ABl. (EG) 2000, L-160/1)
EuR	Europarecht
EuÜ	Genfer Europäische Übereinkommen über die internationale Handelsschiedsgerichtsbarkeit vom 21. April 1961
EuVTVO	Verordnung (EG) Nr. 805/2004 des Europäischen Parlaments und des Rates zur Einführung eines europäischen Vollstreckungstitels für unbestrittene Forderungen vom 21.04.2001 (ABl. (EG) 2004, L-143/15)
EuZW	Europäische Zeitschrift für Wirtschaftsrecht
e.V.	eingetragener Verein
EWG	Europäische Wirtschaftsgemeinschaft
EWGV	Vertrag zur Gründung der Europäischen Wirtschaftsgemeinschaft vom 25. März 1957 (BGBl. 1957, II-753)
EWS	Europäisches Wirtschafts- und Steuerrecht
f.	folgende
FCPC	französischer Code de Procédure Civile
ff.	fortfolgende
Fn.	Fußnote
Fordham L. Rev.	Fordham Law Review
FK	Frankfurter Kommentar
FPR	Familie Partnerschaft Recht
FS	Festschrift
Gaz. Pal.	Gazette du Palais
gem.	gemäß
GG	Grundgesetz für die Bundesrepublik Deutschland vom 23. Mai 1949 (BGBl. 1949, S. 1), zuletzt geändert durch das Gesetz vom 29. Juli 2009 (BGBl. 2009, I-2248)
GmbHR	GmbH Rundschau
grdl.	grundlegend
GRUR	Gewerblicher Rechtsschutz und Urheberrecht
GRUR Int.	Gewerblicher Rechtsschutz und Urheberrecht Internationaler Teil
GVO/en	Gruppenfreistellungsverordnung/en

GWB	Gesetz gegen Wettbewerbsbeschränkungen, Bekanntmachung der Neufassung durch die 7. GWB-Novelle vom 15.7.2005, (BGBl. 2005 I- 2114)
Harv. L. Rev.	Harvard Law Review
Hdb.	Handbuch
Hrsg.	Herausgeber
ICC	International Chamber of Commerce (Internationale Handelskammer mit Sitz in Paris)
ICC Bull.	ICC International Court of Arbitration Bulletin
i.d.F.	in der Fassung
i.d.R.	in der Regel
i.d.S.	in diesem Sinn/e
i.E.	im Ergebnis
IIC	International Review of Intellectual Property and Competition Law
ILRM	Irish Law Reports Monthly
InsO	Insolvenzordnung
int.	international
Int. A.L.R.	International Arbitration Law Review
IPR	Internationales Privatrecht
IPRax	Praxis des Internationalen Privat- und Verfahrensrechts
IPRG	Gesetz über das Internationale Privatrecht (Schweiz)
i.S.v.	im Sinne von
i.V.m.	in Verbindung mit
IZVR	Internationales Zivilverfahrensrecht
JCP – Ed. Gen.	juris-classeur périodique – La Semaine Juridique Édition Générale
J.D.I.	Journal du droit international
J. Int. Arb.	Journal of International Arbitration
JN	Gesetz vom 1. August 1895 über die Ausübung der Gerichtsbarkeit und die Zuständigkeit der ordentlichen Gerichte in bürgerlichen Rechtssachen (Jurisdiktionsnorm), österreichisches RGBl. Nr. 111/1895
JuS	Juristische Schulung
JZ	JuristenZeitung
KartellR	Kartellrecht
Kap.	Kapitel
KomE	Entscheidung der Kommission
KTS	Konkurs-, Treuhand- und Schiedsgerichtswesen (bis 1988), danach Konkurs, Treuhand, Sanierung, Zeitschrift für Insolvenzrecht
LA	Ley de Arbitraje vom 7. Dezember 1988, spanisches Schiedsvefahrensgesetz
LCIA Rules	London Court of International Arbitration Rules

LG	Landgericht
lit.	litera
Lloyd's Rep.	Lloyd's Law Report
Ls.	Leitsatz
LSF	Lag om Skiljeförfarande vom 1. April 1999 (schwedische Gesetz über das Schiedsverfahren)
L. Soc. Rev.	Law and Society Review
m. Anm.	mit Anmerkung
mdl.	mündlich/mündliche
ModellG	Modellgesetz
m.w.N.	mit weiteren Nachweisen
MR-Int	Medien und Recht International
MüKo	Münchener Kommentar
n.F.	neue Fassung
NJ	Neue Justiz, Zeitschrift für Rechtsentwicklung und Rechtsprechung in den Neuen Ländern
NJW	Neue Juristische Wochenschrift
No.	Number (engl. Nummer)
NVwZ	Neue Zeitschrift für Verwaltungsrecht
NZI	Neue Zeitschrift für das Recht der Insolvenz und der Sanierung
obj.	objektiv/e
OLG	Oberlandesgericht
öKartG	österreichisches Kartellgesetz
öOHG	österreichischer Oberster Gerichtshof
öZPO	österreichisches Gesetz vom 1. August 1985 über das gerichtliche Verfahren in bürgerlichen Rechtsstreitigkeiten (Zivilprozessordnung), österreichisches RGBl. Nr. 113/1895
pZPO	polnische Zivilprozessordnung
QBD	Queen's Bench Division
RabelsZ	Rabels Zeitschrift für ausländisches und internationales Privatrecht
Rev. Arb.	Revue de l'Arbitrage
Rev. dr. int. dr. comp.	Revue de Droit International et de Droit Comparé
RDAI/IBLJ	Revue de Droit des Affaires Internationales/International Business Law Journal
RG	Reichsgericht
RGBl.	Reichsgesetzblatt
RGZ	Entscheidungen des Reichsgericht in Zivilsachen
Riv. dell'Arbitrato	Rivista dell'Arbitrato
RIW	Recht der Internationalen Wirtschaft
Rn.	Randnummer
Rs.	Rechtssache
Rspr.	Rechtsprechung

Rv	Wetboek van Burgerlijke Rechtsvordering (niederländische ZPO)
S.	Seite
SchiedsVZ	Schiedsverfahrenszeitung
Sect.	Section
Slg.	Sammlung
sog.	sogenannt/e
stRspr	ständige Rechtsprechung
SZIER	Schweizerische Zeitschrift für internationales und europäisches Recht
TranspR	Transportrecht
u.	und
u.a.	und andere
UNCITRAL	United Nations Commission on International Trade Law (Kommission der Vereinten Nationen für Internationales Handelsrecht), mit Hauptsitz in Wien
Unterabs.	Unterabsatz
UNÜ	UN-Übereinkommen über die Anerkennung und Vollstreckung ausländischer Schiedssprüche vom 10. Juni 1958, BGBl. 1961, II-121
u.U.	unter Umständen
U.S.	United States / United States Report
u.s.w.	und so weiter
v.	von
VerwArch	Verwaltungsarchiv – Zeitschrift für Verwaltungslehre, Verwaltungsrecht und Verwaltungspolitik
v.d.	von den
VerfO	Verfahrensordnung
VerfVO	Verfahrensverordnung (gemeint ist Kartellverfahrensverordnung VO 1/2003)
vgl.	vergleiche
VO	Verordnung
Vorbem.	Vorbemerkung
VuR	Verbraucher und Recht
VwGO	Verwaltungsgerichtsordnung vom 21. Januar 1960 (BGBl. 1960, I-17) in der Fassung der Bekanntmachung vom 19. März 1991 (BGBl. 1999, I-686)
WB	Jährlicher Bericht der Kommission über die Wettbewerbspolitik, abrufbar unter: http://ec.europa.eu/competition/annual_reports
Wbl	wirtschaftsrechtliche Blätter, Zeitschrift für österreichisches und europäisches Wirtschaftsrecht
WettbewerbsR	Wettbewerbsrecht
wiederggb.	wiedergegeben

WLR	Weekly Law Report
WM	Wertpapiermitteilungen, Zeitschrift für Wirtschafts- und Bankrecht
World Comp.	World Competition
WRP	Wettbewerb in Recht und Praxis
WuW	Wirtschaft und Wettbewerb, Zeitschrift für deutsches und europäisches Wettbewerbsrecht
WuW/E BGH	Wirtschaft und Wettbewerb / Entscheidungssammlung, Reihe Bundesgerichtshof
WuW/E DE-R	Wirtschaft und Wettbewerb / Entscheidungssammlung, Reihe Deutsches Recht
Yale L. Rev.	Yale Law Review
ZaöRV	Zeitschrift für ausländisches öffentliches Recht und Völkerrecht
z. B.	zum Beispiel
ZEuP	Zeitschrift für europäisches Privatrecht
ZfRV	Zeitschrift für Rechtsvergleichung, Internationales Privatrecht und Europarecht
ZHR	Zeitschrift für das gesamte Handelsrecht und Wirtschaftsrecht
ZPO	Zivilprozessordnung vom 30. Januar 1877 (RGBl. 83) in der Fassung der Bekanntmachung vom 5.12.2005 (BGBl. 2005-I, 3202), berichtigt durch die Bekanntmachung vom 14.2.2006 (BGBl. 2006-I, 431)
ZRP	Zeitschrift für Rechtspolitik
ZVGB	*kodeks postępowania cywilnego – kpc* (polnisches Zivilverfahrensgesetzbuch)
ZWeR	Zeitschrift für Wettbewerbsrecht
ZZP	Zeitschrift für Zivilprozess
ZZPInt.	Zeitschrift für Zivilprozess Internationaler Teil

§ 1 Einleitung

A. Problematik

„For decades, the world of European law and international commercial arbitration have coexisted as distant planets whose orbits hardly ever intersected."[1] So amüsant die Formulierung auch ist, ihr Wahrheitsgehalt hat sich in den letzten zwei Jahrzehnten erheblich geändert.

Das Wettbewerbsrecht ist wahrscheinlich der Teil des Europäischen Rechts, der in den letzten zwei Jahrzehnten die radikalsten Entwicklungen durchgemacht hat. Dessen rapides Wachstum an Reichweite und Einfluss sowie die dynamische Bedeutung stehen für seine ausschlaggebende Rolle in der internationalen Wirtschaft und auf deren Märkten.[2] Die Europäische Union mit ihren 27 Staaten und 495 Millionen Bürgern[3] ist mit einem Anteil von 20% an den weltweiten Ein- und Ausfuhren die größte Handelsmacht der Welt.[4] Das Europäische Wettbewerbsrecht ist dabei das wichtigste regelnde Instrument und dient gewissermaßen als rechtlicher „Wachhund" des Gemeinsamen Binnenmarktes.[5]

Zur gleichen Zeit hat auch die internationale Handelsschiedsgerichtsbarkeit in Umfang und Anwendung weltweit zugenommen. Dies wurde in der Literatur treffend so formuliert: „Therefore, when one speaks about business litigation, one cannot ignore arbitration".[6] Die internationale Handelsschiedsgerichtsbarkeit ist ein privates Instrument für die Regelung und endgültige Beilegung von transnationalen wirtschaftlichen Streitigkeiten, betreffend eine vertragliche oder andere Beziehung mit einem internationalen Element durch unabhängige Schiedsrichter, indirekt oder

---

1 *Shelkoplyas*, The Application of EC Law in Arbitration Proceedings, S. IX: „Über Jahrzehnte haben die Welten des Europäischen Rechts und der internationalen Wirtschaftsschiedsgerichtsbarkeit als ferne Planeten koexistiert, deren Umlaufbahnen sich kaum jemals schnitten".

2 *Dempegiotis*, J. Int. Arb. 25 (2008), 365, 373.

3 http://europa.eu/abc/panorama/index_de.htm.

4 http://europa.eu/pol/comm/index_de.htm.

5 *Dempegiotis*, J. Int. Arb. 25 (2008), 365, 373.

6 *Komninos*, World Comp. 2001, 211, 214. Vgl. zur Bedeutung der internationalen Schiedsgerichtsbarkeit: *Schwab/Walter*, Schiedsgerichtsbarkeit, Kap. 41, Rn. 1 ff.; siehe auch *Bernadini*, Arb. Int. 20 (2004), 113 ff.; *Böckstiegel*, Arb. Int. 22 (2006), 165 ff.; *Hoffmann*, SchiedsVZ 2010, 96, 101 und *Shore*, J. Int. Arb. 20 (2003), 67 ff. Zur Idee einer supranationalen Schiedsgerichtsbarkeit: *Blanke*, EBLR 2008, 17 ff.

direkt gewählt durch die Parteien.[7] Sie wird in vielen Bereichen bevorzugt,[8] vor allem im Hinblick auf die vereinfachte Anerkennung und Vollstreckung ausländischer Schiedssprüche im Vergleich zu ausländischen staatlichen Gerichtsurteilen. Die Schiedsgerichtsbarkeit ist eine schnelle und effektive Wahl für die Beilegung von Streitigkeiten. Die Parteien bekommen das gleiche Ergebnis wie im staatlichen Verfahren, aber mit den Vorteilen der Schiedsgerichtsbarkeit: die Parteiautonomie, die Wahl der Schiedsrichter, die prozessuale Flexibilität, die Vertraulichkeit, die Neutralität des Forums sowie mangels Instanzenzug die Finalität und die erleichterte Vollstreckbarkeit des Schiedsspruchs.[9]

Für Unternehmen birgt die Durchführung von grenzüberschreitenden Verträgen mit kartellrechtlichen Verstößen stets das Risiko drohender Geldbußen durch die Kommission und die für diese Untersuchung wichtige zivilrechtliche Unwirksamkeit des Vertrages aufgrund der in Art. 101 Abs. 2 AEUV angeordneten Rechtsfolge der Nichtigkeit. Im Rahmen von zivilrechtlichen Streitigkeiten über Verletzungen eines grenzüberschreitenden Vertrages kann eines der beteiligten Unternehmen die Unvereinbarkeit des Vertrages mit den Vorschriften des Europäischen Wettbewerbsrechts vorbringen. Die Richter müssen sich dann inzident mit einem Verstoß gegen Art. 101 Abs. 1 AEUV befassen. Da die VO 1/2003 und die 7. GWB-Novelle den Unternehmen die Möglichkeit einer kartellbehördlichen Freistellung nehmen, sind die Parteien im Streitfall darauf angewiesen, dass sich das mit dem Rechtsstreit befasste Zivilgericht bei der Prüfung des Verstoßes gegen Art. 101 Abs. 1 AEUV mit der möglichen Freistellung über eine Gruppenfreistellungsverordnung oder der Erfüllung der allgemeinen Freistellungsvoraussetzungen des Art. 101 Abs. 3 AEUV befasst.

---

7 *Blanke,* The Use and Utility of International Arbitration, S. 25; *Dempegiotis,* J. Int. Arb. 25 (2008), 365, 369; *Satar,* J. Int. Arb. 27 (2010), 51 ff. Vgl. zum wesentlichen Charakter der internationalen Schiedsgerichtsbarkeit: *Lew/Mistelis/Kröll (Hrsg.),* Comparative International Commercial Arbitration, Kap. 4; *Redfern/Hunter (Hrsg.),* Law and Practice of International Commercial Arbitration, Rn. 1–01 ff. Siehe auch ausführlich zu den verschiedenen Definitionen der Schiedsgerichtsbarkeit: *Poudret/ Besson,* Comparative Law of International Arbitration, Rn. 1 ff.

8 *Schütze/Tscherning/Wais,* Handbuch des Schiedsverfahrens, Rn. 1. Nahezu vollständige Verdrängung der staatlichen Gerichte im Ost-West-Handel, vgl. dazu *Pfaff,* Die Außenhandelsschiedsgerichtsbarkeit der sozialistischen Länder mit der BRD, 1973; *Schütze,* AWD 1971, 390 ff. Teilweise Verdrängung im Bereich des Gesellschaftsrechts, insbesondere Familiengesellschaften: *Glossner/Bredow/Bühler,* Das Schiedsgericht in der Praxis, Rn. 8. Generell sind im internationalen Handel, bei der Schifffahrt sowie im Anlagenbau die Schiedsgerichte der primäre Streiterledigungsmechanismus. 80–90 % aller internationalen Wirtschaftsverträge enthalten eine Schiedsvereinbarung: *Schwab/Walter,* Schiedsgerichtsbarkeit, Kap. 41 Rn. 1; *Berger,* RIW 1994, 12; *Stumpf/Steinberger,* RIW 1990, 174.

9 *Blanke,* The Use and Utility of International Arbitration, S. 26 ff.; *Crookenden,* Int. Arb. 25 (2009), 603 ff.; *Hwang/Chung,* J. Int. Arb. 26 (2009), 609 ff.; *Kutschera,* in: *Torggler (Hrsg.),* Praxishandbuch Schiedsgerichtsbarkeit, Rn. C.1 ff.; *Schütze,* Schiedsgericht und Schiedsverfahren, Rn. 18 ff.

Diese zivilrechtliche Streitigkeit kann jedoch durch Vereinbarung einer Schiedsabrede der staatlichen Gerichtsbarkeit entzogen und einem institutionellen oder *ad hoc*-Schiedsgericht zugeordnet werden. Die Streitbeilegung durch ein Schiedsgericht kann für die beteiligten Unternehmen aufgrund ihrer Flexibilität in der Verfahrensgestaltung bei Streitigkeiten mit starken wirtschaftlichen Bezügen unter Umständen günstiger sein als die staatliche Gerichtsbarkeit.[10] Die Schiedsgerichte müssen sich dann anstelle der einzelstaatlichen Gerichte mit der Beilegung des Rechtsstreits, also auch inzident mit der Kartellrechtswidrigkeit des Vertrages, befassen. Daher müssen sie grundsätzlich in der Lage sein, die Kartellrechtswidrigkeit eines Vertrages wie ein staatliches Gericht abschließend klären zu können. Ob sie dies können, soll Gegenstand dieser Untersuchung sein.

Das Kartellrecht ist eine schwierige Materie, dessen Anwendung nicht nur rechtlich anspruchsvoll ist. Die richtige Beurteilung des Kartellrechts erfordert daneben die Kenntnis von wirtschaftlichen Zusammenhängen und die aufwendige Erarbeitung ökonomischer Daten (z.B. Marktuntersuchungen, Marktabgrenzungen).[11] Den Schiedsgerichten stellt sich dabei schon ein organisatorisches Problem, ob sie die Erarbeitung solcher Daten personell und fachlich leisten können.[12] Das Europäische Kartellrecht folgt zwar immer mehr dem *„more economic approach“*.[13] Dies hat jedoch zur Folge, dass kartellrechtliche Streitigkeiten länger dauern, komplexer und teurer werden. Die Anwendung des Kartellrechts im Schiedsverfahren könnte daher für die Schiedsrichter und die Parteien im Hinblick auf eine schnelle Beilegung der Rechtstreitigkeit eher eine abschreckende Wirkung haben. Daraus könnten sich zwei Konsequenzen ergeben: Zum einen könnte die Vergleichsbereitschaft steigen, um Kosten zu sparen und das Verfahren zu beschleunigen. Zum anderen könnte aber auch die richtige Kartellrechtsanwendung nicht mehr gewährleistet sein, weil die Parteien durch eine hohe Vergleichsbereitschaft nicht mehr an der Beilegung der Streitigkeit und einer richtigen Anwendung des materiellen Rechts interessiert sind. Ein Ausweg aus der Situation könnte möglicherweise gefunden werden, wenn die Schiedsgerichte bei den kartellrechtlichen Ermittlungen auf die fachliche Kompetenz der Kommission als oberste Kartellbehörde zurückgreifen dürften. Daraus resultierende Probleme wie die Kontaktaufnahme mit der Kommission, der

---

10 *Bridgeman,* EBLR 2008, 147, 172; *Remien,* in: FS Kropholler, S. 869: „Gerade für internationale Wirtschaftsrechtsverträge spielt die Schiedsgerichtsbarkeit eine große Rolle und wird oftmals empfohlen, heute auch bei Kartellrechtsfragen.“

11 Siehe zur ökonomischen Analyse in der Europäischen Wettbewerbspolitik: *Briones,* World Comp. 2009, 27 ff.

12 *Heukamp,* SchiedsVZ 2006, 214.

13 *Bunte,* KartellR, S. 96; *Braun,* in: *Langen/Bunte,* Fallgruppen, Art. 81 Rn. 25. Vgl. näher zum *„more economic approach“*: *Basedow,* EuZW 2006, 97; *Bueren,* WRP 2004, 567 ff.; *Fuchs,* ZWeR 2007, 369 ff.; *Heidrich,* Das evolutorisch-systemtheoretische Paradigma in der Wettbewerbstheorie, 2009; *Schmidtchen/Albert/Voigt,* The More Economic Approach to European Competition Law, 2007; *Weizsäcker,* WuW 2007, 1078 ff.

tatsächliche Bedarf in der Praxis, die Mittel der Informationsübermittlung und deren Institutionalisierung bedürfen ebenfalls einer eingehenden Betrachtung.[14]

Im Rahmen der Anwendung des Europäischen Wettbewerbsrechts in einem Schiedsverfahren begegnen sich zwei Regelungsmaterien mit unterschiedlichen Interessenwertungen. Die Schiedsgerichtsbarkeit ist eine private Methode der Streitbeilegung, deren Schiedsrichtern von den Schiedsparteien eine beschränkte Zuständigkeit zur Regelung des Rechtsstreits verliehen wurde und die zur Schaffung einer endgültigen und bindenden Entscheidung ermächtigt wurden. Das Schiedsverfahren wird vom Gedanken der Parteiautonomie getragen. Dagegen ist das Wettbewerbsrecht ein öffentlich reguliertes System, welches die Durchsetzung der öffentlichen Interessen für einen redlichen, unverfälschten und gleichzeitigen wirksamen Wettbewerb im Binnenmarkt[15] durch Ver- und Gebote, Bußgelder und strafrechtliche Sanktionen anstrebt. Ob und inwieweit die Schiedsgerichte der Problematik der Anwendung des Europäischen Wettbewerbsrechts gewachsen sind, soll die vorliegende Arbeit klären.

B. Rechtslage vor und nach der Modernisierung des Europäischen Wettbewerbsrechts

I. Situation vor der Modernisierung

Schon kurz nach dem Inkrafttreten des EWG-Vertrages[16] am 1. Januar 1958 kam die Frage nach den Rechtswirkungen der Bestimmungen über das Europäische Kartellrecht in den ex-Art. 85 und 86 EWG (Art. 101 und 102 AEUV, ex-Art. 81, 82 EG) auf.[17] Zur damaligen Zeit hatten die Mitgliedstaaten lediglich solche Kartellgesetze, die eine großzügige Missbrauchsaufsicht gestatteten.[18] Aus diesem Grund ging man von keiner unmittelbaren Wirkung des Kartellverbots gemäß ex-Art. 85 EWG (Art. 101 AEUV, ex-Art. 81 EG) aus. Ex-Art. 85 EWG (Art. 101 AEUV, ex-Art. 81 EG) wurde vielmehr als Programmsatz ausgelegt, der einer Konkretisierung durch Verordnungen auf Grundlage des Ex-Art. 87 EWG (Art. 103 AEUV, ex-Art. 83 EG) bedurfte. Diese Verordnungen sollten nicht nur im Verhältnis der Mitgliedstaaten

14 Ausführlich dazu *Heukamp*, SchiedsVZ 2006, 214, 215.

15 *Baarsma*, European Competition Journal 2011, 559, 561; *Bergmann (Hrsg.)*, Handlexikon der Europäischen Union, S. 1011.

16 BGBl. 1957, II-753.

17 Neunummerierung der Artikel durch den Vertrag von Lissabon. Siehe zum Lissabon-Vertrag: *Everling*, EuR 2009, 71 ff.; *Pache/Rösch*, NVwZ 2008, 473; *dies.*, EuR 2009, 769 ff.; *Schwarze*, EuR 2009, 9 ff.; *Streinz/Ohler/Herrmann*, Der Vertrag von Lissabon zur Reform der EU; *Terhechte*, JuS 2008, 403 ff.

18 Vgl. dazu *Deringer*, Bericht im Namen des Binnenmarktausschusses, Dok. 57 v. 07.09.1961, in: Europäisches Parlament, Sitzungsdokumente 1961–1962, Rn. 50 ff.

zueinander gelten, sondern auch gegenüber den Unternehmen des Gemeinsamen Marktes.[19]

Gestützt auf die Rechtsgrundlage in ex-Art. 87 EWG (Art. 103 AEUV, ex-Art. 83 EG) hat der Rat am 6. Februar 1962 als erste „Durchführungsverordnung zu den Art. 85 und 86 des Vertrages“ die VO 17/62[20] erlassen. Die VO 17/62 ist am 13. März 1962 in Kraft getreten und bis zu ihrem Ende am 30. April 2004 fast unverändert geblieben.[21] In der VO wurde die unmittelbare und direkte Anwendbarkeit des Kartellverbots in ex-Art. 85 und 86 EWG (Art. 101 Abs. 1 und 102 AEUV, ex-Art. 81 Abs. 1, 82 EG) ausdrücklich und allgemein verbindlich festgelegt.[22] Die Anwendung von ex-Art. 85 Abs. 3 EWG (Art. 101 Abs. 3 AEUV, ex-Art. 81 EG) unterlag allerdings einem Anmelde- und Genehmigungssystem. Ex-Art. 85 Abs. 3 EWG (Art. 101 Abs. 3 AEUV, ex-Art. 81 EG)[23] war nach diesem Verständnis eine Ermächtigungsnorm: Diese sah ein System der Erteilung von konstitutiven Einzelfreistellungen durch Verwaltungsakt[24] der Kommission bzw. von konstitutiven Gruppenfreistellungen durch Verordnung vor.[25] Ex-Art. 85 Abs. 3 EWG (Art. 101 Abs. 3 AEUV, ex-Art. 81 EG) kam demnach nur zur Anwendung, wenn, mit Ausnahme des Erlasses von Gruppenfreistellungsverordnungen, die Kommission nach einer Anmeldung der Vereinbarung, des Beschlusses oder der abgestimmten Verhaltensweise eine konstitutive Freistellungsentscheidung erließ.[26] Zum Erlass dieser Einzelfreistellungen war die Kommission nach Art. 9 Abs. 1 VO 17/62 ausschließlich zuständig. Ex-Art. 85 EWG (Art. 101 AEUV, ex-Art. 81 EG) war ein *per se*-Verbot mit einem sich aus Abs. 3 ergebenden Erlaubnisvorbehalt (sog. Genehmigungssystem).[27]

II. Prozess der Modernisierung

Dieses Genehmigungssystem führte allerdings zu einer praktischen Schwierigkeit, die den Prozess der Modernisierung einleitete. Die alleinige Zuständigkeit der Kommission zum Erlass der Einzelfreistellungen hatte zu einer Vielzahl von Anmeldungen der Unternehmen geführt. Die Kommission sah sich aufgrund dieser Masse an

---

19 *Bechtold/Bosch/Brinker/Hirsbrunner*, EU-Kartellrecht, VO 1/2003, Art. 1 Rn. 4.

20 ABl. (EG) 1962, 13/204; vgl. ausführlich zur VO 17/62 die Kommentierung bei *Immenga/Mestmäcker (Hrsg.)*, EG-Wettbewerbsrecht, Bd. II, 1. Auflage, S. 1625 ff.

21 *De Bronett*, Europäisches Kartellverfahrensrecht, Vorbem. Rn. 1.

22 *Bechtold/Bosch/Brinker/Hirsbrunner*, EU-Kartellrecht, VO 1/2003, Art. 1 Rn. 8; *Pace/Seidel*, in: *Patel/Schweitzer*, The Historical Foundations of EU Competition Law, S. 54 ff.

23 Siehe zur Geschichte und Entwicklung von Art. 101 Abs. 3 AEUV (ex-Art. 81 EG): *Sufrin*, Antitrust Bull. 2006, 915 ff.

24 Erklärung i.S.v. Art. 6 VO 17/62.

25 *Schmidt*, in: *Immenga/Mestmäcker (Hrsg.)*, Art. 1 VO 1/2003 Rn. 1.

26 *Bechtold/Bosch/Brinker/Hirsbrunner*, EU-Kartellrecht, VO 1/2003, Art. 1 Rn. 8.

27 *Schmidt*, in: *Immenga/Mestmäcker (Hrsg.)*, Art. 1 VO 1/2003 Rn. 1.

Anmeldungen überlastet[28] und versuchte, dieses Problem auf andere Weise zu lösen. Die aufwendigen förmlichen Schreiben wurden zunächst durch neue Gruppenfreistellungsverordnungen und später dann durch einfachere Schreiben (sog. *comfort letters*)[29] praktisch abgelöst.[30] Diese „neue" Lösung konnte aber dem Prozess der Modernisierung nicht Stand halten.[31] Eine effektive Umsetzung der Wettbewerbsregeln des Gemeinschaftsvertrages war nicht mehr gewährleistet.[32]

Am 12. Mai 1999 veröffentlichte die Kommission das „Weißbuch über die Modernisierung der Vorschriften zur Anwendung der Art. 85 und 86 EG-Vertrag"[33] (im Folgenden: Weißbuch), in dem sie unter Hinweis auf die Belastung der Kommission, auf die Vergrößerung der Union und auf die Konsolidierung der europäischen Wettbewerbspolitik zur Ablösung des Genehmigungssystems zum System der Legalausnahme aufrief.[34]

III. Situation nach der Modernisierung

Die neue Kartellverfahrensordnung VO 1/2003[35] wurde nach heftigen Auseinandersetzungen[36] am 16. Dezember 2002 verabschiedet und am 4. Januar 2003

---

28 Weißbuch, Rz. 44: „Den neusten Statistiken über die Tätigkeit der Kommission zufolge wird eine aktive Politik zur Bekämpfung der Wettbewerbsbeschränkungen durch die Zahl der Anmeldungen erheblich erschwert."; siehe dazu auch *Emmerich*, WRP 2000, 858 f.

29 Einfache Verwaltungsschreiben wurden in fast 90 % der Anmeldungen verwendet, *Jaeger*, in: FK, Bd. III, Art. 1 VO 1/2003, Rn. 4; vgl. zur Anzahl der Anmeldungen auch das Weißbuch, Rn. 25.

30 *Emmerich*, KartellR, § 2 Rn. 19; *Immenga*, EuZW 1999, 609.

31 Vgl. ausführlich zu den Gründen der Notwendigkeit der Reform: *Jaeger*, in: FK, Bd. III, Art. 1 VO 1/2003 Rn. 4.

32 *Frieß*, in: *Loewenheim/Meesen/Riesenkampff (Hrsg.)*, KartellR, VerfVO, Einf. Rn. 2.

33 ABl. (EG) 1999, C-132/01. Vgl. ausführlich zum Weißbuch und zum VO-Vorschlag: *Deringer*, EuZW 2000, 5 ff.; *Eilmansberger*, JZ 2001, 365 ff.; *Geiger*, EuZW 2000, 165 ff.; *Jones/Sufrin*, EC Competition Law, S. 213 f.; *Mavroidis/Neven*, Legal Issues of Economic Integration 28 (2001), 151 ff.; *Mestmäcker*, EuZW 1999, 523 ff.; *Paulweber*, World Comp. 2000, 3 ff.; *Wissmann*, World Comp. 2000, 123 ff.

34 *Lettl*, Kartellrecht, S. 7; *Schmidt*, in: *Immenga/Mestmäcker (Hrsg.)*, Art. 1 VO 1/2003 Rn. 2.

35 Verordnung (EG) Nr. 1/2003 des Rates vom 16. Dezember 2002 zur Durchführung der in den Artikeln 81 und 82 des Vertrages niedergelegten Wettbewerbsregeln (ABl. (EG) 2003, L-1/1).

36 Ausführliche Darstellungen zum Verlauf der Entstehungsgeschichte finden sich bei *Dalheimer*, in: *Dalheimer/Feddersen/Miersch (Hrsg.)*, EU-VerfO, Vorbem. Rn. 43 ff. m.w.N.; *Klees*, Europäisches Kartellverfahrensrecht, § 1 Rn. 10 ff. m.w.N. Vgl. zur Auseinandersetzung um den „Vorschlag für eine Verordnung des Rates zur Durchführung der in den Art. 81 und 82 EG niedergelegten Wettbewerbsregeln...", ABl. (EG) 2000, C-365/28, bei *Jaeger*, in: FK, Bd. III, Art. 1 VO 1/2003, Rn. 7 f.; *Fikentscher*, WuW 2001,

verkündet.[37] Sie entspricht in erheblichem Umfang der VO 17/62, deren Regelungsgehalt und Wortlaut bei vielen Artikeln übernommen wurde.[38] Die zentralen Vorschriften des Wettbewerbsrechts Art. 101 Abs. 1 und 2 und 102 AEUV waren von jeher unmittelbar anwendbar. Die Reformverordnung änderte daran nichts. Die Beurteilung des Ausnahmetatbestandes des Art. 101 Abs. 3 AEUV wurde allerdings durch den Übergang zum System der Legalausnahme wesentlich geändert.

Der Übergang von Anmelde- und Freistellungssystem zum System der Legalausnahme ist in der Kernvorschrift der Verordnung in Art. 1 Abs. 2 VO 1/2003 geregelt. Darin heißt es:

„Vereinbarungen, Beschlüsse und aufeinander abgestimmte Verhaltensweisen im Sinne von Artikel 81 Absatz 1 des Vertrags, die die Voraussetzungen des Artikels 81 Absatz 3 des Vertrags erfüllen, sind nicht verboten, ohne dass dies einer vorherigen Entscheidung bedarf.“

Aus dieser Formulierung wird nunmehr gefolgert, dass Art. 101 Abs. 3 AEUV unmittelbar anwendbar ist.[39] Die europäischen Wettbewerbsregeln können in ihrer Gesamtheit nun auch in Rechtsstreitigkeiten zwischen Privaten vor einzelstaatlichen Gerichten geltend gemacht werden (sog. *private enforcement*). Daneben sind auch öffentliche Stellen damit betraut, die Europäischen Wettbewerbsregeln im Interesse der Allgemeinheit durchzusetzen (sog. *public enforcement*).[40] Eine zentrale Rolle spielen neben der Kommission (Art. 105 AEUV) nach der Reform nun auch die nationalen Wettbewerbsbehörden (Art. 104 AEUV). Grundsätzlich besteht daher nach dem AEUV eine parallele sachliche Zuständigkeit zwischen der Kommission, den einzelstaatlichen Gerichten und nationalen Wettbewerbsbehörden.[41]

Vor der Einführung der Reform der VO 1/2003 wurde in der Literatur die unmittelbare Anwendung von Art. 101 Abs. 3 AEUV insbesondere aufgrund der nichtwettbewerblichen Ziele des Unions-Vertrages diskutiert. Die nicht-wettbewerblichen

---

446 ff.; allgemein zum Vorschlag: vgl. *Bartosch*, EuZW 2001, 101 ff.; *Gröning*, WRP 2001, 83 ff.

37 Vgl. ausführlich zur VO 1/2003: *Böge*, EWS 2003, 441 ff.; *Geradin*, 9 Colum. J. Eur. L. (2002–2003), 1 ff.; *Hermanns/Brück*, SchiedsVZ 2004, 137 ff.; *Hossenfelder/Lutz*, WuW 2003, 118 ff.; *Koenigs*, DB 2003, 755 ff.; *Röhling*, GRUR 2003, 1019 ff.; *Venit*, CMLRev. 2003, 545 ff.; *Weitbrecht*, EuZW 2003, 69 ff.; *Wiedemann*, in: FS Bechtold, S. 627 ff.; vgl. zur Betrachtung der VO 1/2003 aus einer anderen Perspektive, *Gerber*, ECLR 2004, 122 ff.

38 *Dalheimer*, in: *Dalheimer/Feddersen/Miersch (Hrsg.)*, EU-VerfO, Vorbem. Rn. 33.

39 *Böge/Bardong*, in: MüKo, KartellR, Art. 1 VO 1/2003 Rn. 19; *Meesen*, in: *Loewenheim/Meesen/Riesenkampff (Hrsg.)*, KartellR, Art. 81 Abs. 3 EG Rn. 3; *Whish*, Competition Law, S. 167.

40 Vgl. zum *„private and public enforcement“*: *Andreangeli*, ECLR 2004, 759 ff.; *Holmes*, ECLR 2004, 25 ff.; *McCurdy*, ECLR 2004, 509 ff.; *Rüggeberg/Schinkel*, World Comp. 2006, 395 ff. Zur dezentralen Anwendung des Wettbewerbsrechts: *Idot*, Droit communautaire de la concurrence, Rn. 90 ff.

41 *Bergmann (Hrsg.)*, Handbuch der Europäischen Union, S. 1011; *Dalheimer*, in: *Dalheimer/Feddersen/Miersch (Hrsg.)*, EU-KartellVO, Vorbem. Rn. 2.

Ziele des Unions-Vertrages werden in Art. 101 Abs. 3 AEUV über die Tatbestandsmerkmale der „Verbesserung der Warenerzeugung“ und des „technischen oder wirtschaftlichen Fortschritts“ von der Kommission bei der Anwendung berücksichtigt.[42] Dabei sind bisher von der Kommission anerkannt: der Umweltschutz, die Sicherung der Energieversorgung, die Verkehrssicherung, die Förderung der Volksgesundheit und die Erhaltung von Arbeitsplätzen in Zeiten schlechter Konjunktur.[43] Die Kritiker der VO 1/2003 meinen, dass der Art. 101 Abs. 3 AEUV aufgrund dieser nicht-wettbewerbsrechtlichen Ziele nicht zur unmittelbaren Anwendbarkeit geeignet und die VO 1/2003 daher primärrechtswidrig sei.[44] Nach deren Ansicht habe die Kommission politisches Ermessen walten lassen und nicht nur bloße rechtliche Einschätzungen vorgenommen.[45] Dies sah die Kommission bei ihren Beratungen zur VO 1/2003 anders.[46] Nach allgemeiner Ansicht enthalte Art. 101 Abs. 3 AEUV einen Ermessenspielraum, zumindest jedoch einen weiten Beurteilungsspielraum.[47] Folgt man der Ansicht, dass Art. 101 Abs. 3 AEUV einen Ermessensspielraum ermöglicht, ist die Norm nicht mehr klar und uneingeschränkt und eignet sich nicht für die unmittelbare Anwendbarkeit. Art. 101 Abs. 3 AEUV würde seine Justiziabilität verlieren.[48]

---

42 *Mestmäcker/Schweitzer*, Europäisches Wettbewerbsrechts, § 14 Rn. 43–46; *Quellmalz*, WRP 2004, 461.

43 Vgl. für den Gesundheits- und Umweltschutz KomE v. 18.5.1994, ABl. (EG) 1994, L-144/20, Rn. 68 – *Exxon/Shell*; für die Sicherung der Energieversorgung KomE v. 12.12.1983, ABl. (EG) 1983, L-376/30, Rn. 29 – *Internationale Energieagentur* und KomE v. 21.2.1994, ABl. (EG) 1994, L-68/35, Rn. 6 – *Internationale Energieagentur;* für die Verkehrssicherheit KomE v. 16.12.1994, ABl. (EG) 1994, L-354/87, Rn. 24 f. – *Asahi/Saint-Gobain*; für die Volksgesundheit KomE v. 6.10.1994, ABl. (EG) 1994, L-309/1, Rn. 88–90 – *Pasteur Mérieux/Merck*; für die Arbeitsplatzerhaltung KomE v. 29.4.1994, ABl. (EG) 1994, L-131/15, Rn. 19–27 – *Stichting Baksteen.*

44 Vgl. zur Diskussion in Deutschland *Deringer*, EuZW 2000, 5 ff.; *Deselaers/Obst*, EWS 2000, 41, 42 f.; *Geiger*, EuZW 2000, 165, 166 f.; *Immenga*, EuZW 1999, 609; *Mestmäcker*, EuZW 1999, 523, 525 f.; *Paulweber/Kögel*, AG 1999, 500, 506; *Möschel*, JZ 2000, 61 ff.; *Rittner*, EuZW 2000, 129; *ders.*, DB 1999, 1485 ff.; *Schwenn*, RIW 2000, 179. Zuletzt *Bartosch*, EuZW 2001, 101, 102 f.; *Wissenbach*, Systemwechsel im europäischen Kartellrecht, bei: *Tietje/Kraft/Sethe (Hrsg.)*, Beiträge zum transnationalen Wirtschaftsrecht, 2005, S. 9 (abrufbar unter: www.wirtschaftsrecht.uni-halle.de/publikationen.html); *Monopolkommission*, Sondergutachten Nr. 28, Rn. 50 ff.

45 Siehe EuGH v. 13.6.1966, verbundene Rs. 56 und 58/64, S. 396 – *Grundig*; *Hilbig*, Das gemeinschaftsrechtliche Kartellverbot im internationalen Handelsschiedsverfahren, S. 104.

46 *Dalheimer/Feddersen/Miersch*, EÚ-Kartellverfahrensordnung, Vorbem. 45; *Quellmalz*, WRP 2004, 461–470; *Weitbrecht*, EuZW 2003, 69, 70 Fn. 12.

47 *Hilbig*, Das gemeinschaftsrechtliche Kartellverbot im internationalen Handelsschiedsverfahren, S. 104; *Mestmäcker/Schweitzer*, Europäisches Wettbewerbsrecht, § 14 Rn. 13–16; *Koch*, ZWeR 2005, 380, 381 ff.

48 Zur unmittelbaren Anwendbarkeit muss die Norm „der Sache nach abschließend, inhaltlich klar und bestimmt [sein], zu ihrer Anwendbarkeit keine weiteren Ausführungsakte bedürfen und den Mitgliedstaaten keinen Ermessensspielraum lassen“,

Die Stimmen gegen die Justiziabilität des Art. 101 Abs. 3 AEUV, die vorwiegend im Jahr 2003 und 2004 zu hören waren, sind bis heute nahezu verstummt.[49]

Die VO 1/2003 beruht auf der Rechtsgrundlage des Art. 103 AEUV. Nach Art. 103 AEUV darf der Rat zweckdienliche Vorschriften zur Durchsetzung der im AEUV niedergelegten Wettbewerbsregeln erlassen. Auf diese Grundlage wurde eine Reihe von Verordnungen gestützt, u.a. das unionsrechtliche Kartellverfahrensrecht, welches die Anwendung des materiellen Kartellrechts erleichtert. Kernstück dieses Kartellverfahrensrecht ist nun die VO 1/2003.[50]

Die zentralen Ziele der Verordnung sind die wirksame Durchsetzung der in den Art. 101 und 102 AEUV niedergelegten Verbote und die einheitliche Anwendung dieser Regeln im Binnenmarkt, insbesondere im Privatrecht.[51] Daher finden sich in der VO auch entsprechende Vorschriften zur Feststellung und Ahndung von Zuwiderhandlungen gegen das Verbot des Art. 101 Abs. 1 AEUV. Geregelt sind neben der unmittelbaren Anwendbarkeit in Art. 1 u.a. auch die Entscheidungsarten der Kommission (Art. 7–10) und der Wettbewerbsbehörden (Art. 5), die Zusammenarbeit zwischen der Kommission, den Wettbewerbsbehörden und den nationalen Gerichten (Art. 11 ff.), die Ermittlungsbefugnisse der Kommission (Art. 17 ff.) und die Buß- und Zwangsgelder (Art. 23 ff.).

C. Zielsetzung und Gang der Darstellung

Ziel der Arbeit ist es, die Bedenken gegen die Anwendung des Europäischen Kartellrechts durch die Schiedsgerichte zu beseitigen. Es soll aufgezeigt werden, dass die Schiedsgerichte ernstzunehmende Faktoren bei der privatrechtlichen Durchsetzung des Europäischen Wettbewerbsrechts sind und ihre Integration in das Kooperationssystem der einzelstaatlichen Gerichte und der Wettbewerbsbehörden für eine einheitliche Anwendung des Europäischen Kartellrechts vorangetrieben werden muss.

Zunächst setzt sich diese Arbeit in § 2 mit grundsätzlichen Fragen bezüglich der Vor- und Nachteile der Schiedsgerichtsbarkeit und der Anwendung des Europäischen Kartellrechts durch Schiedsrichter auseinander. Entsprechend der Zielsetzung der Arbeit widmet sich § 3 dem Kernproblem der Reform der VO 1/2003 aus Sicht der Schiedsgerichtsbarkeit: Die unmittelbare Anwendbarkeit von Art. 101 Abs. 3 AEUV durch die Schiedsgerichte.

Monopolkommission, Sondergutachten Nr. 28, Rn. 18; *Hilbig*, Das gemeinschaftsrechtliche Kartellverbot im internationalen Handelsschiedsverfahren, S. 105; *Quellmalz*, WRP 2004, 461, 462.

49 *Hilbig*, Das gemeinschaftsrechtliche Kartellverbot im internationalen Handelsschiedsverfahren, S. 105.

50 *Dalheimer*, in: *Dalheimer/Feddersen/Miersch (Hrsg.)*, EU-KartellVO, Vorbem. Rn. 4; *Jaeger*, in: FK, Bd. III, Art. 1 VO 1/2003 Rn. 9; *Ritter*, in: *Immenga/Mestmäcker (Hrsg.)*, Art. 103 AEUV Rn. 2 f.

51 *Bechtold/Bosch/Brinker/Hirsbrunner*, EU-KartellR, VO 1/2003, Art. 1 Rn. 12; *Dalheimer*, in: *Dalheimer/Feddersen/Miersch (Hrsg.)*, EU-KartellVO, Vorbem. Rn. 6.

Obwohl die Vorlageberechtigung der Schiedsgerichte nach Art. 267 AEUV schon Gegenstand zahlreicher wissenschaftlicher Untersuchungen war, ist eine eigene Untersuchung dieser Problematik in § 4 im Hinblick auf die allgemeine Zielsetzung der Arbeit unumgänglich. Im Anschluss an die Auseinandersetzung mit der vielfach kritisierten Rechtsprechung des EuGH und mit den bestehenden prozessualen Möglichkeiten für eine indirekte Vorlage in den Rechtsordnungen der Mitgliedstaaten, versucht diese Arbeit – unter Berücksichtigung und Bewertung der positiven und negativen Aspekte – einen Lösungsvorschlag für eine nationale Regelung einer indirekten Vorlageberechtigung auszuarbeiten.

In einem System der parallelen Zuständigkeiten besteht nicht nur die Gefahr von Parallelverfahren, sondern auch die Gefahr divergierender Entscheidung der unterschiedlichen Entscheidungsträger. § 5 setzt sich mit dieser Problematik auseinander und versucht einen Lösungsweg aufzuzeigen, wie sich die Anwender des Europäischen Wettbewerbsrechts bei Parallelverfahren verhalten sollen und Entscheidungen der Kommission, der nationalen Gerichte und Wettbewerbsbehörden sowie der Schiedsgerichte nebeneinander koexistieren können, ohne sich zu widersprechen.

In Kapitel IV der VO 1/2003 wurde als Instrument zur einheitlichen Anwendung des Europäischen Wettbewerbsrechts ein auf Art. 4 Abs. 3 EUV beruhendes System der Zusammenarbeit geschaffen. § 6 beleuchtet zunächst das System der Zusammenarbeit zwischen der Kommission und den nationalen Gerichten. Im Anschluss daran wird die Zusammenarbeit von Schiedsgerichten und der Kommission zum Gegenstand der Untersuchung gemacht. Die Arbeit widmet sich der Frage, ob die Schiedsgerichte Teil des Kooperationssystems aus der VO 1/2003 sind oder ob ein alternatives System der Zusammenarbeit zwischen der Kommission und den Schiedsgerichten geschaffen werden muss. Als bisher einziges kodifiziertes Werk über die Zusammenarbeit von Kommission und Schiedsgerichten hat die Internationale Handelskammer in Paris einen Mitteilungsentwurf über das bewährte Verfahren mit der Kommission als *amicus curiae* im Schiedsverfahren entworfen. Diese Arbeit setzt sich mit den Einzelheiten dieses Entwurfes auseinander und versucht, im Anschluss ein eigenes Kooperationssystem aufzuzeigen, welches die Balance zwischen den Bedürfnissen der Schiedsgerichtsbarkeit und des Wettbewerbsrechts einhält.

In § 7 unternimmt die Arbeit den Versuch, einen Vorschlag für eine Bekanntmachung zwischen der Kommission und den Schiedsgerichten bei der Anwendung des Art. 101 AEUV zu formulieren. § 8 dient dazu, ein Resümee zu ziehen, bevor § 9 die Thesen der Arbeit überblicksartig auflistet.

§ 2 Kartellrechtliche Entscheidungen und Schiedsgerichtsbarkeit

Die Schiedsgerichte bieten einen privaten Mechanismus für die Streitbeilegung.[52] Insbesondere bei grenzüberschreitenden Sachverhalten ist die Schiedsgerichtsbarkeit als Methode der alternativen Streitbeilegung eher die Regel als die Ausnahme.[53] Dabei handelt es sich bei der Schiedsgerichtsbarkeit nicht um eine „neue Methode" der Streitbeilegung. Schon in der Rechtsprechung des Reichsgerichts war anerkannt, dass sich die Parteien der gesetzlich zugelassenen Möglichkeit der Schiedsverfahren bedienen.[54] Die Schiedsgerichtsbarkeit ist ebenso wie die staatliche Gerichtsbarkeit materielle Rechtsprechung.[55] Ihre generelle verfassungsrechtliche Zulässigkeit ist unbestritten.[56] Im Hinblick auf die Zielsetzung der Arbeit werden zunächst die Vor- und Nachteile der Schiedsgerichtsbarkeit erläutert, um eine Grundlage für die spätere Argumentation in der Arbeit zu schaffen (A.). Unter B. wird die Wirksamkeit einer Schiedsvereinbarung bei kartellrechtlichen Streitigkeiten und die Problematik der *ordre public*-Kontrolle von Schiedssprüchen durch die staatlichen Gerichte untersucht.

---

52 *Blanke,* The Use and Utility of International Arbitration, S. 25; *Maier,* in: *Blankenburg/Gottwald/Strempel (Hrsg.),* Alternativen in der Ziviljustiz, S. 61; *Schütze,* Schiedsverfahrensrecht, S. 2; kritisch zur „Privatisierung der Gerichtsbarkeit": *Voit,* JZ 1997, 120 ff.

53 *Blaurock,* ZEuP 1993, 247 ff.; *Schroeder,* Die lex mercatoria arbitralis, S. 23; *Stein,* Lex Mercatoria, S. 60 f.

54 RGZ 111, 276, 279 f.

55 BGH v. 25.6.1952, BGHZ 6, 335, 338 f.; Urteil v. 23.5.1960, NJW 1960, 1462 f.; Urteil v. 19.12.1968, BGHZ 51, 255, 258; Urteil v. 5.1.1970, BGHZ 54, 392, 395; Urteil v. 3.7.1975, BGHZ 65, 59, 61; Urteil v. 5.12.1985, WM 1986, 688, 689; Urteil v. 5.5.1986, BGHZ 98, 32, 36; Urteil v. 15.5.1986, NJW 1986, 3027, 3028; *Achterberg,* in: FS Menger, S. 125, 139; *Berger,* Formalisierte oder „schleichende" Kodifizierung des transnationalen Wirtschaftsrechts, S. 67; *Habscheid,* NJW 1962, 5, 7; *Kornblum,* Probleme der schiedsrichterlichen Unabhängigkeit, S. 115; *Ramm,* ZRP 1989, 136; *Riehle,* NJW 1950, 853; *Zobel,* Schiedsgerichtsbarkeit und Gemeinschaftsrecht, S. 187.

56 *Dütz,* Rechtsstaatlicher Gerichtsschutz im Privatrecht, S. 233 ff.; *Kiesow,* KTS 1962, 224 ff.; *Lorenz,* Der Rechtsschutz des Bürgers und die Rechtsweggarantie, S. 210 ff.; *Schütze,* Schiedsverfahrensrecht, S. 2; *Sonnauer,* Die Kontrolle der Schiedsgerichte durch die staatlichen Gerichte, S. 21 ff.; *Schwab/Walter,* Kap. 1, Rn. 1; *Stober,* NJW 1979, 2001, 2003 f.

A. Vorteile und Nachteile der Schiedsgerichtsbarkeit

Eine klare Aussage über das zahlenmäßige Verhältnis zwischen Schiedsgerichtsbarkeit und staatlicher Gerichtsbarkeit ist tatsächlich mangels empirischer Datenerhebung und faktisch angesichts der Vielzahl von institutionellen und *ad hoc*-Schiedsgerichten nahezu unmöglich. Es gibt aber Schätzungen, nach der über 80–90 Prozent aller Wirtschaftsverträge Schiedsvereinbarungen enthalten.[57] In einer neueren Unternehmensumfrage von Prof. Vogenauer vom Oxford Institute of European and Comparative Law und vom Oxford Centre for Socio-Legal Studies aus dem Jahr 2008 zogen die beteiligten Unternehmen die Schiedsgerichtsbarkeit (mit 63%) deutlich der stattlichen Gerichtsbarkeit (mit 37%) vor. Als Gründe, warum sie die Schiedsgerichtsbarkeit bevorzugen würden, nannten die Unternehmen insbesondere die Vertraulichkeit (63%), Schnelligkeit (21%), Informalität (6%) und Durchsetzbarkeit (5%).[58]

Die internationale Wirtschaft scheint aus diversen Gründen die Schiedsgerichtsbarkeit gegenüber der staatlichen Gerichtsbarkeit vorzuziehen. Daher sollen nachfolgend die Vor- und Nachteile der Schiedsgerichtsbarkeit aufgezeigt werden. Durch die Vor- und Nachteile werden die verschiedenen Interessen der Parteien verdeutlicht, die im Rahmen dieser Untersuchung immer wieder relevant werden.

I. Vorteile der Schiedsgerichtsbarkeit

1. Regelfall im internationalen Handel

Bei Parteien unterschiedlicher Nationalität bietet ein international besetztes Schiedsgericht ein neutraleres Forum zur Streitbeilegung als jedes ordentliche Gericht. Die Zahl der internationalen Rechtsstreite wird durch die Globalisierung und die Intensivierung der Weltwirtschaft erhöht. Insofern sind mit der Zeit Schiedsrichter im internationalen Handel zur Normalität geworden.[59]

Das Europäische Kartellrecht greift nur ein, wenn die *„Vereinbarung [geeignet ist, um] […] den Handel zwischen den Mitgliedstaaten zu beinträchtigen"*. Die Parteien einer kartellrechtlichen Streitigkeit, die zur Anwendung der europarechtlichen Kartellvorschriften führt, werden oftmals einen internationalen Hintergrund haben. Sie

57 *Berger,* RIW 1994, 12; *Hoffmann,* SchiedsVZ 2010, 96, 97; *Lachmann,* Handbuch Schiedsgerichtsbarkeit, Rn. 102; vgl. die Umfrage des Verbands Deutscher Maschinen- und Anlagenbau e.V. (VDMA), abgedruckt bei *Hesse,* in: FS Böckstiegel, S. 277, 280.

58 Prof. Stephan Vogenauer, Civil Justice Systems in Europe: Implications for Choise of Forum and Choice of Contract Law, 2008, wird verspätet veröffentlicht als Studies of the OIECL, bearbeitet von Stephan Vogenauer und Christopher Hodges, geplante Veröffentlichung im Hart Publishing Verlag: April 2015.

59 *Baudenbacher,* in: *Ehlermann/Atanasiu (Hrsg.),* European Competition Law Annual 2001, S. 343, 358; *Baudenbacher/Higgins,* 8 Columbia Journal of European Law (2002), 1, 2; *Kreindler/Schäfer/Wolff,* Schiedsgerichtsbarkeit, Rn. 1; *Kutschera,* in: *Torggler (Hrsg.),* Praxishandbuch Schiedsgerichtsbarkeit, Abschnitt C Rn. 44, 46.

sprechen unterschiedliche Sprachen und sind mit unterschiedlichen prozessualen und materiellen Rechten vertraut. Die Schiedsgerichtsbarkeit hat bei internationalen Fällen gegenüber den nationalen Gerichten einen entscheidenden Vorteil. Die Parteien können nicht nur das anwendbare prozessuale und materielle Recht wählen, sondern auch die Verfahrenssprache. Obwohl sich die englische Sprache als weltweit führende Sprache des internationalen Wirtschaftslebens etabliert hat, sind die staatlichen Zivilprozesssysteme weitestgehend durch die Geltung der jeweiligen nationalen Sprache als Gerichtssprache gebunden.[60] Im Schiedsverfahren können die Parteien die Verfahrenssprache nach ihrem Belieben festlegen.[61]

2. Gleiche oder bessere Qualifikation der Schiedsrichter

Die Parteiautonomie[62] ist ein fundamentales Prinzip der Schiedsgerichtsbarkeit. Die Parteien können nicht nur wählen, ob ihre Streitigkeit vor ein Schiedsgericht kommt, sondern auch wie ihre Streitigkeiten vor dem Schiedsgericht behandelt werden.[63] Ebenso wie die staatlichen Gerichte müssen die Schiedsgerichte Recht sprechen, d.h. durch den Schiedsspruch strittige Sach- und Rechtsfragen klären. Die Ermittlung des der Entscheidung zugrundeliegenden Sachverhalts stellt sowohl den Schiedsrichter als auch den staatlichen Richter vor besondere Anforderungen.[64] Die Schiedsgerichtsbarkeit ist grundsätzlich nur so gut wie die Schiedsrichter.[65] Deshalb ist bei der Auswahl der Schiedsrichter ihre Kompetenz von hoher Bedeutung. Dabei muss der gewählte Richter nicht unbedingt Jurist sein oder Erfahrungen auf dem juristischen Gebiet haben. Im Gegenteil liegt ein Vorteil der Schiedsgerichtsbarkeit darin, dass gerade diejenigen zu Schiedsrichtern berufen werden können, die über spezialisiertes Vorwissen verfügen, das für die zügige, professionelle Abwicklung eines Verfahrens hilfreich sein kann.[66] Die Parteien können z.B. Personen als Schiedsrichter mit juristischen Vorkenntnissen und mit Kenntnissen im Tätigkeitsbereich

---

60 *Kutschera,* in: *Torggler (Hrsg.),* Praxishandbuch Schiedsgerichtsbarkeit, Abschnitt C Rn. 46; *Schütze,* in: *Schütze/Tscherning/Wais,* Handbuch des Schiedsverfahrens, Rn. 8. Im deutschen Recht bestimmt § 184 S. 1 GVG die deutsche Sprache als Gerichtssprache.

61 Zum Einfluss der englischen Sprache im Schiedsverfahren: *Elsing,* in: *Kröll/Mistelis/Viscasillas/Rogers (Hrsg.),* International Arbitration and International Commercial Law, S. 85 ff.

62 Siehe dazu insbesondere *Webster,* Arb. Int. 19 (2003), 119 ff.

63 *Capper,* International Arbitration, S. 9; *Kreindler/Schäfer/Wolff,* Schiedsgerichtsbarkeit, Rn. 9.

64 *Kreindler/Schäfer/Wolff,* Schiedsgerichtsbarkeit, Rn. 8, 397 ff.; *Kutschera,* in: *Torggler (Hrsg.),* Praxishandbuch Schiedsgerichtsbarkeit, Abschnitt C Rn. 8.

65 So *Lord Hacking,* in: *Kröll/Mistelis/Viscasillas/Rogers (Hrsg.),* International Arbitration and International Commercial Law, S. 223 ff.

66 Manchmal werden sogar Ingenieure und Architekten als Schiedsrichter in Streitigkeiten über Bauvorhaben berufen: *Capper,* International Arbitration, S. 69; *Finizio/Speller,* International Commercial Arbitration, S. 8 f.; *Kutschera,* in: *Torggler (Hrsg.),*

der streitenden Unternehmen wählen. Daher kann ein speziell für kartellrechtliche Streitigkeit zusammengesetztes Schiedsgericht qualifizierter sein als ein staatliches Gericht.[67] Mehr noch: Die meisten Schiedsrichter sind Spezialisten und können für spezielle Streitigkeiten oft besser qualifiziert sein als staatliche Richter.[68] Die Ernennung von Experten als Schiedsrichter kann die Einarbeitungszeit des Spruchkörpers in den streitentscheidenden Sachverhalt und die Notwendigkeit der Heranziehung von Sachverständigen reduzieren. Nicht selten resultiert daraus ein erheblicher Zeitgewinn und Kostenersparnis.[69] Kartellrechtliche Streitigkeiten beruhen zudem oft auf einem umfangreichen, schwierig zu ermittelnden Sachverhalt,[70] denen sich die Schiedsrichter, die in der Regel nicht in einen fortlaufenden Gerichtsbetrieb eingebunden sind, für eine längere Zeit ununterbrochen widmen können.[71]

3. Flexiblere Verfahrensregelungen und Verfahrensdauer

Das Schiedsgericht ist bei der Gestaltung des Verfahrens frei, sofern die Parteien keine besonderen Regelungen aufgestellt haben oder die Schiedsordnung eines institutionellen Schiedsgerichts gilt. Die Parteien können in der Regel das Verfahrensrecht wählen und an die Bedürfnisse des jeweiligen Schiedsverfahrens anpassen.[72] Dadurch können sie im Schiedsverfahren ungünstige, nicht zwingende Verfahrensregelungen ausklammern, denen man im staatlichen Gerichtsverfahren begegnet wäre.[73] Überdies ist das Schiedsverfahren schneller oder zumindest gleich schnell wie ein Verfahren vor einem staatlichen Gericht. Bedenkt man den Instanzenzug vor staatlichen Gerichten gegenüber der bloßen Anfechtungsmöglichkeit

Praxishandbuch Schiedsgerichtsbarkeit, Abschnitt C Rn. 9; *Schütze,* in: *Schütze/Tscherning/Wais,* Handbuch des Schiedsverfahrens, Rn. 3.

67 So auch *Idot,* in: *Ehlermann/Atanasiu (Hrsg.),* European Competition Law Annual 2001, S. 307, 317; *Komninos,* World Comp. 2001, 211, 223.

68 *Kutschera,* in: *Torggler (Hrsg.),* Praxishandbuch Schiedsgerichtsbarkeit, Abschnitt C Rn. 8.

69 *Lachmann,* Handbuch Schiedsgerichtsbarkeit, Rn. 133; *Schütze/Tscherning/Wais,* Handbuch des Schiedsverfahrens, Rn. 3.

70 *Quellmalz,* WRP 2004, 461, 468.

71 *Kutschera,* in: *Torggler (Hrsg.),* Praxishandbuch Schiedsgerichtsbarkeit, Abschnitt C Rn. 41; *Lachmann,* Handbuch Schiedsgerichtsbarkeit, Rn. 132.

72 *„[...] to choose the procedure for an arbitration and tailor it to their own requirements[...]",* *Capper,* International Arbitration, S. 89; vgl. auch *Carbonneau,* Int. Litigation and Arbitration, S. 353; *Finizio/Speller,* International Commercial Arbitration, S. 9 ff.; *Kreindler/Schäfer/Wolff,* Schiedsgerichtsbarkeit, Rn. 9; *Schütze/Tscherning/Wais,* Handbuch des Schiedsverfahrens, Rn. 6.

73 *Capper,* International Arbitration, S. 89; *Kutschera,* in: *Torggler (Hrsg.),* Praxishandbuch Schiedsgerichtsbarkeit, Abschnitt C Rn. 5 ff.

des Schiedsspruchs vor Schiedsgerichten, ist die Wahrscheinlichkeit eines schnelleren Schiedsverfahrens höher.[74]

4. Vertraulichkeit des Schiedsverfahrens

Einer der wesentlichen Vorteile der Schiedsgerichtsbarkeit, der in der Argumentation dieser Untersuchung an vielen Punkten herangezogen und die Ergebnisse mitbestimmen wird, ist die Vertraulichkeit des Schiedsverfahrens. Prozesse beinhalten in der Regel das Risiko, dass neben der Offenbarung von Geschäftsgeheimnissen schon der bloße Umstand der Führung eines Prozesses für die Partei ruf- und geschäftsschädigend sein kann. Insbesondere im Bereich des Kartellrechts können sich öffentliche Prozesse auf die unternehmerische Tätigkeit der Parteien auswirken, unter Umständen sogar die Aufmerksamkeit der Wettbewerbsbehörden erregen.

Schiedsverfahren sind private Verfahren unter Ausschluss der Öffentlichkeit. Die Verhandlungen sind geheim und Dritte haben kein Recht zur Teilnahme. Die Parteien können vereinbaren, dass die Existenz des Rechtsstreites, die beteiligten Schiedsparteien, die rechtliche Streitigkeit und der Ausgang des Verfahrens geheim bleiben. Nur die beteiligten Parteien und die Schiedsrichter sowie eventuelle Zeugen und Sachverständige kennen Einzelheiten der schiedsrechtlichen Streitigkeit. Die Schiedssprüche werden in der Regel nicht veröffentlicht.[75] Einige Schiedsgerichtsinstitutionen wie das Schiedsgericht der Internationalen Handelskammer in Paris (ICC) oder das Schiedsgericht der Deutschen Institution für Schiedsgerichtsbarkeit (DIS) veröffentlichen zwar zum Teil ihre Schiedssprüche, aber stets in sehr anonymisierter Form. Dies erschwert die Rechtsfortbildung durch die Schiedsgerichte. Auch diese Arbeit musste bei der Recherche Einschränkungen hinnehmen, da keine Schiedssprüche zu Art. 101 Abs. 3 AEUV und der VO 1/2003 veröffentlicht wurden. Die Schiedsgerichtsinstitutionen bewerten das Bedürfnis ihrer Kunden an der Geheimhaltung des Verfahrens höher als das Allgemeininteresse an der Rechtsfortbildung durch die Schiedsgerichte.[76]

---

74 *Kutschera*, in: *Torggler (Hrsg.)*, Praxishandbuch Schiedsgerichtsbarkeit, Abschnitt C Rn. 38; *Semler*, SchiedsVZ 2009, 149 ff.; *Schroeder*, Die lex mercatoria arbitralis, S. 25; *Schütze/Tscherning/Wais*, Handbuch des Schiedsverfahrens, Rn. 4; i.E. wohl auch *Lachmann*, Handbuch Schiedsgerichtsbarkeit, Rn. 155 ff.; differenzierend: *Lionnet/Lionnet*, Handbuch Schiedsgerichtsbarkeit, S. 77, nach denen das Schiedsverfahren nur dann schneller als das staatliche ist, wenn die Parteien zur Kooperation gewillt sind.

75 *Kutschera*, in: *Torggler (Hrsg.)*, Schiedsgerichtsbarkeit, C. Rn. 22; *Schroeder*, Die lex mercatoria arbitralis, S. 28.

76 So *Schroeder*, Die lex mercatoria arbitralis, S. 28. Siehe allgemein zur Vertraulichkeit im Schiedsverfahren: *Noussia*, Confidentiality in International Commercial Arbitration; *Rana/Sanson*, International Commercial Arbitration, Rn. 8.05 ff.; *Smeureanu*, Confidentially in International Commercial Arbitration.

5. *Anerkennung und Vollstreckung des Schiedsspruchs*

Der Staat ist aufgrund seiner verfassungsrechtlich[77] verankerten Justizgewährungspflicht verpflichtet, den Bürgern die Möglichkeit zur gerichtlichen Durchsetzung ihrer Ansprüche zu verschaffen. Seit der Einführung der Zivilprozessordnung im Jahr 1877[78] wird den Parteien neben der gerichtlichen Durchsetzung ihrer Ansprüche die Möglichkeit eröffnet, ihre Streitigkeit im Rahmen des gesetzlichen Anwendungsbereichs durch das private Schiedsverfahren zu erledigen. Die Schiedsgerichte haben keine Hoheitsgewalt. Die Schiedsparteien erhalten deshalb im Schiedsverfahren kein vorläufig vollstreckbares Urteil, sondern einen Schiedsspruch. Dieser kann jedoch nicht ohne weiteres zwangsvollstreckungsrechtlich durchgesetzt werden. Der Schiedsspruch wird erst durch staatlichen Verleihungsakt zu einem für die Zwangsvollstreckung geeigneten Titel.[79]

Der Schiedsspruch durchläuft theoretisch ein zweistufiges Verfahren: in der ersten Stufe das Erkenntnisverfahren vor dem Schiedsgericht, in der zweiten Stufe das Vollstreckungsverfahren vor dem staatlichen Gericht.[80] Das staatliche Gericht muss den Schiedsspruch für vollstreckbar erklären. Dann erst können ihn die Parteien nach den Regelungen der Zwangsvollstreckung zwangsweise durchsetzen. Das Vollstreckungsverfahren muss aber nur durchgeführt werden, wenn die Parteien nicht freiwillig den Schiedsspruch erfüllen. Empirische Untersuchungen haben gezeigt, dass Schiedssprüche ganz überwiegend freiwillig erfüllt werden.[81] Die Möglichkeit, den Schiedsspruch zwangsweise durchzusetzen, muss gleichwohl bestehen. Bei der Vollstreckung des Schiedsspruchs muss grundsätzlich zwischen in- und ausländischen Schiedssprüchen unterschieden werden.

Die Vollstreckung inländischer Schiedssprüche, d.h. Schiedssprüchen von Schiedsgerichten mit Sitz im Vollstreckungsland, richtet sich nach dem jeweils autonom geltenden Recht. Im deutschen Prozessrecht richtet sich die Vollstreckbarerklärung des Schiedsspruchs nach § 1060 ZPO.

Bei der Anerkennung und Vollstreckung eines ausländischen Urteils muss grundsätzlich zwischen dem Urteil eines Mitgliedstaats und dem eines Drittstaats unterschieden werden. Ausländische Urteile eines Mitgliedstaates der Europäischen Union werden zur Zeit der Anfertigung dieser Dissertation nach dem vereinfachten

77 Im deutschen Recht aus Art. 19 Abs. 4 und Art. 20 GG.

78 851–872 CPO 1877, RGBl. 1877, S. 83, 239 ff.; z.B. in RGZ 111, 276, 279 f.; siehe auch *Schroeder,* Die lex mercatoria arbitralis, S. 60.

79 *Schwab/Walter,* Schiedsgerichtsbarkeit, Kap. 26 Rn. 1.

80 Siehe grundsätzlich zum Anerkennungs- und Vollstreckungsverfahren *Kessedjian,* J. Int. Arb. 18 (2001), 1 ff. und *Kojović,* J. Int. Arb. 18 (2001), 511 ff.

81 Siehe VDMA-Untersuchung: In nur 7 % der Fälle ist eine zwangsweise Durchsetzung des Schiedsspruchs erforderlich, abgedruckt bei *Hesse,* in: FS Böckstiegel, S. 277, 286; *Lachmann,* Handbuch Schiedsgerichtsbarkeit, Rn. 183.

Verfahren der alten[82] und der neuen EuGVVO,[83] EheVO II[84] oder der EuInsVO[85] anerkannt und vollstreckt. Das erklärte Ziel des Europäischen Gesetzgebers ist es, dass gerichtliche Entscheidungen aus den Mitgliedstaaten in der gesamten Union frei zirkulieren können und ohne Zwischenstopp vollstreckbar sein sollen.[86] Die EuVTVO[87], die EuMahnVO[88] und die EuBagatellVO[89] sehen von dem Durchführen eines Vollstreckungsverfahrens schon längst ab. Dies hat der Europäische Gesetzgeber nunmehr auch für die EuGVVO n.F. eingeführt. Seit dem Erlass der neuen Verordnung (EG) Nr. 1215/2012 des Rates vom 12. Dezember 2012 über die gerichtliche Zuständigkeit und Anerkennung und Vollstreckung in Zivil- und Handelssachen (EuGVVO n.F.)[90] sind Urteile aus anderen Mitgliedstaaten der Europäischen Union (mit Ausnahme von Dänemark)[91] auch ohne Vollstreckungsverfahren sofort in den anderen Mitgliedstaaten vollstreckbar. Die neue EuGVVO ist am 10. Januar 2015 gemäß Art. 81 Abs. 2 VO (EG) Nr. 1215/2012 in Kraft getreten.

Die Anerkennung und Vollstreckung eines ausländischen Urteils eines Drittstaates richtet sich nach dem autonomen Recht. Das autonome Recht sieht teilweise komplizierte Anerkennungsverfahren mit hohen Voraussetzungen vor. Im

---

82 Verordnung (EG) Nr. 44/2001 des Rates v. 22.12.2000 über die gerichtliche Zuständigkeit und die Anerkennung und Vollstreckung von Entscheidungen in Zivil- und Handelssachen.

83 Verordnung (EG) Nr. 1215/2012 des Rates vom 12. Dezember 2012 über die gerichtliche Zuständigkeit und Anerkennung und Vollstreckung in Zivil- und Handelssachen (ABl. (EU) Nr. L 351, S. 1 ff.).

84 Verordnung (EG) Nr. 1347/2000 des Rates v. 29.5.2000 über die Zuständigkeit und die Anerkennung und Vollstreckung von Entscheidungen in Ehesachen und in Verfahren betreffend die elterliche Verantwortung für die gemeinsamen Kinder der Ehegatten.

85 Verordnung (EG) Nr. 1346/2000 des Rates v. 29.5.2000 über Insolvenzverfahren.

86 Bericht der Kommission an das Europäische Parlament, den Rat und den Europäischen Wirtschafts- und Sozialausschuss über die Anwendung der Verordnung (EG) Nr. 44/2001 des Rates über die gerichtliche Zuständigkeit und die Anerkennung und Vollstreckung von Entscheidungen in Zivil- und Handelssachen v. 21.4.2009, KOM (2009) 174 endgültig, S. 4 f.

87 Verordnung (EG) Nr. 805/2004 des Europäischen Parlaments und des Rates v. 21.4.2004 zur Einführung eines europäischen Vollstreckungstitels für unbestrittene Forderungen.

88 Verordnung (EG) Nr. 1896/2006 des Europäischen Parlaments und des Rates v. 12.12.2006 zur Einführung eines Europäischen Mahnverfahrens.

89 Verordnung (EG) Nr. 861/2007 des Europäischen Parlaments und des Rates v. 11.7.2007 zur Einführung eines europäischen Verfahrens für geringfügige Forderungen.

90 ABl. (EU) Nr. L 351, S. 1 ff.; *Cadet*, EuZW 2013, 218 ff.; *Wagner*, NJW 2013, 3128, 3129; zur Reform vgl. ausführlich *Heinze*, RabelsZ 2011, 581, 613 ff.; *Hess*, IPRax 2011, 125 ff.; *Kieninger*, VuR 2011, 243 ff.

91 Anwendbarkeit wahrscheinlich nur über das Abkommen vom 19.10.2005 zwischen der Europäischen Gemeinschaft und dem Königreich Dänemark über die gerichtliche Zuständigkeit und die Anerkennung und Vollstreckung von Entscheidungen in Zivil- und Handelssachen (ABl. (EU) Nr. L 94 vom 4.4.2007, S. 70).

deutschen Recht richtet sich die Anerkennung ausländischer Urteile nach § 328 ZPO und die Vollstreckung nach §§ 722, 723 ZPO. Insbesondere die anerkenntnisfeindliche Voraussetzung der Gegenseitigkeit aus § 328 Abs. 1 Nr. 5 ZPO ist eine erhebliche Hürde für ausländische Urteile.

Das Verfahren für die Anerkennung und Vollstreckung ausländischer Schiedssprüche ist in vielen Fällen schneller und einfacher.[92] Die Schiedssprüche müssen nicht das teilweise umständliche Exequaturverfahren für ein ausländisches staatliches Urteil durchlaufen. Neben vielen multilateralen[93] und bilateralen[94] Abkommen sorgt vor allem die New Yorker Konvention[95] mit ihrer Ratifizierung in 146 Staaten[96] für eine weltweite Durchsetzbarkeit von Schiedssprüchen.[97] Im deutschen Recht verweist § 1061 ZPO auf die Anwendbarkeit des UN-Übereinkommens. Die Anerkennung wird nach Art. V des UN-Übereinkommens nur versagt, wenn einer der limitierten Versagungsgründe vorliegt. Wichtigster Versagungsgrund ist der von Amts wegen zu beachtende *ordre public*-Vorbehalt aus Art. V Abs. 2. lit. b.[98] Die Anerkennungsvoraussetzungen des Art. V des UN-Übereinkommens sind wesentlich geringer als die für ein ausländisches staatliches Urteil.

II. Nachteile der Schiedsgerichtsbarkeit

Nachteile der Schiedsgerichtsbarkeit können die Kosten des Verfahrens, die mangelnde Präzedenzwirkung des Schiedsspruchs und die fehlende Zwangsgewalt des Schiedsgerichts sein. Die Verfahrenskosten und die mangelnde Präzedenzwirkung berühren den Schwerpunkt der Untersuchung nur am Rande. Gleichwohl sollen diese Nachteile zur Vollständigkeit kurz erläutert werden.

---

92 *Born,* International Commercial Arbitration, S. 8; *Finizio/Speller,* International Commercial Arbitration, S. 6; *Lachmann,* Handbuch Schiedsgerichtsbarkeit, Rn. 183.

93 Genfer Europäisches Übereinkommen über die internationale Handelsschiedsgerichtsbarkeit vom 21. April 1961, BGBl. 1964, II-426 (EuÜ); Pariser Vereinbarung über die Anwendung des Europäischen Übereinkommens über die internationale Handelsschiedsgerichtsbarkeit vom 17. Dezember 1962, BGBl. 1964, II-449.

94 Art. IV des Freundschafts-, Handels- und Schifffahrtsvertrag zwischen der Bundesrepublik Deutschland und den Vereinigten Staaten von Amerika vom 29. Oktober 1954, BGBl. 1956, II-488.

95 New Yorker UN-Übereinkommen v. 10. Juni 1958 über die Anerkennung und Vollstreckung ausländischer Schiedssprüche, BGBl. 1961, II-121 (UN-Übereinkommen).

96 Stand Januar 2012.

97 Zugegebenermaßen ist dies kein starkes Argument hinsichtlich des Europäischen Wettbewerbsrechts, da das Exequaturverfahren staatlicher Urteile auf europäischer Ebene durch die Art. 32 ff. EuGVVO a.F. erheblich erleichtert worden ist.

98 Siehe zum *ordre public*-Vorbehalt im Wettbewerbsrecht ausführlich § 2 B.II.

Die Kosten eines Schiedsverfahrens sind nicht *per se* höher als die eines staatlichen Verfahrens.[99] Sie können aber die Kosten eines staatlichen Gerichtsverfahrens übersteigen, insbesondere wenn der Schiedsspruch das staatliche Anerkennungs- und Vollstreckungsverfahren durchlaufen muss. In der institutionellen Schiedsgerichtsbarkeit sind die Kosten in der Regel an den Streitwert gebunden. Je nach Degression der Gebührentabelle der Schiedsgerichtsinstitution kann das Schiedsverfahren teurer oder günstiger sein als ein staatliches Verfahren.[100] Bei *ad hoc*-Schiedsverfahren richtet sich die Höhe der Kosten nach den Vergütungsvereinbarungen in den Schiedsrichterverträgen.[101]

Schiedssprüche haben zudem keine Präzedenzwirkung. Sie sind nicht geeignet, als Grundsatzentscheidung materiellrechtliche Rechtsfortbildungsfunktion zu übernehmen.[102]

Das Schiedsgericht ist grundsätzlich kein Träger hoheitlicher Gewalt. Es kann weder die Parteien noch die Zeugen vorladen, Zeugen vereidigen oder Sanktionen gegen die Beteiligten verhängen. Wenn die Ausübung von Zwangsgewalt im Schiedsverfahren notwendig ist, muss sich das Schiedsgericht nach autonomem Recht an die staatlichen Gerichte wenden.[103] Das deutsche Recht sieht in §§ 1041 und 1050 ZPO Unterstützungshandlungen der staatlichen Gerichte vor.[104]

III. Pflichten der Schiedsrichter

Die Bestellung der Schiedsrichter erfolgt in der Regel durch einen Schiedsrichtervertrag.[105] Im Gegensatz zum staatlichen Richter obliegt dem Schiedsrichter gegenüber den Parteien die Erfüllung von Haupt- und Nebenpflichten. Der Schiedsrichter muss alles ihm Zumutbare tun, um einerseits die Wirksamkeit und den Bestand des Schiedsspruchs zu sichern, andererseits aber auch die Parteien vor Nachteilen zu bewahren, die ihnen aus dem prozessordnungswidrig zustande gekommenen Schiedsspruch erwachsen können.[106] Neben seiner Verpflichtung zu Verschwiegenheit[107] ist es die Hauptleistungspflicht des Schiedsrichters, nach seinen besten

---

99 Eine allgemeine Aussage dazu verbietet sich; siehe *Lachmann,* Handbuch der Schiedsgerichtsbarkeit, Rn. 163 m.w.Nachw.

100 Siehe dazu die Tabelle bei *Lachmann,* Handbuch der Schiedsgerichtsbarkeit, Rn. 4698 ff.

101 *Schütze,* Schiedsgericht und Schiedsverfahren, Rn. 127.

102 *Lachmann,* Handbuch der Schiedsgerichtsbarkeit, Rn. 170; *Schütze,* in: FS Glossner, S. 333 ff.

103 *Schütze,* Die lex mercatoria arbitralis, S. 31 f. m.w.Nachw.; *Schwab/Walter,* Schiedsgerichtsbarkeit, Kap. 16 Rn. 47.

104 Siehe zu § 1050 ZPO die Problematik der indirekten Vorlageberechtigung in § 4 A.I.1.

105 Siehe zum deutschen Recht: *Voit,* in: *Musielak (Hrsg.),* ZPO, § 1035 Rn. 20 ff. m.w.Nachw.

106 *Schwab/Walter,* Schiedsgerichtsbarkeit, Kap. 12 Rn. 8.

107 *Lachmann,* Handbuch der Schiedsgerichtsbarkeit, Rn. 145.

Kräften eine richtige Entscheidung zu treffen und das Verfahren zu Ende zu führen. Der Schiedsrichter muss die relevanten Problempunkte herausarbeiten und sie unter Berücksichtigung der gesetzlichen Regelungen, der hierzu ergangenen Rechtsprechung sowie der maßgeblichen Literaturmeinung beantworten.[108]

Die Schiedsrichter obliegen zudem der Pflicht zur Beendigung des Verfahrens. Dies bedeutet implizit die Schaffung eines durchsetzbaren Schiedsspruchs,[109] d.h. die obsiegende Schiedspartei muss ihren Schiedsspruch auch zwangsweise vollstrecken können. Manche Schiedsgerichtsordnungen ordnen diese Pflicht sogar ausdrücklich an.[110] Auch diese Pflicht der Schiedsrichter ist für diese Untersuchung und deren gefundenen Ergebnisse von erheblicher Bedeutung. Wendet der Schiedsrichter das Europäische Wettbewerbsrecht als Teil des *ordre public* nicht oder nicht korrekt an, riskiert er die Nichtanerkennung des Schiedsspruchs im Vollstreckungsstaat.[111] Verletzt der Schiedsrichter seine vertraglichen Pflichten, kommt neben anderen Rechtsfolgen wie der Entfernung aus dem Schiedsrichteramt auch eine Haftung gegenüber den Schiedsparteien in Betracht.[112]

B. Wirksamkeit einer Schiedsvereinbarung bei kartellrechtlichen Streitigkeiten

Die Kommission war lange Zeit sehr skeptisch gegenüber der Anwendung von Kartellrecht durch Schiedsgerichte. Dies kam vor allem durch einige Entscheidungen der Kommission[113] zum Ausdruck, in denen die Parteien verpflichtet wurden, Schiedssprüche über Streitigkeiten aus dem angemeldeten Vertrag der Kommission zu melden.[114] Die Kommission befürchtete, dass Schiedsgerichte durch eine häufige Anwendung der Kartellvorschriften den Fortbestand wettbewerbsbeschränkender

---

108 *Lachmann*, Handbuch der Schiedsgerichtsbarkeit, Rn. 4282.

109 *Brozolo*, Arb. Int. 2011, 1, 19 f.; *Münch*, in: MüKo, ZPO, Vorbem. zu §§ 1034 ff. Rn. 18 ff.

110 So Art. 35 ICC Rules, Art. 32.2 LCIA Rules; vgl. *Finizio/Speller*, International Commercial Arbitration, S. 194 f.

111 Siehe dazu ausführlich unten § 2 B.II.

112 *Lachmann*, Handbuch der Schiedsgerichtsbarkeit, Rn. 4306; *Voit*, in: *Musielak (Hrsg.)*, ZPO, § 1035 Rn. 25. Siehe allgemein zur Haftung des Schiedsrichters: *Gal*, Die Haftung des Schiedsrichters in der internationalen Handelsschiedsgerichtsbarkeit.

113 KomE v. 27.6.1967, 67/454/EWG, ABl. (EG) 1967, L-163/10 – *Transocean Marine Paint Association;* KomE v. 23.12.1971, 72/41/EWG, ABl. (EG) 1972, L-14/14 – *Henkel-Colgate;* KomE v. 18.6.1975, 75/494/EWG, ABl. (EG) 1975, L-222/34 – *Kabelmetal-Luchaire;* KomE v. 22.12.1977, 78/253/EWG, ABl. (EG) 1978, L-70/69 – *Campari;* KomE v. 11.6.1993, 93/403/EWG, ABl. (EG) 1993, L-179/23 – *EBU/Eurovision System.*

114 Näher dazu *Lugard*, ECLR 1998, 295, 297; *Komninos*, World Comp. 2001, 211, 214 f.; *Atwood*, Annual Proceedings Fordham Corporate Law Institute 1994, S. 367, 373.

Absprachen bewirken bzw. als Streitschlichtungsinstanz und als stabilitätsfördernder Bestandteil von Hardcore-Kartellen in Erscheinung treten könnten.[115]

I. Schiedsfähigkeit kartellrechtlicher Streitigkeiten

Zunächst wurde die Schiedsfähigkeit kartellrechtlicher Streitigkeiten überwiegend verneint.[116] Eine Veränderung trat erst durch die Leitentscheidung des US-Supreme Court *Mitsubishi Motors Corp. v. Soler Chrysler-Plymouth*[117] ein. Mittlerweile ist auf unionsrechtlicher Ebene die Schiedsfähigkeit kartellrechtlicher Entscheidungen weitgehend anerkannt. Schon die in Entscheidungen der Kommission enthaltende Anordnung, ihr Schiedssprüche vorzulegen, kann als implizite Anerkennung der Schiedsfähigkeit der kartellrechtlichen Unionsregeln gedeutet werden.[118] Der EuGH erkannte die Schiedsfähigkeit dieser Vorschriften implizit im Urteil *Eco Swiss* an.[119]

In Deutschland wurde § 91 GWB a.F.[120] durch das Gesetz zur „Neuregelung des Schiedsverfahrensrecht" vom 22. Dezember 1997[121] gestrichen. § 91 GWB a.F. schloss die Schiedsgerichte zwar nicht perse aus, stellte aber eine wesentliche Einschrän-

---

115 *Eilmansberger,* SchiedsVZ 2006, 5; *Lugard,* ECLR 1998, 295, 297; *Komninos,* World Comp. 2001, 211, 214 ff.; *Mok/Jobannes,* AWD 1965, 181, 184; *Steindorff,* WuW 1984, 189, 193; *v. Zumbusch,* GRURInt. 1988, 541, 551.

116 Siehe *Meessen/Kersting,* in: *Loewenheim/Meessen/Riesenkampff,* Einführung in das europäische und deutsche Kartellrecht, Rn. 118 ff. m.w.Nachw.

117 Entscheidung v. 2. Juli 1985, abgedruckt in GRUR Int. 1987, 617 ff.; *Barber,* Obj. Schiedsfähigkeit u. *ordre public,* S. 62 ff.; *Blanke,* EBLR 2005, 169, 172 f.; *Bridgeman,* EBLR 2008, 147, 154 f.; *Brozolo,* Int. A.L.R. 2004, 23, 29; *Kühn,* BB 1987, 621 ff.; *von Mehren,* Brooklyn Journal of International Law (1986) 12 (3), 583 ff.; *Rau,* in: *Bermann/Mistelis (Hrsg.),* Mandatory Rules in International Arbitration, S. 82; *Rivkin,* in: *Ball (Hrsg.),* Competition and Arbitration Law, S. 125, 130 ff.; *Slot,* CIEI 1996, 101, 103 f. Siehe für einen Vergleich der kartellrechtlichen Schiedsgerichtsbarkeit in der EU und in den USA: *Zekos,* J. Int. Arb. 25 (2008), 1 ff.

118 *Atwood,* Annual Proceedings Fordham Corporate Law Institute 1994, S. 367, 385; *Eilmannsberger,* SchiedsVZ 2006, 5, 8; *Spiegel,* EuZW 1999, 568.

119 EuGH v. 1. Juni 1999, Rs. C-126/97 – *Eco Swiss/Benetton*; vgl. auch *Derains,* in: *Ehlermann/Atanasiu (Hrsg.),* European Competition Law Annual 2001, S. 323, 325; *Pinsolle,* Int. ALR 2004, 15.

120 § 91 GWB in der Fassung der Bekanntmachung v. 20.2.1990, BGBl. 1990, I-235: „Schiedsverträge über künftige Rechtsstreitigkeiten [...] sind nichtig, wenn sie nicht jedem Beteiligten das Recht geben, im Einzelfalle statt der Entscheidung durch das Schiedsgericht eine Entscheidung durch das ordentliche Gericht zu verlangen. Schiedsvertäge über künftige Streitigkeiten [...], die nicht jedem Beteiligten das Recht geben, im Einzelfall statt der Entscheidung durch das Schiedsgericht eine Entscheidung durch das ordentliche Gericht zu verlangen, sind unwirksam, soweit nicht die Kartellbehörde auf Antrag eine Erlaubnis erteilt."

121 BGBl. 1997, I-3224. Vgl. zur Neuregelung des 10. Buches der ZPO: *Bredow,* BB-Beilage 1998, Nr. 2, 2 ff.; *Eilmannsberger,* SchiedsVZ 2006, 5, 8; *Klees,* 7 German Law Journal No. 4; *Osterthum,* TranspR 1998, 177 ff.; *Mönnikes,* Reform des dt.

kung der Schiedsfähigkeit bzw. Wirksamkeitseinschränkung von Schiedsvereinbarungen dar, indem jedem Beteiligten das Recht eingeräumt werden musste, sich auch an ein ordentliches Gericht wenden zu können.[122] Ebenso wurde § 1030 Abs. 1 Satz 1 ZPO geändert. Danach kann jede vermögensrechtliche Streitigkeit Gegenstand einer Schiedsvereinbarung sein.[123] Ein Streitgegenstand ist dann vermögensrechtlich, wenn er sich entweder aus Vermögensrechten ableiten lässt oder auf eine vermögenswerte Leistung abzielt.[124] Kartellrechtliche Streitigkeiten zwischen zwei Unternehmen sind vermögensrechtliche Streitigkeiten.

Auch in Österreich wurde mit Inkrafttreten des neuen Kartellgesetzes 2005 (öKartG)[125] die Einschränkung des § 124 öKartG[126] aufgehoben.[127] Nach § 582 Abs. 1 öZPO kann jeder vermögensrechtliche Anspruch Gegenstand einer Schiedsvereinbarung sein, über den vor den ordentlichen Gerichten zu entscheiden ist. Im Ausnahmefall können auch nicht vermögensrechtliche Ansprüche schiedsfähig sein, sofern der Gegenstand vergleichsfähig ist.[128] In den Niederlanden sind gemäß Art. 1020 Abs. 3 Wetboek van Burgerlijke Rechtsvordering alle Streitigkeiten schiedsfähig, über die die Parteien verfügen können. Die Parteien in einem Zivilrechtsstreit können wählen, ob sie die Vereinbarkeit eines Vertrags mit kartellrechtlichen Vorschriften vor einem Schiedsgericht oder einem nationalen Gericht

---

Schiedsverfahrensrecht, S. 1 ff.; *Schuhmacher*, BB-Beilage 1998, Nr. 2, 6 ff.; *Zimmer*, Zulässigkeit und Grenzen schiedsrichterlicher Entscheidungen, S. 54 ff.

122 Zur Frage, ob § 91 GWB a.F. überhaupt die Schiedsfähigkeit von Art. 81 und 82 EG begrenzen können: *Sachslehner*, Schiedsvereinbarungen, S. 39; *Steindorff*, WuW 1984, 189, 190 f.; *Vollmer*, GRUR Int. 1986, 589, 590 ff.; *v. Zumbusch*, GRUR Int. 1988, 541, 547 ff.; *Wolf*, RabelsZ 57 (1993), 643, 649.

123 Vgl. ausführlich *Baumbach/Lauterbach/Albers/Hartmann*, ZPO, § 1030 Rn. 4 f.; *Schlosser*, in: *Stein/Jonas (Hrsg.)*, ZPO, § 1030 Rn. 1 ff.; *Voit*, in: *Musielak (Hrsg.)*, ZPO, § 1030 Rn. 2 ff.

124 BGHZ 13, 5, 7 f.; BGHZ 14, 72, 74; LG Mönchengladbach, SchiedsVZ 2007, 104, 105; *Münch*, in: MüKo, ZPO, § 1030 Rn. 13; *Papmehl*, Schiedsfähigkeit, S. 209 f.; *ders.*, GmbhR 2004, 1217, 1218 f.

125 BGBl. 2005-I, 61; *Ablasser-Neuhuber/Flener*, WuW 2005, 254 ff.; *Gruber*, EuZW 2006, 15 ff.; *ders.*, WuW 2005, 1134 ff.; *Lissel*, RIW 2006, 128 ff.; *Miribung*, Ecolex 2003, 307 ff.; *Petsche*, Ecolex 2003, 304 ff.

126 § 124 Abs. 1 Satz 1 öKartG: „In Streitigkeiten aus einem Kartellvertrag, insbesondere über eine auf Grund eines Kartellvertrags ausgesprochene Vertragsstrafe oder Sperre (§ 30), oder über dessen Bestehen kann die Entscheidung durch das ordentliche Gericht in jedem einzelnen Fall auch dann begehrt werden, wenn vereinbart wurde, dass diese Streitigkeiten durch ein Schiedsgericht entschieden werden sollen."

127 *Eilmannsberger*, SchiedsVZ 2006, 5, 9. Zu § 124 öKartG: *Koppensteiner*, WettbewerbR, § 8 Rn. 31 f.; *Thalhammer*, wbl 2005, 62, 66 ff.

128 *Ischia/Mayr*, RIW 2006, 881, 882; *Rechberger*, öZPO §§ 204–206, Rn. 15; *ders.*, ZZP 119 (2996), 261, 266; *Schuhmacher*, SchiedsVZ 2006, 70, 78.

prüfen lassen.[129] In England, Wales und Nordirland obwohl nicht ausdrücklich im Arbitration Act 1996 geregelt, ist die Schiedsfähigkeit kartellrechtlicher Streitigkeiten anerkannt.[130] Die Schiedsfähigkeit europäischer und nationaler Wettbewerbsvorschriften wurde in anderen Mitgliedstaaten durch die Rechtsprechung klargestellt.[131] Sowohl in Schweden[132] als auch in Frankreich,[133] Belgien[134] und Italien[135] sind kartellrechtliche Streitigkeiten schiedsfähig. Aber auch außerhalb der EU wurde die Schiedsfähigkeit kartellrechtlicher Vorschriften in Anlehnung an die Mitsubishi-Entscheidung anerkannt. Ein Beispiel dafür ist die Schweiz.[136]

II. *Ordre public*-Verstöße im Schiedsverfahren

In der Schiedsgerichtsbarkeit gibt es i.d.R. keinen Instanzenzug.[137] Deshalb versuchen die Parteien, den fehlenden Instanzenzug dadurch zu kompensieren, dass sie Einwände im Anerkennungs- und Vollstreckungsverfahren des Schiedsspruchs

---

129 Ausführlich: *van der Pol,* in: *Boonekamp (Hrsg.),* Bugerlijk rechtsvordering, S. 947 ff.; *Sanders,* Het nieuwe arbitragerecht, S. 9 ff.; *Snijders.,* Nederlands arbitragerecht, S. 50 ff.; *Slot,* LIEI 1996, 101, 102.

130 *Liebscher,* The Healthy Award, S. 169.

131 Nachweise bei *Slot,* LIEI 1996, 101, 102 ff.; *Pinsolle,* Int. A.L.R. 2004, 14 ff.; *Brozolo,* Int. A.L.R. 2004, 23; *Idot,* in: *Ehlermann/Atanasiu (Hrsg.),* European Competition Law Annual 2001, S. 307, 311 f.; *van Houtte,* ASA Bull. 2005, 431, 434.

132 Gericht 2. Instanz für Westschweden v. 29. Dezember 2003, T 4366-02 – *Dirland Télécom SA / Viking Telecom AB* m. Anm. *Blanke,* ECLR 2005, 432 ff.; *ders.,* EBLR 2005, 169, 173; *Hober,* International Commercial Arbitration in Sweden, Rn. 3.98 ff.

133 CA Paris v. 19. Mai 1993, J.D.I. 1993, 957 m. Anm. *Idot,* J.D.I. 1993, 979 ff. und *Jarrosson,* Rev. Arb. 1993, 653 ff.; CA Paris v. 13. Oktober 1993, Rev. Arb. 1994, 164 m. Anm. *Jarrosson,* Rev. Arb. 1994, 170 ff.; *Derains,* in: *Ehlermann/Atanasiu (Hrsg.),* European Competition Law Annual 2001, S. 323; *ders.,* Europe 1994, Nr. 155; *Zimmer,* ZEuP 1994, 163 ff.

134 *Derains,* in: *Ehlermann/Atanasiu (Hrsg.),* European Competition Law Annual 2001, S. 323; *Hanotiau,* J.D.I. 1994, 899, 909 ff.; *Idot,* in: *Ehlermann/Atanasiu (Hrsg.),* European Competition Law Annual 2001, S. 307, 312; *Linsmeau,* L'arbitrage volontaire en droit privé belge, Brussels 1991, S. 59.

135 CA Mailand, Urteil v. 5. Juli 2006 (Nr. 1897/06) in dem Fall Nr. 4209/2005, *Terra Armata; Landolt,* EBLR 2008, 129, 143.

136 Schweizerisches Bundesgericht v. 13.11.1998, 1999 ASA Bull. 529, 534 m. Anm. *Rigozzi,* 1999 ASA Bull, 455, 458 ff.; Schweizerisches Bundesgericht v. 28.4.1992, BGE 118, II, 193; *Baudenbacher,* in: *Ehlermann/Atanasiu (Hrsg.),* European Competition Law Annual 2001, S. 341, 346 ff.; *Blanke,* EBLR 2005, 169, 173; *Schnyder,* IPRax 1994, 465 ff.

137 Nach h.M. können die Parteien jedoch einen Instanzenzug vereinbaren: RGZ 74, 307; *Schwab/Walter,* Schiedsgerichtsbarkeit, Kap. 22, Rn. 1; *Schlosser,* in: *Stein/Jonas (Hrsg.),* § 1034 Rn. 9 ZPO; *Schütze/Tscherning/Wais,* Handbuch des Schiedsverfahrens, Rn. 122.

geltend machen. Sie können dadurch weitere Tatsacheninstanzen gewinnen.[138] Die Parteien berufen sich dabei gerne auf einen *ordre public*-Verstoß. Folglich muss zunächst geprüft werden, ob die Vorschriften des Europäischen Wettbewerbsrechts, insbesondere Art. 101 AEUV, im Rahmen einer *ordre public*-Kontrolle von dem einzelstaatlichen Gericht geprüft werden müssen und in welchem Umfang der Schiedsspruch überprüft werden darf.

1. *Art. 101 AEUV als Teil des* ordre public

a) Ordre public-Vorbehalt

Unter dem Prinzip des *ordre public* versteht man im Internationalen Privatrecht und im Öffentlichen Recht das Grundlegende der inländischen Wertvorstellungen. Es handelt sich dabei nicht um ein subsumtionsfähiges Prinzip, sondern muss als unbestimmter Rechtsbegriff durch Auslegung konkretisiert werden.[139] Die Auslegung des Begriffs birgt eine Vielzahl von Problemen.[140] Deshalb sollen hier auch nicht die verschiedenen Bedeutungen des *ordre public* in den verschiedenen nationalen und internationalen Zusammenhängen analysiert, sondern es soll nur ein kurzer Überblick gegeben werden.[141]

Nach deutschem Recht werden unter *ordre public* alle Normen verstanden, die die Grundlagen des deutschen staatlichen und wirtschaftlichen Lebens im Bund und in den Ländern in zwingender, dem Parteibelieben entzogener Weise regeln und nicht auf Zweckmäßigkeit beruhen.[142] Ein Verstoß gegen deutsches oder europäisches Kartellrecht stellt oft auch einen Verstoß gegen den *ordre public* dar.[143] Auch

---

138 *Harbst,* SchiedsVZ 2007, 22.

139 *Sonnenberger,* in: MüKo, BGB, Art. 6 EGBGB Rn. 13 ff.

140 *Blanke,* EBLR 2005, 169, 171 geht sogar so weit, dass er das Prinzip des *ordre public* als verteufelt ansieht: „[...] is a concept truly bedeviled." Vgl. auch zur Anwendung zwingender Normen durch Schiedsgerichte: *Hilbig,* Das gemeinschaftsrechtliche Kartellverbot im internationalen Handelsschiedsverfahren, S. 9 ff.; *Schiffer,* Normen ausländischen „öffentlichen" Rechts in internationalen Schiedsverfahren; *Remien,* in: FS Kropholler, S. 869 ff.; *Weller,* in: *Gottschalk,* Conflicts of Laws in a Globalized World, S. 243 ff. Siehe umfassend *Alvarez de Pfeifle,* Der Ordre Public-Vorbehalt als Versagungsgrund der Anerkennung und Vollstreckbarerklärung internationaler Schiedssprüche, 2009.

141 Siehe eine detaillierte Analyse bei *Basedow,* in: FS Sonnenberger, S. 291 ff.; *Horn,* SchiedsVZ 2008, 209, 212; *Martiny,* in: FS Sonnenberger, S. 523 ff.; *Sandrock,* in: FS Sonnenberger, S. 615 ff.; *Shelkoplyas,* The Application of EC Law in Arbitration Proceedings, S. 123.

142 BGHZ 27, 249, 256; RGZ 169, 240, 245; OLG Hamburg NJW 1955, 390; OLG Celle BB 1958, 1107; OLG Köln BB 1965, 354 f.; *Schwab/Walter,* Schiedsgerichtsbarkeit, Kap. 24, Rn. 37.

143 BGH v. 23.4.1959, NJW 1959, 1438, 1440; Urteil v. 27.2.1969, NJW 1969, 978, 979; Urteil v. 31.5.1971, NJW 1972, 2180, 2181 f.; *Bosch,* in: FS Bechtold, S. 59, 64; *Schlosser,*

in Österreich,[144] Frankreich[145], Schweden[146] und den Niederlanden[147] gehören die Wettbewerbsvorschriften zum *ordre public*. Das schweizerische Bundesgericht[148] hat sich erstmals im Jahr 2005 zur Zugehörigkeit wettbewerbsrechtlicher Vorschriften zum *ordre public* geäußert. Nach Art. 190 Abs. 2 lit. e schweizerisches IPRG liegt ein Verstoß gegen den *ordre public* nur vor, wenn der Schiedsspruch fundamentale Rechtsgrundsätze verletzt und daher mit der vorherrschenden Rechts- und Wertordnung schlechthin unvereinbar ist. Nach Auffassung des Bundesgerichts gehört nur das Schweizer, aber nicht das ausländische Wettbewerbsrecht zum *ordre public* in diesem Sinne.[149] Eine Vollstreckung des Schiedsspruchs kann dann versagt werden, wenn er das schweizerische Rechtsempfinden in unerträglicher Weise verletzt.[150] Jedoch legt das Bundesgericht die Versagungsgründe für das Exequaturverfahren grundsätzlich eng aus[151] und es hat bisher die Vollstreckung eines ausländischen Schiedsspruchs aufgrund der Verletzung schweizerischen Wettbewerbsrechts nicht verweigert.[152]

---

in: *Stein/Jonas (Hrsg.)*, ZPO, Anh. § 1061 Rn. 148; *Schwab/Walter*, Schiedsgerichtsbarkeit, Kap. 24 Rn. 44.

144 öOHG v. 23.02.1998, Rs. 3 Ob 115/95, ZfRV 1999, 24, 25 Leitsatz Nr. 3; *Gamauf*, ZfRV 2000, 41, 44; *Liebscher*, Arb. Int. 2000, 357.

145 CA Paris v. 16.3.1995; Rev. Arb. 1996, 146 f.; CA Paris v. 14.6.2001, Rev. Arb. 2001, 773 ff.; CA Paris v. 14.6.2001, Rev. Arb. 2001, 805, 810; *Niggemann*, SchiedsVZ 2005, 265, 270.

146 *Blanke*, EBLR 2005, 169, 173: „[...] the relevant legislation designed to protect the *ordre public* could even apply to disputes raising issues of EU Law [...]".

147 *Landolt*, Modernised EC Competition Law in International Arbitration, Rn. 7–83 Fn. 110; *Meinhardt/Ahrens*, SchiedsVZ 2006, 182, 187; vgl. zur *Eco Swiss*-Entscheidung ausführlich § 2 B.II.1.b).

148 BGE 4P.278/2005, ASA Bull. 2006, 521 m. Anm. *Landolt*, 535 ff.

149 BGE 4P.278/2005, E. 3 ASA Bull 2006, S. 521; Kritik an der Position des Bundesgerichts: *Baudenbacher*, in: *Ehlermann/Atanasiu (Hrsg.)*, European Competition Law Annual 2001, S. 341, 349; *Blessing*, EG/U.S. Kartellrecht in internationalen Schiedsverfahren, S. 47; *Hoffet*, ASA Bull. 2000, 697, 702; *Girsberger/Weber-Stecher*, in: FS Zäch, S. 681, 687; *Meinhardt/Ahrens*, SchiedsVZ 2006, 182, 187 f.; optimistisch in die Zukunft blickend jedoch *Landolt*, EBLR 2008, 129, 141: „Consequently, seen dynamically, if competition law values are not viewed today as being sufficiently weighty to merit public policy protection, they may well graduate to that status in the future." und *Vischer/Huber/Oser*, Int. Vertragsrecht, Rn. 955, die meinen, dass die kartellrechtlichen Vorschriften in eine Grauzone zwischen *ordre public* und Eingriffsnormen fallen.

150 BGE v. 9.1.1995, SZIER 1996, 554, 556; Bezirksgericht Affoltern v. 26.5.1994, SZIER 1997, 617, 618; Cour de justice de Genève v. 11.12.1997, SZIER 1998, 608, 610.

151 BGE v. 9.1.1995, SZIER 1996, 554, 556.

152 So *Meinhardt/Ahrens*, SchiedsVZ 2006, 182, 187.

b) Die Eco-Swiss-Entscheidung des EuGH

Auf europäischer Ebene hatte der EuGH 14 Jahre nach der *Mitsubishi*-Entscheidung des Supreme Court Gelegenheit, sich zum Problem der Kartellrechtsanwendung in der privaten Schiedsgerichtsbarkeit zu äußern. Die Chance dazu hatte er aufgrund eines Vorabentscheidungsersuchens des niederländischen *Hoge Raad* in der Sache *Eco Swiss China Time Ltd. / Benetton International NV.*[153] Grund für das Verfahren vor dem *Hoge Raad* war ein Schiedsspruch, durch den *Benetton International BV* verurteilt wurde, an *Eco Swiss International Time Ltd.* Schadensersatz wegen Nichterfüllung eines mit dieser abgeschlossenen Lizenzvertrages zu zahlen. *Benetton* wollte die Aufhebung des Schiedsspruchs mit der Begründung erreichen, der Schiedsspruch verstoße gegen den *ordre public.* Dabei stellte der *Hoge Raad* insbesondere die Vorlagefrage, ob ein niederländisches Gericht einen Schiedsspruch bei einem Verstoß gegen Art. 101 AEUV aufheben muss, obwohl das Gericht nach nationalem Recht einer solchen Klage nur bei *ordre public*-Verstößen stattgeben darf und nach nationalem Recht die Wettbewerbsvorschriften nicht zum *ordre public* zählen.[154]

In der Entscheidung stellte der EuGH fest, dass die Vorschriften des Europäischen Wettbewerbsrechts zwingender Bestandteil des *ordre public* in allen Mitgliedstaaten seien.[155] Die *Eco Swiss*-Entscheidung verweist zur Prüfung des *ordre public* auf das nationale Recht der Mitgliedstaaten. Der Schiedsspruch wirkt grundsätzlich als rechtskräftiges Urteil (Deutschland: § 1055 ZPO; England, Wales und Nordirland: Sect. 58 AA 1996; Frankreich: Art. 1476 NCPC; Irland: Art. 14 Arbitration (International Commercial) Act 1998; Österreich: § 607 öZPO; Polen: Art. 711 pZPO; Schweden: § 59 LSF; Spanien: Art. 517 Abs. 2 span. ZPO; Tschechien: Art. 28 Gesetz 216/1994; Ungarn: § 58 Gesetz LXXI).[156] Die Folge einer kartellrechtswidrigen Anwendung von Art. 101 AEUV im Schiedsspruch kann aufgrund des *ordre public*-Vorbehalts sowohl die Aufhebung als auch die Verweigerung der Anerkennung und Vollstreckung des Schiedsspruchs sein.[157] Es muss dabei zwischen in- und ausländischen Schiedssprüchen unterschieden werden. Die Aufhebung eines inländischen Schiedsspruchs richtet sich nach den jeweiligen nationalen Verfahrensvorschriften.[158] Bei einem ausländischen Schiedsspruch kann eine Aufhebung nach nationalem Recht nicht beantragt werden. Vielmehr tritt anstelle des Aufhebungsantrags nach dem jeweils

---

153 EuGH v. 1. Juni 1999, Rs. C-126/97 m. Anm. *Spiegel,* EuZW 1999, 568 f. und *Idot,* Rev. Arb. 1999, 639; siehe auch *Philip,* in: Essays in Honour of von Mehren, S. 527 ff. Vgl. auch die interessante Diskussion bei *di Brozolo/Blanke/Landolt/Rowley,* EBLR 2008, 57 ff.

154 2. Vorlagefrage, siehe EuGH v. 1. Juni 1999, Rs. C-126/97 Rn. 31 ff. – *Eco Swiss.*

155 Urteil v. 1. Juni 1999, Rs. C-126/97 Rn. 41 – *Eco Swiss.*

156 Zum schwedischen § 59 LSF: *Jarvin/Trappe,* in: FS Böckstiegel, S. 319, 332; zum ungarischen § 58 Gesetz LXXI: *Engelhardt,* BB-Beilage 1996, Nr. 5, S. 6 ff.

157 Urteil v. 1. Juni 1999, Rs. C-126/97 Rn. 38 f. – *Eco Swiss*; *Blanke,* EBLR 2005, 169, 174; *De Groot,* J. Int. Arb. 20 (2003), 365, 371; *Pinsolle,* Int. A.L.R. 2004, 14, 18; *Spiegel,* EuZW 1999, 568; *von Mehren,* Arb. Int. 19 (2003), 465, 468.

158 Deutschland: § 1059 ZPO; Österreich: § 611 öZPO.

autonomen Recht der Antrag auf Feststellung, dass der Schiedsspruch im Inland nicht anzuerkennen ist.[159]

2. *Auswirkungen der* ordre public-*Kontrolle*

Im Anerkennungs- und Vollstreckungsverfahren des Schiedsspruchs müssen die staatlichen Gerichte eine Überprüfung des Urteils auf Grund des Verstoßes gegen den *ordre public* vornehmen. Bei der Überprüfung des Urteils sind zwei unterschiedliche Prüfungsumfänge denkbar. Zum einen könnten die Richter ihre Überprüfung auf die bloße Rechtmäßigkeit des Urteils beschränken, zum anderen aber auch eine umfassende Überprüfung des Urteils, einer *révision au fond* durchführen. Problematisch ist des Weiteren, inwieweit die staatlichen Gerichte bei der Prüfung des *ordre public* an die Feststellungen der Schiedsgerichte gebunden sind.

a) Umfang der Kontrolle

Die Anerkennung eines Schiedsspruchs wird nach obigen Maßstäben nur versagt, wenn dieser gegen den *ordre public* verstößt. Die deutsche Rechtsprechung zeigte in den letzten Jahren, dass die staatlichen Gerichte vor allem im Bereich des Kartellrechts dazu neigen, die der Entscheidung des Schiedsgerichts zugrundeliegenden Tatsachen bei der Prüfung des *ordre public* einer eigenen kartellrechtlichen Bewertung zu unterziehen.[160] Bei ausländischen Urteilen gilt jedoch der allgemeine Grundsatz des Verbots einer *révision au fond*. Das Verbot einer *révision au fond* bedeutet, dass ein ausländisches Urteil bei der Anerkennung vom nationalen Gericht sachlich nicht nachgeprüft werden darf.[161] Dieses Verbot gilt grundsätzlich auch bei der Überprüfung von Schiedssprüchen durch die staatlichen Gerichte.[162] Das Verbot der *révision au fond* gilt jedoch nicht uneingeschränkt. Eine Ausnahme von dem Verbot kann zugunsten des *ordre public* gemacht werden.[163] Fraglich ist daher, ob bei der Überprüfung des Europäischen Wettbewerbsrechts als Teil des *ordre public*

---

159 Siehe *Voit*, in: *Musielak (Hrsg.)*, ZPO, § 1061 Rn. 2.

160 OLG Düsseldorf, Beschluss v. 21.7.2004, IV-Sch (Kart) 1/02, Rn. 28 ff., dass sich nicht an die Tatsachenfeststellungen des Schiedsgerichts gebunden fühlte und eine eigene Beweisaufnahme durchführte; a.A. OLG Thüringen SchiedsVZ 2008, 44.

161 Siehe allgemein zur *révision au fond*: *Schütze*, Deutsches Internationales Zivilprozessrecht, S. 160 ff.

162 *Kegel/Schurig*, IPR, S. 490 f.; *Kropholler*, IPR, § 60 IV 1c; *Martiny*, Hdb. IZVR Bd. III/1., Rn. 319 ff.; *Schaack*, IZVR, Rn. 958; *v. Hoffmann/Thorn*, IPR, § 3 Rn. 165.

163 *Bach*, in: BeckOK, ZPO, § 723 Rn. 4.1; *Gottwald*, in: MüKo, ZPO, § 328 Rn. 99. Für Deutschland: *Harbst*, SchiedsVZ 2007, 22; *Sonnauer*, Die Kontrolle der Schiedsgerichte durch die staatlichen Gerichte, S. 90; *Trappe*, BB-Beilage 2000, Nr. 8, 7; für Belgien: *Storme/Demeulenaere*, International Commercial Arbitration in Belgium, S. 83 u. 97; für Frankreich: *Sonnauer*, Die Kontrolle der Schiedsgerichte durch die staatlichen Gerichte, S. 90 u. Fn. 197.

eine umfassende inhaltliche Überprüfung des Schiedsspruchs als Ausnahme vom allgemeinen Verbot der *révision au fond* stattfinden darf.

Das europäische Recht macht bisher keine eindeutigen Vorgaben über den Prüfungsumfang von Schiedssprüchen. Der EuGH hat sich in seiner *Eco Swiss*-Entscheidung aufgrund des Effektivitätsgrundsatzes klar gegen eine umfassende *révision au fond* im Rahmen des Verfahrens zur Anerkennung und Vollstreckung von Schiedssprüchen ausgesprochen:[164]

> *„Weiter ist darauf hinzuweisen, dass die Erfordernisse der Effizienz des Schiedsverfahrens es rechtfertigen, Schiedssprüche nur in beschränktem Umfang zu überprüfen und die Aufhebung eines Schiedsspruchs oder die Versagung seiner Anerkennung nur in außergewöhnlichen Fällen vorzusehen."*

Einigkeit scheint nur dahingehend zu bestehen, dass bei der Überprüfung im Interesse der Effizienz von Schiedsverfahren eine umfassende *révision au fond* nicht vorgenommen werden darf.[165] Die Maßstäbe der Überprüfung werden trotz der *Eco Swiss*-Entscheidung in der Rechtsprechung der staatlichen Gerichte nicht einheitlich beurteilt.

Das französische Berufungsgericht in Paris lehnte in seiner *Thalès*-Entscheidung[166] eine umfassende *révision au fond* eines ICC-Schiedsspruchs in Sache *SNF vs. Cytec* im Anerkennungs- und Vollstreckungsverfahren ab. Allerdings ist das Berufungsgericht bei der Überprüfung des Schiedsspruchs wesentlich milder, als der EuGH in *Eco Swiss* es sehen wollte. Die Prüfungskompetenz beschränkt sich nach dieser Entscheidung auf die Feststellung, ob die Entscheidung eine erhebliche, tatsächliche und konkrete Verletzung des *ordre public* darstellt, die die Aufhebung des Schiedsspruchs rechtfertigt.[167] Das Gericht muss danach lediglich prüfen, ob die in Frage stehende Vereinbarung der Parteien offensichtlich eine Wettbewerbsbeschränkung bezwecke oder bewirke. Eine Aufhebung des Schiedsspruchs ergeht nicht deshalb, weil das Schiedsgericht nicht von sich aus die Vereinbarkeit der in Frage stehenden Vereinbarung mit den Vorschriften des europäischen Kartellrechts geprüft hat.[168] Aber genau darin liegt die Gefahr der *Thalès*-Entscheidung, dass die Schiedsrichter erfolgreich eine Überprüfung ihrer Entscheidung hinsichtlich des Europäischen Wettbewerbsrechts vermeiden können, indem sie kaum oder gar nicht auf diesen Aspekt in ihrer Entscheidung eingehen.[169]

---

164 EuGH v. 1.6.1999, Rs. C-126/97, Rn. 35 – *Eco Swiss.*

165 *Kasolowsky/Steup,* IPRax 2011, 96, 97.

166 CA Paris v. 18.11.2004, JCP – Ed.Gen. 2005, S. 570; *Brulard/Qintin,* J. Int. Arb. 18 (2001), 533, 544.

167 *Bensaude,* J. Int. Arb. 22 (2005), 239, 242; *Blanke,* J. Int. Arb. 23 (2006), 249, 257; *Brozolo,* Rev. Arb. 2005, 529, 535; *Kasolowsky/Steup,* IPRax 2009, 268 ff.; *Landolt,* EBLR 2008, 129, 143.

168 *Kasolowsky/Steup,* SchiedsVZ 2008, 72, 75.

169 *Landolt,* EBLR 2008, 129, 144.

Derselbe Schiedsspruch aus der *Thalès*-Entscheidung wurde im Rahmen eines Aufhebungsverfahrens durch das belgische Berufungsgericht in Brüssel nochmals auf seine Vereinbarkeit mit dem *ordre public* überprüft. Nachdem das belgische Gericht erster Instanz sich von der *Thalès*-Entscheidung des französischen Berufungsgerichts in Paris noch weitestgehend distanziert und sich für eine umfangreichere Überprüfung ausgesprochen hatte,[170] nähert sich die Entscheidung des Berufungsgerichts in Brüssel dem restriktiveren Ansatz aus der *Thalès*-Entscheidung an.[171] Die Entscheidung bleibt jedoch deutlich hinter den Aussagen der *Thalès*-Entscheidung zurück. Nach Ansicht des belgischen Berufungsgerichts ist es nicht Aufgabe des im Rahmen des Aufhebungsverfahrens mit der Überprüfung des Schiedsspruchs betrauten Richters, die Argumentation der Schiedsrichter zu überprüfen und seine eigene an die Stelle der Erwägungen des Schiedsgerichts zu setzen. Der Richter im Aufhebungsverfahren müsse vor dem Hintergrund des Verbots der *révision au fond* die Rechtmäßigkeit des Schiedsspruchs überprüfen. Dabei müsse er sich an den abschließend aufgezählten Aufhebungsgründe orientieren.[172]

Eine Entscheidung des Berufungsgerichts in Mailand umgeht das Problem aus der *Thalès*-Entscheidung und stimmt damit mit der Verpflichtung der einzelstaatlichen Gerichte aus *Eco Swiss* überein. Die Anforderungen aus dieser Entscheidung sind wesentlich höher. Nach Ansicht des Berufungsgerichts war es seine Aufgabe, die rechtlichen Grundlagen des Schiedsspruchs zu untersuchen, aber nicht hinsichtlich der Richtigkeit i.S. einer Überprüfung der rechtlichen Fehler. Vielmehr muss die Entscheidung anführen, dass das Schiedsgericht Prinzipien und Kriterien akzeptiert und berücksichtigt hat, die mit dem italienischen Kartellrecht vereinbar sind. Das Schiedsgericht ist daher verpflichtet, ausreichende Argumente aufzuführen, die das staatliche Gericht benötigt, um festzustellen, dass das Schiedsgericht die einschlägigen wettbewerbsrechtlichen Prinzipien beachtet und richtig angewendet hat.[173]

Die Interessen der Parteien an der Rechtssicherheit und die Effizienz des Schiedsverfahrens können nur gewährleistet werden, wenn staatliche Gerichte einen einheitlichen Überprüfungsmaßstab im Rahmen der Anerkennung von Schiedssprüchen setzen. Die obigen Urteile zeigen, dass es bisher keine einheitlichen Maßstäbe bei der Überprüfung von Schiedssprüchen gibt. Die Notwendigkeit einheitlicher Maßstäbe besteht zur Verringerung der Gefahr eines *forum shoppings* gleichwohl. Fälle wie der ICC-Schiedsspruch aus der *Thalès*-Entscheidung, der in Frankreich anerkannt und vollstreckt, aber in Belgien aufgrund *ordre public*-Widrigkeit aufgehoben wurde, verdeutlichen die Gefahr. Daher befürworten einige Autoren in der deutschen Fachliteratur die Schaffung spezieller Schiedsgerichtssenate an den

---

170 *Tribunal de première instance de Bruxelles,* Urteil v. 8.3.2007, Revue de l'Arbitrage 2007, 303 ff. – *Société SNF SAS / société Cytec Industrie.* Siehe dazu auch *Meulemeester/Piers,* ASA Bull. 2007, 630 ff.

171 Cour d'appel de Bruxelles, Urteil v. 22.6.2009 (2007/AR/1742).

172 Siehe dazu *Kasolowsky/Steub,* IPRax 2011, 96, 98.

173 *Landolt,* EBLR 2008, 129, 144.

Oberlandesgerichten zur Entwicklung einheitlicher Maßstäbe.[174] Zumindest bei Schiedssprüchen mit kartellrechtlichen Aspekten würde dann aber eine Zuständigkeitskonkurrenz mit den Kartellsenaten bestehen. Das OLG Düsseldorf hatte in einer etwas älteren Entscheidung aus dem Jahr 2002 eine ausschließliche Zuständigkeit des Kartellsenats für eine Streitigkeit angenommen, bei der im Vollstreckungsverfahren zu klären war, ob ein Schiedsspruch europäisches oder deutsches Kartellrecht verletzte und deswegen nicht vollstreckbar sei. Das OLG begründete diese Entscheidung damit, dass § 91 GWB i.V.m. § 87 Abs. 1 S. 2 GWB *lex specialis* zu § 1062 BGB sei und § 1062 BGB letztlich nur festlege, dass als Eingangsinstanz nicht das Landgericht, sondern das Oberlandesgericht zu entscheiden habe.[175] Wenn man der umstrittenen Auffassung des OLG Düsseldorf folgt, wäre die Schaffung schiedsrechtlicher Spezialsenate im Bereich des Kartellrechts also wirkungslos, wenn der Gesetzgeber nicht eine weitere lex specialis Regelung zu § 91 GWB i.V.m. § 87 Abs. 1 S. 2 GWB schaffen würde, welcher die vorrangige Zuständigkeit dieser speziell geschaffenen schiedsrechtlicher Senate festlegt. Ferner wären auch die Kartellsenate dazu in der Lage, einheitliche Maßstäbe zu entwickeln, zumal sie dabei ihre Erfahrungen in der Anwendung der kartellrechtlichen Vorschriften nutzen könnten und eine richtige Anwendung dieser doch teilweise recht komplizierten Vorschriften garantiert wäre. Jedoch könnte ein Nachteil der Kartellsenate sein, dass diese eher kartellrechtsorientiert und wenig schiedsfreundlich sind und die Bedürfnisse der Schiedsgerichtsbarkeit womöglich nicht vollkommen gerecht werden können.

Spezielle Schiedsgerichtssenate können zudem nur auf nationaler Ebene einheitliche Maßstäbe schaffen. Um die Problematik des *forum shoppings* zu verringern, bedarf es vielmehr auf europäischer Ebene einer Vereinheitlichung. Wünschenswert wäre eine deutlichere Rechtsprechung des EuGH zum Umfang der Überprüfungspflicht bzw. eine Richtlinie der EU.

Man hätte darüber nachdenken können, ob sich einheitliche Maßstäbe zum Überprüfungsumfang von Schiedssprüchen in die EuGVVO n.F. hätten integrieren lassen.[176] Der erste Entwurf der EuGVVO n.F. ging zwar untypischerweise in Art. 29 Abs. 4 auf die Schiedsgerichtsbarkeit ein. Es handelte sich jedoch nur um den Versuch einer Umsetzung der Problematik der *anti suit injunctions* und des *lis pendens*-Mechanismus[177] als Folge der *West Tanker*-Rechtsprechung des EuGH,[178] der in der Ende 2012 verabschiedeten endgültigen Fassung der EuGVVO n.F. (Verordnung

174 *Kasolowsky/Steub*, SchiedsVZ 2008, 72, 76; *Kraft*, SchiedsVZ 2007, 318, 319.

175 OLG Düsseldorf, NJOZ 2002, 2480; ebenso *Kaslowsky/Steup*, SchiedsVZ 2008, 72; *Ollerdißen*, in: *Wiedemann (Hrsg.)*, Kartellrecht, § 62 Rz. 35; a.A. *Geimer*, in: *Zöller (Hrsg.)*, ZPO, § 1062 Rz. 6; *Saenger*, in: *Saenger (Hrsg.)*, ZPO, § 1062 Rz. 2; *Voit*, in: *Musielak/Voit (Hrsg.)*, ZPO, § 1062 Rz. 2.

176 Vgl. zur Reform der EuGVVO schon § 2 A.I.4.

177 Siehe dazu ausführlich *Balthasar/Richers*, RIW 2009, 351; *Illmer*, RabelsZ 2011, 645 ff.

178 EuGH v. 10.2.2009, Rs. C-185/07 – *West Tankers* mit Anm. *Illmer*, IPRax 2009, 312 ff.; siehe auch *Bělohlávek*, ASA Bull. 2009, 27 ff.; *Grierson*, JIA 26 (2006), 891 ff.; *Illmer*.,

(EG) Nr. 1215/2012) zudem ersatzlos weggestrichen wurde. Sowohl Erwägungsgrund Nr. 12 als auch Art. 1 Abs. 2 lit. d) schließen die Schiedsgerichte von der Anwendbarkeit der EuGVVO n.F. aus. Die Anerkennung und Vollstreckung des Schiedsspruchs wäre jedoch ohnehin nicht nach der EuGVVO n.F. erfolgt, sodass die Setzung einheitlicher Maßstäbe für die Überprüfung des Schiedsverfahrens im staatlichen Exequaturverfahren in der EuGVVO n.F. systemfremd gewesen wäre.

b) Bindung der staatlichen Gerichte an Feststellungen des Schiedsgerichts?

Fraglich ist, inwieweit die staatlichen Gerichte im Anerkennungs- und Vollstreckungsverfahren an die Feststellungen des Schiedsgerichts in tatsächlicher und in rechtlicher Hinsicht gebunden sind. Es ist gerade ein Kennzeichen der Schiedsgerichtsbarkeit, dass das Verfahren schneller ist. Inwieweit kann eine rechtliche Würdigung und eine neue Tatsachenfeststellung erfolgen, ohne dass diesem Grundsatz widersprochen wird?

Grundsätzlich ist das staatliche Gericht an die rechtliche Würdigung durch das Schiedsgericht nicht gebunden.[179] Problematisch ist allerdings, inwieweit Sachverhaltsfeststellungen überprüft werden können, wenn die Parteien behaupten, dass diese fehlerhaft oder unvollständig seien und daher die *ordre public*-Widrigkeit des Vertrages verborgen bleibe.

Aus Sicht des BGH ist auch bei fehlerhaften Tatsachenfeststellungen eine uneingeschränkte Überprüfung des Schiedsspruchs möglich.[180] Begründet wird dies damit, dass den Gerichten eine Überwachungsaufgabe im Hinblick auf die Einhaltung des *ordre public* zukommt. Diese Überwachungsaufgabe könne jedoch nur unvollständig wahrgenommen werden, wenn das Gericht an die Entscheidung des Schiedsgerichts gebunden wäre.[181]

Eine Mindermeinung in der Literatur[182] kritisiert jedoch die Ansicht des BGH dahingehend, dass hier lediglich die Möglichkeit eröffnet wird, die Streitigkeit wieder aufzurollen und umfassend zu überprüfen. Die Tatsachenfeststellungen des

---

IHR 2011, 108 ff.; *Markus/Giroud,* ASA Bull. 2010, 230; *Niggemann,* SchiedsVZ 2010, 67 ff.; *Noussia,* JIA 26 (2009), 311 ff.

179 BGHZ 27, 249, 354; 30, 89, 95; 46, 365, 369 f.; BGH NJW 1972, 2180. 2181; *Bosch,* in: FS Bechtold, S. 59, 64; *Geimer,* in: *Zöller (Hrsg.),* ZPO, § 1059 Rn. 49 f.; *Habscheid,* JZ 1959, 174 f.; *Lachmann,* Handbuch für Schiedsgerichtspraxis, Rn. 2350 f.

180 BGH WM 1983, 1207 f.; BGH NJW 1973, 98, 99 f.; BGHZ 46, 365, 370; siehe auch *Altenmüller,* KTS 1974, 150 ff.; *Lachmann,* Handbuch für Schiedsgerichtspraxis, Rn. 2356 ff.; *Habscheid,* JZ 1959, 174 f.; *Kornblum,* ZZP 86 (1973), 219 ff.; *Gottwald,* in: FS Nagel, S. 54, 66.

181 BGHZ 30, 89, 95; siehe auch *Schwab/Walter,* Schiedsgerichtsbarkeit, Kap. 24 Rn. 46.

182 *Geimer,* in: *Zöller (Hrsg.),* ZPO, § 1059 Rn. 53; zustimmend auch *Haas,* Die Anerkennung und Vollstreckung ausländischer Schiedssprüche, S. 103; *Harbst,* Die Rolle der staatlichen Gerichte im Schiedsverfahren, S. 199; *ders.,* SchiedsVZ 2007, 22, 26; *Trappe,* BB-Beilage 2000, Nr. 8, 7, 8; *ders.,* J. Int. Arb. 15 (1998), Nr. 3, 93, 95 f. Im Ergebnis auch *Shelkoplyas,* The Application of EC Law in Arbitration Proceedings,

Schiedsgerichts sollen daher nur beschränkt überprüft werden, solange nicht ein Verfahrensmangel vorliegt. Liegt ein solcher nicht vor, sind die staatlichen Gerichte an die Sachverhaltsfeststellungen des Schiedsgerichts gebunden.[183] Mittlerweile haben sich dieser restriktiven Ansicht auch einige Gerichte angeschlossen.[184] Dieser Ansicht ist zuzustimmen. Die Rechtsprechung des BGH umgeht das Verbot der *révision au fond* und steht im Widerspruch dazu, dass in der Eco Swiss-Entscheidung des EuGH anerkannt worden ist, die Effizienz des Schiedsverfahrens rechtfertige es, Schiedssprüche „nur in beschränktem Umfang zu überprüfen" und „nur in außergewöhnlichen Fällen" aufzuheben oder ihnen die Anerkennung zu versagen.[185] Obwohl es gerade in der Schiedsgerichtsbarkeit keinen Instanzenzug gibt, wird mit einer uneingeschränkten Tatsachenüberprüfung eine zweite Tatsacheninstanz geschaffen.

C. Ergebnis des 2. Paragraphen

Die Schiedsgerichtsbarkeit ist der Regelfall im internationalen Handel. Ihre Vorteile machen die Schiedsgerichte bei internationalen Streitigkeiten zu einer attraktiven Alternative. Im Hinblick auf diese Untersuchung sind insbesondere die Vertraulichkeit des Schiedsverfahrens und die Pflicht der Schiedsrichter zur Schaffung eines durchsetzbaren Schiedsspruchs hervorzuheben. Diese Besonderheiten des Schiedsverfahrens sind bei der Problematik der Anwendung des Europäischen Wettbewerbsrechts durch die Schiedsgerichte ausschlaggebend für viele Ergebnisse dieser Untersuchung.

Seit der EuGH-Entscheidung in der Sache *Eco Swiss* ist die Schiedsfähigkeit kartellrechtlicher Streitigkeiten anerkannt. In Deutschland sind alle vermögensrechtlichen Streitigkeiten nach § 1030 Abs. 1 S. 1 ZPO, also auch die kartellrechtlichen, schiedsfähig. Das gleiche Urteil des EuGH stellte darüber hinaus fest, dass das Europäischen Wettbewerbsrecht, insbesondere Art. 101 AEUV, zum *ordre public* der Mitgliedstaaten gehört und daher sowohl im Aufhebungs- als auch im Anerkennungs- und Vollstreckungsverfahren des Schiedsspruchs vom einzelstaatlichen Gericht *ex officio* überprüft werden muss.

S. 132: die Schiedssprüche haben *res judicata*-Effekt, sodass die staatlichen Gerichte nur die Möglichkeit der Anerkennung und Versagung haben.

183 *Geimer*, in: *Zöller (Hrsg.)*, ZPO, § 1059 Rn. 53; *Harbst*, SchiedsVZ 2007, 22, 27; a.A.: *Hausmann*, in: FS Stoll, S. 593, 607; *Kröll*, ZZP 117 (2004), 453, 469.

184 Deutsche Gerichte: OLG Hamburg v. 12.3.1998, OLG-Report 1998, 403. Englische Gerichte: QBD, *Westacre v. Jugoimport* (1998) 2 Lloyd's Rep., 111.; QBD, *OTV (Omnium de Traitement et de Valeurisation S.A. v. Hilmarton Ltd.* (1999) 2 Lloyd's Rep., 222. Schweizer Gerichte: Bezirksgericht Affoltern v. 26.5.1994, ASA Bull. 97, 262, 266.

185 EuGH v. 1.6.1999, Rs. C-126/97, Rn. 35 – *Eco Swiss*. Siehe zum Fall schon ausführlich § 2 B.II.2.a).

Im Aufhebungs- bzw. Anerkennungs- und Vollstreckungsverfahren kann das staatliche Gericht nur eine beschränkte Überprüfung des Schiedsspruchs vornehmen. Einigkeit besteht nur dahingehend, dass es grundsätzlich keine *révision au fond* durchführen darf. Einheitliche Maßstäbe zur Überprüfung des Schiedsspruchs bestehen bislang nicht. Dem Urteil des staatlichen Gerichts müssen die festgestellten Tatsachen aus dem Schiedsspruch zugrunde gelegt werden. Eine neue Tatsachenfeststellung ist nur ausnahmsweise erlaubt. An die rechtliche Bewertung durch das Schiedsgericht ist das staatliche Gericht nicht gebunden.

Schiedsrichter unterliegen wie die staatlichen Gerichte der Pflicht, die Vorschriften des Europäischen Wettbewerbsrechts *ex officio* anzuwenden, auch wenn die Parteien eine Verletzung dieser Vorschriften im Schiedsverfahren nicht vorgetragen haben.

§ 3 Direkte Anwendung des Art. 101 Abs. 3 AEUV

Bei der Anwendung von Art. 101 Abs. 1 und 2 sowie Art. 102 AEUV bestand schon vor der Reform der VO 1/2003 eine parallele Zuständigkeit zwischen der Kommission, den nationalen staatlichen Gerichten und den nationalen Wettbewerbsbehörden, d.h. auch die nationalen staatlichen Gerichte und die nationalen Wettbewerbsbehörden konnten Art. 101 Abs. 1 und 2 sowie Art. 102 AEUV unmittelbar anwenden. Aber nicht nur die staatlichen Gerichte, auch die Schiedsgerichte haben seit jeher Art. 101 Abs. 1 und 2 sowie Art. 102 AEUV unmittelbar angewandt.[186]

Die Voraussetzungen des Ausnahmetatbestandes des Art. 101 Abs. 3 AEUV durfte dagegen vor der Reform ausschließlich die Kommission in einem System von Einzelfreistellungen beurteilen. Dies erhöhte allerdings die Gefahr von widersprüchlichen Entscheidungen bei den staatlichen Gerichten, da diese kartellrechtlichen Vorschriften ohne den Ausnahmetatbestand des Art. 101 Abs. 3 AEUV beurteilen mussten. Angesichts der mit dem System der Einzelfreistellungen einhergehenden enormen Arbeitsbelastung, behalf sich die Kommission zunächst mit neuen Gruppenfreistellungsverordnungen und formlosen *Comfort Letters*. Mit der Einführung eines Systems der Legalausnahme durch die VO 1/2003 hat der europäische Gesetzgeber das System grundlegend verändert. Seit der VO 1/2003 dürfen nunmehr auch staatliche Gerichte und die nationalen Wettbewerbsbehörden die Voraussetzungen von Art. 101 Abs. 3 AEUV beurteilen.[187]

Die gleiche Problematik wie noch bei den staatlichen Gerichten vor der Reform stellt sich nunmehr auch bei den Schiedsgerichten, d.h. ob auch nach der Reform der VO 1/2003 die Schiedsgerichte Art. 101 Abs. 3 AEUV unmittelbar anwenden dürfen. Die Schiedsgerichte werden in der VO 1/2003 nicht erwähnt. Gleichwohl wenden grundsätzlich auch Schiedsgerichte Art. 101 Abs. 1 und 2 AEUV an, sodass auch bei Schiedsfällen die Gefahr von widersprüchlichen Entscheidungen ohne die Anwendung von Art. 101 Abs. 3 AEUV hoch ist.

Die Einwendungen der Kommission gegen die Schiedsgerichtsbarkeit als Forum für die Anwendung des Europäischen Wettbewerbsrechts beruhen grundsätzlich auf zwei Denkansätzen. Erstens besteht das Europäische Wettbewerbsrecht aus einer Reihe von zwingenden Normen. Die Natur und Bedeutung dieser Normen scheinen sowohl mit der Rolle des Schiedsrichters als privater Richter als auch mit der Vertraulichkeit, der prozessualen Flexibilität und der richterlichen Verschwiegenheit in einem Konflikt zu liegen. Zweitens wird die Schiedsgerichtsbarkeit als Mittel der Umgehung des Europäischen Wettbewerbsrechts angesehen. Die Kommission hat

186 Siehe *Meessen/Kersting*, in: *Loewenheim/Meessen/Riesenkampff*, Einführung in das europäische und deutsche Kartellrecht, Rn. 118 ff. m.w.Nachw.

187 Siehe dazu ausführlich § 1.B.

hauptsächlich Bedenken, dass die Schiedsgerichtsbarkeit die zusammenhängende Anwendung und Durchsetzbarkeit des Europäischen Wettbewerbsrechts gefährden kann.[188]

Zunächst beschäftigt sich diese Untersuchung mit der unmittelbaren Anwendbarkeit des Art. 101 Abs. 3 AEUV durch die nationalen Gerichte (A.). Im Mittelpunkt des Interesses steht in diesem Abschnitt jedoch die unmittelbare Anwendbarkeit durch die Schiedsgerichte (B.). Nach Darstellung der allgemeinen Problematik (B.I.) setzt sich die Untersuchung ausführlich mit der direkten Anwendbarkeit des Art. 101 Abs. 3 AEUV durch die Schiedsgerichte auseinander (B.II.), bevor ein abschließendes Fazit folgt (B.III.). Zum Abschluss widmet sich die Untersuchung dem Problem der Rechtsunsicherheit (C.) durch die unmittelbare Anwendbarkeit des Art. 101 Abs. 3 AEUV.

A. Direkte Anwendung des Art. 101 Abs. 3 AEUV durch nationale Gerichte

I. Unmittelbare Anwendung

Art. 6 VO 1/2003 erklärt auch die einzelstaatlichen Gerichte ausdrücklich für die Anwendung von Art. 101 und 102 AEUV zuständig. Nicht nur die Kommission ist zur Anwendung des Europäischen Kartellrechts berechtigt, sondern auch die nationalen Gerichte können entsprechend dem System der Legalausnahme Art. 101 AEUV im Ganzen anwenden.[189]

Die nationalen Gerichte sind vielmehr nicht nur dazu befugt, Art. 101 Abs. 3 AEUV direkt und unmittelbar anzuwenden, sondern auch verpflichtet,[190] die Freistellungsvoraussetzungen des Art. 101 Abs. 3 AEUV zu beurteilen. Sie müssen nicht mehr eine Entscheidung der Kommission abwarten.[191] Eine freistellungsfähige

---

188 *Dempegiotis*, J. Int. Arb. 25 (2008), 365, 379. Ein Mitarbeiter der Kommission hat in einem Telefonat im Januar 2012 diese Bedenken gegen die Schiedsgerichtsbarkeit, die teilweise in der Kommission bestehen, bestätigt.

189 Siehe dazu schon § 1 B.II. Nach *Bechtold/Bosch/Brinker/Hirsbrunner*, EU-KartellR, VO 1/2003, Art. 6 Rn. 3 und *De Bronett*, Europäisches Kartellverfahrensrecht, VO 1/2003, Art. 6 Rn. 1, stelle Art. 6 nur klar, was schon primärrechtlich gelte. Art. 6 habe danach nur rein deklatorischen Charakter; a.A. *Monopolkommission*, Sondergutachten Nr. 28, Rn. 18.

190 *Bauer*, in: MüKo, KartellR, VO 1/2003, Art. 6 Rn. 1; *Bechtold/Bosch/Brinker/Hirsbrunner*, EU-KartellR, VO 1/2003, Art. 6 Rn. 4; *Ritter*, in: *Immenga/Mestmäcker (Hrsg.)*, VO 1/2003, Art. 6 Rn. 1 ff.; *Sauter*, in: *Dauses (Hrsg.)*, EU-Wirtschaftsrecht, H.I. § 3 Rn. 6; *Zuber*, in: *Loewenheim/Meesen/Riesenkampf (Hrsg.)*, KartellR, VerfVO, Art. 6 Rn. 2. Siehe zur Bestätigung des Systemswechsels auch BGH EuR 2005, 79, 81.

191 *Bauer*, in: MüKo, KartellR, VO 1/2003, Art. 6 Rn. 3.

Vereinbarung wird dadurch von den Gerichten als wirksam und nicht wie nach alter Rechtslage als schwebend unwirksam oder nichtig angesehen.[192]

II. Begriff des Gerichts

Grundsätzlich sind nach Art. 6 VO 1/2003 alle einzelstaatlichen Gerichte zur Anwendung des Art. 101 AEUV befugt. Fraglich ist, was unter dem Begriff des „einzelstaatlichen Gerichts" zu verstehen ist. Die VO 1/2003 definiert das „einzelstaatliche Gericht" weder in Art. 6 noch in anderen Bestimmungen.

Eine Definition des „einzelstaatlichen Gerichts" findet sich in Art. 267 AEUV. Die VO 1/2003 verbindet durch ihre Verweisung in Art. 16 Abs. 1 VO 1/2003 auf Art. 267 AEUV das Kooperationssystem mit der Vorlageberechtigung. Durch diese Verweisung stellt die VO 1/2003 sicher, dass die staatlichen Gerichte ergänzend zu ihren Rechten aus der VO 1/2003 eine Vorlage zum EuGH nach Art. 267 AEUV einreichen können. Die VO 1/2003 und Art. 267 AEUV gehen von der gleichen Begrifflichkeit aus, wenn sie von „einzelstaatlichen Gerichten" sprechen. Ihre Definition der „einzelstaatlichen Gerichte" aus Art. 267 AEUV kann im Rahmen der VO 1/2003 herangezogen werden. Der EuGH interpretiert den Gerichtsbegriff weit.[193] Die zahlreiche Rechtsprechung des EuGH zum Gerichtsbegriff lässt folgende Kriterien erkennen:[194] Ein vorlageberechtigtes Gericht ist jede unabhängige, zur Streitentscheidung berufene Instanz, die durch oder aufgrund eines Gesetzes eingerichtet ist, eine obligatorische und willkürliche Wahl durch die Parteien nicht zugängliche Zuständigkeit begründet und unter Anwendung von Rechtsnormen und nicht allein nach Billigkeitsgesichtspunkten bindend entscheidet.[195] Der EuGH hat diese Merkmale dahingehend konkretisiert, dass ein einzelstattliches Gericht eine hinreichend enge Beziehung zur öffentlichen Gewalt des jeweiligen Mitgliedstaates aufweisen und unter Zustimmung der dortigen öffentlichen Gewalt seine Aufgabe wahrnehmen muss.[196] Der Gerichtshof versteht als mitgliedstaatliches Gericht „jedes Organ, das in völliger Unabhängigkeit im Rahmen eines Verfahrens

---

192 *Komninos*, EC Private Antitrust Enforcement, S. 85; *Zuber*, in: *Loewenheim/Meesen/Riesenkampff (Hrsg.)*, KartellR, VerfVO, Art. 6 Rn. 3.

193 *Ehricke*, in: *Streinz (Hrsg.)*, EUV/AEUV, Art. 267 AEUV Rn. 28; *Schwarze*, in: *Schwarze (Hrsg.)*, EU-Kommentar, Art. 267 AEUV Rn. 26.

194 Siehe die Nachweise zur EuGH-Rechtsprechung bei *Dauses*, in: *Dauses (Hrsg.)*, EU-Wirtschaftsrecht, P.II. Vorabentscheidungsverfahren, Rn. 117.

195 EuGH v. 30.6.1966, Rs. 61/65 – *Vaassen-Göbbels*; EuGH v. 17.10.1989, Rs. C-94/10 – *Danfoss*; EuGH v. 30.3.1993, Rs. C-24/92 – *Corbiau*; EuGH v. 27.4.1994, Rs. C-393/92 Rn. 21 – *Gemeinde Almelo*.

196 EuGH v. 23.3.1982, Rs. 102/81 Rn. 10 ff. – *Dt. Hochseefischerei*; EuGH v. 27.4.1994, Rs. C-393/92 Rn. 21 – *Gemeinde Almelo*.

zu entscheiden hat, das auf eine Entscheidung mit Rechtsprechungscharakter abzielt.[197]

Hierunter fallen demnach alle staatlichen Gerichte mit Jurisdiktionsgewalt,[198] d.h. alle Straf-, Zivil-, Arbeits-, Finanz-, Sozial- oder Verwaltungsprozesse unabhängig von ihrer Verfahrensart (Klage- oder Eilverfahren – im letzteren Fall dann Vorabentscheidungsersuchen im Eilverfahren gemäß Art. 23 a Satzung-EuGH, Art. 104b VerfO-EuGH). Obwohl Art. 101 AEUV in Verfahren aller Gerichtsbarkeiten eine Rolle spielen kann, sind nach dem Sinn und Zweck der VO 1/2003 zur verstärkten privaten Durchsetzung des Europäischen Wettbewerbsrechts in erster Linie Zivilgerichte von der Anwendung betroffen. Deshalb fallen vor allem Zivilgerichte unter Art. 6 VO 1/2003. Die Befugnis zur Anwendung des Art. 101 Abs. 3 AEUV steht jedoch allen Gerichten der Mitgliedstaaten offen, sodass die Anwendung grundsätzlich Verfahren auch in anderen Gerichtsbarkeiten offen steht. Daneben sind auch gerichtsähnliche Spruchkörper[199] als vorlageberechtigte Gerichte im Sinne von Art. 267 AEUV anerkannt, z.B. die Berufskammern.[200] Bejaht wird die Vorlageberechtigung auch für von mehreren Mitgliedstaaten gemeinsam geschaffene internationale Gerichte, sofern sie auch das Unionsrecht auslegen.[201] Der EuGH hat dies für den gemeinsamen Gerichtshof der Benelux-Staaten[202] bestätigt.[203]

Nichtvorlageberechtigt im Sinne von Art. 267 AEUV sind ausgehend von dieser Definition die Parteien des Ausgangsverfahrens, die Organe der Union sowie die Verwaltungsbehörden der Mitgliedstaaten oder Gerichte von Nicht-Mitgliedstaaten,[204] die Staatsanwaltschaft[205] sowie administrative Kontrollbehörden (in Deutschland z.B. das Bundeskartellamt, die Bundesnetzagentur, das Bundesamt für Strahlenschutz, das Bundespatentamt und das Bundespatentgericht)[206]. Diskutiert wird in

---

197 Vgl. EuGH v. 22.10.1998, Rs. C-9/97 und C-118/97 Rn. 18 ff. – *Jokela*; EuGH v. 12.11.1998, Rs. C-134/97 Rn. 14 – *Victoria Film*; EuGH v. 8.6.2004, Rs. C-220/02 Rn. 25 – *Österreichischer Gewerkschaftsbund.*

198 *Bechtold/Bosch/Brinker/Hirsbrunner,* EU-KartellR, VO 1/2003, Art. 6 Rn. 11; *Sellmann/Augsberg,* DÖV 2006, 533 f.; *Zuber,* in: *Loewenheim/Meesen/Riesenkampff (Hrsg.),* KartellR, VerfVO, Art. 6 Rn. 5. Zur Vorlageentscheidung des HessStGH EuGRZ 1997, 213.

199 EuGH v. 30.6.1966, Rs. 61/65 – *Vaassen-Göbbels.*

200 EuGH v. 18.6.1980, Rs. 138/80 – *Borker;* EuGH v. 6.10.1981, Rs. 246/80 – *Broeckmeulen.*

201 *Ullrich,* EuR 2010, 573 ff.

202 Die Benelux-Staaten haben mit Vertrag vom 31.3.1965 einen gemeinsamen Gerichtshof zur verbindlichen Interpretation der gemeinsamen Rechtsvorschriften gegründet und ist am 1.1.1974 Inkraft getreten.

203 EuGH v. 4.11.1997, Rs. C-337/95 Rn. 21 – *Parfums Christian Dior/Evora.*

204 *Middeke,* in: *Rengeling/Middeke/Gellermann,* Hdb. des Rechtsschutzes in der EU, § 10 Rz. 21.

205 EuGH v. 12.12.1996, Rs. C-74/95 und C-129/95 Rn. 19 – *Strafverfahren gegen X.*

206 *Middeke,* in: *Rengeling/Middeke/Gellermann,* Hdb. des Rechtsschutzes in der EU, § 10 Rz. 24.

der Literatur die Einordnung von Verbandsgerichten von Sportvereinen und der Vergabekammern des Bundes und der Länder.[207]

III. Ergebnis

Durch die VO 1/2003 wurde die unmittelbare Anwendbarkeit des Art. 101 Abs. 3 AEUV durch Gerichte und nationale Wettbewerbsbehörden ermöglicht, die nun neben der Kommission gem. Art. 4 VO 1/2003 für die Prüfung der Legalausnahme zuständig sind.

B. Direkte Anwendung des Art. 101 Abs. 3 AEUV durch Schiedsgerichte

Die Frage der Vereinbarkeit eines Vertrages zwischen zwei Unternehmen mit den kartellrechtlichen Vorschriften des Art. 101 ff. AEUV kann Gegenstand eines Schiedsverfahrens sein. Unproblematisch ist und war auch schon vor der Modernisierung durch die Reform der VO 1/2003, dass Schiedsgerichte das Kartellverbot nach Art. 101 Abs. 1 AEUV anwenden können. Jedoch bestand auch wie bei den staatlichen Gerichten vor der Reform der VO 1/2003 bei den Schiedssprüchen die Gefahr widersprüchlicher Entscheidungen, da die Beurteilung des Ausnahmetatbestands des Art. 101 Abs. 3 AEUV der Kommission alleine oblag. Dies hat sich zumindest für die staatlichen Gerichte und die nationalen Wettbewerbsbehörden grundlegend durch die Reform der VO 1/2003 geändert. Zu untersuchen ist, ob die grundsätzlichen oben aufgezeigten Bedenken der Kommission berechtigt sind und nach der Reform auch die Schiedsgerichte eine umfassende Überprüfung nach Art. 101 AEUV vornehmen können oder ob ihnen weiterhin die Prüfung des Ausnahmetatbestandes Art. 101 Abs. 3 AEUV verwehrt bleibt.

I. Direkte Anwendbarkeit des Art. 101 Abs. 3 AEUV

Bei der Frage der unmittelbaren Anwendbarkeit des Art. 101 Abs. 3 AEUV durch die Schiedsrichter könnten zu ihrer Beantwortung unterschiedliche Aspekte herangezogen werden. Zunächst ist zu prüfen, ob sich nicht aus der VO 1/2003 selbst Argumente formulieren lassen (1.). Praktische Erwägungen wie das Auseinanderreißen des Schiedsverfahrens (2.) und die Ansichten der Kommission und des EuGH (3.) müssen ebenfalls betrachtet werden. Darüber hinaus verlangt die Anwendung des Wettbewerbsrechts stets eine ökonomische Sichtweise (4.) und die Berücksichtigung der nicht-wettbewerbsrechtlichen Ziele des Unions-Vertrags (5.).

---

207 Nachweise bei *Middeke*, in: *Rengeling/Middeke/Gellermann*, Hdb. des Rechtsschutzes in der EU, § 10 Rz. 25 und 26.

1. *VO 1/2003*

Argumente für die Anwendbarkeit von Art. 101 Abs. 3 AEUV durch die Schiedsgerichte finden sich schon im Wortlaut des Art. 1 VO 1/2003 und im Sinn und Zweck der Verordnung. Ergänzend ist zu prüfen, ob das Kooperationssystem der VO 1/2003 einer unmittelbaren Anwendbarkeit des Art. 101 Abs. 3 AEUV durch die Schiedsgerichte entgegensteht.

a) Auslegung der VO 1/2003

aa) Wortlaut des Art. 1 VO 1/2003

Art. 1 Abs. 2 VO 1/2003 regelt:

> *„Vereinbarungen, Beschlüsse und aufeinander abgestimmte Verhaltensweisen im Sinne von Artikel 81 Absatz 1 des Vertrags, die die Voraussetzungen des Artikel 81 Absatz 3 des Vertrags erfüllen, sind nicht verboten, ohne dass dies einer vorherigen Entscheidung bedarf."*

Zunächst erscheint der Wortlaut von Art. 1 VO 1/2003 im Hinblick auf Schiedsgerichte als nichtssagend. Art. 1 Abs. 1 VO 1/2003 erklärt Art. 101 Abs. 1 AEUV für unmittelbar anwendbar. Art. 1 Abs. 2 VO 1/2003 bringt als Kernvorschrift den Übergang von Anmelde- und Freistellungssystem zum System der Legalausnahme zum Ausdruck. Dabei wird ausdrücklich darauf hingewiesen, dass es für die Freistellungswirkung keiner ausdrücklichen Entscheidung bedarf.[208] Die Auslegung des Wortlautes von Art. 1 VO 1/2003 ergibt die unmittelbare Anwendbarkeit von Art. 101 AEUV als Ganzes. Dies hat zur Konsequenz, dass Rechte und Pflichten geschaffen werden, die von juristischen und natürlichen Personen als Unionsrecht beachtet werden müssen. Auch die Schiedsgerichte müssen in der Konsequenz Art. 101 AEUV als Ganzen anwenden, also auch den Ausnahmetatbestand des Abs. 3.[209]

bb) Sinn und Zweck der VO 1/2003

Sinn und Zweck der VO 1/2003 und damit auch Ziel der Kommission ist u.a. die Stärkung der Kartellrechtsanwendung durch Private.[210] Schiedsgerichten muss hier

---

208 Siehe dazu schon § 1 B.III; dies und nicht die Ermächtigung in Art. 6 VO 1/2003 ist für *Eilmansberger*, SchiedsVZ 2006, 5, 8, der Grund, warum staatliche Gerichte Art. 81 Abs. 3 EG anwenden dürfen. Dann gelte das aber auch für Schiedsgerichte.

209 *Dempegiotis*, J. Int. Arb. 25 (2008), 365, 381; *Nazzini*, Concurrent Proceedings in Competition Law, Rn. 10.25; *ders.*, EBLR 2008, 89, 92; *ders.*, ECLR 2004, 153, 155 f. I.E. wohl auch *Zekos*, Hertfordshire Law Journal 4 (1), 41.

210 *Abdelgawad*, Rev. Arb. 2004, 253, 259; *Komninos*, World Comp. 2001, 211, 213. Jedoch wird nicht mit einer nennenswerten Zunahme von kartellrechtlichen Streitigkeiten gerechnet: *Klees*, Europäisches Kartellverfahrensrecht, § 8 Rn. 31; *Mestmäcker*, EuZW 1999, 523, 528; *Riley*, ECLR 2003, 657, 670; *Weitbrecht/Mühle*, EuZW 2008, 551; Wils, World Comp. 2003, 473, 475 f.; Monopolkommission, Sondergutachten Nr. 32, Rn. 64, 72; optimistischer *Hirsch*, ZWeR 2003, 233, 235 f. Verdeutlicht

eine besondere Rolle zukommen, denn auch die Schiedsrichter wenden Kartellrecht in Verfahren von Privaten an. Nach Erwägungsgrund Nr. 7 der VO 1/2003 nehmen staatliche Gerichte eine wesentliche Aufgabe bei der Anwendung der unionsrechtlichen Wettbewerbsregeln ein. Die Gerichte sollen vor allem in Rechtsstreitigkeiten zwischen Privaten die sich aus dem Unionsrecht ergebenden subjektiven Rechte schützen. Es würde gerade dem Sinn und Zweck der VO 1/2003 – der einheitlichen Anwendung des Europäischen Wettbewerbsrechts – widersprechen, wenn man Schiedsgerichte vom Anwendungsbereich ausschließen würde.[211]

cc) Kein Zurückgreifen auf Art. 104 AEUV

Zu weit geht indes die Behauptung, die Kompetenz der Schiedsrichter zur Anwendung von Art. 101 AEUV könne aufgrund einer weiten Auslegung des Begriffs der „Behörden" auf Art. 104 AEUV gestützt werden.[212] Nach Art. 104 AEUV entscheiden bis zum Inkrafttreten der gemäß Art. 103 AEUV erlassenen Rechtsvorschriften die Behörden der Mitgliedstaaten. Zwar können auch Gerichte Behörden i.S.v. Art. 104 AEUV sein, wenn sie z.B. mit der Überprüfung der Entscheidung der Verwaltungsbehörden betraut sind. Aber Gerichte, die in unmittelbarer Anwendung der Art. 101 Abs. 1 und 2 AEUV über die Wirksamkeit einer Vereinbarung oder Verpflichtung zum Schadensersatz zu entscheiden haben, handeln nicht als Behörden in diesem Sinne.[213] Da dies jedoch der Hauptanwendungsfall von Kartellrecht vor Schiedsgerichten ist, scheidet ein Zurückgreifen auf Art. 104 AEUV konsequenterweise aus.

dd) Kritik

Gegen die unmittelbare Anwendbarkeit von Art. 101 Abs. 3 AEUV werden von der schiedsgerichtlichen Literatur der Wortlaut von Art. 5 und 6 VO 1/2003 angeführt,[214]

---

wird die angestrebte Zunahme privater Kartellrechtsstreitigkeiten durch das von der Kommission am 2.4.2008 veröffentlichte Weißbuch (KOM (2008) 165) zu Schadensersatzklagen wegen Verletzung des EG-Wettbewerbsrechts; vgl. dazu auch *Weidenbach/Saller,* BB 2008, 1020 ff.

211 *Hilbig,* Das gemeinschaftsrechtliche Kartellverbot im internationalen Handelsschiedsverfahren, S. 102; *Komninos,* World Comp. 2001, 211, 220; *Liebscher,* Int. A.L.R. 2003, 84, 91.

212 So aber *Liebscher,* Int. A.L.R. 2003, 84, 91 mit Hinweis auf die weite Auslegung des Behördenbegriffs vom EuGH v. 30.1.74, Rs. 127/73, Rn. 15 – *BRT/SADAM.*

213 *Rapp-Jung,* in: MüKo, KartellR, Art. 84 EG, Rn. 13; *Sturhahn,* in: *Loewenheim/Meesen/Riesenkampff (Hrsg.),* KartellR, Art. 84 EG, Rn. 6.

214 *Idot,* in: *Ehlermann/Atanasiu (Hrsg.),* European Competition Law Annual 2001, S. 307, 316; *Komninos,* EC Private Antitrust Enforcement, S. 86; *ders.,* World Comp. 2001, 211, 220.

dass die Schiedsgerichte keine Gerichte i.S.v. Art. 4 Abs. 3 EUV[215] und sie *de lege lata* i.S.v. Art. 267 AEUV[216] weder vorlageberechtigt noch -verpflichtet sind.

(1) Wortlaut des Art. 5 und 6 VO 1/2003

Nach dem Wortlaut von Art. 5 und 6 VO 1/2003 können nur die „Wettbewerbsbehörden der Mitgliedstaaten“ und die „einzelstaatlichen Gerichte“ die Art. 101 und 102 AEUV unmittelbar anwenden. Schiedsgerichte werden nicht erwähnt.

Die Art. 5 und 6 müssten nach den Kritikern in der Literatur genauer betrachtet werden, wobei insbesondere Art. 6 mehr Zweifel aufwirft. Ein früherer Entwurf der Verordnung sah ursprünglich eine andere Fassung von Art. 6 VO 1/2003 vor. Art. 6 VO 1/2003 sollte lauten:

> *„Nationale Gerichte, vor denen sich auf das Verbot des Artikel 81 Absatz 1 EG berufen wird, sollen auch die Zuständigkeit für die Anwendbarkeit des Artikel 81 Absatz 3 EG haben.“*[217]

Man könne aufgrund dieser ursprünglichen Fassung Art. 6 dahingehend interpretieren, dass Art. 5 und 6 sich auch in ihrer aktuellen Fassung insoweit unterscheiden, dass die Formulierung von Art. 6 mehr dem System der Einzelfreistellung entspreche. Die Formulierung schaffe einen Eindruck von Exklusivität, bei dem den nationalen Gerichten die Zuständigkeit für den Ausnahmetatbestand ausdrücklich und systemfremd erteilt wird. Zusätzlich zu den nationalen Wettbewerbsbehörden könnten nur die staatlichen Gerichte Art. 101 Abs. 3 AEUV anwenden.[218] Bei einer solchen Interpretation seien Schiedsgerichte von der unmittelbaren Anwendbarkeit von Art. 101 Abs. 3 AEUV ausgeschlossen.[219]

Eine solche Interpretation lässt allerdings nicht nur den wesentlichen Punkt der Reform vermissen, dass eine Unterscheidung bei der unmittelbaren Anwendbarkeit nicht gemacht werden soll. Auch eine historische und systematische Auslegung des Textes spricht gegen eine solche Sichtweise. Schon das Weißbuch stellte fest, dass Art. 101 AEUV in seiner Gesamtheit angewendet werden könne.[220]

---

215 *Liebscher,* Int. A.L.R. 2003, 84, 92; *Komninos,* World Comp. 2001, 211, 228; *ders.,* in: *Ehlermann/Atanasiu (Hrsg.),* European Competition Law Annual 2001, S. 364, 369; *Nazzini,* Concurrent Proceedings in Competition Law, Rn. 10.26; *ders.,* EBLR 2008, 89, 93; *Slot,* 23 LIEI (1996), 101, 105; *van Gerven,* 72 Rev. dr. int. dr. comp. (1995), 67, 71.

216 *Hilbig,* Das gemeinschaftsrechtliche Kartellverbot im internationalen Handelsschiedsverfahren, S. 101.

217 Ursprüngliche Fassung von Art. 6: “National courts before which the prohibition of Article 81 (1) of the Treaty is invoked shall also have the jurisdiction to apply Article 81 (3).”

218 *Komninos,* EC Private Antitrust Enforcement, S. 86.

219 *Idot,* in: *Ehlermann/Atanasiu (Hrsg.),* European Competition Law Annual 2001, S. 307, 316; *Komninos,* World Comp. 2001, 211, 220.

220 Weißbuch, ABl. (EG) 1999, C-132/1, Rn. 12.

„Der Artikel [101 AEUV] würde auf diese Weise zu einer einheitlichen Rechtsnorm umgestaltet, die aus einem grundsätzlichen Verbot und einer Ausnahmeregelung zur Milderung des Verbotsprinzips bestünde. Der Artikel [101 AEUV] erlangte damit den Charakter einer in ihrer Gesamtheit unmittelbar anwendbaren Vorschrift, auf die sich der Einzelne vor Gericht oder jeder zu diesem Zweck ermächtigten Behörde berufen können."[221]

Wesentliches Ziel der Kommission war die Anpassung der Anwendbarkeit des Art. 101 Abs. 3 AEUV an Art. 101 Abs. 1 und 2 AEUV. Eine getrennte Beurteilung von Art. 101 Abs. 1 und 2 AEUV und Art. 101 Abs. 3 AEUV ist auch für die Schiedsgerichte von der VO 1/2003 nicht intendiert.

Das Argument mit der alten Fassung ist heute zudem irrelevant, denn sowohl in der deutschen[222] und der französischen[223] als auch in der englischen[224] Fassung ist keine unterschiedliche Formulierung der Zuständigkeiten zu erkennen, sodass folglich auch der „Stil" der Formulierungen keinen Hinweis auf das System der Einzelfreistellung geben kann und die Schiedsgerichte nicht von der unmittelbaren Anwendbarkeit des Art. 101 Abs. 3 AEUV ausgeschlossen werden.

(2) Schiedsgerichte sind keine Gerichte i.S.v. Art. 4 Abs. 3 EUV

Der Grund dafür, dass Kapitel II der VO 1/2003 die Schiedsgerichte nicht ausdrücklich mit einschließt und sich nur auf nationale Wettbewerbsbehörden und einzelstaatliche Gerichte beruft, ist, dass Schiedsgerichte nicht in den Anwendungsbereich von Art. 4 Abs. 3 EUV fallen.[225] Die Verpflichtung zur loyalen Zusammenarbeit aus Art. 4 Abs. 3 EUV ist an alle mitgliedstaatlichen *„Träger öffentlicher Gewalt"* (Exekutive, Judikative, Legislative) adressiert.[226] Die Zuständigkeiten und das Kooperationssystem unter der VO 1/2003 richtet sich an die Institutionen, die gemäß dem Unionsrecht *„Träger öffentlicher Gewalt"* i.S.v. Art. 4 Abs. 3 EUV sind. Schiedsgerichte erlangen ihre Zuständigkeit durch privatrechtliche Vereinbarungen.

---

221 Weißbuch, ABl. (EG) 1999, C-132/1, Rn. 69.

222 Art. 5 S. 1: „Die Wettbewerbsbehörden der Mitgliedstaaten sind für die Anwendung der Artikel 81 und 82 des Vertrages in Einzelfällen zuständig." Art. 6: „Die einzelstaatlichen Gerichte sind für die Anwendung der Artikel 81 und 82 des Vertrages zuständig.

223 Art. 5 S. 1: "Les autorités de concurrence des Ètats member s sont compétentes pour appliquer les articles 81 et 82 du traité dans des cas individuals." Art. 6: "Les jurisdictions nationales sont compétentes pour appliquer les articles 81 et 82 du traité."

224 Art. 5 S. 1: „The Competition authorities of the Member States shall have the power to apply Articles 81 and 82 of the Treaty in individual cases." Art. 6: „National courts shall have the power to apply Articles 81 and 82 of the Treaty."

225 *Liebscher,* Int. A.L.R. 2003, 84, 92; *Komninos,* World Comp. 2001, 211, 228; *ders.,* in: *Ehlermann/Atanasiu (Hrsg.),* European Competition Law Annual 2001, S. 364, 369; *Slot,* 23 LIEI (1996), 101, 105; *van Gerven,* 72 Rev. dr. int. dr. comp. (1995), 67, 71.

226 *Callies/Ruffert,* EUV/AEUV, Art. 4 EUV Rn. 45; *von Bogdandy/Schill,* in: *Grabitz/Hilf/Nettesheim (Hrsg.),* Art. 4 EUV Rn. 58.

Sie sind keine Träger öffentlicher Gewalt. Es ist Sache der Mitgliedstaaten, der Schiedsgerichtsbarkeit Grenzen zu setzen und Gesetze zur Regelung des Schiedsverfahrens zu erlassen.

Daher ist es nicht verwunderlich, dass die Union im Bereich des Schiedsverfahrens weitestgehend noch nicht legislativ tätig geworden ist. Unionsrechtliche Regelungen zur Schiedsgerichtsbarkeit finden sich in der Kfz-Gruppenfreistellungsverordnung vom 28. Juni 1995 (Art. 5 Abs. 3)[227] und vom 31. Juli 2002 (Art. 3 Abs. 6),[228] ex-Art. 293 EG und Art. 272, 273 AEUV. Es handelt sich dabei um absolute Ausnahmeregelungen. In der neuen Kfz-Gruppenfreistellungsverordnung vom 27. Mai 2010[229] wurde eine Art. 5 Abs. 3 VO 1474/95 und Art. 3 Abs. 6 VO 1400/2002 entsprechende Regelung nicht mehr aufgenommen. Von der Ermächtigung zur Vereinfachung der gegenseitigen Anerkennung und Vollstreckung von Schiedssprüchen aus ex-Art. 293 EG wurde kein Gebrauch gemacht. Die auf diesem Artikel beruhende alte EuGVVO, aber auch die neue EuGVVO (Verordnung (EG) 1215/2012) sind nicht auf Schiedssprüche anwendbar.[230] Ex-Art. 293 EG findet im EUV und AEUV nunmehr auch keine entsprechende Regelung. Nach Art. 272, 273 AEUV kann die Prorogation des EuGH durch Schiedsklausel oder -vertrag vereinbart werden. Der EuGH wird nicht als Schiedsgericht, sondern als Unionsorgan tätig.[231] Es wäre daher sehr ungewöhnlich gewesen, wenn eine *ad hoc*-Regelung über Schiedsgerichtsbarkeit plötzlich in die VO 1/2003 integriert worden wäre.

(3) Diskussion um die Vorlageberechtigung gem. Art. 267 AEUV

Schiedsgerichte sind nicht berechtigt, dem EuGH nach Art. 267 AEUV vorzulegen.[232] Die Rechtsprechung des Gerichtshofes zu Art. 234 EG ließe nach einer Ansicht in der Literatur[233] daher theoretisch den Schluss zu, dass die VO 1/2003 sich tatsächlich nur an einzelstaatliche Gerichte wende (Art. 6 VO 1/2003) und Schiedsgerichte damit von der Anwendung des Art. 101 Abs. 3 AEUV ausgeschlossen wären. Eine nähere Betrachtung der Interessenlage kann dieses Problem beseitigen. Denn die Interessenlage bei Art. 267 AEUV sei eine andere als bei Art. 101 Abs. 3 AEUV. Gegen die Vorlageberechtigung spreche die fehlende Bindung des Rechts, fehlende Dauerhaftigkeit, fehlende Bindung an den Schiedsspruch und die Überlastung des Gerichtshofes. Zutreffend bemerkt diese Ansicht jedoch, dass es sich bei der unmittelbaren Anwendbarkeit des Art. 101 AEUV und der Vorlageberechtigung nach

227 Verordnung (EG) Nr. 1475/95, ABl. (EG) 1995, L-145/25.

228 Verordnung (EG) Nr. 1400/2002, ABl. (EG) 2002, L-203/30.

229 Verordnung (EU) Nr. 641/2010, ABl. (EU) 2010, L-129/52.

230 *Stadler,* in: *Musielak (Hrsg.),* ZPO, VO (EG) 44/2001, Art. 32 Rn. 6.

231 *Callies/Ruffert,* EUV/AEUV, Art. 272 AEUV Rn. 8; *Kotzur,* in: *Geiger/Khan/Kotzur (Hrsg.),* EUV/AEUV, Art. 272 AEUV Rn. 1.

232 Siehe dazu § 4 A.I.

233 *Hilbig,* Das gemeinschaftsrechtliche Kartellverbot im internationalen Handelsschiedsverfahren, S. 101.

Art. 267 AEUV um unterschiedliche Problempunkte handelt. Bei der unmittelbaren Anwendbarkeit des Art. 101 AEUV geht es um den Anwendungsvorrang des Unionsrechts, beim Vorabentscheidungsverfahren nach Art. 267 AEUV dagegen um Auslegungsfragen des Unionsrechts. Der Anwendungsvorrang und die Auslegung des Unionrechts sind zwei voneinander unabhängige Rechtsfragen. Eine derartige Schlussfolgerung von der Rechtsprechung des Gerichtshofes auf die unmittelbare Anwendbarkeit kann deswegen nicht gezogen werden. Ein Rückgriff auf die Interessenlage muss nicht erfolgen.

ee) Zwischenergebnis

Obwohl ein ausdrücklicher Verweis im Wortlaut der VO 1/2003 fehlt, ist dies kein Hinweis gegen die unmittelbare Anwendbarkeit des Art. 101 Abs. 3 AEUV durch Schiedsgerichte. Die unmittelbare Anwendbarkeit durch die Schiedsgerichte findet ihre Gründe im Sinn und Zweck der VO 1/2003, der verstärkten Durchsetzung des Europäischen Kartellrechts im Privatrecht. Für eine effektive private Durchsetzung des Kartellrechts dürfen die Schiedsgerichte nicht von der unmittelbaren Anwendbarkeit des Art. 101 Abs. 3 AEUV ausgeschlossen sein.

b) Kooperationssystem der VO 1/2003

Kapitel IV der VO 1/2003 über die Zusammenarbeit und insbesondere Art. 15 und 16 bilden ein Kooperations- und Konsultationssystem zwischen der Kommission und den nationalen Wettbewerbsbehörden und den Gerichten. Dieses System hat das Ziel, den Bedenken gegen die Beständigkeit und die Durchsetzbarkeit des Europäischen Wettbewerbsrechts im System der Dezentralisation Rechnung zu tragen. Durch diese Vorschriften zieht sich der Gedanke der Zusammenarbeit. Es werden verschiedene Pflichten eingeführt, die sich an die Kommission, die nationalen Wettbewerbsbehörden und die nationalen Gerichte richten.[234] Die Schiedsgerichte gehören nicht zu diesem Kooperationssystem.[235]

Fraglich ist, ob die Rechte und Pflichten aus Art. 15 und 16 VO 1/2003 derart bedeutsam sind, dass den Schiedsgerichten, die diese Rechte und Pflichten weder wahrnehmen noch erfüllen können, aufgrund dessen die Kompetenz zur Anwendung von Art. 101 Abs. 3 AEUV versagt werden muss.[236]

Gegen eine unmittelbare Anwendung von Art. 101 Abs. 3 AEUV spricht der Zweck des Kooperationssystems und die Berücksichtigung des Allgemeininteresses bei kartellrechtlichen Streitigkeiten Privater. Das Kooperationssystem soll aber innerhalb eines Systems der konkurrierenden Zuständigkeiten und im Rahmen

234 *Komninos*, World Comp. 2001, 211, 223.
235 Siehe unten § 6 C.II.1.
236 *Hilbig*, Das gemeinschaftsrechtliche Kartellverbot im internationalen Handelsschiedsverfahren, S. 105; *Komninos*, World Comp. 2001, 211, 223; *Landolt*, Modernised EC Competition Law in International Arbitration, Rn. 5–29; *Liebscher*, Int. A.L.R. 2003, 84, 92.

der dezentralen Anwendung des europäischen Wettbewerbsrechts die Kohärenz und Einheitlichkeit der Rechtsanwendung gewährleisten.[237] Eine kohärente und einheitliche Anwendung des europäischen Kartellrechts ist erschwert, wenn das Schiedsgericht aus dem Kooperationssystem der VO 1/2003 ausgeschlossen ist. Alle prozessualen Beteiligungsrechte von Kartellbehörden unterliegen darüber hinaus dem Grundgedanken, dass das Allgemeininteresse bei kartellrechtlichen Streitigkeiten Privater berücksichtigt wird.[238] Wenn die Kommission jedoch nicht nach Art. 15 Abs. 3 VO 1/2003 als *amicus curiae* im Verfahren auftreten kann und darf, ist die Berücksichtigung des Allgemeininteresses nicht gewährleistet.

Die besseren Argumente sprechen für eine unmittelbare Anwendbarkeit durch die Schiedsgerichte. Eine dem Art. 15 VO 1/2003 ähnliche Kooperation war schon in der Bekanntmachung über die Zusammenarbeit zwischen der Kommission und den Mitgliedstaaten bei der Anwendung der Artikel 85 und 86 des EWG-Vertrags vorgesehen.[239] Dabei wurde die Frage, ob sich auch die Schiedsgerichte an die Kommission wenden können, nie als derart erheblich angesehen, dass ihre Verneinung die unmittelbare Anwendbarkeit von Art. 101 Abs. 1 und 2 AEUV in Frage gestellt hätte. Was im alten System für Art. 101 Abs. 1 und 2 AEUV galt, solle im neuen System auch für Art. 101 Abs. 3 AEUV gelten.[240] Art. 16 VO 1/2003 regelt die einheitliche Anwendung des unionsrechtlichen Wettbewerbsrechts und kodifiziert lediglich eine anerkannte EuGH-Rechtsprechung.[241] Die Gerichte und die Wettbewerbsbehörden dürfen, wenn die Kommission in einer Angelegenheit bereits eine Entscheidung getroffen hat, keine widersprechende Entscheidung treffen. Über die Frage, ob die Schiedsgerichte an diese Entscheidungen gebunden sind, besteht in der schiedsgerichtlichen Literatur Uneinigkeit.[242] Die Beantwortung dieser Frage kann an dieser Stelle dahinstehen. Eine einheitliche Anwendung ist zumindest dann gewährleistet, wenn der Schiedsspruch in der Europäischen Union vollstreckt werden soll. Die Kompetenz zur Anwendung von Art. 101 Abs. 3 AEUV kann daher nicht versagt werden.

---

237 *Zuber*, in: *Loewenheim/Meessen/Riesenkampf (Hrsg.)*, KartellR, VerfVO, Art. 15 Rn. 1.

238 *Zuber*, in: *Loewenheim/Meessen/Riesenkampf (Hrsg.)*, KartellR, VerfVO, Art. 15 Rn. 2.

239 ABl. (EG) 1993, C-39/6, Rn. 37 f.

240 *Hilbig*, Das gemeinschaftsrechtliche Kartellverbot im internationalen Handelsschiedsverfahren, S. 106.

241 EuGH v. 28.2.1991, Rs. C-234/89, Rn. 53 – *Delimitis*; Urteil v. 13.7.1990, Rs. C- 2/88, Ls. Nr. 1 und 2 – *Zwartfeld*; Urteil v. 14.12.2000, Rs. C-344/98, Rn. 60 – *Masterfoods;* siehe auch *Blessing*, Arbitrating Antitrust and Merger Control Issues, S. 35.

242 Siehe dazu unten § 5 B.II. *Hilbig*, Das gemeinschaftsrechtliche Kartellverbot im internationalen Handelsschiedsverfahren, S. 106; für eine Bindung *Schmidt*, BB 2006, 1397, 1403 f.; a.A. wohl *Steinle/Beutelmann*, in: *Zuberbühler/Oetiker (Hrsg.)*, § 4 Rn. 10.

Die Pflicht zur Übersendung der Art. 101 Abs. 3 AEUV betreffenden Urteile nach Art. 15 Abs. 2 VO 1/2003 soll zudem dem Informationsbedürfnis der Kommission genügen.[243] Eine Informationspflicht über anhängige Verfahren wie im deutschen Recht nach § 90 GWB besteht nach Art. 15 VO 1/2003 gerade nicht.[244] Rein informatorische Maßnahmen können die unmittelbare Anwendbarkeit von Art. 101 Abs. 3 AEUV für Schiedsgerichte nicht verneinen.[245]

Die allgemeine Schiedsfähigkeit kartellrechtlicher Streitigkeiten wird nicht dadurch verneint, dass Schiedsgerichte nach der Rechtsprechung des Gerichtshofes ein Vorabentscheidungsverfahren nach Art. 267 AEUV nicht anstrengen können. Der Ausschluss vom Kooperationssystem der VO 1/2003 kann deshalb auch nicht die unmittelbare Anwendbarkeit von Art. 101 Abs. 3 AEUV verneinen. Sowohl dem Vorabentscheidungsverfahren nach Art. 267 AEUV und dem Kooperationssystem liegt der Gedanke der Zusammenarbeit zwischen den einzelstaatlichen Gerichten und dem EuGH bzw. der Kommission zu Grunde. Beide Verfahren ermöglichen europarechtlichen Organen, auf die Entscheidungsfindung vor einem einzelstaatlichen Gericht einzuwirken. Wenn die fehlende Einwirkungsmöglichkeit durch ein im Vorabentscheidungsverfahren bindendes Urteil die Schiedsfähigkeit nicht verneint, kann erst recht die fehlende Einwirkungsmöglichkeit durch unverbindliche Stellungnahmen der Kommission die unmittelbare Anwendbarkeit von Art. 101 Abs. 3 AEUV nicht verneinen. Zumal dies auf Grundlage der *Eco Swiss*-Entscheidung nicht die Intention der Kommission gewesen sein kann.

2. Praktische Erwägungen

Auch praktische Erwägungen sprechen für die direkte Anwendbarkeit von Art. 101 Abs. 3 AEUV durch die Schiedsrichter.

---

243 *Komninos,* World Comp. 2001, 211, 225.

244 A.A. aber *Hilbig,* Das gemeinschaftsrechtliche Kartellverbot im internationalen Handelsschiedsverfahren, S. 106, nach der die Pflicht zur Benachrichtigung der Kommission über ein anhängiges Freistellungsverfahren nach Art. 15 Abs. 3 VO 1/2003 lediglich eine nicht bindende Stellungnahme der Kommission ermöglichen soll.

245 *Hilbig,* Das gemeinschaftsrechtliche Kartellverbot im internationalen Handelsschiedsverfahren, S. 105; *Liebscher,* Int. A.L.R. 2003, 84, 92; so wohl auch *Landolt,* Modernised EC Competition Law in International Arbitration, Rn. 5–29, der meint, wenn eine Unterstützung für die Schiedsgerichte möglich ist, entweder direkt oder indirekt, dann würden sie in der Anwendung von Art. 101 Abs. 3 AEUV im Wesentlichen mit den staatlichen Gerichten auf gleicher Stufe stehen.

a) Anwendung des Art. 101 AEUV durch Schiedsrichter in der Praxis

Obwohl die Schiedsgerichte nicht dazu ermächtigt worden sind, haben die Schiedsrichter in einer Vielzahl von Fällen Art. 101 Abs. 1 und 2 AEUV angewandt.[246] Die Schiedsfähigkeit kartellrechtlicher Entscheidungen ist mittlerweile anerkannt und mehrfach bestätigt worden.[247] Warum sollten sie dann nicht auch Art. 101 Abs. 3 AEUV direkt anwenden dürfen, wenn das Monopol der Einzelfreistellungen nicht mehr länger bei der Kommission liegt?[248] Eine Verneinung der Frage der direkten Anwendbarkeit durch die Schiedsgerichte würde zur Folge haben, dass die Schiedsgerichte zwar über Art. 101 Abs. 1 AEUV entscheiden dürfen, aber zugleich nicht beurteilen können, ob die an sich verbotenen Vereinbarungen, Beschlüsse und Gruppen von Beschlüssen von Unternehmensvereinigungen sowie andere aufeinander abgestimmte Verhaltensweisen die Freistellungsvoraussetzungen erfüllen und daher nicht dem Verbot aus Abs. 1 unterliegen. Es müsste in einer solchen Frage immer an die nationalen Gerichte zur Klärung verweisen.

b) Prozessrechtliche Folge: Auseinanderreißen des Verfahrens

aa) Verweisung an nationale Gerichte

Das Szenario, dass Schiedsgerichte zwar Art. 101 Abs. 1 und 2 AEUV, aber nicht Abs. 3 anwenden dürfen, ist für das Verfahren das denkbar ungünstigste. Denn obwohl die Schiedsgerichte beurteilen können, ob die Vereinbarungen, die Beschlüsse oder Gruppen von Beschlüssen von Unternehmensvereinigungen sowie sonstige aufeinander abgestimmte Verhaltensweisen dem Kartellverbot nach Abs. 1 unterliegen, ist ihnen dann die Beurteilung der Freistellungstatbestände versagt. Die Parteien des Schiedsverfahrens können hinsichtlich des Art. 101 Abs. 1 AEUV einen Schiedsspruch erwarten, aber nicht bezüglich Abs. 3.

In einer solchen Situation haben die Schiedsgerichte nur eine Möglichkeit: Um eine Entscheidung über Art 101 Abs. 3 AEUV zu erhalten, müssen sie ihr Verfahren aussetzen und Teile des Verfahrens an andere Stellen überweisen.[249] Diese Folge

---

246 Vgl. dazu *Philip*, in: Essays in Honour of von Mehren, S. 527, 529; *Verbist*, ICC Bull., Special Supplement 1994, 33 ff.

247 Vgl. dazu schon § 2 B.I; sowie EuGH v. 1.6.1999, C-126/97 – *Eco Swiss;* BGH WuW/E BGH 1000, 1004 – *Fruchtsäfte;* BGH WuW/E BGH 1226, 1228 – *Eiskonfekt;* BGH WuW/E DE-R 1537, 1539 – *Abgasreinigungsvorrichtung; Bellamy/Child*, Rn. 14–163; *Ehricke*, Jahrbuch junger Zivilrechtswissenschaftler 1992, 161, 176 f.; *Säcker/Jaecks*, in: MüKo, KartellR, Art. 81 EG Rn. 748.

248 *Edward*, in: *Ehlermann/Atanasiu (Hrsg.)*, European Competition Law Annual 2000, S. 565, 569; *Komninos*, World Comp. 2001, 211, 219; *van Houtte*, ASA Bull. 2005, 431, 436.

249 *Dempegiotis*, J. Int. Arb. 25 (2008), 365, 381; *Hilbig*, Das gemeinschaftsrechtliche Kartellverbot im internationalen Handelsschiedsverfahren, S. 102; *Idot*, in: *Ehlermann/Atanasiu (Hrsg.)*, European Competition Law Annual 2001, S. 307, 317; *Komninos*, World Comp. 2001, 211, 221.

steht allerdings nicht nur im Konflikt mit der Rechtsprechung des EuGH aus *Eco Swiss* über die Effektivität der Schiedsgerichtsbarkeit. Das Schiedsverfahren müsste überhaupt an „eine andere Stelle" überwiesen werden.

Dabei scheiden durch die Rechtsprechung des EuGH in der Sache „*Nordsee*" sowohl die Kommission als auch der EuGH selbst aus (Stichwort: „*Goldene Brücke*"[250]). Es verbleiben daher nur die nationalen Gerichte.[251] Allerdings würde dadurch das Verfahren auseinandergerissen werden, denn Teile des Rechtstreits würden vor einem Schiedsgericht, die anderen vor einem nationalen Gericht behandelt werden. Dies ist weder für die einheitliche Anwendung des Europäischen Wettbewerbsrechts noch für die effektive Streitbeilegung im Schiedsverfahren interessengerecht.

In den Mitgliedstaaten ist ein solches spezielles Verweisungsverfahren nicht vorgesehen.[252] Im deutschen Recht ermöglicht § 1050 S. 1 ZPO zwar, dass ein Schiedsgericht bei einem staatlichen Gericht Unterstützung bei der Vornahme sonstiger richterlicher Handlungen beantragen kann. Voraussetzung ist, dass dem Schiedsgericht die Befugnis zur Vornahme der Handlung fehlt. Mit Handlungen in diesem Sinne sind jedoch nur Verfahrenshandlungen gemeint, bei denen dem Schiedsgericht die Zuständigkeit oder die Zwangsgewalt fehlt, z.B. Auslandszustellung, Auskunftsersuchen an eine Behörde oder Richtervorlage an das Bundesverfassungsgericht nach Art. 100 GG.[253] Der Normzweck des § 1050 ZPO resultiert aus dem Umstand, dass Schiedsgerichte als private Gerichte keine Zwangsgewalt besitzen. Zum einen wird die Frage der unmittelbaren Anwendbarkeit von Art. 101 Abs. 3 AEUV durch die Schiedsgerichte nicht aufgrund ihrer fehlenden Zwangsgewalt diskutiert. Zum anderen wäre eine „Vorlage" an ein staatliches Gericht, welches die Vereinbarkeit eines Vertrages mit Art. 101 Abs. 3 AEUV überprüfen müsste, keine bloße Verfahrensfrage. § 1050 ZPO ist in diesem Fall nicht einschlägig. Die Rechts- und Amtshilfevorschriften (§§ 156 ff. ZPO, Art. 35 Abs. 1 GG) sind bei einem Schiedsgericht nicht anwendbar.[254]

Zudem könnten prozessrechtliche Probleme hinsichtlich des weiteren Verfahrensgangs auftauchen. Unklar wäre nämlich, wie sich das staatliche Urteil hinsichtlich Art. 101 Abs. 3 AEUV auf das Schiedsverfahren bzw. den Schiedsspruch auswirken würde. Es stellt sich die Frage, ob das Schiedsgericht an das staatliche Urteil gebunden wäre und wie das Urteil in das Schiedsverfahren eingebracht werden könnte, damit der Sachverhalt einheitlich beurteilt werden kann.[255]

---

250 Siehe dazu ausführlich § 4.I.1.

251 *Abdelgawad*, Rev. Arb. 2004, 253, 259; *Komninos,* World Comp. 2001, 211, 221.

252 *Hilbig,* Das gemeinschaftsrechtliche Kartellverbot im internationalen Handelsschiedsverfahren, S. 102; *van Houtte,* ASA Bull. 2005, 431, 436.

253 *Münch,* in: MüKo, ZPO, § 1050 Rn. 4 ff.; *Voit,* in: *Musielak (Hrsg.),* ZPO, § 1050, Rn. 2; *Stein/Jonas (Hrsg.),* § 1050 ZPO, Rn. 2 ff.

254 *Schwab/Walter,* Schiedsgerichtsbarkeit, Kap. 17 Rn. 1.

255 *Van Houtte,* ASA Bull. 2005, 431, 436; i.E. auch *Kurkela/Levin/Liebscher/Sommer,* J. Int. Arb. 24 (200), 189, 191.

bb) Keine getrennten Bewertungen

Die Bewertung der Fakten aus Art. 101 Abs. 3 AEUV sollten nicht von der Anwendung des Art. 101 Abs. 1 AEUV getrennt werden.[256] Die Prüfung der Voraussetzungen des Ausnahmetatbestandes ist nicht völlig losgelöst von den Voraussetzungen des Grundtatbestandes. Es bedarf für sachgerechte Ergebnisse vielmehr einer einheitlichen Anwendung des Art. 101 AEUV. Sicher könnte man dem entgegenhalten, dass die getrennte Bewertung der Voraussetzungen nach dem alten System der Einzelfreistellungen jahrelang praktiziert wurde. Jedoch stellte dies damals schon keine optimale Lösung dar, denn die Kommission musste in ihren Verfahren selbst die Fakten zusammentragen. Die eigenständige Sammlung von Fakten durch die Kommission war stets mit dem Risiko unterschiedlicher Bewertung der Voraussetzungen verbunden, d.h. die Kommission hätte bei der Bewertung des Ausnahmetatbestandes des Art. 101 Abs. 3 AEUV die Tatsachen anders bewerten können als die staatlichen Gerichte bei ihrer Entscheidung über Art. 101 Abs. 1 und 2 AEUV. Eine einheitliche Anwendung des Europäischen Kartellrechts war damals nicht gewährleistet.

cc) Effektivität des Schiedsverfahrens

Ein Auseinanderreißen des Verfahrens würde zu Verzögerungen durch die Parteien einladen und wäre kontraproduktiv.[257] Die Effektivität des Schiedsverfahrens als Entscheidungsinstrument wäre bei mangelnder Anwendbarkeit des Art. 101 Abs. 3 AEUV durch die Schiedsrichter nicht mehr gewährleistet. Zudem steht eine solche Auffassung im Widerspruch mit der Erkenntnis aus *Eco Swiss*, dass die Mitgliedstaaten an einer effektiven Schiedsgerichtsbarkeit interessiert sind.[258] Durch die Verweisung an die staatlichen Gerichte wären sowohl die Verfahrensdauer länger als auch die Verfahrenskosten erhöht,[259] da durch die Kosten und Gebühren des staatlichen Verfahrens zusätzliche Kosten für die Schiedsparteien entstehen.

dd) Sinn und Zweck der Modernisierung

Neben der Verstärkung der privaten Kartellrechtsanwendung wollte die Kommission mit der Modernisierung vor allem eines erreichen: die einheitliche Anwendung von Art. 101 AEUV.[260] Nach der Modernisierung sollte keine Zweiteilung des Verfahrens hinsichtlich der Beurteilung der Freistellungsvoraussetzungen nach Abs. 3 mehr erfolgen. Geht man jedoch davon aus, dass Schiedsgerichte Art. 101 Abs. 3 AEUV

---

256 So auch *Komninos*, World Comp. 2001, 211, 221; *Liebscher*, Int. A.L.R. 2003, 84, 92.

257 *Abdelgawad*, Rev. Arb. 2004, 253, 259; *Idot*, in: *Ehlermann/Atanasiu (Hrsg.)*, World Competition Law Annual 2001, S. 307, 317.

258 *Dempegiotis*, J. Int. Arb. 25 (2008), 365, 379; *Landolt*, Modernised EC Competition Law in International Arbitration, Rn. 5–31.

259 *Van Houtte*, ASA Bull. 2005, 431, 436.

260 Erwägungsgrund Nr. 1 der VO 1/2003; *Gröning*, WRP 2000, 882, 883; *Hermanns/Brück*, SchiedsVZ 2004, 137, 140.

nicht anwenden dürfen, liegt wiederum eine Zweiteilung des Verfahrens vor. Die einheitliche Anwendung von Art. 101 AEUV würde dadurch erheblich erschwert.

ee) Fazit

Ein Auseinanderreißen des Verfahrens infolge der mangelnden Anwendbarkeit des Art. 101 Abs. 3 AEUV durch die Schiedsgerichte würde nicht nur weitere prozessrechtliche Probleme hervorrufen, sondern auch zweckwidrig sein.[261] *Konminos* ist in einer seiner Arbeiten zutreffend der Ansicht, dass das Auseinanderreißen des Verfahrens zu einem Rückschritt führen und die etablierte Kompetenz der Schiedsgerichte zur Anwendung des Art. 101 Abs. 1 und 2 AEUV „zerlegt" werden würde.[262]

3. Der EuGH und die Kommission

a) Ansicht des EuGH

Der EuGH hat bisher zur unmittelbaren Anwendbarkeit von Art. 101 Abs. 3 AEUV durch Schiedsgerichte nicht explizit Stellung genommen. Allerdings könnten seine Ausführungen in der Entscheidung *Eco Swiss*[263] so interpretiert werden, dass der EuGH den Schiedsgerichten grundsätzlich keine Vorgaben macht, ob und wie sie Europäisches Kartellrecht anwenden. Der EuGH verhält sich lediglich im Rahmen der ersten Vorlagefrage zum Verhältnis von staatlicher Gerichtsbarkeit und Schiedsgerichtsbarkeit bei der Anwendung zwingender Vorschriften des Unionsrechts. Nach seiner Ansicht muss ein staatliches Gericht bei einem Verstoß des Schiedsspruchs gegen Art. 101 AEUV als *ordre public* diesen aufheben.[264] Damit setzt der EuGH aber stillschweigend voraus, dass die Schiedsgerichte Europäisches Kartellrecht anwenden.[265] Daher wird in der schiedsgerichtlichen Literatur die Ansicht vertreten, dass mit der Sicherstellung der richtigen Anwendung des Europäischen Kartellrechts durch nationale Gerichte der EuGH keine Einwände gegen die Anwendung des Art. 101 Abs. 3 AEUV durch Schiedsgerichte haben dürfte.[266] Dem ist jedoch zu entgegnen, dass der EuGH in seiner *Eco Swiss*-Entscheidung lediglich davon ausgeht, dass es bei den Schiedssprüchen nur zu überprüfen ist, ob die Schiedsgericht Art. 101 Abs. 1 AEUV richtig angewandt haben. So heißt es in der *Eco Swiss*-Entscheidung:[267]

> Rn. 37: *„Daraus folgt, daß ein staatliches Gereicht, soweit es nach seinen nationalen Verfahrensregeln einem Antrag auf Aufhebung eines Schiedsspruchs wegen*

---

261 *Liebscher,* Int. A.L.R. 2003, 84, 92 f.; *van Houtte,* ASA Bull. 2005, 431, 436.
262 *Komninos,* World Comp. 2001, 211, 222.
263 Siehe dazu schon § 2 B.II.1.b).
264 Siehe ausführlich oben § 2.B.II.1.b).
265 Siehe Anmerkung von *Spiegel,* EuZW 1999, 565, 568.
266 *Liebscher,* Int. A.L.R. 2003, 84, 92; *Hilbig,* Das gemeinschaftsrechtliche Kartellverbot im internationalen Handelsschiedsverfahren, S. 102 f.
267 EuGH v. 1. Juni 1999, Rs. C-126/97, EuZW 1999, 568 f.

Verletzung nationaler Bestimmungen, die zur öffentlichen Ordnung gehören, stattgeben muß, verpflichtet ist, einem solchen Antrag auch dann stattzugeben, wenn er auf die Verletzung des Verbots aus Art. 81 Abs. 1 EG gestützt ist."

Rn. 40: *„... Daraus ergibt sich, daß das Gemeinschaftsrecht bei der hier gegebenen Situation, anders im Urteil, Van Schijndel und Van Veen, verlangt, daß Fragen nach der Auslegung von Art. 81 Abs. 1 EG durch die für die Überprüfung der Wirksamkeit von Schiedssprüchen zuständigen staatlichen Gerichte untersucht und gegebenenfalls dem Gerichtshof zur Vorabentscheidung vorgelegt werden können."*

Daher kann nicht ohne weiteres davon ausgegangen werden, dass der EuGH auch keine Einwände gegen die Anwendung von Art. 101 Abs. 3 AEUV auch durch die Schiedsgerichte hat. Die *Eco Swiss*-Entscheidung erging zu einem Zeitpunkt (1. Juni 1999) vor der Reform der VO 1/2003, in dem noch nicht einmal die staatlichen Gerichte Art. 101 Abs. 3 AEUV anwenden durften und die Kommission noch das alleinige Beurteilungsmonopol hatte. Es stellte sich folglich aus Sicht des EuGHs – weder für die staatlichen Gerichte noch für die Schiedsgerichte – die Frage der unmittelbaren Anwendbarkeit des Art. 101 Abs. 3 AEUV. Ein vergleichbarer Fall war in neuerer Zeit zwar nicht wieder Gegenstand der EuGH-Rechtsprechung. Allerdings sah der EuGH in einer anderen Entscheidung im Jahr 2006, die zu der Gruppenfreistellungsverordnung (EG) Nr. 1475/95 über die Anwendung des Art. 81 Abs. 3 des Vertrages auf Gruppen von Vertriebs- und Kundendienstvereinbarungen über Kraftfahrzeuge[268] ergangen ist, es als selbstverständlich an, dass es Sache der nationalen Gerichte und der Schiedsgerichte sei, zu beurteilen, ob die Voraussetzungen der Freistellung gegeben sind.[269] Zwar erging diese Entscheidung des EuGH noch zu der alten Gruppenfreistellungsverordnung, jedoch war in diesem Zeitpunkt die Reform der VO 1/2003 schon ein paar Jahre in Kraft. Die Selbstverständlichkeit, mit der der EuGH die Schiedsgerichte neben den staatlichen Gerichten als Anwender des Europäischen Kartellrechts nennt, lässt es in der Zusammenschau mit der *Eco Swiss*-Entscheidung zumindest nicht als unwahrscheinlich erscheinen, dass der EuGH auch eine Anwendung des Art. 101 Abs. 3 AEUV durch die Schiedsgerichte zulassen würde, sofern die staatlichen Gerichte im Exequatur- und Aufhebungsverfahren die richtige Anwendung von Europäischen Kartellrecht überprüfen und gegebenenfalls aufheben können.

b) Ansicht der Kommission

Die Kommission hat sich bislang nicht zur Rolle der Schiedsgerichte bei der Anwendung des Europäischen Wettbewerbsrechts geäußert. Schon vor der Einführung der

---

268 ABl. (EG) Nr. L 145, S. 25; abgelöst durch Verordnung (EG) Nr. 1400/2002 (ABl. (EG) Nr. L 203, S. 30 ff.); wiederum abgelöst durch Verordnung (EU) Nr. 461/2010 (ABl. (EU) Nr. L 129, S. 52 ff.).

269 EuGH, Urteil vom 7.9.2006, Rs. C-125/05 – *VW-Audi Forhandlerforeningen ./. Skandinavisk Motor Co. A/S.*

VO 1/2003 war der Kommission bekannt, dass Schiedsgerichte Art. 101 AEUV anwenden. In dem Bericht über die Anwendung von Art. 101 und 102 AEUV beschäftigte sich die Kommission mit den Schiedsgerichten sogar im Abschnitt „nationale Gerichte".[270] Allerdings hat die Kommission zuletzt in der Verbraucherbroschüre zur Europäischen Wettbewerbspolitik wieder einmal nur die nationalen Wettbewerbsbehörden und die einzelstaatlichen Gerichte als Befugte zur Durchsetzung des Europäischen Wettbewerbsrechts benannt.[271]

Ziel der Kommission ist die verstärkte Kartellrechtsanwendung durch Private.[272] Die Nichterwähnung der Schiedsgerichte ist angesichts ihrer Stärken hinsichtlich der Streitschlichtung zwischen Privaten unverständlich und ihre Nichtbeachtung ist für die private Kartellrechtsanwendung kontraproduktiv. Die einheitliche Anwendung von Art. 101 AEUV ist mit Ausschluss der Schiedsgerichte von der Anwendbarkeit des Abs. 3 unvereinbar. Das Ziel der Kommission der einheitlichen Anwendung und ihre tatsächliche Haltung gegenüber Schiedsgerichten widersprechen sich. Die Kommission wusste zudem von der Tätigkeit der Schiedsgerichte im Bereich von Art. 101 Abs. 1 und 2 AEUV.[273] Daher muss die Nichterwähnung der Schiedsgerichte in der VO 1/2003 durch die Kommission aber andere Gründe haben. Folgende Gründe werden in der schiedsgerichtlichen Literatur genannt:

aa) Fahrlässigkeit der Kommission

Die Kommission hat schlichtweg vergessen, die Schiedsgerichte im Weißbuch zu erwähnen. Diese Erklärung trifft nur für das Weißbuch, aber nicht für den Verordnungsvorschlag und die damit verbundenen Stellungnahmen zu. Im Anschluss an die Veröffentlichung des Weißbuchs wurde viel über diese Lücke diskutiert und der fehlende Bezug zur Schiedsgerichtsbarkeit bedauert.[274] Es ist daher unwahrscheinlich, dass die Kommission im Anschluss an die Veröffentlichung des Weißbuchs die Schiedsgerichte weiterhin „vergessen" hätte. Vor allem vor dem Hintergrund, dass schon im Bericht der Kommission über die Anwendung von Art. 101 und 102 AEUV im Jahr 1997 ganze Kapitel über Schiedsgerichte veröffentlich wurden.[275]

---

270 *Liebscher*, Int. A.L.R. 2003, 89, 90. Siehe Europäische Kommission, Generaldirektion IV Wettbewerb, The Application of Articles 85 & 86 of the EC Treaty by the National Courts in the Member States, Brüssel 1997, abrufbar unter: http://ec.europa.eu/comm/competition/publications/art8586_en.pdf.

271 Kommission, Verbraucherbroschüre: Europäische Wettbewerbspolitik und die Verbraucher, Brüssel 2005, S. 5, abrufbar unter: http://ec.europa.eu/comm/competition/publications/consumer_de.pdf.

272 Siehe dazu schon oben § 3 A.II.

273 *Edward*, in: *Ehlermann/Atanasiu (Hrsg.)*, European Competition Law Annual 2000, S. 565, 569.

274 Siehe dazu *Idot*, in: *Ehlermann/Atanasiu (Hrsg.)*, European Competition Law Annual 2000, S. 335, 347; vgl. auch *Komninos*, World Comp. 2001, 211, 218.

275 Ebenfalls ist bemerkenswert, dass im *Florence Annual Competition Workshop* ein Richter am EuGH (1992–2004), als einer der ersten die Frage der

bb) Taktisch günstige Entscheidung

Man könnte das Schweigen der Kommission über die Rolle der Schiedsgerichte als eine gute und taktisch günstige Entscheidung betrachten.[276] Die Modernisierungsvorschläge seien ohnehin gewagt und man wolle ihre Realisierungschancen durch das Hinzufügen strittiger Punkte nicht gefährden. Die Frage der Anwendbarkeit des Art. 101 Abs. 3 AEUV sei mangels einer Stellungnahme des Gerichtshofes kontrovers. Schon der Vorschlag der Kommission, dass nationale Gerichte Art. 101 Abs. 3 AEUV anwenden dürfen, habe Erstaunen geerntet[277] und Diskussionen hervorgerufen.[278] Ein Vorschlag, der die Schiedsgerichte eingeschlossen hätte, wäre zu weit gegangen. Die Ambitionen zur Dezentralisierung der Kartellrechtsanwendung hätten gefährdet werden können.[279]

cc) Kein ausdrückliches Verbot

Die Kommission wusste, dass Schiedsgerichte Art. 101 Abs. 1 und 2 AEUV anwenden.[280] Hätte die Kommission die Schiedsgerichte wirklich von der Anwendbarkeit des Art. 101 Abs. 3 AEUV ausschließen wollen, hätte sie ein ausdrückliches Verbot ausgesprochen. Da ein solches nicht erfolgt sei, könne dies nicht als Argument gegen die unmittelbare Anwendbarkeit herangezogen werden.[281]

dd) Nennung der Schiedsgerichte ist überflüssig

Einige Stimmen in der Literatur sind der Ansicht, dass die ausdrückliche Nennung der Schiedsgerichte ohnehin überflüssig sei, weil die Kompetenz der Schiedsrichter im Bereich des Art. 101 AEUV schon bislang an die der nationalen Richter gekoppelt war und auch jetzt gekoppelt bleibe.[282] Aus diesem Grund hätte die Kommission die Schiedsgerichte ausdrücklich aus der VO 1/2003 ausschließen müssen, wenn sich die Anwendbarkeit von Art. 101 Abs. 3 AEUV nur auf nationale Wettbewerbsbehörden und einzelstaatliche Gerichte beziehen sollte.[283] Man könnte das Verhalten der Kommission auch dahingehend interpretieren, dass sie nicht an der Kopplung

---

Schiedsgerichtsbarkeit in der Reform zur Diskussion stellte: *Edward,* in: *Ehlermann/Atanasiu (Hrsg.),* European Competition Law Annual 2000, S. 484 u. 565, 569.

276 So *Komninos,* World Comp. 2001, 211, 218.

277 Vgl. *Deringer,* EuZW 2000, 5, 7.

278 Siehe dazu *Mestmäcker,* EuZW 1999, 523, 525 ff.

279 *Komninos,* World Comp. 2001, 211, 218.

280 *Edward,* in: *Ehlermann/Atanasiu (Hrsg.),* European Competition Law Annual 2000, S. 565, 569.

281 *Idot,* in: *Ehlermann/Atanasiu (Hrsg.),* European Competition Law Annual 2001, S. 307, 316.

282 *Abdelgawad,* Rev. Arb. 2004, 253, 258; *Brozolo,* Int. A.L.R. 2004, 23, 33; *Gauer,* Repräsentantin der Kommission, wiederggb. von *Train,* Rev. Arb. 2002, 1069, 1072.

283 *Abdelgawad,* Rev. Arb. 2004, 253, 258.

von Kompetenzen der einzelstaatlichen Gerichte und der Schiedsgerichte im Bereich von Art. 101 AEUV rütteln wollte.[284]

c) *Bewertung*

Obwohl die Schiedsgerichte in der VO 1/2003 nicht erwähnt wurden, ist dies für die Anwendbarkeit von Art. 101 Abs. 3 AEUV irrelevant. Das stärkste Argument ist das mangelnde ausdrückliche Verbot durch die Verordnung. Angesicht des Misstrauens der Kommission gegenüber den Schiedsgerichten hätte sie darauf hinwirken müssen, dass der europäische Gesetzgeber in der Reform-Verordnung ein ausdrückliches Verbot ausspricht, um sicher zu gehen, dass Schiedsgerichte tatsächlich Art. 101 Abs. 3 AEUV nicht anwenden könnten. Ob die Kommission über die Kompetenz für ein solches Verbot verfügt hätte oder wie die konkrete Ausgestaltung erfolgt wäre, ist fraglich. Zumindest wären die Mitgliedstaaten aus ex-Art. 293 EG und dem Prinzip der loyalen Zusammenarbeit verpflichtet gewesen, im Anerkennungs- und Vollstreckungsverfahren das Verbot der unmittelbaren Anwendbarkeit von Art. 101 Abs. 3 AEUV sicherzustellen.

Wenn man die Rechtsprechung des Gerichtshofes der Europäischen Union in *Eco Swiss* dahingehend interpretiert, dass es alleine auf die korrekte Anwendung durch die staatlichen Richter im Exequatur- und Aufhebungsverfahren ankommt, kann es der Kommission doch letztendlich nicht darauf ankommen, ob Schiedsrichter Art. 101 Abs. 3 AEUV anwenden. Die einheitliche Anwendung von Art. 101 AEUV ist trotzdem gewährleistet.

4. Ökonomischer Aspekt

Bei der Betrachtung der Anwendbarkeit von Art. 101 Abs. 3 AEUV durch Schiedsrichter darf man jedoch auch den ökonomischen Aspekt nicht aus den Augen verlieren. Zu beachten ist, dass bei der Prüfung der Freistellungsvoraussetzungen umfangreiche ökonomische Kenntnisse erforderlich sind, um feststellen zu können, ob die an sich verbotene Verhaltensweise „unter angemessener Beteiligung der Verbraucher an dem entstehenden Gewinn zur Verbesserung der Warenerzeugung oder -verteilung oder zur Förderung des technischen und wirtschaftlichen Fortschritts beitragen", sodass die daraus entstehenden Wettbewerbsbeschränkungen „unerlässlich" sind und nicht die „Möglichkeiten eröffnet werden, für einen wesentlichen Teil der betreffenden Waren den Wettbewerb auszuschalten." Nach Einschätzung des damaligen Europäischen Wettbewerbskommissars *Prof. Mario Monti* werden sich die staatlichen Richter verstärkt bei der Prüfung von Art. 101 Abs. 3 AEUV auch mit der ökonomischen Analyse des Rechts befassen müssen.[285]

---

284 So *Hilbig*, Das gemeinschaftsrechtliche Kartellverbot im internationalen Handelsschiedsverfahren, S. 103.

285 Stellungnahme von *Prof. Monti* wiederggb. bei *van Kappel*, EWS 2001, 228, 229. Laut *Monti* ist die Befassung mit ökonomischen Aspekten durch den Richter nichts

Schiedsgerichte dagegen sind dagegen jedoch wie geschaffen für eine ökonomische Analyse.[286] Erfreulich ist daher die Einschätzung einer Ansicht in der schiedsgerichtlichen Literatur, dass viele Gerichte um das Vertrauen der Wirtschaft „noch erheblich kämpfen" müssen, damit die Wirtschaft nicht in die Schiedsgerichtsbarkeit „abwandert".[287] Die Besonderheit von Schiedsgerichten besteht darin, dass die Parteien durch ihre freie Wahl der Schiedsrichter die Qualität des Schiedsgerichts bestimmen können. Die – je nach Schiedsordnung – flexibleren Verfahrensvorschriften, insbesondere die flexibleren Beweisvorschriften,[288] können dazu beitragen, dass die Schiedsgerichte für kartellrechtliche Fallgestaltungen besser geeignet sind als die staatlichen Gerichte.[289]

5. *Nicht-wettbewerbsrechtliche Ziele*

In der schiedsgerichtlichen Literatur wird aufgrund der Handhabung der nicht-wettbewerbsrechtlichen Ziele des Art. 101 Abs. 3 AEUV und der damit einhergehenden weiten Beurteilungsspielräume die direkte Anwendbarkeit und damit auch die direkte Anwendbarkeit für die Schiedsgerichte problematisiert.[290] Insbesondere im Jahr 2003 und 2004 gab es Stimmen, die dem Art. 101 Abs. 3 AEUV die Justiziabilität und damit auch dessen unmittelbare Anwendbarkeit grundsätzlich absprachen.[291]

Die fehlende Justiziabilität hätte jedoch nicht nur Auswirkungen auf die staatlichen, sondern auch auf die Schiedsgerichte.[292] Da schon den staatlichen Gerichten erhebliche Vorurteile bei der Beurteilung der nicht-wettbewerblichen Ziele entgegen gebracht werden, müssten nach einigen Ansichten in der schiedsgerichtlichen Literatur noch größere Bedenken gegen die Anwendbarkeit durch die Schiedsgerichte bestehen.[293] Dieses Problem ist indes nur ein theoretisches, denn die Stimmen gegen

---

Neues, da die Richter schon seit Jahren Art. 101 Abs. 1 und 102 AEUV anwendeten, bei denen eine solche Analyse ebenfalls erforderlich sei.

286 So *Hilbig*, Das gemeinschaftsrechtliche Kartellverbot im internationalen Handelsschiedsverfahren, S. 103; *Shelkoplyas*, The Application of EC Law in Arbitration Proceedings, S. 255 f.; *van Houtte*, ASA Bull. 2005, 431, 435. Nach *Dempegiotis*, J. Int. Arb. 25 (2008), 365, 370 wird die Schiedsgerichtsbarkeit sogar *„as a tailor-made mechanism suitable for, and indeed preferable in, international transactions"* charakterisiert.

287 Aus dem letzten Satz bei *van Kappel*, EWS 2001, 228, 233.

288 Vgl. dazu *Schütze*, SchiedsVZ 2006, 1 ff.

289 *Hilbig*, Das gemeinschaftsrechtliche Kartellverbot im internationalen Handelsschiedsverfahren, S. 103.

290 *Hilbig*, Das gemeinschaftsrechtliche Kartellverbot im internationalen Handelsschiedsverfahren, S. 103.

291 Siehe dazu § 1.B.III.

292 *Idot*, RDAI/IBLJ 1996, 561, 566.

293 Art. 101 AEUV sei eine extrem von unbestimmten Rechtsbegriffen geprägte Vorschrift, die komplexe wirtschaftliche Beurteilungen erfordere, zu denen ein Gericht weder berufen noch in der Lage sei; nur der Kommission sei ein gerichtlich nicht

die Primärrechtswidrigkeit der VO 1/2003 sind mittlerweile nahezu verstummt.[294] Überdies hat die Kommission Leitlinien zur besseren und damit leichteren Anwendbarkeit des Art. 101 Abs. 3 AEUV erlassen.[295] Die staatlichen und die Schiedsgerichte werden Art. 101 Abs. 3 AEUV nach Maßgabe der Erläuterungen der Kommission in der Leitlinie anwenden.[296] Zusammen mit den Erläuterungen aus der Leitlinie der Kommission und der Besetzungsmöglichkeit mit Schiedsrichtern aus dem wirtschaftlichen Sektor ist davon auszugehen, dass die Schiedsgerichte zumindest im gleichen Maße wie die staatlichen Gerichte geeignet sind, die durch die nicht-wettbewerbsrechtlichen Ziele des Unionsvertrages eröffneten Beurteilungsspielräume im Rahmen von Art. 101 Abs. 3 AEUV zu beurteilen.

II. Fazit

1. Zusammenfassung der Ergebnisse

Der Wortlaut des Art. 1 der VO 1/2003 legt den Schluss nahe, dass der europäische Gesetzgeber von der Notwendigkeit einer ganzeinheitlichen Anwendung des Art. 101 AEUV ausgeht. Obwohl die Schiedsgerichte in der VO 1/2003 nicht erwähnt werden, ist dies kein Hinweis auf den Ausschluss der Schiedsgerichte von der Anwendbarkeit des Art. 101 Abs. 3 AEUV. Es gibt nachvollziehbare Gründe für die Nichterwähnung der Schiedsgerichte. Sinn und Zweck der VO 1/2003 sprechen für die unmittelbare Anwendbarkeit durch Schiedsrichter. Die Schiedsrichter haben sowohl die qualitativen Fähigkeiten als auch die Möglichkeiten, ihnen vorgelegte Streitigkeiten zu entscheiden. In dieser Hinsicht stehen sie den staatlichen Gerichten in nichts nach. Eine Trennung der Anwendbarkeit von Art. 101 Abs. 1, 2 und Abs. 3 AEUV wäre aus diesem Grund nicht nur impraktikabel, sondern auch zeit- und kostenintensiv. Die prozessrechtliche Folge, nämlich das Auseinanderreißen des Verfahrens, steht sowohl der Effektivität des Schiedsverfahrens als auch dem Sinn und Zweck der Modernisierung entgegen.

überprüfbarer Beurteilungsspielraum zugestanden, so *Mestmäcker,* EuZW 1999, 523, 526; *ders.,* in: *Ehlermann/Atanasiu (Hrsg.),* European Competition Law Annual 2000, S. 223, 231; vgl. auch *Hilbig,* Das gemeinschaftsrechtliche Kartellverbot im internationalen Handelsschiedsverfahren, S. 105; vorsichtiger allerdings *Quellmalz,* WRP 2004, 461, 463.

294 *Hilbig,* Das gemeinschaftsrechtliche Kartellverbot im internationalen Handelsschiedsverfahren, S. 105.

295 Siehe Leitlinien zur Anwendung des Artikels 81 Absatz 3 EG, ABl. (EG) 2004, C-101/97; *Wissenbach,* Systemwechsel im europäischen Kartellrecht, bei: *Tietje/Kraft/Sethe (Hrsg.),* Beiträge zum Transnationalen Wirtschaftsrecht, 2005, S. 9 (abrufbar unter: www.wirtschaftsrecht.uni-halle.de/publikationen.html); kritisch aber *Müller,* WRP 2004, 1472, 1477.

296 *Hilbig,* Das gemeinschaftsrechtliche Kartellverbot im internationalen Handelsschiedsverfahren, S. 105; *Schmidt,* BB 2006, 1397, 1404 f.; *Weitbrecht,* EuZW 2003, 69, 70.

Eine eindeutige Stellungnahme der Kommission oder ein Urteil des Gerichtshofes ist für die Beantwortung der Frage zwar nicht notwendig, aber aus Klarstellungsgründen wünschenswert. Dabei würde sowohl die Kommission als auch der EuGH die Bemühungen unterlaufen, eine verstärkte private Durchsetzung des Europäischen Wettbewerbsrechts zu erreichen, wenn sie die Schiedsrichter von der Anwendung des Art. 101 Abs. 3 AEUV ausschließen würden. Eine flächendeckende Durchsetzung des Europäischen Wettbewerbsrechts durch private Institutionen kann aufgrund ihrer Bedeutung im internationalen Handel nicht ohne die Schiedsgerichte erfolgen.

Die Schiedsrichter können daher wie die staatlichen Gerichte und Wettbewerbsbehörden Art. 101 Abs. 3 AEUV unmittelbar anwenden. Im Hinblick auf ihre Verpflichtungen als Schiedsrichter zur Schaffung eines durchsetzbaren und richtigen Schiedsspruch und dem Grundsatz der Effektivität des Schiedsverfahrens müssen die Schiedsrichter Art. 101 Abs. 3 AEUV unmittelbar anwenden, damit ihre Schiedssprüche nicht im Exequatur- bzw. Aufhebungsverfahren von den staatlichen Gerichten im Rahmen der *ordre public*-Kontrolle aufgehoben werden.[297]

2. *Instrumente für eine Regelung der Anwendbarkeit des Art. 101 Abs. 3 AEUV durch die Schiedsgerichte*

Um Unklarheiten bei der Anwendung des Art. 101 Abs. 3 AEUV durch die Schiedsgerichte zu vermeiden und Rechtssicherheit bei der Anwendung des Europäischen Wettbewerbsrechts zu gewährleisten, müsste eine Regelung auf europäischer Ebene erfolgen. Eine autonome nationale Regelung wäre aufgrund ihrer ausschließlichen Wirkung im Hoheitsgebiet des Staates nicht geeignet. Gegenüber der Verfasserin äußerte zwar ein Mitarbeiter der Generaldirektion Wettbewerb im Februar 2012, dass die Kommission eine solche Regelung derzeit nicht plant. Gleichwohl kann ein Bedürfnis für eine solche Regelung nicht abgestritten werden. Denkbare Regelungsinstrumente auf europäischer Ebene wären der Erlass einer neuen Verordnung oder eine eigene Bekanntmachung über die Zusammenarbeit[298] mit Schiedsgerichten über die Anwendbarkeit des Art. 101 AEUV.

---

297 Siehe auch *Abdelgawad*, Rev. Arb. 2004, 253 ff.; *Dolmans/Grierson*, ICC Bull. 2003, 37, 41 f.; *Eilmannsberger*, SchiedsVZ 2006, 5, 8; *Hermanns/Brück*, SchiedsVZ 2004, 137, 140; *Hilbig*, Das gemeinschaftsrechtliche Kartellverbot im internationalen Handelsschiedsverfahren, S. 106 f.; *Komninos*, World Comp. 2001, 211, 219 ff.; *Pinsolle*, Int. A.L.R. 2004, 14, 17; *Säcker/Jaecks*, in: MüKo, KartellR, Art. 81 EG, Rn. 748; *Schnelle/Bartosch/Hübner*, EU-Kartellverfahrensrecht, S. 101; *Schmidt*, ZWeR 2007, 394, 415 f. *Ritter*, in: *Immenga/Mestmäcker (Hrsg.)*, VO 1/2003, Art. 6 Rn. 4; *van Houtte*, ASA Bull. 2005, 431, 436; *Zuber*, in: *Loewenheim/Meessen/Riesenkampf (Hrsg.)*, KartellR, VerfVO, Art. 6 Rn. 6; a.A. i.E. wohl *Blessing*, Arbitrating Antitrust and Merger Control Issues, S. 24.

298 So auch *Idot*, in: *Ehlermann/Atanasiu (Hrsg.)*, European Competition Law Annual 2001, S. 307, 318.

Ein Wesensmerkmal der Verordnung i.S.d. Art. 288 AEUV ist, dass sie in allen ihren Teilen in den Mitgliedstaaten ohne Umsetzung unmittelbar verbindlich ist. Verbindlichkeit bedeutet rechtliche Gehorsamspflicht und rechtliche Berufungsmöglichkeit.[299] Sie muss nicht ausschließlich aus Ge- und Verboten bestehen, aber Kompetenzen, Ansprüche und Pflichten für den Rechtsanwender begründen.[300] Für eine Verordnung, die die unmittelbare Anwendung von Art. 101 Abs. 3 AEUV regeln würde, wäre in Art. 103 Abs. 3 lit. b) AEUV eine entsprechende Ermächtigungsgrundlage vorhanden.

Eine Anwendbarkeit des Art. 101 Abs. 3 AEUV könnte auch in einer allgemeinen Bekanntmachung der Kommission geregelt werden. Die Bekanntmachung der Kommission hat nicht wie die Verordnung den Charakter einer verbindlichen Rechtsnorm. Sie kann allenfalls bestehende Vorschriften interpretieren, aber nicht ändern. Hauptaufgabe der Bekanntmachung in der Praxis ist es, die Unternehmen über die Haltung der Kommission zu bestimmten Fragen zu unterrichten. Darüber hinaus kann sie auch den Charakter einer wettbewerbspolitischen Leitlinie annehmen, insbesondere für Angaben der Kommission über die Art und Weise, in welcher sie von ihrem Handlungsermessen Gebrauch zu machen gedenkt.[301] Sie stellen aber nicht nur bloße Empfehlungen der Kommission i.S.v. Art. 288 Abs. 4 AEUV dar, sondern begründen beim Unternehmen die Erwartung, dass ihr Inhalt insoweit verbindlich wird, als die Kommission sich im Grundsatz an den getroffenen Aussagen festhalten lassen will.[302]

Fraglich ist, ob sich hier eher eine rechtsverbindliche Verordnung i.S.d. Art. 288 AEUV oder eine Bekanntmachung der Kommission für die Regelung der Anwendung des Europäischen Kartellrechts durch die Schiedsgerichte besser eignet. Bei dem Erlass einer Verordnung i.S.d. Art. 288 AEUV müsste man kritisch hinterfragen, ob eine solche überhaupt mit den Wesensmerkmalen der Schiedsgerichtsbarkeit, insbesondere der Flexibilität, vereinbar wäre. Zudem wäre der Weg zu einer solchen Verordnung lang (Grünbuch, Weißbuch, Europäisches Gesetzgebungsverfahren), sodass grundsätzlich eine Bekanntmachung der Kommission über die Zusammenarbeit das mildeste und schnellste Instrument wäre, um die Schiedsgerichte in das System der privaten Durchsetzung des Wettbewerbsrechts einzugliedern.[303] Die Bekanntmachung würde die VO 1/2003 in Bezug auf die Anwendbarkeit durch die Schiedsrichter interpretieren. Die Kommission könnte dadurch ihre Haltung zu den Schiedsgerichten bei der Anwendung des Europäischen Wettbewerbsrechts nicht nur abschließend klären, sondern sie könnte ein System in Ergänzung zum Kooperationssystem der VO 1/2003 in der Bekanntmachung entwerfen, welches

299 *Ipsen*, Europäisches Gemeinschaftsrecht, S. 450 f.
300 *Biervert*, in: *Von der Groeben/Schwarze (Hrsg.)*, EU-/EG-Vertrag, Art. 249 EG Rn. 30.
301 *Schröter*, in: *Von der Groeben/Schwarze (Hrsg.)*, EU-/EG-Vertrag, Vorbem. zu Art. 81–85 Rn. 6.
302 *Thomas*, EuR 2009 423, 424 m.w.Nachw.
303 So auch *Demgetiotis*, J. Int. Arb. 25 (2008), 365, 377.

weder für sie noch für die Schiedsgerichte Rechte und Pflichten begründet, aber Handlungsempfehlungen für eine Zusammenarbeit skizziert. Sowohl die VO 1/2003 als auch der AEUV würden eine derartige Bekanntmachung zulassen. Für die staatlichen Gerichte hat die Kommission eine vergleichbare Bekanntmachung schon erlassen.[304]

Durch eine derartige Bekanntmachung könnte nicht nur der Dialog zwischen den Schiedsgerichten und der Kommission geordnet werden. Sie würde auch zur Transparenz der einheitlichen Anwendung des Europäischen Wettbewerbsrechts beitragen. Dadurch könne sowohl den Schiedsgerichten als auch den Parteien eine größere Sicherheit bei der Anwendung des Wettbewerbsrechts gegeben werden, ohne die Flexibilität und den privaten Charakter der Schiedsgerichtsbarkeit zu beeinträchtigen. Der Erlass einer Bekanntmachung ist das geeignetste Instrument der Kommission zur Regelung der Anwendbarkeit des Art. 101 Abs. 3 AEUV.[305]

C. Problem der Rechtsunsicherheit durch die direkte Anwendbarkeit des Art. 101 Abs. 3 AEUV

I. Problematik

Kontrovers wurde im Vorfeld der Modernisierung diskutiert, ob es im System der Legalausnahme noch Rechtssicherheit für die Unternehmen gibt.[306] Die förmlichen Entscheidungen im vor der Modernisierung geltenden Anmeldesystem boten den Unternehmen nämlich ein hohes Maß an Rechtssicherheit, vor allem weil diese Konstitutivakte bis zu ihrem Widerruf verbindlich waren.[307] Die VO 1/2003 indes verlangt von den Unternehmen mehr. Sie müssen fortan ihre Verhaltensweisen selbst überprüfen und selbst einschätzen, ob sie die Freistellungsvorraussetzungen erfüllen. Diese Selbsteinschätzung der Unternehmen war in der Diskussion einer der stärksten Einwände gegen das Reformvorhaben. Man war der Ansicht, dass diese Selbsteinschätzung der Unternehmen einen zu starken Verlust an Rechtssicherheit mit sich bringen würde, vor allem weil die mit der

---

304 Bekanntmachung der Kommission über die Zusammenarbeit mit nationalen Gerichten, ABl. (EG) 2004, C-101/54.

305 Siehe in § 7 einen Vorschlag für die Formulierung einer Bekanntmachung der Kommission über die Zusammenarbeit mit den Schiedsgerichten.

306 *Bartosch*, WuW 2000, 462 ff.; *Böge/Bardong*, in: MüKo, KartellR, VO 1/2003, Art. 1 Rn. 9; *Deselaers/Obst*, EWS 2000, 41, 43 ff.; *Immenga*, EuZW 1999, 609; *Klees*, Europäisches Kartellverfahrensrecht, § 2 Rn. 32 ff.; *Monopolkommission*, Sondergutachten Nr. 28, Rn. 33 ff.; *Montag/Reidlinger*, MR-Int. 2005, 2 ff.; *Schaub/Dohms*, WuW 1999, 1055, 1069 f.; *Schwarze/Weitbrecht*, § 2 Rn. 31 ff.; *Wiedemann*, in: FS Bechtold, S. 627 ff.

307 *Klees*, Europäisches Kartellverfahrensrecht, § 2 Rn. 34; *Möschel*, JZ 2000, 61, 64; *Schmidt*, BB 2003, 1237, 1239.

Anmeldung verbundene Immunität gegenüber der Verhängung eines Bußgeldes ersatzlos weggefallen ist.[308]

Fraglich ist daher, ob die private Kartellrechtsdurchsetzung vor einzelstaatlichen Gerichten und Schiedsgerichten das Problem der Rechtsunsicherheit verstärkt oder ob Rechtssicherheit durch Entscheidungen und informelle Äußerungen von Kartellbehörden nach der VO 1/2003 erlangt werden kann, die für die einzelstaatlichen Gerichte bindend sind. Fraglich ist auch, ob die Entscheidungen und Äußerungen nach der VO 1/2003 auch gegenüber den Schiedsgerichten eine Bindungswirkung entfalten.

II. Rechtsunsicherheit durch das neue System der Legalausnahme

1. Allgemeines

Das Prinzip der Rechtssicherheit in Art. 6 Abs. 1 EUV gebietet, dass der Einzelne die Folgen seines Tuns abschätzen kann.[309] Ob das Legalausnahmesystem dem Einzelnen ausreichend Rechtssicherheit gewährt, wird unterschiedlich beurteilt. Zum einen geht die Kommission davon aus, dass die über vierzigjährige Entscheidungspraxis der Kommission und des EuGH wesentlich zur Klärung der Anwendungsvoraussetzungen des Art. 101 Abs. 1 und Abs. 3 AEUV beigetragen haben.[310] Zum anderen wurde beklagt, dass im Legalausnahmesystem von Rechtssicherheit nicht die Rede sei, da den Unternehmen ein erhebliches Subsumtionsrisiko aufgebürdet werde.[311]

Schon vor der Modernisierung war die Gewährung von Rechtssicherheit ein Problem im europäischen Kartellverfahrensrecht. Die sichernde und klärende Funktion der früher von der Kommission ausgesprochenen konstitutiven Einzelfreistellung bot nur theoretisch ein großes Maß an Rechtssicherheit. In der Praxis der Kommissionsentscheidungen wurden mehr als 95 % der Freistellungsanmeldungen ohnehin ohne förmliche Entscheidung (sog. „*comfort letter*") abgeschlossen. Diese waren für andere Entscheidungsträger nicht rechtsverbindlich und die Unternehmen konnten sich im Ernstfall gegenüber nationalen Wettbewerbsbehörden und insbesondere gegenüber nationalen Gerichten nicht vor einer abweichenden Beurteilung

---

308 *Jaeger*, in: FK, Bd. III, Art. 1 VO 1/2003 Rn. 34.

309 *Von Bogdandy*, EuZW 2001, 357, 359; *Schilling*, EuGRZ 2000, 3, 19; *Pernice/Mayer*, in: *Grabitz/Hilf/Nettesheim (Hrsg.)*, EUV/AEUV, nach Art. 6 EUV, Grundrechtsschutz und rechtsstaatliche Grundsätze, Rn. 390 ff.

310 *Klees*, Europäisches Kartellverfahrensrecht, § 2 Rn. 33; nach *Schaub/Dohms*, WuW 1999, 1055, 1069 f. wird das neue System sogar einen Gewinn an Rechtssicherheit bringen.

311 *Deselaers/Obst*, EWS 2000, 41, 44; *Immenga*, EuZW 1999, 609; *Rittner*, DB 1999, 1485; *Schmidt*, BB 2006, 1397, 1404; so auch *Wiedemann*, in: FS Bechtold, S. 627, 645, der meint, dass die Abschaffung des Anmeldesystems zu einer beklagenswerten Reduzierung der Rechtssicherheit im EG-Kartellrecht geführt hat.

schützen.[312] Rechtssicherheit hatten die Unternehmen nur hinsichtlich der Verhängung von Bußgeldern seitens der Kommission.

2. *Optionen für die Erlangung von Rechtssicherheit*

a) *Äußerungen der Kommission*

Die Kommission ist die höchste Kartellbehörde. Nur ihre Äußerungen können das Problem der Rechtsunsicherheit verkleinern. Nach der VO 1/2003 stehen ihr die folgenden Handlungsmöglichkeiten offen.

aa) Informelle Äußerungen, insbesondere Beratungsschreiben

Das Bedürfnis zur Beseitigung aller im Einzelfall auftretender Unsicherheiten wird allein durch die Gruppenfreistellungsverordnungen und die Leitlinien nicht beseitigt werden können. Die VO 1/2003 wird dem gerecht, indem sie bei neuen und ungelösten Fragen in Bezug auf die Anwendung der Wettbewerbsregeln den Unternehmen die Möglichkeit eröffnet, informelle Beratung von der Kommission zu erbitten.[313] Diese sog. Beratungsschreiben sind in der „Bekanntmachung der Kommission über informelle Beratung bei neuartigen Fragen zu den Art. 81 und 82 EGV"[314] geregelt. Leider hat sich das Instrument der Beratungsschreiben wohl als Fehlschlag erwiesen. Bis 2006 ist kein einziges Beratungsschreiben erstellt worden.[315] Auch danach ist der Verfasserin nichts Gegenteiliges bekannt. Ursache sind wohl die zu hohen Anforderungen an die Beratungsschreiben.[316] Nach der Bekanntmachung kann ein Beratungsschreiben nur erteilt werden, wenn eine noch offene Frage der Rechtsanwendung aufgeworfen wird und eine *prima facie*-Bewertung des Sachverhalts und der Hintergründe es nahe legen, dass eine Klärung im Wege eines Beratungsschreibens zweckmäßig ist.[317] Die Kommission beabsichtigt darüber hinaus, Beratungsschreiben nur in den Fällen zu erlassen, bei denen eine weitere Tatsachenfeststellung nicht erforderlich ist.[318] Die Voraussetzungen werden in den seltensten Fällen kumulativ vorliegen, da insbesondere die Zweckmäßigkeit des Beratungs-

---

312 *Schaub/Dohms*, WuW 1999, 1055, 1069; so auch *Karsten Schmidt* im Rahmen des industrierechtlichen Seminars der Universität Bonn, wiedergg. von *Heukamp*, SchiedsVZ 2006, 94.

313 Erwägungsgrund Nr. 38 der VO 1/2003; *de Bronett*, Europäisches Kartellverfahrensrecht, Art. 10 Rn. 12.

314 ABl. (EG) 2004, C-101/78.

315 *Montag/Reidlinger*, MR-Int. 2005, 2, 3; *Wiedemann*, in: FS Bechtold, S. 627, 637; schon *Müller*, WRP 2004, 1472, 1478 sah in den Beratungsschreiben eher die Ausnahme als die Regel.

316 So auch *Wiedemann*, in: FS Bechtold, S. 627, 637.

317 Nr. 8 der Bekanntmachung über informelle Beratung bei neuartigen Fragen zu den Art. 81 und 82 EGV.

318 *Anweiler*, in: *Loewenheim/Meessen/Riesenkampff (Hrsg.)*, KartellR, VO 1/2003, Art. 10 Rn. 25.

schreibens von den Unternehmen schwer dargelegt werden kann. Weitere informelle Beratungen, unterhalb der Ebene der Beratungsschreiben, sind im Einzelfall nach Erwägungsgrund Nr. 38 der VO 1/2003 möglich, vor allem bei Rechtsfragen zu den Gruppenfreistellungsverordnungen.[319] Die Unternehmen können auch mit Beamten der Generaldirektion Wettbewerb die Beurteilung von Sachverhalten erörtern.[320]

Die Beratungsschreiben der Kommission sind grundsätzlich nicht bindend.[321] Sie können jedoch Anhaltspunkte für die staatlichen Gerichte und die Schiedsgerichte darstellen. Durch die Beratungsschreiben sind die Unternehmen nur vor Bußgeldern der Kommission und der nationalen Wettbewerbsbehörden geschützt.[322]

Informelle Äußerungen unterhalb der Ebene der Beratungsschreiben binden die nationalen Wettbewerbsbehörden ebenso wenig wie die staatlichen Gerichte bzw. die Schiedsgerichte. Allerdings sind informelle Äußerungen der Generaldirektion Wettbewerb zu konkreten Rechtsfragen bei entsprechender Aufbereitung des Sach- und Streitstandes grundsätzlich nützlich und können daher, trotz mangelnder Bindungswirkung, ein Plus an Rechtssicherheit bedeuten.[323]

bb) Positiventscheidungen nach Art. 10 VO 1/2003

Die Positiventscheidung nach Art. 10 VO 1/2003, die „Feststellung der Nichtanwendbarkeit", ersetzt zwar das frühere Negativattest bzw. die Einzelfreistellung, ist aber nur feststellender Natur.[324] Eine solche Positiventscheidung ist für die Unternehmen das Ideal einer förmlichen Entscheidung der Kommission.[325] Die Entscheidung wird nur in Ausnahmefällen erfolgen, „um die Rechtslage zu klären und eine einheitliche Rechtsanwendung in der Union sicherzustellen".[326] Es ist davon auszugehen, dass die Kommission die Positiventscheidungen daher restriktiv handhaben wird, denn eine „neue" umfassende Freistellungspraxis soll vermieden werden. In der Praxis haben, genauso wie die Beratungsschreiben, die Positiventscheidungen bisher keine praktische Bedeutung.[327]

Die Positiventscheidungen nach Art. 10 VO 1/2003 binden nationale Gerichte (Art. 16 Abs. 1 VO 1/2003) und nationale Wettbewerbsbehörden (Art. 11 Abs. 6, 16

---

319 *Wiedemann,* in: FS Bechtold, S. 627, 637.

320 *Anweiler,* in: *Loewenheim/Meessen/Riesenkampff (Hrsg.),* KartellR, VO 1/2003, Art. 10 Rn. 26; *Schwarze/Weitbrecht,* § 6 Rn. 135 f.

321 Bekanntmachung der Kommission über informelle Beratung bei neuartigen Fragen über Art. 81 und 82 EG, ABl. (EG) 2004, C-101/78, Rn. 24 ff.

322 *Wiedemann,* in: FS Bechtold, S. 627, 637.

323 *Wiedemann,* in: FS Bechtold, S. 627, 637.

324 Erwägungsgrund Nr. 14 der VO 1/2003; *Anweiler,* in: *Loewenheim/Meesen/Riesenkampff (Hrsg.),* KartellR, VerfVO, Art. 10 Rn. 1; *Bauer,* in: MüKo, KartellR, VO 1/2003, Art. 10 Rn. 16; *Bartosch,* WuW 2005, 462, 464; *De Bronett,* Europäisches Kartellverfahrensrecht, Art. 10 Rn. 6.

325 *Wiedemann,* in: FS Bechtold, S. 627, 632.

326 Erwägungsgrund Nr. 14 der VO 1/2003.

327 *Wiedemann,* in: FS Bechtold, S. 627, 633.

Abs. 2 VO 1/2003) unmittelbar, da diese gemäß Art. 16 VO 1/2003 keine Entscheidungen erlassen dürfen, die der Entscheidung der Kommission entgegenstehen.[328] Die Bindungswirkung gegenüber Schiedsgerichten hängt letztendlich von der Frage ab, ob man eine Bindung an das Unionsrecht *de iure* oder *de facto* bejaht oder verneint.[329] Die Positiventscheidungen bedeuten durch ihre Bindungswirkung ein hohes Maß an Rechtssicherheit.

cc) Verpflichtungszusagen nach Art. 9 VO 1/2003

Ein weiteres neues Instrument sind die Verpflichtungszusagen nach Art. 9 Abs. 1 VO 1/2003. Die beteiligten Unternehmen bieten der Kommission verpflichtende Zusagen über bestimmte Verhaltensweisen an, die dazu geeignet sind, die Bedenken der Kommission gegen den Kartellverstoß zu beseitigen. Dabei stellt die Entscheidung lediglich fest, dass die Verpflichtungszusagen bindend sind und für ein Tätigwerden der Kommission kein Anlass mehr besteht, nicht aber, ob eine Zuwiderhandlung vorgelegen hat.[330] Allerdings können dies nur Fälle sein, in denen entweder keine Wettbewerbsbeschränkung mehr vorliegt oder die Voraussetzungen für eine Freistellung gegeben sind.[331] In der Praxis hat die Kommission schon mehrere Verfahren nach Art. 9 Abs. 1 VO 1/2003 durchgeführt.[332] In der Literatur wird

---

328 Vgl. ausführlich unten § 5 A.I.

329 Siehe dazu ausführlich unten § 5 A.II.

330 Erwägungsgrund Nr. 13 der VO 1/2003; vgl. dazu auch *Busse/Leopold,* WuW 2005, 146, 147 ff.; *Haarmann,* Die Verpflichtungszusage im Europäischen Wettbewerbsrecht, S. 37 f.; *Kahlenberg/Neuhaus,* EuZW 2005, 620, 623.

331 Str., siehe *Wiedemann,* in: FS Bechtold, S. 627, 634; *Gruber,* EWS 2005, 310, 313; a.A. *Sura,* in: *Langen/Bunte (Hrsg.),* VO 1/2003, Art. 9 Rn. 11.

332 Bisherige Verfahren der Kommission im Bereich des Sports (*„Deutsche Bundesliga“*, KomE v. 19.1.2005, ABl. (EG) 2005, L-134/46, vgl. dazu *Hellmann/Bruder,* EuZW 2006, 359 ff.; *Körber,* WRP 2005, 463 ff.; *Wilbert,* EU Competition Policy Newsletter 2/2005, 44 ff.; KomE v. 30.4.2004, ABl. (EG) 2004, C-115/03 – *FAPL*); Musik (KomE v. 4.10.2006, ABl. (EG) 2007, L-296/27 – *Die erweiterte Vereinbarung von Cannes*); Autoreperaturen (KomE v. 13.9.2007, ABl. (EG) 2007, L-317/76- *Daimler Chrysler,* KomE v. 13.9.2007, ABl. (EG) 2007, L-332/77 – *Fiat;* KomE v. 13.9.2007, ABl. (EG) 2007, L-329/52 – *Toyota* und KomE v. 13.9.2007, ABl. (EG) 2007, L-330/44 – *Opel,* s. Presseerklärung der Kommission IP/07/1332); Erdgas (KomE v. 11.10.2007, ABl. (EG) 2008, C-9/8 – *Distrigas,* vgl. dazu Bericht der Kommission über Wettbewerbspolitik 2007, Rn. 9); weitere Entscheidungen (KomE v. 22.2.2006, ABl. (EG) 2006, L-205/24 – *Alrosa/De Beers,* Presseerklärung Nr. IP/05/664 v. 3.6.2005, die Verpflichtungszusage wurde jedoch vom EuG mit Urteil v. 11.7.2007 aufgehoben, T-170/06, vgl. dazu *Le More,* EuZW 2007, 722 ff.; KomE v. 22.6.2005, ABl. 2005, L-253/21 – *Coca Cola*; Presse-Erklärung Nr. IP/05/1056 v. 17.8.2005 – *BUMA und SABAM*; KomE v. 12.4.2006 – ABl. (EG) 2006, C-152/6 – *Repsol C.P.P.*). Vgl. auch *Hirsbrunner/Rhomberg,* EWS 2005, 61, 62 f.; *Sura,* in: *Langen/Bunte (Hrsg.),* VO 1/2003, Art. 9 Rn. 3; *Weitbrecht/Mühle,* EuZW 2008, 551, 560.

diesem Instrument zum einen ein Vergleichscharakter attestiert,[333] zum anderen das Instrument als Verwaltungszwang ohne Gesetzesgrundlage betitelt.[334]

Die Verpflichtungszusagen der Unternehmen, die sie gegenüber der Kommission abgegeben haben, sind nach Art. 9 Abs. 1 VO 1/2003 für sie bindend. Eine von der Kommission[335] gepriesene Erhöhung der Rechtssicherheit ist allerdings aufgrund der besonderen Ausgangslage des Verfahrens nach Art. 9 Abs. 1 der VO 1/2003 nicht zu erwarten.[336] Zum einen ist Rechtssicherheit wegen ihrer Verbindlichkeit gegenüber den erklärenden Unternehmen nur bei neuen Entscheidungen der Kommission gegeben.[337] Zum anderen können die verbindlichen Entscheidungen nach Art. 9 Abs. 1 von der Kommission von Amts wegen im Rahmen des Wiederaufnahmeverfahrens nach Art. 9 Abs. 2 der VO 1/2003 abgeändert werden, wenn einer der Wiederaufnahmegründe vorliegt.

Für eine Bindungswirkung der Verpflichtungszusage der Unternehmen nach Art. 9 Abs. 1 VO 1/2003 gegenüber einzelstaatlichen Gerichten und Schiedsgerichten ist entscheidend, ob sie Entscheidungen i.S.d. Art. 16 VO 1/2003 darstellen. Der Wortlaut von Art. 16 VO 1/2003 spricht allgemein von „Entscheidungen", sodass sich hieraus zunächst keine Einschränkung ergibt. Entsprechendes gilt auch für Art. 11 Abs. 6 VO 1/2003.[338]

Allerdings ergibt sich aus den Begründungserwägungen Nr. 13 und 22 der VO 1/2003, dass die Verpflichtungszusagen die Befugnisse der Wettbewerbsbehörden und der Mitgliedstaaten, über das Vorliegen einer Zuwiderhandlung zu entscheiden, unberührt lassen. Damit stellt die Entscheidung der Kommission über die Verpflichtungszusage der Unternehmen gemäß Art. 9 VO 1/2003 nach dem Willen des Unionsgesetzgebers keine Entscheidung im Sinne des Art. 16 VO 1/2003 dar, die die nationalen Gerichte und die nationalen Wettbewerbsbehörden binden kann.[339] Dies ist konsequent, da diese Entscheidungen über die Verpflichtungszusa-

---

333 *Wiedemann,* in: FS Bechtold, S. 627, 636; *Wish,* wiederggb. von *Mayer,* EuZW 2007, 503, 504.

334 *Jung,* EuR 2005, Beiheft Nr. 1, 7, 24; *Schmidt,* BB 2003, 1237, 1242 („Ermächtigung für eine Kommissionstyrannei?").

335 Kommission, MEMO/04/217.

336 So auch *Kahlenberg/Neuhaus,* EuZW 2005, 620, 624; *Wiedemann,* in: FS Bechtold, S. 627, 636. Es sind keine Erleichterungen für die Unternehmen durch die Einführung der Verpflichtungszusage zu erwarten, so *Blessing,* wiederggb. von *Pietzsch,* EuZW 2004, 368.

337 *Anweiler,* in: *Loewenheim/Meesen/Riesenkampff (Hrsg.),* KartellR, VerfVO, Art. 9 Rn. 30; *Bauer,* in: MüKo, KartellR, VO 1/2003, Art. 9 Rn. 32.

338 „Entscheidungen nach Kapitel III der Verordnung."

339 Verpflichtungszusagen sind keine Entscheidungen i.S.v. Art. 16 VO 1/2003: *Anweiler,* in: *Loewenheim/Meesen/Riesenkampff (Hrsg.),* KartellR, VerfVO, Art. 9 Rn. 34 f.; *Bauer,* in: MüKo, KartellR, VO 1/2003, Art. 9 Rn. 44; *Hirsbrunner/Rhomberg,* EWS 2005, 61, 66; *Hossenfelder/Lutz,* WuW 2003, 118, 122; *Schmidt,* BB 2003, 1237, 1242; *Schwarze/Weitbrecht,* § 6 Rn. 95; *Sura,* in: *Langen/Bunte (Hrsg.),* VO 1/2003, Art. 9 Rn. 12 f.; *Wiedemann,* in: FS Bechtold, S. 627, 63. A.A.: *de Bronett,* Europäisches

gen keine rechtsverbindlichen Sachentscheidungen sind.[340] Diese Entscheidungen sollen gerade das Vorliegen einer Zuwiderhandlung nicht beantworten und den nationalen Gerichten und den Wettbewerbsbehörden einen gewissen Handlungsspielraum ermöglichen, d.h. die staatlichen Gerichte und die nationalen Wettbewerbsbehörden können das zusagegemäße Verhalten der Unternehmen trotzdem für wettbewerbswidrig erklären.[341] Durch die fehlende Bindungswirkung ist allerdings Rechtssicherheit für die Unternehmen nicht gewährleistet.[342]

Eine Bindungswirkung gegenüber Schiedsgerichten kann dann in einem Erst-Recht-Schluss ebenfalls verneint werden. Rechtssicherheit wird durch das Instrument der Verpflichtungszusage nur eingeschränkt gewährt.

b) Äußerungen der nationalen Kartellbehörden

Als weiteres Mittel zur Erlangung von mehr Rechtssicherheit können sich die Unternehmen an die nationalen Kartellbehörden wenden. Hier stehen den Unternehmen drei Instrumente zur Verfügung: die „kleine" Positiventscheidung nach Art. 5 Satz 3 VO 1/2003,[343] Verpflichtungszusagen gegenüber den nationalen Kartellbehörden nach Art. 5 Satz 2, 3. Spiegelstrich VO 1/2003[344] und informelle Verfahren.[345]

Art. 16 VO 1/2003 kann für die Frage der Bindungswirkung der Entscheidung nationaler Wettbewerbsbehörden gegenüber den einzelstaatlichen Gerichten und den Schiedsgerichten nicht herangezogen werden, weil dieser nur die Kommission privilegiert.[346] Die „kleinen" Positiventscheidungen nach Art. 5 Satz 3 VO 1/2003, die Verpflichtungszusagen nach Art. 5 Satz 2, 3. Spiegelstrich VO 1/2003 und das weitere informelle Verfahren der nationalen Wettbewerbsbehörden können in einem Erst-Recht-Schluss keine Bindungswirkung gegenüber nationalen Gerichten, den Schiedsgerichten oder sogar der Kommission beanspruchen, wenn schon den

Kartellverfahrensrecht, Art. 9 Rn. 8; *Gruber,* EWS 2005, 310. 313; *Montag/Rosenfeld,* ZWeR 2003, 107, 132; *Wils,* Efficiency and Justice in European Antitrust Enforcement, Rn. 141.

340 *Bauer,* in: MüKo, KartellR, VO 1/2003, Art. 9 Rn. 44; *Schmidt,* BB 2003, 1237, 1242.

341 *Anweiler,* in: *Loewenheim/Meesen/Riesenkampff (Hrsg.),* KartellR, VerfVO, Art. 9 Rn. 34.

342 *Schmidt,* BB 2003, 1239, 1242 („unbestreitbare Einbuße an Rechtssicherheit").

343 Im deutschen Recht: § 32 c GWB.

344 Im deutschen Recht: § 32 b GWB. Verpflichtungszusagen der nationalen Wettbewerbsbehörden haben jedoch deutlich zugenommen: Im Jahr 2007 gab es 29 Verpflichtungsentscheidungen, gegenüber 7 im Jahr 2006, Bericht über die Wettbewerbspolitik 2007, Rn. 88.

345 Im deutschen Recht: Informelle Auskünfte des BKartA, § 32 c GWB.

346 *Schneider,* in: MüKo, KartellR, VO 1/2003, Art. 16 Rn. 7; *Zuber,* in: *Loewenheim/Meesen/Riesenkampff (Hrsg.),* KartellR, VerfVO, Art. 16 Rn. 8.

entsprechenden Entscheidungen der Kommission eine Bindungswirkung nicht zuerkannt wird.[347]

c) Zwischenergebnis

Informelle Äußerungen der Kommission, insbesondere Beratungsschreiben und Verpflichtungszusagen nach Art. 9 VO 1/2003 können weder die einzelstaatlichen Gerichte noch die Schiedsgerichte binden. Die Richter der einzelstaatlichen Gerichte und die Schiedsrichter können abweichende Entscheidungen treffen. Zwar besteht hinsichtlich der Positiventscheidungen nach Art. 10 VO 1/2003 eine Bindungswirkung gemäß Art. 16 VO 1/2003. Doch hat diese aufgrund fehlender Entscheidungen der Kommission in diesem Bereich keine praktische Bedeutung. Eine Bindungswirkung von Positiventscheidungen ist für Schiedsgerichte umstritten.

III. „Ausufernde" Rechtsunsicherheit durch die private Kartellrechtsanwendung?

Auf den ersten Blick scheint die private Kartellrechtsdurchsetzung das Problem der Rechtsunsicherheit zu verstärken. Die Richter an nationalen Gerichten, aber auch die Schiedsrichter können frei entscheiden und sind mit Ausnahme von Entscheidungen nach Art. 10 der VO 1/2003 nicht an informelle Äußerungen oder Verpflichtungszusagen der Kommission gebunden. Auf den zweiten Blick erscheint es aber fraglich, ob tatsächlich die Befürchtungen einer „ausufernden" Rechtsunsicherheit zutreffen.[348]

Zu fragen ist, ob einzelstaatliche Gerichte und Schiedsgerichte sich nicht zumindest faktisch an den nicht bindenden Verpflichtungszusagen nach Art. 9 Abs. 1 der VO 1/2003 der Kommission orientieren werden und damit das Problem der „ausufernden" Rechtsunsicherheit obsolet wird. Die Entscheidungen der Kommission haben einen faktischen Aussagewert, der eine Beachtung durch die einzelstaatlichen Gerichte nahe lege.[349] Davon wird in der Regel auszugehen sein. Zumindest können die einzelstaatlichen Gerichte die Äußerungen der Kommission in ihre Entscheidungsfindung mit einbeziehen.[350]

---

347 *Bauer,* in: MüKo, KartellR, VO 1/2003, Art. 5 Rn. 9; *Hossenfelder,* in: *Loewenheim/Meesen/Riesenkampf (Hrsg.),* KartellR, VerfVO, Art. 5 Rn. 12 f.; *Schwarze/Weitbrecht,* § 8 Rn. 16; *Wiedemann,* in: FS Bechtold, S. 627, 639 ff.

348 Nach *Karsten Schmidt* sind die Befürchtungen um eine ausufernde Rechtsunsicherheit bei der privaten Kartellrechtsanwendung „ein Sturm im Wasserglas", wiederggb. von *Heukamp,* SchiedsVZ 2006, 94.

349 *Anweiler,* in: *Loewenheim/Meesen/Riesenkampff (Hrsg.),* KartellR, VerfVO, Art. 9 Rn. 35.

350 *Kahlenberg/Neuhaus,* EuZW 2005, 620, 624 („faktische [Herbeiführung] eine[r] umfassende[n] Beendigung des Verfahrens"); *Schmidt,* BB 2003, 1237, 1242; *Wiedemann,* in: FS Bechtold, S. 627, 637 (Äußerungen zur Orientierung).

Auch in Schiedsverfahren wird den Verpflichtungszusagen eine faktische Bindung zukommen. Die Schiedsrichter sind verpflichtet, einen durchsetzbaren Schiedsspruch zu schaffen. Sie werden daher in der Regel von der Einschätzung der Kommission nicht abweichen, damit die Anerkennung und Vollstreckung des Schiedsspruchs in einem möglich späteren Exequaturverfahren nicht gefährdet wird. Aus den gleichen Gründen werden die einzelstaatlichen Gerichte und die Schiedsgerichte die informellen Äußerungen der Kommission berücksichtigen.

Ein deutliches Abweichen von den Äußerungen der Kommission würde die einheitliche Anwendung des Kartellrechts gefährden. Obwohl keine Bindung nach Art. 16 VO 1/2003 besteht, haben sowohl die nationalen Gerichte als auch die Schiedsgerichte ein Interesse an der einheitlichen Anwendung des Europäischen Wettbewerbsrechts. Abgesehen von den informellen Äußerungen und Entscheidungen der Kommission nach der VO 1/2003 stehen den einzelstaatlichen Gerichten und Schiedsgerichten eine Vielzahl von Leitlinien, Bekanntmachungen, Gruppenfreistellungsverordnungen und die Entscheidungspraxis der Unionsorgane[351] zur Verfügung, an denen sie sich bei einer Entscheidung orientieren können. Dadurch wird der Verlust an Rechtssicherheit wohl auch nur ein gradueller sein.[352] Die Befürchtung einer „ausufernden“ Rechtsunsicherheit in der privaten Kartellrechtsanwendung bleibt ein theoretisches Problem.

IV. Fazit

Weder die verschiedenen Äußerungen der Kommission noch die der nationalen Wettbewerbsbehörden sind optimale Instrumente zur Verbesserung der Rechtssicherheit der Unternehmen. Ihnen fehlt die Qualität einer Einzelfreistellung. Das sieht man schon daran, dass, mit Ausnahme der Verpflichtungszusage der Unternehmen nach Art. 9 VO 1/2003, es bis heute keinen Anwendungsfall in der Praxis gibt. Allerdings muss man bedenken, dass man sich gerade von dem System der Einzelfreistellung verabschieden wollte und auch schon vor der Modernisierung die Einzelfreistellung durch förmliche Verwaltungsschreiben („*comfort letters*“) erfolgte, die gegenüber einzelstaatlichen Gerichten und Schiedsgerichten keine Bindungswirkung entfaltete.

Ob die Verpflichtungszusage der Unternehmen nach Art. 9 VO 1/2003 eine wesentliche Erleichterung für die Unternehmen darstellt, ist zu bezweifeln. Das Argument[353] ist mittlerweile obsolet, dass die bisherigen Verfahren nach Art. 9 überwiegend Altfälle aus Zeiten vor der Modernisierung sind und es deshalb keinen

351 XXX. Bericht über die Wettbewerbspolitik (2000), Rn. 62; *Klees*, Europäisches Kartellverfahrensrecht, § 3 Rn. 35; kritisch *von Bogdandy*, EuZW 2001, 357, 359; eine wichtige Bedeutung kommt insoweit der Bekanntmachung zu den Prinzipien und der Methodik des Art. 101 Abs. 3 AEUV zu.

352 *Schmidt*, BB 2006, 1397, 1405; kritisch *von Bogdandy*, EuZW 2001, 357, 359 (Leitlinien geben keine ausreichende Orientierung).

353 *Kahlenberg/Neuhaus*, EuZW 2005, 620, 624.

Beweis für die Akzeptanz dieses Instrumentes in der Wirtschaft gibt. Zwischenzeitlich wurden Verpflichtungszusagen nach Art. 9 VO 1/2003 abgegeben, bei denen das Verfahren nach Inkrafttreten der neuen Verordnung eingeleitet wurde.[354] Die Unternehmen können Klagen aufgrund Kartellrechtsverstößen trotz ihrer Verpflichtungszusagen nicht abwenden, da die Verpflichtungszusage keine bindende Entscheidung der Kommission über die Kartellrechtmäßigkeit enthält. Die staatlichen Gerichten und den Schiedsgerichten können trotz der Verpflichtungszusage der Unternehmen eine eigene Beurteilung des kartellrechtswidrigen oder kartellrechtsmäßigen Sachverhalts vornehmen. Die Verpflichtungszusagen stellen keine Erleichterungen für die Unternehmen dar, da sie sie gegenüber Dritten nicht geltend machen können. Es schützt die Unternehmen wie die „*comfort letters*" vor der Modernisierung nur vor Bußgeldern der Kommission.

Deshalb wird die Akzeptanz der Verpflichtungszusage bei den Unternehmen und damit auch eine verbesserte Rechtssicherheit davon abhängen, ob sich die nationalen Gerichte zumindest faktisch an diese gebunden sehen bzw. sie als Orientierungshilfe verwenden. *Blessing* geht indes so weit zu behaupten, dass aufgrund der Schwierigkeiten mit Verpflichtungszusagen nach Art. 9 VO 1/2003 Unternehmen vermehrt Schiedsklauseln in ihre Vertragswerke aufnehmen, um Auseinandersetzungen vor einem nationalen Gericht zu vermeiden.[355]

Der Wunsch der Literatur, die Kommission möge doch in den Zusageentscheidungen entgegen dem Wortlaut des Art. 9 Abs. 1 der VO 1/2003 das Nichtvorliegen von Wettbewerbsverstößen positiv feststellen, wird ignoriert.[356] Für die Unternehmen ist dies äußerst bedauerlich. Das Hauptargument gegen eine Bindungswirkung der Verpflichtungszusage gemäß Art. 16 VO 1/2003 ist, dass die Verpflichtungszusage gerade nicht das Nicht-Vorliegen einer Zuwiderhandlung feststellen will. Diesem Argument wäre jedwede Grundlage genommen, wenn die Kommission das Nichtvorliegen der Wettbewerbsverstöße positiv feststellen würde. Die Gerichte und eventuell auch die Schiedsgerichte wären dann an die Zusagen gemäß Art. 16 Abs. 1 VO 1/2003 gebunden. Der Wortlaut des Art. 9 Abs. 1 der VO 1/2003 sieht eine Feststellung des Kartellverstoßes zwar nicht vor, verbietet aber eine solche auch nicht.

Wenn die einzelstaatlichen Gerichte und die Schiedsgerichte die Äußerungen der Kommission zumindest als Orientierungshilfe ansehen, wird die Chance einer abweichenden Entscheidung dadurch erheblich vermindert und somit auch das Problem der Rechtsunsicherheit entschärft.

---

354 Z.B. KomE v. 13.9.2007, ABl. (EG) 2007, L-317/76 – *Daimler Chrysler*; KomE v. 13.9.2007, ABl. (EG) 2007, L-332/77 – *Fiat*; KomE v. 13.9.2007, ABl. (EG) 2007, L-329/52 – *Toyota* und KomE v. 13.9.2007, ABl. (EG) 2007, L-330/44 – *Opel*, s. Presseerklärung der Kommission IP/07/1332.

355 Wiederggb. von *Pietzsch*, EuZW 2004, 369.

356 *Kahlenberg/Neuhaus*, EuZW 2005, 620, 624; *Temple Lang*, ECLR 2003, 347, 349.

D. Ergebnis des 3. Paragraphen

Die Modernisierung des Europäischen Wettbewerbsrechts durch die VO 1/2003 brachte die wünschenswerte Änderung zum System der Legalausnahme und damit die einheitliche Anwendung des Art. 101 AEUV. Die einzelstaatlichen Gerichte können den Art. 101 Abs. 3 AEUV gemäß Art. 6 VO 1/2003 unmittelbar anwenden und sind nicht mehr auf eine Entscheidung der Kommission angewiesen. Die Frage, ob Schiedsgerichte wie die einzelstaatlichen Gerichte Art. 101 Abs. 3 AEUV anwenden können, wird kontrovers diskutiert. In der Praxis werden die Schiedsgerichte Art. 101 Abs. 3 AEUV unmittelbar anwenden können. Zwar ist eine Regelung über die Anwendbarkeit des Art. 101 Abs. 3 AEUV durch die Schiedsgerichte nicht notwendig, aber aus Gründen der Vereinfachung, Klarstellung und Rechtssicherheit sinnvoll. Eine Regelung könnte auf europäischer Ebene durch eine eigene Bekanntmachung der Kommission über die Zusammenarbeit mit den Schiedsgerichten erfolgen.

§ 4 Zusammenarbeit von nationalen Gerichten und Schiedsgerichten

Die Schiedsgerichte können Art. 101 AEUV im Ganzen unmittelbar anwenden, obwohl die VO 1/2003 nicht auf die Schiedsgerichte anwendbar ist. Die derzeitige Rechtslage verlangt daher von den Schiedsgerichten einen flexiblen Umgang mit den Regelungen des Europäischen Wettbewerbsrechts. Inwieweit die Schiedsgerichte dabei auf eine Zusammenarbeit mit den staatlichen Gerichten angewiesen sind, soll Gegenstand der Untersuchung dieses Paragraphen sein.

Schiedsgerichte wenden in ihrer Entscheidungsfindung das von den Parteien gewählte oder das kollisionsrechtlich zur Anwendung berufene materielle Recht an. Haben die Parteien das materielle Recht eines der Mitgliedstaaten der Europäischen Union für anwendbar erklärt oder soll der spätere Schiedsspruch in einem Mitgliedstaat vollstreckt werden, müssen die Schiedsgerichte die Regelungen des Unionsrechts, insbesondere auch Art. 101 AEUV, beachten.[357] Bei jeder Entscheidungsfindung kann es zu Schwierigkeiten bei der Anwendung, dem Verständnis sowie der Interpretation der unionsrechtlichen Normen kommen. Die staatlichen Gerichte können sich dadurch behelfen, dass sie bei Auslegungsproblemen des AEUV dem EuGH nach Art. 267 AEUV eine Frage zur Vorabentscheidung vorlegen. Fraglich ist, ob diese Möglichkeit im Rahmen der Anwendung des Art. 101 AEUV auch den Schiedsgerichten offen steht. Zwar war die Vorlageberechtigung der Schiedsgerichte schon Gegenstand zahlreicher wissenschaftlicher Abhandlungen. Der Aspekt, ob die Schiedsgerichte überhaupt zur Vorlage berechtigt sein wollen, hat indes kaum Beachtung gefunden. Einer weiteren wissenschaftlichen Abhandlung des Problems bedarf es zudem im Hinblick auf die allgemeine Zielsetzung dieser Arbeit, da die Problematik der Vorlageberechtigung der Schiedsgerichte an vielen Stellen nicht nur zur Argumentation aufgegriffen werden muss, sondern oftmals auch die Weichenstellung für die Lösung eines Problems darstellt.

Zu prüfen ist deshalb zunächst, ob auch Schiedsgerichte nach der Rechtsprechung des EuGH vorlageberechtigt sind (A.I.). Daran schließt sich die Darstellung der Kritik an der EuGH-Rechtsprechung (A.II.) an, bevor die interessante Frage der Vorlageverpflichtung zum Gegenstand der Untersuchung gemacht wird (A.III.). Nachdem das Sonderproblem der Vorlageberechtigung von Schiedsgerichten mit Sitz außerhalb der Union (A.IV.) erörtert wurde, erfolgt eine abschließende Stellungnahme (A.V.). Im Anschluss daran werden die Folgen der Rechtsprechung des EuGH zur Vorlageberechtigung der Schiedsgerichte und die Möglichkeiten der prozessualen Umsetzung in den nationalen Rechtsordnungen einiger Mitgliedstaaten erörtert (B.I.), bevor ein eigener Vorschlag für eine nationale Regelung ausgearbeitet wird (B.II.).

---

357 Vgl. dazu schon § 2 A.I.5.

A. Zusammenarbeit zwischen Schiedsgerichten und nationalen Gerichten nach der Rechtsprechung des EuGH

I. Vorlageberechtigung der Schiedsgerichte

Lange Zeit war fraglich, ob Schiedsgerichte die Möglichkeit zu einem Vorabentscheidungsverfahren nach Art. 267 AEUV vor dem EuGH haben, um die Probleme bei der Auslegung des Vertrages, also auch der Art. 101 und 102 AEUV, durch den EuGH klären zu lassen. Wegen seiner hohen theoretischen und praktischen Relevanz ist die Vorlage durch die Schiedsgerichte nicht nur in der Literatur ein seit langem vielbehandeltes Thema, sondern bildet auch in der Rechtsprechung des EuGH den Gegenstand einiger Entscheidungen.

1. „Goldene Brücke" aus Nordsee und Eco Swiss

Schon in seiner *Nordsee*-Entscheidung stellte der EuGH fest, dass Schiedsgerichte nicht zur Vorlage nach Art. 267 AEUV berechtigt sind.[358] Sowohl in *Almelo*[359] als auch in *Eco Swiss*[360] bestätigte er seine *Nordsee*-Rechtsprechung, dass private Schiedsgerichte keine einzelstaatlichen Gerichte i.S.d. Art. 267 AEUV sind. In *Eco Swiss* nimmt der EuGH sogar ausdrücklich auf seine *Nordsee*-Entscheidung Bezug und zeigt damit keine Tendenz, an seinen getroffenen Erkenntnissen etwas zu ändern.[361] Zuletzt hat der EuGH in der Sache *Denuit, Cordenier / Transorient*[362] ebenso entschieden.

Allerdings hat der EuGH nicht völlig die Vorlage einer unionsrechtlichen Frage, die im Schiedsverfahren aufgekommen ist, abgewiesen.[363] In einer Art „Nachgedanken"[364] zur *Nordsee*-Entscheidung verweist der EuGH auf die Aushilfsfunktion der einzelstaatlichen ordentlichen Gerichte:

> *„in Fällen in denen sich in einem [...] Schiedsverfahren Fragen des Gemeinschaftsrechts stellen, die ordentlichen Gerichte in die Lage kommen können, diese Frage zu prüfen, sei es im Rahmen der Hilfe, die sie den Schiedsgerichten gewähren, insbesondere um sie bei bestimmten Verfahrenshandlungen zu unterstützen oder um das geltende Recht auszulegen,*

---

358 EuGH v. 23.3.1982, Rs. 102/81, Rn. 11–13 – *Nordsee.*

359 EuGH v. 27.4.1994, Rs. C-393/92, Rn. 22 – *Almelo/Ijsselmij* (vgl. zu dieser Entscheidung die Besprechung von *Rapp-Jung,* EuZW 1994, 64 ff.; *Schroeder,* EWiR 1994, 669–670; *Ebel,* EWS 1994, 241 ff.).

360 EuGH v. 1.6.1999, Rs. C-126/97, Rn. 33 – *Eco Swiss.*

361 EuGH v. 1.6.1999, Rs. C-126/97, Rn. 33 f. – *Eco Swiss.*

362 EuGH v. 27.1.2005, Rs. C-125/04, Rn. 13 – *Denuit, Cordenier / Transorient.*

363 *Komninos,* World Comp. 2001, 211, 227.

364 Erstmals aufgebracht von *Erauw,* in: *Briner (Hrsg.),* L'arbitrage et le Droit Européen, S. 101, 120; aufgenommen durch *Hilbig,* Das gemeinschaftsrechtliche Kartellverbot im internationalen Handelsschiedsverfahren, S. 159.

sei es im Rahmen der je nach Lage des Falles mehr oder weniger weit gehenden Überprüfung des Schiedsspruchs, die ihnen obliegt, wenn sie im Wege der Aufhebungsklage, durch einen Einspruch, zur Vollstreckbarerklärung oder mit irgendeinem anderen durch die einschlägigen nationalen Rechtsvorschriften eröffneten Rechtsbehelf befasst werden".[365]

Weiterhin fügt der EuGH hinzu, es sei

„Sache dieser nationalen Gerichte zu prüfen, ob sie den Gerichtshof nach [Art. 267 AEUV] anrufen müssen, um eine Auslegung oder eine Beurteilung der Gültigkeit von Bestimmungen des Gemeinschaftsrechts zu erhalten, zu deren Anwendung sie bei der Ausübung dieser Hilfs- und Kontrollaufgaben veranlasst sein können".[366]

In seiner Entscheidung *Denuit* betonte er nochmals:

„Nach der Rechtsprechung des Gerichtshofes stellt ein vertragliches Schiedsgericht kein Gericht eines Mitgliedstaats im Sinne von [Art. 267 AEUV] dar, da für die Vertragsparteien weder eine rechtliche noch eine tatsächliche Verpflichtung besteht, ihre Streitigkeiten vor ein Schiedsgericht zu bringen, und die öffentlichen Stellen des betreffenden Mitgliedstaats weder in die Entscheidung, den Weg der Schiedsgerichtsbarkeit zu beschreiten, einbezogen sind noch von Amts wegen in den Ablauf des Verfahrens vor dem Schiedsrichter eingreifen können."[367]

Damit beschreibt der EuGH grundsätzlich zwei Varianten, in denen die staatlichen Gerichte in die Lage kommen, die im Schiedsverfahren aufkommenden Fragen zu überprüfen: (i) die Überprüfung des Schiedsspruchs durch die staatlichen Gerichte im Rahmen des Aufhebungs- und Vollstreckungsverfahren, und (ii) die richterliche Hilfe während des laufenden Schiedsverfahrens. Letztere Möglichkeit wird in der schiedsgerichtlichen Literatur als „Goldene Brücke"[368] bezeichnet. In den Fällen der „Golden Brücke" setzt das Schiedsgericht sein laufendes Verfahren aus und bittet ein einzelstaatliches Gericht nach dem jeweils autonom geltenden Recht, die im

365 EuGH v. 23.3.1982, Rs. 102/81, Rn. 14 – *Nordsee.*

366 EuGH v. 23.3.1982, Rs. 102/81, Rn. 15 – *Nordsee.*

367 EuGH v. 27.1.2005, Rs. C-125/04, Rn. 13 – *Denuit.* Siehe auch *Pechstein*, EU-/EG-Prozessrecht, Rn. 815. Allerdings bewertet der EuGH letztinstanzliche Entscheidungen von tarifvertraglichen Schiedsgerichten in Dä-nemark als gerichtliche Entscheidungen i.S.v. Art. 234 Abs. 2 EG (EuGH v. 17.10.1989, Rs. 109/88, Leitsatz Nr. 1 – *Handels- og Kontorfunktionaerernes Ferbund I Danmark / Danfoss*).

368 *Hilbig,* Das gemeinschaftsrechtliche Kartellverbot im internationalen Handelsschiedsverfahren, S. 159; *Raeschke-Kessler,* EuZW 1990, 145, 147; *Ruzik,* in: *Tietje/Kraft/Sethe (Hrsg.),* Beiträge zum transnationalen Wirtschaftsrecht, S. 32; *Schütze,* SchiedsVZ 2007, 121, 123. Nach *Landolt,* Modernised EC Competition Law in International Arbitration, Rn. 8–38, soll sogar ein ausländisches Schiedsgericht die Möglichkeit der „Goldenen Brücke" nutzen können. Siehe ausführlich zu den Umsetzungsmöglichkeiten der „Goldenen Brücke" in den nationalen Rechtsordnungen § 4.B.

Schiedsverfahren aufgekommene unionsrechtliche Frage, dem EuGH zur Vorabentscheidung nach Art. 267 AEUV vorzulegen.

Die erste Variante, d.h. die Überprüfung des Schiedsspruchs im Anerkennungs- und Vollstreckungsverfahren, ist keine Hilfe für Schiedsgerichte während des laufenden Verfahrens, sondern sie schließen sich dem Schiedsgerichtsverfahren an und dienen den Parteiinteressen und denen des Staates, in der die Anerkennung und Vollstreckung des Schiedsspruchs nachgesucht wird.[369] Dieses Verfahren ist eher als Kontrollaufgabe zu sehen, in dem der Schiedsspruch auf die richtige Anwendung des Europäischen Kartellrechts im Rahmen der ordre public-Kontrolle geprüft wird.[370]

Von der Möglichkeit der indirekten Vorlage der Schiedsgerichte über die „Goldene Brücke“ ist in den vergangenen 30 Jahren seit der *Nordsee*-Entscheidung des EuGH in einem bekannten Fall nur vier Jahre nach der *Nordsee*-Entscheidung Gebrauch gemacht worden. In dem Fall *Bulk Oil* hatte das englische Gericht dem EuGH Fragen zur Vorabentscheidung vorgelegt, die aus einem Schiedsverfahren entstanden sind, aber eigentlich im Rahmen eines staatlichen Anfechtungsverfahrens des Schiedsspruchs vorgelegt wurden.[371] Der EuGH beantwortete die Vorlagefrage, ohne auf die Problematik einer nationalen Regelung für indirekte Vorlage des Schiedsgerichts einzugehen.[372]

2. Ausnahme: „Sonderschiedsgerichte“ und Vorlage zum EFTA-Gericht

Eine Ausnahme macht der EuGH allerdings bei tarifvertraglichen Schiedsgerichten.[373] Tarifvertragliche Schiedsgerichte entscheiden über die Streitigkeiten zwischen Tarifvertragsparteien, falls besondere Bestimmungen in den Tarifverträgen fehlen. Die tarifvertraglichen Schiedsgerichte sind dann vorlageberechtigte Gerichte i.S.v. Art. 267 AEUV, wenn der fragliche Spruchkörper von jeder der beiden Parteien ohne Zustimmung der anderen Partei angerufen werden kann, seine Zuständigkeit mithin nicht vom Einvernehmen der Parteien abhängt, die Vereinbarung des Schiedsgerichts gesetzlich festgelegt ist[374] und nicht der Parteidisposition unterliegt. Die hier vom EuGH gemachte Ausnahme basiert auf dem Umstand, dass ein

---

369 *Zobel,* Schiedsgerichtsbarkeit und Gemeinschaftsrecht, S. 130.

370 Siehe oben § 2 B.II.

371 QBD (Commercial Court) v. 21.12.1982 – *Bulk Oil (Zug) A.G. / Sun International Ltd. and Sun Oil Trading Co.,* [1983] 1 Lloyd’s Rep 655 ff.; CA (Civil Division) v. 30.9.1983 – *Bulk Oil (Zug) A.G. / Sun International Ltd. and Sun Oil Trading Co.,* [1984] 1 All ER 386 ff.; [1984] 1 WLR 147 ff.; [1983] 2 Lloyd’s Rep 587 ff.; QBD (Commercial Court) v. 17.11.1983 – *Bulk Oil (Zug) A.G. / Sun International Ltd. and Sun Oil Trading Co. (No. 2),* [1984] 1 Lloyd’s Rep 531 ff. Siehe dazu ausführlich unten § 4 B.1.a)bb)(3)(c).

372 EuGH v. 18.2.1986, Rs. 174/84 – *Bulk Oil.*

373 EuGH v. 17.10.1989, Rs. 109/88, Rn. 7–9 – *Danfoss* im Falle eines dänischen tarifvertraglichen Schiedsgerichts; siehe dazu *Piekenbrock,* EuR 2011, 317, 326.

374 Z.B. im deutschen Arbeitsrecht durch § 101 ArbGG.

tarifvertragliches Schiedsgericht kein Schiedsgericht im eigentlichen Sinn ist. Es beruht nicht ausschließlich auf bloßer Parteivereinbarung, sondern die Bildung des Schiedsgerichts ist gesetzlich vorgesehen. Es erfüllt die aus der zahlreichen Rechtsprechung des EuGH herausgebildeten Voraussetzungen des Gerichtsbegriffs aus Art. 267 AEUV.[375]

Die Voraussetzungen des Gerichtsbegriffs aus Art. 267 AEUV erfüllte ebenso nach der Rechtsprechung des EuGH ein Schiedsgericht der niederländischen Bergbauangestelltenkasse.[376] Der EuGH nahm die Vorlage mit der Begründung an, das Schiedsgericht sei nach niederländischem Recht ordnungsgemäß gebildet, habe als ständige Einrichtung über bestimmte allgemein bezeichnete Streitsachen zu entscheiden, seine Zuständigkeit sei obligatorisch und es entscheide nach Rechtsnormen.[377]

Gegenstand dieser Untersuchung ist zwar die Vorlageberechtigung zum EuGH in der Europäischen Union. Gleichwohl lohnt sich vergleichsweise ein Blick in einen anderen Staatenverbund, der Europäischen Freihandelsassoziation (*European Free Trade Association*, EFTA).[378] Die EFTA wurde als Gegengewicht zu den Europäischen Gemeinschaften am 4. Januar 1960 in Stockholm gegründet. Zielsetzung ist die Förderung von Wachstum und Wohlstand ihrer Mitgliedstaaten und die Vertiefung des Handels und der wirtschaftlichen Zusammenarbeit zwischen den westeuropäischen Ländern. Sie ist eine in ihrem Anwendungsbereich begrenzte Freihandelszone ohne weitere politische Zielsetzung. Die EFTA verlor im Lauf der Jahre zunehmend an Bedeutung. Seit 1995 gehören ihr nur noch Norwegen, Liechtenstein, die Schweiz und Island an. Interessanterweise sind in den EFTA-Staaten Vorlagen von Schiedsgerichten an das EFTA-Gericht möglich, die Frage ist aber noch nicht abschließend geklärt.[379] Eine Umkehr der Rechtsprechung des EuGH wird dadurch aber nicht zu erwarten sein.

---

375 Vgl. zum Gerichtsbegriff des Art. 267 AEUV und dessen Voraussetzungen schon § 3 A.II.

376 EuGH v. 30.6.1966, Rs. 61/65, Rn. 1 – *Vaassen-Goebbels* im Falle eines niederländischen Schiedsgerichts der Bergbauangestelltenkasse.

377 *Dauses*, in: *Dauses (Hrsg.)*, EU-Wirtschaftsrecht, P.II. Vorabentscheidungsverfahren, Rn. 117.

378 Informationen über die EFTA auf ihrer Internetseite: http://www.efta.int/about-efta.aspx.

379 *Baudenbacher*, in: *Ehlermann/Atanasiu (Hrsg.)*, European Competition Law Annual 2001, S. 343, 355 f.; *ders.*, in: *Ehlermann/Atanasiu (Hrsg.)*, European Competition Law Annual 2000, S. 521, 525 ff.; *Dolmans/Grierson*, ICC Bull. 2003, 37, 42; *Eilmannsberger*, SchiedsVZ 2006, 5, 11. Nach *Dempegiotis*, J. Int. Arb. 25 (2008), 365, 387 könne das EFTA-Gericht auch als möglicher Empfänger von Vorlagefragen von Schiedsrichtern über Unions-Recht ins Spiel kommen, weil dieses nicht an die *Nordsee*-Rechtsprechung gebunden und die Entscheidungen sowieso nicht bindend seien.

3. Neubewertung durch die Reform der VO 1/2003?

In der VO 1/2003 sind keine Hinweise auf eine Zusammenarbeit zwischen den Schiedsgerichten und den einzelstaatlichen Gerichten zu finden, da die Schiedsgerichte nicht in den Anwendungsbereich der Verordnung fallen. Eine Stimme in der Literatur hielt es jedoch für möglich, dass der Streit um die Vorlageberechtigung durch die VO 1/2003 neu angefacht wird. Die durch die Reform aufkommenden Auslegungsprobleme bei Art. 101 Abs. 3 AEUV würden nicht nur verstärkt Vorlagen der staatlichen Gerichte provozieren, sondern dass die Schiedsgerichte auch verstärkt auf Probleme bei der Anwendung von Art. 101 Abs. 3 AEUV stoßen und mehr als bisher Bedarf an einer Möglichkeit der Vorlage entstehen werde.[380] Die nachträgliche Kontrolle im Exequaturverfahren und eine etwaige unterstützende Rolle der staatlichen Gerichte oder der Kommission im laufenden Schiedsverfahren seien zu schwach, um eine einheitliche Anwendung von Art. 101 Abs. 3 AEUV zu garantieren.[381] Deshalb sei es auch denkbar, dass der EuGH seine Meinung in Bezug auf die Vorlagefragen zu Art. 101 AEUV ändere.[382]

Zumindest kann dieser Aussage darin zugestimmt werden, dass eine Vorlageberechtigung der Schiedsgerichte notwendig wäre, um eine richtige und einheitliche Anwendung des Europäischen Wettbewerbsrechts zu sichern. Allerdings hat sich in den acht Jahren seit der Reform weder die Meinung des Gerichtshofs[383] geändert noch hat sich die Diskussion in der Literatur stark vermehrt.[384] Vielmehr wird in der schiedsgerichtlichen Literatur proklamiert *„Luxemburg locuta, causa finita"*.[385] Man müsse die Rechtsprechung hinnehmen und versuchen, die „Goldene Brücke" möglichst sachgerecht zu beschreiten, anstatt zu versuchen, etwas an dieser Tatsache zu ändern.

---

380 *Hilbig,* Das gemeinschaftsrechtliche Kartellverbot im internationalen Handelsschiedsverfahren, S. 158; a.A. *Brozolo,* Int. A.L.R. 2004, 23, 33, der vertritt, dass die Probleme unter Art. 101 Abs. 3 AEUV eher tatsachenbezogen sind und daher keine Vorlagen provozieren würden.

381 *Abdelgawad,* Rev. Arb. 2004, 253, 275.

382 *Hilbig,* Das gemeinschaftsrechtliche Kartellverbot im internationalen Handelsschiedsverfahren, S. 158.

383 Vgl. dazu *Wegener,* in: *Calliess/Ruffert,* EUV/EGV, EG Art. 234, Rn. 17.

384 Vgl. zur Diskussion um die Vorlageberechtigung nach der Reform: *Blanke,* EBLR 2005, 169, 170; *Dempegiotis,* J. Int. Arb. 25 (2008), 365, 387; *Horn,* SchiedsVZ 2008, 209, 218; *Schütze,* SchiedsVZ 2007, 121, 123; *van Houtte,* EBLR 2008, 63, 74.

385 *Schütze,* SchiedsVZ 2007, 121, 123.

II. Kritik an der indirekten Vorlageberechtigung

Obwohl die „Goldene Brücke" auch vereinzelt Zustimmung[386] gefunden hat, hat sie sich in der überwiegenden Literatur gleichwohl zu keinem Zeitpunkt allgemeiner Anerkennung erfreut, sondern ist stets angegriffen worden.[387]

1. Die Eigenart von Art. 267 AEUV

Vornehmlich stellt sich die Frage, ob eine Vorlage über die „Goldenen Brücke" überhaupt die Voraussetzungen der Vorlage nach Art. 267 AEUV erfüllen kann. Die Voraussetzungen einer Vorlage nach Art. 267 AEUV sind, dass (i) nur die Gerichte eines Mitgliedstaates vorlageberechtigt sind, (ii) die Entscheidung in einem bei einem solchen Gericht anhängigen Verfahren gestellt wird[388] und (iii) das staatliche Gericht „die erbetene Vorabentscheidung für den 'Erlass seines Urteils für erforderlich' hält".[389]

Das im Rahmen der „Goldenen Brücke" vorlegende Gericht könnte ein staatliches Zivilgericht sein, da es sich bei den Schiedsverfahren, bei denen die Auslegung des Unionsrecht problematisch ist, in der Regel um zivilrechtliche Streitigkeiten handeln wird. Ein staatliches Zivilgericht ist jedoch unstreitig ein zur Vorlage berechtigtes Gericht i.S.v. Art. 267 AEUV,[390] sodass die erste Voraussetzung des Art. 267 AEUV der „Goldenen Brücke" nicht entgegensteht. Problematisch ist allerdings, ob die Vorlage über die „Goldenen Brücke" mit den anderen beiden Voraussetzungen der Vorlage nach Art. 267 AEUV vereinbar ist.

---

386 Nach *Berger*, Int. Wirtschaftsschiedsgerichtsbarkeit, S. 316, würde durch die unmittelbare Anrufung des EuGH durch die Schiedsgerichte der Vorteil der nur rudimentären Kontrolle des Schiedsspruchs im Exequaturverfahren zunichte gemacht.

387 *Beulker*, Die Eingriffsnormenproblematik im internationalen Schiedsverfahren, S. 338 ff.; *Blanke*, EBLR 2005, 169, 170; *Brulard/Quintin*, J. Int. Arb. 18 (2001), 533, 541; *Dempegiotis*, J. Int. Arb. 25 (2008), 365, 385 ff.; *Dolmans/Grierson*, (2003) 14, ICC Bull., 37, 42 f.; *Hilbig*, Das gemeinschaftsrechtliche Kartellverbot im internationalen Handelsschiedsverfahren, S. 146 ff.; *Komninos*, in: *Ehlermann/Atanasiu (Hrsg.)*, European Competition Law Annual 2001, S. 363, 367 ff.; *Lachmann*, Handbuch für die Schiedsgerichtspraxis, Rn. 1626; *van Houtte*, EBLR 2008, 63, 74; *Wagner*, in: *Weigand (Hrsg.)*, Practitioner's Handbook on International Arbitration, Part 4 D., Rn. 308; *Zobel*, Schiedsgerichtsbarkeit und Gemeinschaftsrecht, S. 141 ff.

388 EuGH v. 6.10.1982, Rs. 283/81, Rn. 6–9 – *C.I.L.F.I.T.*; EuGH v. 18.10.1990, verb. Rs. C-297/88 u. 197/89 Rn. 33 – *Dzodzi*; EuGH v. 13.3.2001, Rs. C-379/98 Rn. 8 – *Preussen Elektra*; EuGH v. 19.2.2002, Rs. C-35/99 Rn. 24 – *Arduino*; EuGH v. 8.11.2012, Rs. C-433/11 Rn. 22 – *SKP; Gaitanides*, in: *Groeben/Schwarze (Hrsg.)*, Art. 234 EG Rn. 62; *Komninos*, in: *Ehlermann/Atanasiu (Hrsg.)*, European Competition Law Annual 2001, S. 363, 378.

389 EuGH v. 21.04.1988, Rs. 338/85, Rn. 10 – *Fratelli Pardini*; EuGH v. 22.01.2002, Rs. C-447/00, Rn. 17 – *Holto Ltd.*

390 Siehe zum Gerichtsbegriff aus Art. 267 AEUV § 3.A.II.

a) Anhängiges Verfahren bei einem staatlichen Gericht

Die Voraussetzung „Anhängiges Verfahren bei einem staatlichen Gericht" ist aus dem Wortlaut des Art. 267 Abs. 2 AEUV in „seines Urteils" herauszulesen.[391] Problematisch bei der „Goldenen Brücke" ist aber, dass die Vorlagefrage bei der „Goldenen Brücke" streng genommen nicht aus dem staatlichen Verfahren, sondern aus dem Schiedsverfahren resultiert.

In der Literatur ist strittig, ob dies die Vorlage nach Art. 267 AEUV unmöglich macht. Nach einer Ansicht könne die Vorlagefrage keine richtige Vorlage i.S.v. Art. 267 AEUV sein, da die Vorlagefrage durch den staatlichen Richter nicht den Erlass „seines" Urteils, sondern das Urteil des Schiedsrichters betreffe.[392] Die Gegenansicht[393] will die Vorlage gewähren, obwohl der vorlegende Richter nur indirekt mit der Frage zu tun hat. Die nationalen Gerichte könnten bei der Ausführung ihrer Pflicht nicht nur als bloße Mittelsmänner zwischen den Schiedsgerichten und des Gerichtshofs gesehen werden. Auch wenn das nationale Gericht nur die Vorlagefrage weiterleite, werde es selbst zum *juge communautaire de droit commun*, mit einem echten und anhängigen Verfahren beratenden Charakters, welches verdiene, dem EuGH vorgelegt zu werden.

Zwar ist bei der indirekten Vorlage über die „Goldenen Brücke" in der Tat vor dem staatlichen Gericht kein streitiges Verfahren anhängig, sondern nur ein „Rechtshilfeersuchen" der Schiedsgerichte.[394] Fraglich ist allerdings, ob Art. 267 AEUV überhaupt ein „streitiges Verfahren" des staatlichen Gerichts erfordert oder ob vielmehr keine Einschränkungen hinsichtlich der Art des Verfahrens gemacht werden. Aus dem Wortlaut des Art. 267 AEUV ist ein solches Erfordernis nicht ersichtlich. Vielmehr entspricht es dem Sinn und Zweck des Vorabentscheidungsverfahrens, nämlich der Wahrung der Einheit und der Einhaltung des Unionsrechts,[395] dass es sich nicht um ein streitiges Verfahren des staatlichen Gerichts handeln muss. Das Vorabentscheidungsverfahren ermöglicht sowohl die Kontrolle der Auslegung und der Anwendung des Unionsrechts durch die mitgliedstaatlichen Behörden und Gerichte. Dies kann allerdings nur dann erfolgen, wenn die staatlichen Gerichte in allen bei ihm anhängigen Verfahren, d.h. auch in einem bloßen Rechtshilfeersuchen der Schiedsgerichte, Fragen des Unionsrechts zur Vorabentscheidung dem EuGH vorlegen können. Nur dann ist gewährleistet, dass das Unionsrecht einheitlich ausgelegt und angewandt wird. Dagegen könnte sprechen, dass dies die Anzahl der

---

391 Vgl. Fn. 384.

392 *Liebscher*, The Healthy Award, S. 39.

393 *Komninos*, in: *Ehlermann/Atanasiu (Hrsg.)*, European Competition Law Annual 2001, S. 363, 378 f.

394 Zu den Einzelheiten des Verfahrens vor dem staatlichen Gericht zur Unterstützung der Schiedsgerichte siehe § 4.B.

395 EuGH v. 16.1.1974, Rs. 166/73 Rn. 2 – *Rheinmühlen II*; EuGH v. 6.12.2005, Rs. C-461/03 Rn. 21 – *Gaston Schul*; *Grabitz/Hilf/Nettesheim (Hrsg.)*, EUV/AEUV, Art. 267 AEUV Rz. 2; *Schima*, Vorabentscheidungsverfahren, S. 3 f.

Vorlageverfahren und damit auch die Arbeitsbelastung des EuGH erhöht. Allerdings im Hinblick auf den Sinn und Zweck des Vorabentscheidungsverfahren kann die Arbeitsbelastung des EuGH kein Argument dafür sein, Vorlagefragen von staatlichen Gerichten aufgrund der Verfahrensart nicht anzunehmen. Die einheitliche Auslegung des Unionsrechts, die durch das Vorabentscheidungsverfahren gewährleistet werden soll, wiegt in diesem Fall schwerer als das Argument der Arbeitsbelastung des EuGH. Eine Einschränkung hinsichtlich bestimmter Verfahrensarten kann daher nicht bestehen.[396]

Darüber hinaus hat der EuGH in Kenntnis des Wortlauts und der Voraussetzungen des Art. 267 AEUV in seiner *Nordsee*-Entscheidung die „Goldene Brücke" ausdrücklich vorgesehen. Der EuGH hätte dies nicht getan, wenn es nach seiner Ansicht nicht möglich wäre, aufgrund der Voraussetzungen des Art. 267 AEUV eine Vorabentscheidung indirekt über die staatlichen Gerichte vorzulegen.

Im Ergebnis steht daher Art. 267 AEUV einer indirekten Vorlage durch die staatlichen Gerichte nicht deshalb entgegen, weil kein streitiges Verfahren vor dem staatlichen Gericht anhängig ist und die Vorlage aus dem Schiedsverfahren resultiert.

b) Entscheidungserheblichkeit

Die Vorlagepflicht entfällt nach Art. 267 AEUV, wenn die aufgeworfene Ausgangsfrage für das Verfahren nicht entscheidungserheblich ist.[397] Natürlich gilt dies auch bei einer indirekten Vorlage durch das staatliche Gericht, wozu sich der EuGH in seiner *Nordsee*-Entscheidung auch klar geäußert hat.[398] Andernfalls würde nämlich die Möglichkeit unkontrollierter Vorlagen Privater forciert, was der EuGH in *Nordsee* gerade verhindern wollte.[399] Folglich stellt sich also die Frage, für wen sich die Entscheidungserheblichkeit stellen muss: für das staatliche Gericht im indirekten Vorlageverfahren oder für das Schiedsgericht in seinem Verfahren?

Schon der Wortlaut des Art. 267 Abs. 2 AEUV spricht nach einer Stimme in der Literatur[400] dafür, dass sich die Entscheidungserheblichkeit vor dem staatlichen Gericht stellen muss. Danach muss für die Vorlageberechtigung nach Art. 267 Abs. 2 AEUV das staatliche Gericht eine Entscheidung darüber zum Erlass „seines" Urteils für erforderlich halten.

Auch nach ständiger Rechtsprechung des EuGH[401] ist es

---

396 So auch *Midekke*, in: *Rengeling/Middeke/Gellermann*, Hdb. des Rechtschutzes der EU, § 10 Rz. 27; *Ehricke*, in: *Streinz (Hrsg.)*, EUV/AEUV, Art. 267 AEUV Rn. 38 f.

397 *Gaitanides*, in: *Groeben/Schwarze (Hrsg.)*, EGV/EUV, Art. 234 EG Rn. 67.

398 EuGH v. 23.3.1982, Rs. 102/81, Rn. 14 – *Nordsee.*

399 *Ruzik*, in: *Tietje/Kraft/Sethe (Hrsg.)*, Beiträge zum transnationalen Wirtschaftsrechts, S. 33; *Schima*, Das Vorabentscheidungsverfahren vor dem EuGH, S. 33 f.

400 *Hilbig*, Das gemeinschaftsrechtliche Kartellverbot im internationalen Handelsschiedsverfahren, S. 160.

401 EuGH v. 16.12.1981, Rs. 244/80 – *Foglia Novello II*; EuGH v. 3.3.1994, Rs. C-332/92, 333/92 und 335/92 Rn. 17 – *Eurico Italia.*

„allein Sache der nationalen Gerichte [...], bei denen der Rechtsstreit anhängig ist und die die Verantwortung für die zu erlassende gerichtliche Entscheidung tragen, unter Berücksichtigung der Besonderheiten der jeweiligen Rechtssache sowohl die Erforderlichkeit einer Vorabentscheidung für den Erlass ihres Urteils als auch die Erheblichkeit der von ihnen dem Gerichtshof vorgelegten Fragen zu beurteilen."

Aber auch die Formulierung des Gerichtshofs in der *Nordsee*-Entscheidung lege eine solche Sichtweise nahe. Es sei „Sache der staatlichen Gerichte", ob sie ein Vorabentscheidungsverfahren anstrengen oder nicht.[402] Die Vorlageberechtigung des Schiedsgerichtes werde vom EuGH vor allem wegen einer mangelnden „hinreichend enge[n] Beziehung"[403] zwischen den Schiedsgerichten und dem betroffenen Rechtsschutzsystem verneint. Eine solche „hinreichend enge Beziehung" lasse sich aber nicht durch die bloße Vorlage beim staatlichen Gericht herstellen. Es bedürfe vielmehr eines darüber hinausgehenden inneren Zusammenhangs zwischen dem schiedsrichterlichen und dem staatlichen Verfahren in der Art, dass das staatliche Verfahren über die Vorlage hinaus einen eigenen Anlass habe.[404] Darum liegt es näher, die Vorlage zum EuGH auf solche Fälle zu beschränken, in denen sich im staatlichen Gerichtsverfahren selbst und für dieses relevante unionsrechtliche Fragen stellen.[405] Das staatliche Gericht dürfe nicht zum „Vorlageboten"[406] des Schiedsgerichts werden.[407]

Die Prüfung der Entscheidungserheblichkeit der Vorlage durch das staatliche Gericht birgt allerdings das Risiko, dass das staatliche Gericht die Entscheidungserheblichkeit anders beurteilt als das Schiedsgericht. Dies ist jedoch gerade der Sinn und Zweck, weshalb die Prüfung der Entscheidungserheblichkeit den staatlichen Gerichten obliegen soll. Dieses Risiko muss von den Schiedsgerichten in Kauf genommen werden. Das Schiedsgericht kann dem nur entgegenwirken, in dem es das staatliche Gericht umfassend über die Vorlagefrage informiert und eventuell für einen Diskurs mit dem staatlichen Gericht bereit ist.

Gegen die Prüfung der Entscheidungserheblichkeit durch die staatlichen Gerichte wurde eingewandt, dass die Prüfung nur mit einer umfassenden *„révision au fond"*, einer eigenen kartellrechtlichen Bewertung, durchgeführt werden könne. Der staatliche Richter könne eine *„révision au fond"* nicht mehr vermeiden und der Trend

402 EuGH v. 23.3.1982, Rs. 102/81, Rn. 15 – *Nordsee.*
403 EuGH v. 23.3.1982, Rs. 102/81, Rn. 13 – *Nordsee.*
404 *Ruzik,* in: *Tietje/Kraft/Sethe (Hrsg.),* Beiträge zum transnationalen Wirtschaftsrechts, S. 33.
405 *Hilbig,* Das gemeinschaftsrechtliche Kartellverbot im internationalen Handelsschiedsverfahren, S. 160.
406 *Hepting,* EuR 1982, 315, 330; *ders.,* IPRax 1983, 101, 103.
407 *Ruzik,* in: *Tietje/Kraft/Sethe (Hrsg.),* Beiträge zum transnationalen Wirtschaftsrechts, S. 32.

zur Begrenzung der gerichtlichen Intervention müsse aufgegeben werden.[408] Eine umfassende *„révision au fond"* spreche gegen die Entscheidung des Gerichtshofs in der Rechtssache *Eco Swiss*.[409]

Nach dem klaren Wortlaut des EuGH in der *Nordsee*-Entscheidung obliegt die Prüfung der Entscheidungserheblichkeit den Schiedsgerichten. Die *Eco Swiss*-Entscheidung des EuGH kann hier jedenfalls nicht als Argument dagegen angeführt werden, da diese Entscheidung nur die *révision au fond* des Schiedsspruchs im Anerkennungs- und Vollstreckungsverfahren verbietet. Eine umfassende Prüfung während des laufenden Schiedsverfahrens verbietet der EuGH gerade nicht. Fraglich ist allerdings, ob die Prüfung der Entscheidungserheblichkeit durch die staatlichen Gerichte tatsächlich eine *révision au fond* erfordert oder ob es ausreichend ist, dass die Schiedsgerichte den staatlichen Gerichten die entscheidungserheblichen Tatsachen mitteilen. Das staatliche Gericht müsste soweit in Kenntnis gesetzt werden, dass es aufgrund der mitgeteilten Tatsachen die Entscheidungserheblichkeit der Vorlagefrage beurteilen könnte. Dies kann aber nicht nur damit erreicht werden, dass die staatlichen Gerichte das Schiedsverfahren umfassend prüfen, sondern die Schiedsgerichte könnten in Absprache mit den jeweiligen Parteien die notwendigen Informationen an die staatlichen Gerichte weitergeben. Dies müsste so umfassend sein, dass die Entscheidungserheblichkeit der Vorlagefrage durch die staatlichen Gerichte beurteilt werden könnte, andere – für die Vorlagefrage nicht entscheidende – Informationen müssten dann jedoch im Hinblick auf die Vertraulichkeit des Schiedsverfahrens nicht offen gelegt werden. Zwar besteht dann die Gefahr, dass die Parteien sich gegen die Weitergabe von bestimmten Informationen an das staatliche Gericht wenden und dadurch nicht ausreichend Informationen an die staatlichen Gerichte weitergegeben werden. Da beide Parteien jedoch in der Regel ein Interesse an der Vorlage haben werden (d.h. einen vollstreckbaren Schiedsspruch zu erhalten, der dem Unionsrecht nicht widerspricht), könnten die Schiedsgerichte darauf hinwirken, dass die Informationen vollständig und umfassend sind. Je weniger das staatliche Gericht informiert würde, desto größer wäre die Gefahr, dass die staatlichen Gerichte die Entscheidungserheblichkeit der Vorlagefrage verneinen. Eine gesammelte Weitergabe von Informationen stellt jedenfalls einen geringeren Eingriff in die Vertraulichkeit des Schiedsverfahrens dar, als wenn das staatliche Gericht das Schiedsverfahren selber prüfen würde. Eine *révision au fond* des Schiedsverfahrens durch die staatlichen Gerichte ist nicht zwingend notwendig.

Die indirekte Vorlage über die staatlichen Gerichte darf nicht soweit beschränkt werden, dass das staatliche Verfahren über die Vorlage hinaus einen eigenen Anlass habe muss. Dann würde es für die „Goldene Brücke" während des laufenden

---

408 *Berger*, International Economic Arbitration, S. 455; *de Mello*, Rev. Arb. 1982, 349, 400–402; *Hilbig*, Das gemeinschaftsrechtliche Kartellverbot im internationalen Handelsschiedsverfahren, S. 160.

409 Vgl. dazu *Kasolowsky/Steup*, SchiedsVZ 2008, 72 ff. und § 2 B.II.1.b).

Schiedsverfahrens keinen Anwendungsfall geben, da das staatliche Gerichte bei der Vorlage mangels eines eigenen streitigen Verfahrens nie einen eigenen Anlass haben würde, dem EuGH die Sache vorzulegen. Dies kann nicht die Intention des EuGH in seiner Nordsee-Entscheidung gewesen sein.

2. Die „Goldene Brücke" als sinnloser Formalismus

Anderen[410] erscheint die „Goldene Brücke" als sinnloser Formalismus. Nach ihrer Ansicht mache es wenig Sinn, den Schiedsgerichten erst die Vorlage zu verbieten und sie dann mittelbar über die staatlichen Gerichte wieder zuzulassen. Weiter wird argumentiert, dass die Vorlage durch die staatlichen Gerichte zu einer Rechtsfindung führe, die die Parteien bewusst dem Schiedsgericht übertragen hätten.[411] Eine vermittelnde Ansicht will die Vorlage über die staatlichen Gerichte im Rahmen ihrer Aushilfsfunktion nur dann zulassen, wenn es sich um Fragen handelt, die im Aufhebungs- und Vollstreckbarerklärungsverfahren zur Vorlage führen könnten.[412] Die indirekte Vorlage widerspricht nach anderer Ansicht dem allgemeinen Trend der Zurückdrängung der verfahrensbegleitenden Gerichtskompetenzen und sei deshalb verfahrensökonomisch nicht zu vertreten.[413]

3. Beeinträchtigung der Schnelligkeit des Verfahrens

Es wird in der schiedsgerichtlichen Literatur befürchtet, dass durch eine indirekte Vorlage an den EuGH über den Umweg der staatlichen Gerichte die Schnelligkeit des Schiedsverfahrens[414] erheblich beeinträchtigt wird.[415] Der Weg über das nationale Gericht sei beschwerlich, zeit- und kostenaufwändig.[416] Tatsächlich erscheint eine indirekte Vorlage an den EuGH nicht gerade schnelligkeitsfördernd – bedenkt man die durchschnittliche Verfahrensdauer von Vorabentscheidungsverfahren[417] und die zusätzliche Zeit, die durch die Zwischenschaltung des staatlichen Gerichts benötigt wird. Ein Antrag auf Rechtshilfe durch ein staatliches Gericht kann erhebliche Zeit in Anspruch nehmen. In Deutschland sind Verspätungen durch die Rechtshilfe zwar

---

410 *Berger,* Int. Wirtschaftsschiedsgerichtsbarkeit, S. 316; *Rehm,* Die Schiedsgerichtsbarkeit im Rechtssystem, S. 130; *Wagner,* in: *Weigand (Hrsg.),* Practitioner's Handbook, Part 4 D, Rn. 308.

411 *Münch,* in: MüKo, ZPO, § 1050 Rn. 11.

412 *Voit,* in: *Musielak (Hrsg.),* ZPO, § 1050 Rn. 2.

413 *Berger,* Int. Wirtschaftsschiedsgerichtsbarkeit, S. 317.

414 Vgl. dazu schon § 2 A.I.3.

415 *Dempegiotis,* J. Int. Arb. 25 (2008), 365, 381; *Hepting,* IPRax 1983, 101, 102; *Hilbig,* Das gemeinschaftsrechtliche Kartellverbot im internationalen Handelsschiedsverfahren, S. 160.

416 *McClellan,* Arb. Int., 1989, 68, 78; *Weigand,* Arb. Int. 1993, 249, 253, 258.

417 Vgl. dazu Fn. 437.

gering,[418] in anderen Ländern wie Italien[419] und in Österreich[420] kann die Rechtshilfe das Verfahren um mehrere Monate verzögert werden. Auch im schwedischen[421] und im spanischen[422] Recht können erhebliche Verzögerungen eintreten. Im englischen Recht kann der *Commercial Court* in dringenden Fällen schnell reagieren,[423] vergleichsweise auch im französischen[424] und niederländischen[425] Recht. Im Ergebnis wird eine indirekte Vorlage an den EuGH mit der Zwischenschaltung eines staatlichen Gerichts aber mehr Zeit benötigen, sodass die Befürchtungen, dass wegen der zeitlichen Verzögerungen die Schiedsgerichte eher von einer Vorlage an den EuGH absehen sollten,[426] durchaus berechtigt sind.

4. Vertraulichkeit des Schiedsverfahrens

Bedenken[427] werden auch wegen der Vertraulichkeit des Schiedsverfahrens geäußert.[428] Die indirekte Vorlage durch die staatlichen Gerichte bewirke unweigerlich die Offenkundigkeit des Schiedsverfahrens. Die Schiedsrichter würden daher nur widerstrebend eine Frage an das staatliche Gericht stellen, vor allem unter der Berücksichtigung der praktischen Erfahrung der internationalen Schiedsrichter, dass der Einwand der Verletzung des Unionsrechts häufig missbraucht wird, um das Schiedsverfahren zu behindern und zu verlängern.[429] Im internationalen

---

418 *Wagner*, in: *Weigand (Hrsg.)*, Practitioner's Handbook, Part 4 D, Rn. 311–313.

419 *Rubino-Sammartano*, in: *Weigand (Hrsg.)*, Practitioner's Handbook, Part 4 E, Rn. 234 f. Angesichts der Bezeichnung des „Italian Torpedo" bei der internationalen Zuständigkeit im internationalen Zivilverfahrensrecht, durch den versucht wird, die internationale Zuständigkeit nach Italien zu verlagern, da dort die Gerichtsverfahren im europäischen Vergleich lange dauern, verwundert dies indes nicht mehr. Siehe dazu auch *Benkard*, PatG, § 139, Rn. 101 e; *Franzosi*, IIC 2002, 154 ff.; *Jandoli*, IIC 2000, 783 ff.; *Véron*, IIC 2004, 638 ff.

420 *Liebscher/Schmid*, in: *Weigand (Hrsg.)*, Practitioner's Handbook, Part 4 A, Rn. 169.

421 *Hobér/Strempel*, in: *Weigand (Hrsg.)*, Practitioner's Handbook, Part 4 H, Rn. 152.

422 *V. Tabouillot*, in: *Weigand (Hrsg.)*, Practitioner's Handbook, Part 4 G, Rn. 154.

423 *Maxwell*, in: *Weigand (Hrsg.)*, Practitioner's Handbook, Part 4 B, Rn. 162.

424 *Gaillard/Edelstein*, in: *Weigand (Hrsg.)*, Practitioner's Handbook, Part 4 C, Rn. 135.

425 *Lazic/Meijer*, in: *Weigand (Hrsg.)*, Practitioner's Handbook, Part 4 F, Rn. 219.

426 *Eilmannsberger*, SchiedsVZ 2006, 5, 11.

427 *Berger*, International Commercial Arbitration, S. 455 f.; *Cohn*, AWD/RIW 1965, 267, 269; *Hepting*, IPRax 1983, 101, 102; *ders.*, EuR 1982, 315, 333; vgl. zur Vertraulichkeit des Schiedsverfahrens: *Schütze*, Ausgewählte Probleme des deutschen und internationalen Schiedsverfahrensrechts, S. 47 ff.

428 Vgl. zur Vertraulichkeit schon § 2 A.I.4.

429 *Berger*, International Commercial Arbitration, S. 456; *Hahn*, L'arbitrage commercial international en Suisse face aux règles de concurrence de la CEE, S. 146. Eine mögliche missbräuchliche Verzögerung des Verfahrens durch den Einwand der Verletzung des Unionsrecht betrifft aber nicht nur die Frage der „Goldenen Brücke", sondern grundsätzlich das Vorabentscheidungsverfahren.

Schiedsverfahren sei es aber allein Sache der Parteien zu entscheiden, ob das Verfahren öffentlich gemacht werden soll oder nicht.[430] Eine indirekte Vorlage dürfe nur erfolgen, wenn das Schiedsgericht ohne die Auslegung des Unionsrechts durch den EuGH bei der *ordre public*-Kontrolle die Nichtigkeit seines Urteils befürchten muss.[431] Zur Abmilderung des Problems fordern einige Stimmen in der Literatur, dass im Einzelfall die Schiedsparteien der Vorlage zustimmen müssten.[432] Die Umsetzung des Zustimmungserfordernisses müsste im jeweils anwendbaren autonomen Prozessrecht erfolgen.

5. Stellungnahme

Die in der Literatur an der „goldenen Brücke" geäußerte Kritik ist berechtigt. Die Problematik bei der Vorlageberechtigung der Schiedsgerichte gründet sich auf das grundsätzliche Problem der Vereinbarkeit des Schiedsverfahrensrechts und des Unionsrechts. Beim Schnittpunkt dieser beiden von Grund auf unterschiedlichen Rechtsgebiete muss stets die Balance zwischen den Bedürfnissen der Schiedsgerichtsbarkeit und den Erfordernissen des Unionsrechts gesucht werden.

Angesichts der Beeinträchtigung der Schnelligkeit des Verfahrens durch eine indirekte Vorlage erscheinen die Ausführungen des EuGH in seinen Urteilen in sich widersprüchlich. In *Eco Swiss* bestätigt er die „Goldene Brücke" durch einen Verweis auf die *Nordsee*-Entscheidung. Im selben Atemzug weist er aber auf die „Erfordernisse der Effizienz des Schiedsverfahrens" hin. Angesichts dieser Formulierung scheint der EuGH das Problem der Vereinbarkeit von Schiedsverfahrens- und Unionsrecht zwar durchaus erkannt zu haben. Zu Konkretisierungen sieht er sich indes nicht veranlasst. Die praktischen Probleme der Umsetzung werden den staatlichen Gerichten und den Schiedsgerichten überlassen. Was die Beweggründe des Gerichtshofs für die *Nordsee*-Entscheidung waren, ist angesichts der berechtigten Kritik an diesem System unverständlich. Die Angst vor vermehrten und – evtl. unnötigen – Vorlagen gibt es bei den staatlichen Gerichten wie bei den Schiedsgerichten. Bei den staatlichen Gerichten müsste diese Angst berechtigter sein, da sich die Schiedsrichter mit Vorlagen an den EuGH aus Gründen des Vertrauensschutzes im Schiedsverfahren eher zurückhalten werden.

Zwar haben sich in der Theorie viele Autoren mit der „Goldenen Brücke" intensiv auseinandergesetzt und über die Vor- und Nachteile, über bestehende oder auch über hypothetische Möglichkeiten der Zusammenarbeit mit den Gerichten diskutiert. Den eigentlichen Adressaten dieses Problems, den Schiedsgerichten, scheint gleichwohl der ganze Wirbel unverständlich, denn in der Praxis wurde von

430 Siehe dazu *Brulard/Quintin*, J. Int. Arb. 18 (2001), 533, 541; *Laschet*, IPRax 1986, 182, 183.

431 *Berger*, International Commercial Arbitration, S. 456.

432 *Erauw*, in: *Briner (Hrsg.)*, L'Arbitrage et le Droit Européen, S. 101, 116; *Hepting*, IPRax 1983, 101, 102; *Hilbig*, Das gemeinschaftsrechtliche Kartellverbot im internationalen Handelsschiedsverfahren, S. 156.

der Möglichkeit der indirekten Vorlage, die immerhin seit über 30 Jahren besteht, bisher kaum – bis auf einen einzigen Fall – Gebrauch gemacht. Daher könnte man sich schon grundsätzlich fragen, ob überhaupt ein Bedürfnis für eine solche indirekte Vorlage besteht oder ob die geringe Zahl der Fälle in der Praxis eher damit zusammenhängt, dass es in den meisten Staaten an einer nationalen Regelung fehlt. Ein theoretisches Bedürfnis für die Möglichkeit der indirekten Vorlageberechtigung besteht jedenfalls,[433] da die Schiedsgerichte im Rahmen einer materiellen Rechtsprechung Unionsrecht anwenden, ohne den EuGH zur dessen Auslegung heranziehen zu können.

Für die Zurückhaltung der Schiedsgerichte in der Praxis sind zwei Gründe denkbar: Erstens, eine Vorlage wird mangels einer passenden nationalen Regelung von den Schiedsgerichten nicht an die staatlichen Gerichte adressiert. Zweitens, die Schiedsgerichte befürchten zur Recht eine Verzögerung des Rechtsstreits und eine Offenlegung des Schiedsverfahrens, welches beiden mit den grundlegenden Prinzipien der Effizienz und Vertraulichkeit nicht oder zumindest schwer vereinbar ist. Letzteres ist der wahrscheinlichste Grund, da die Schiedsparteien insbesondere ein Interesse daran haben, eine schnelle Entscheidung herbeizuführen. Eine – soweit freiwillige – Verzögerung durch die indirekte Vorlage an die staatlichen Gerichte ist oftmals für die Parteien nicht tragbar, da diese auch ein wirtschaftliches Interesse daran haben, eine schnelle Entscheidung des Verfahrens herbeizuführen. Dies kann auch der wesentlichste Grund der Parteien gewesen, die Schiedsbarkeit als Forum für alle Streitigkeiten zwischen den Parteien zu wählen. Die freiwillige Vorlage an die staatlichen Gerichte ist damit aber nicht vereinbar.

III. Schiedsgerichtsbarkeit und Vorlageverpflichtung

Obwohl die Frage der Vorlageberechtigung der Schiedsgerichte durch die Rechtsprechung des EuGH geklärt wurde, ist angesichts der immensen Kritik der Literatur eine Änderung dieser Rechtsprechung nicht völlig ausgeschlossen. Für den Fall einer Rechtsprechungsänderung müsste man sich der interessanten Frage widmen, ob die Berechtigung zur Vorlage nach Art. 267 Abs. 2 AEUV auch die Verpflichtung zur Vorlage nach Abs. 3 durch die Schiedsgerichte bedeuten würde oder ob vielmehr eine „isolierte Vorlageberechtigung“ der Schiedsgerichte möglich wäre.

1. Vorlageverpflichtung der Schiedsgerichte

Nach Art. 267 Abs. 3 AEUV ist jedes innerstaatliche letztinstanzliche Gericht vorlagepflichtig.[434] Bei den Schiedsgerichten kann zwar ein Instanzenzug vereinbart

433 Siehe zum Bedürfnis der Schiedsgerichte für eine Vorlage auch *Berger*, Int. Wirtschaftsschiedsgerichtsbarkeit, S. 315 f. m.w.Nachw.

434 *Ehricke*, in: *Streinz (Hrsg.)*, EUV/AEUV, Art. 267 AEUV Rn. 41; *Gaitanides*, in: *von der Groeben/Schwarze (Hrsg.)*, EGV, Art. 234 Rn. 63; *Schwarze*, in: *Schwarze (Hrsg.)*, EU-Kommentar, Art. 267 AEUV Rn. 43.

werden,[435] in der Regel ist jedoch gegen den Schiedsspruch kein Rechtsmittel möglich.[436] In den meisten Fällen wäre das Schiedsgericht nach Art. 267 Abs. 3 AEUV daher zu einer Vorlage verpflichtet.

Eine Vorlageverpflichtung i.S.v. Art. 267 Abs. 3 AEUV ist jedoch nicht im Interesse der Schiedsgerichtsbarkeit. Ein langwieriges Vorabentscheidungsverfahren[437] würde der Effektivität und Schnelligkeit des Schiedsverfahrens widersprechen. Die Parteien und das Schiedsgericht hätten in der sich durch Flexibilität und Parteiautonomie auszeichnenden Schiedsgerichtsbarkeit auf den Kosten- und Zeitfaktor keinen Einfluss.[438] Die Parteien könnten bei einer Vorlageverpflichtung gerade nicht mehr über ihre Verfahrensgestaltung bestimmen. Schon im Rahmen der Vorlageberechtigung wird zur Wahrung der Vertraulichkeit des Schiedsverfahrens zutreffend ein Zustimmungserfordernis der Parteien gefordert.[439] Bei einer Vorlageverpflichtung der Schiedsgerichte stünde die Vorlage aber nicht zur Disposition der Parteien.

Würde die Vorlage zum EuGH für die Schiedsgerichte als Pflicht ausgestaltet, ist zudem fraglich, wie eine rechtswidrige Unterlassung der Vorlage sanktioniert werden könnte. Die rechtswidrige Unterlassung der Vorlage durch ein einzelstaatliches Gericht ist eine dem betreffenden Mitgliedstaat zuzurechnende Vertragsverletzung, die in einem Vertragsverletzungsverfahren nach Art. 258 ff. AEUV sanktioniert wird.[440] Ein Vertragsverletzungsverfahren gegen den Mitgliedstaat, in dem das

435 *Schlosser,* in: *Stein/Jonas (Hrsg.),* ZPO, § 1042 Rn. 4; *Schönke,* Schiedsgerichtsbarkeit, Bd. 1, S. 78 ff. Viele Schiedsordnungen ständiger Schiedsgerichte sehen einen Instanzenzug vor, vgl. dazu die Übersicht bei *Schottelius,* Die kaufmännische Schiedsgerichtsbarkeit, im Anhang; *Kohler,* Die moderne Praxis des Schiedsgerichts in der Wirtschaft, S. 55; *Krafzik,* Die Spruchpraxis der hanseatischen Schiedsgerichte, 1974; *Schwab/Walter,* Schiedsgerichtsbarkeit, Kap. 22 Rn. 1.

436 Siehe dazu *Mourre/Brozolo,* J. Int. Arb. 23 (2006), 171 ff.; *Weber,* in: FS Geimer, S. 1445, 1449 ff.; *Zobel,* Schiedsgerichtsbarkeit und Gemeinschaftsrecht, Fn. 950 u. S. 192. In England, Wales und Nordirland gibt es eine Revisionsmöglichkeit in Sect. 69 AA 1996. In Portugal kann nach Art. 34 Gesetz 31/86 ein Rechtsmittel vereinbart werden und in Frankreich kann man ein Rechtsmittel gegen die Versagung der Anerkennung und Vollstreckung des Schiedsspruchs eines internationalen Schiedsspruchs einlegen.

437 2004 lag die durchschnittliche Dauer von Vorabentscheidungsverfahren bei 23,5 Monaten. Obwohl die Dauer bis zum Jahr 2010 gesunken ist, liegt sie immer noch bei durchschnittlich 16,1 Monaten. Rechtsprechungsstatistik des EuGH für das Jahr 2010 abrufbar unter: http://curia.europa.eu/jcms/upload/docs/application/pdf/2011-05/ra2010_stat_cour_final_de.pdf.

438 So auch *Zobel,* Schiedsgerichtsbarkeit und Gemeinschaftsrecht, S. 193.

439 Siehe zum Zustimmungserfordernis schon § 4 A.I.4.

440 *Dauses,* in: *Dauses (Hrsg.),* EU-Wirtschaftsrecht, P.II. Vorabentscheidungsverfahren, Rn. 202 m.w.Nachw.

Schiedsgericht seinen Sitz hat, ist nicht möglich.[441] Die Sanktionsmöglichkeit des Vertragsverletzungsverfahrens und das Wesen der internationalen Schiedsgerichtsbarkeit sind nicht miteinander vereinbar. Das Vertragsverletzungsverfahren gegen einen Mitgliedstaat bei einer Nichtvorlage durch ein vorlageverpflichtetes staatliches Gericht wird damit begründet, dass er der Träger des rechtswidrig nicht vorlegenden einzelstaatlichen Gerichts ist und sich dessen Fehlverhalten zurechnen lassen muss. Ein Schiedsgericht unterliegt als privates Gericht nicht der staatlichen Gewalt eines Mitgliedstaates. Ein Fehlverhalten des Schiedsgerichts kann einem Mitgliedstaat nicht zugerechnet werden. Eine andere Möglichkeit, das Fehlverhalten des Schiedsgerichts zu sanktionieren, ist nicht ersichtlich.

Im Ergebnis könnten die Schiedsgerichte daher nicht zur Vorlage nach Art. 267 AEUV verpflichtet werden.[442]

2. „Isolierte" Vorlageberechtigung

Aus dem Umstand, dass die Schiedsgerichte nicht zur Vorlage verpflichtet werden können, folgt die Überlegung, ob eine Vorlageberechtigung ohne eine Vorlageverpflichtung überhaupt denkbar ist. Es geht um die Frage, ob Art. 267 Abs. 2 und 3 AEUV eine Einheit bilden. Die Vorlageberechtigung und die Vorlageverpflichtung enthalten jedoch unterschiedliche Wertungen, so dass „Vorlageberechtigung" nicht zugleich „Vorlageverpflichtung" bedeutet.[443] Die Vorlageverpflichtung besteht nur für letztinstanzliche Gerichte und im Ausnahmefall auch für unterinstanzliche Gerichte, deren Vorlageermessen auf Null reduziert ist.[444] Vorlageberechtigung und Vorlageverpflichtung können daher auch bei der staatlichen Gerichtsbarkeit auseinanderfallen. Dies macht deutlich, dass es sich bei den Abs. 2 und 3 nicht um eine Regelungseinheit, sondern um jeweils eigenständige Regelungen innerhalb eines Artikels handelt.[445] Eine „isolierte" Vorlageberechtigung der Schiedsgerichte wäre daher möglich. Zwar würde nach einer Literaturmeinung dann eine durch Art. 267 Abs. 2 AEUV bezweckte Wahrung der Rechtseinheit nicht in Vollkommenheit

---

441 *Gaitanides,* in: *von der Groeben/Schwarze (Hrsg.),* EG, Art. 234 EG, Rn. 70, 72; *Hilbig,* Das gemeinschaftsrechtliche Kartellverbot im internationalen Handelsschiedsverfahren, S. 156.

442 So auch *Prütting/Schneider,* in: *Prütting/Gehrlein* (Hrsg.), ZPO, § 1050 Rz. 2.

443 *Daig,* EuR 1968, 259, 269; *Hepting,* IPRax 1983, 101, 102; *Mok,* CMLRev. 1967–68, 458, 460 f.; *Schmidt,* in: FS Lüke, S. 721, 728. *Hilbig,* Das gemeinschaftsrechtliche Kartellverbot im internationalen Handelsschiedsverfahren, S. 156, bezeichnet eine Argumentation sogar als „besorgniserregend", nach der die Anerkennung einer Vorlageberechtigung automatisch auch zu einer Vorlageverpflichtung führe.

444 *Middeke,* in: *Rengeling/Middeke/Gellermann,* Hdb. des Rechtsschutzes in der EU, § 10 Rn. 54.

445 *Hepting,* IPRax 1983, 101, 103; *Hilbig,* Das gemeinschaftsrechtliche Kartellverbot im internationalen Handelsschiedsverfahren, S. 156.

erreicht werden, eine Rechtszersplitterung würde aber auch nicht das Ergebnis sein.[446]

IV. Sonderproblem: Schiedsgerichte mit Sitz außerhalb der Union

Ein Sonderproblem der indirekten Vorlage sind Schiedsgerichte mit Sitz außerhalb der Union, die entweder durch die ausdrückliche Rechtswahl zugunsten des Europäischen Wettbewerbsrecht oder einer nationalen mitgliedstaatlichen Rechtsordnung die Vorschriften des Europäischen Kartellrechts anwenden oder der Schiedsspruch in der Union später anerkannt und vollstreckt werden soll. Zumindest bei einer Rechtswahl zugunsten des Europäischen Wettbewerbsrecht bzw. einer nationalen mitgliedstaatlichen Rechtsordnung besteht das Bedürfnis einer einheitlichen Anwendung des Europäischen Wettbewerbsrechts. Zwar kann dieses Bedürfnis im Anerkennungs- und Vollstreckungsverfahren nicht verneint werden, allerdings ist für die Schiedsgerichte oftmals zum Zeitpunkt des Erlasses des Schiedsspruchs nicht ersichtlich, in welchem Land der Schiedsspruch vollstreckt werden soll. Sie könnten zudem die indirekte Vorlage an den EuGH nur nutzen, wenn das nationale Prozessrecht die Rechtshilfe auch für Schiedsgerichte mit Sitz in einem Drittstaat zulässt.

Fraglich ist, ob eine indirekte Vorlage von Schiedsgerichten mit Sitz außerhalb der Union überhaupt gewollt ist. Betrachtet man die hohe Arbeitsbelastung des EuGH, werden indirekte Vorlagen ausländischer Schiedsgerichte grundsätzlich nicht erwünscht sein. Gegen eine solche Vorlage spricht grundsätzlich auch, dass die Schiedsgerichte durch das nationale Recht besser gestellt wären als die staatlichen Gerichte außerhalb der Union. Staatliche Gerichte dürfen nur vorlegen, wenn sie Gerichte eines Mitgliedstaates sind. Diese Einschränkung würde beim Schiedsgericht mit Sitz außerhalb der Union nicht vorgenommen werden, obwohl auch vor einem ausländischen staatlichen Gericht theoretisch Europäisches Wettbewerbsrecht angewendet werden muss (z.B. bei einer Rechtswahl zugunsten des Europäischen Wettbewerbsrecht oder einer europäischen nationalen Rechtsordnung) und auch in einem solchen Fall das Bedürfnis einer einheitlichen Anwendung durch das Europäische Wettbewerbsrecht besteht.

Man muss sich hier jedoch fragen, ob in dieser Sonderkonstellation – der Anwendung von Europäischen Wettbewerbsrecht durch Schiedsgerichte mit Sitz außerhalb der Union – die einheitliche Anwendung des Unionsrechts nicht durch die *ordre public*-Kontrolle im Anerkennungs- und Vollstreckungsverfahren gesichert ist. Zwar kann man dem entgegnen, dass dadurch die einheitliche Anwendung

---

446 So *Zobel*, Schiedsgerichtsbarkeit und Gemeinschaftsrecht, S. 193. Zwar würden sich die Schiedsgerichte nicht verantwortlich für die europäische Rechtseinheit fühlen, ihr Interesse beschränke sich vielmehr auf ihre Pflicht einen durchsetzbaren Schiedsspruch zu schaffen; doch scheine das Interesse der Schiedsgerichte an einer Vorlage nicht so groß zu sein, da zwei Jahrzehnte bis zu einer ersten Vorlage vergingen, so *Hepting*, IPRax 1983, 101, 102.

nicht vollständig sichergestellt werden kann, da eine Überprüfung nur stattfindet, wenn eine der Schiedsparteien ein nationales Anerkennungs- und Vollstreckungsverfahren anstrengen müssen und der Schiedsspruch nicht – wie so oft – freiwillig ohne eine staatliche Vollstreckung erfüllt wird. Allerdings scheidet die indirekte Vorlage durch Schiedsgerichte mit Sitz außerhalb der Union deshalb aus, da die Schiedsgerichte nicht besser gestellt werden dürfen als die staatlichen Gerichte. Im Ergebnis ist daher eine indirekte Vorlageberechtigung durch Schiedsgerichte mit Sitz außerhalb der Union zu verneinen.

V. Zwischenergebnis

Nach der Rechtsprechung des EuGH sind die Schiedsgerichte nach Art. 267 AEUV nicht vorlageberechtigt. Vielmehr eröffnet der EuGH den Schiedsgerichten eine vielfach kritisierte indirekte Vorlage an den EuGH über den Umweg der staatlichen Gerichte, die sog. „Goldene Brücke". Die Schiedsgerichte können während des laufenden Schiedsverfahrens ihr Schiedsverfahren aussetzen und im Wege der gerichtlichen Unterstützung nach dem jeweils geltenden autonomen Recht die einzelstaatlichen Gerichte um eine Vorlage an den EuGH bitten.

Obwohl nach der Rechtsprechung des EuGH vorerst keine direkte Vorlage eines Schiedsgerichts möglich sein wird, besteht gleichwohl das Bedürfnis einer Vorlageberechtigung. Anders als die staatlichen Gerichte dürften die Schiedsgerichte nach Art. 267 Abs. 3 AEUV allerdings nicht zur Vorlage verpflichtet werden.

Das Konstrukt der „Goldenen Brücke" wird auch weiterhin in der schiedsgerichtlichen Literatur kritisiert werden. Diese Kritik ist auch im Ergebnis berechtigt, da die „Goldene Brücke" eine Fehlkonstruktion ist, die der EuGH völlig losgelöst von den unionsrechtlichen Vorgaben, nationalen Rechtsvorschriften und den Eigenschaften der Schiedsgerichtsbarkeit entworfen hat. Da eine Änderung der *Nordsee*-Rechtsprechung durch den EuGH – *Luxemburg locuta, causa finita*[447] – in naher Zukunft nicht zu erwarten ist, ist hier vielmehr die entscheidende Frage, ob und wie die „Goldene Brücke" in den nationalen Regelungen umgesetzt werden kann.[448]

B. Folgen dieser Rechtsprechung

I. Indirekte Vorlageberechtigung

Der EuGH hat in seiner *Nordsee*-Entscheidung zwei Fallkonstellationen beschrieben, in denen die Vorlage einer Frage aus dem Schiedsverfahren durch ein staatliches Gericht denkbar ist. In der ersten Fallgestaltung bittet das Schiedsgericht ein staatliches Gericht während des laufenden Schiedsverfahrens um gerichtliche Unterstützung bei der Vorlage an den EuGH. In der zweiten Fallgestaltung überprüfen die staatlichen Gerichte den Schiedsspruch im Aufhebungs- und Vollstreckungsverfahren und

447 Luxemburg hat gesprochen, der Fall ist beendet.
448 Siehe dazu § 4.B.

legen ihn dem EuGH vor. Nur ersteres ist die als „Goldene Brücke" bezeichnete und hier relevante Rechtshilfe des staatlichen Gerichts während des laufenden Schiedsverfahrens. Die Vorlage durch die staatlichen Gerichte im Anerkennungs- und Vollstreckungsverfahren wird nicht untersucht, da in diesem Fall das Schiedsverfahren schon abgeschlossen ist und die staatlichen Gerichte nach Art. 267 AEUV vorlegen können.

1. Vorlage durch die Gerichte im Wege gerichtlicher Unterstützung

Die vom EuGH in der Rechtssache *Nordsee* vorgeschlagene indirekte Vorlage von Fragen des Schiedsverfahrens durch die staatlichen Gerichte kann nur verwirklicht werden, wenn die nationalen Rechte der Mitgliedstaaten eine prozessuale Möglichkeit für indirekte Vorlageberechtigungen vorsehen. Wo das nationale Recht keine Regelung trifft, wird in diesen Ländern als Folge der *Nordsee*-Rechtsprechung auch keine indirekte Vorlage möglich sein.[449] Da nicht ohne weiteres davon ausgegangen werden kann, dass die Mitgliedstaaten ihre nationalen Prozessrechte dieser Rechtsprechung angepasst haben, muss untersucht werden, welche nationalen Regelungen eine indirekte Vorlage zulassen würden. Gibt es keine speziellen Regelungen, die eine indirekte Vorlage zulassen, muss geprüft werden, ob sich auch die allgemeinen Regelungen über die gerichtliche Rechtshilfe heranziehen lassen.[450]

a) Gesetzliche Regelungen für die gerichtliche Unterstützung

aa) UNCITRAL-Modellgesetz

Die United Nations Commission on International Trade Law (UNCITRAL) erließ am 11.12.1985 ein Modellgesetz über die Internationale Handelsschiedsgerichtsbarkeit (UN-ModG), das aufgrund Empfehlung der Vollversammlung der Vereinten Nationen von allen Staaten bei der Neugestaltung ihrer nationalen Schiedsgerichte hinsichtlich der internationalen Handelsschiedsgerichtsbarkeit berücksichtigt werden soll.[451] Das UN-ModG regelt die Wirksamkeit von Schiedsvereinbarungen und die

449 Siehe auch *Shelkoplyas,* The Application of EC Law in Arbitration Proceedings, S. 419.

450 *Lew/Mistelis/Kröll,* Comparative International Commercial Arbitration, Rn. 19–17.

451 *Berger,* Internationale Wirtschaftsschiedsgerichtsbarkeit, S. 33 ff.; *Binder,* International Commercial Arbitration, Rn. 1–006; *Böckstiegel,* RIW 1984, 670 ff.; *Broches,* Commentary on the UNCITRAL Model Law, 1990; *Calavros,* Das UNCITRAL-Modellgesetz über die internationale Handelsschiedsgerichtsbarkeit, 1988; *Granzow,* Das UNCITRAL-Modellgesetz über die internationale Handelsschiedsgerichtsbarkeit von 1985, 1988; *Holtzmann,* Guide, 1989; *Hußlein-Stich,* Das UNCITRAL-Modellgesetz über die internationale Handelsschiedsgerichtsbarkeit, 1990; *Patocchi/Niedermaier,* in: *Schütze (Hrsg.),* Institutionelle Schiedsgerichtsbarkeit, S. 717 ff.; *Solomon,* Die Verbindlichkeit von Schiedssprüchen in der internationalen privaten Schiedsgerichtsbarkeit, S. 183 ff.; *Van Hof,* Commentary on the UNCITRAL Arbitration Rules, 1991.

Schiedseinrede vor staatlichen Gerichten, die Konstituierung des Schiedsgerichts und die Durchführung des schiedsrichterlichen Verfahrens sowie die Aufhebung, Anerkennung und Vollstreckung von Schiedssprüchen.[452]

Art. 5 UN-ModG verbietet zwar jedwedes Dazwischentreten staatlicher Gerichte, es sei denn, in den nationalen Rechten ist dies speziell und ausdrücklich geregelt. Danach ist grundsätzlich zu vermeiden, dass sich die staatlichen Gerichte sich in das Schiedsverfahren einmischen können, um damit die vollständige Unabhängigkeit des Schiedsverfahrens sicher zu stellen.[453] Eine Zusammenarbeit zwischen den staatlichen Gerichten und den Schiedsgerichten schließt Art. 5 UN-ModG jedoch gerade nicht aus. Folglich können nach Art. 27 UN-ModG Schiedsgerichte für die Beweisaufnahme Unterstützung der staatlichen Gerichte anfordern. Diese Unterstützung ist jedoch auf die Beweisaufnahme beschränkt, weshalb eine „Goldene Brücke" über diese Vorschrift nicht möglich wird.[454]

bb) Mitgliedstaatliche Regelungen

(1) Deutschland

Die deutsche Regelung des § 1050 ZPO beruht auf Art. 27 UNCITRAL-Modellgesetz, geht inhaltlich aber darüber hinaus. Nach der Vorschrift kann das staatliche Gericht das Schiedsgericht bei der Beweisaufnahme oder bei der Vornahme sonstiger richterlicher Handlungen, zu denen das Schiedsgericht nicht befugt ist, unterstützen. Dabei ist § 1050 ZPO nach § 1025 Abs. 2 ZPO auch auf Schiedsverfahren mit Sitz außerhalb Deutschlands anzuwenden.[455]

Die Vorlage nach § 1050 ZPO hat nur wenige Voraussetzungen. Zunächst erfolgt die gerichtliche Unterstützungshandlung nach § 1050 ZPO nur auf Antrag des Schiedsgerichts oder einer der Parteien mit Zustimmung des Schiedsgerichts. Zudem dürfen die Schiedsgerichte zu der Vornahme der gerichtlichen Handlung nicht befugt sein. Daher wird in der überwiegenden schiedsgerichtlichen Literatur[456]

---

452 *Hausmann*, in: *Staudinger*, BGB, EGBGB/IPR, Internationale Zuständigkeit für Vertragsklagen, Gerichtsstands- und Schiedsvereinbarungen, Rn. 318; *Schwab/Walter*, Schiedsgerichtsbarkeit, Kap. 41 Rn. 7.

453 *Binder*, International Commercial Arbitration, Rn. 1–107; *Komninos*, in: *Ehlermann/Atanasiu (Hrsg.)*, European Competition Law Annual 2001, S. 363, 375. *UN Commission on International Trade Law*, UNCITRAL Model Law, Part 2, Rn. 17.

454 *Binder*, International Commercial Arbitration, Rn. 5–154 ff.; *Dore*, The UNCITRAL Framework for Arbitration in Contemporary Perspectives, S. 30 f.; *Liebscher*, 10 Am. Rev. Int. Arb. 81, 86.

455 *Saenger*, in: *Saenger*, ZPO, § 1050 Rn. 1; *Schlosser*, in: *Stein/Jonas (Hrsg.)*, ZPO, § 1025 Rn. 5, § 1050 Rn. 1; *Voit*, in: *Musielak (Hrsg.)*, ZPO, § 1025 Rn. 5; *Wagner*, in: *Weigand (Hrsg.)*, Practitioner's Handbook, Part 4 D, Rn. 299; vgl. dazu den praktischen Fall eines dänischen Schiedsgerichts, das die Rechtshilfe eines Hamburger Gerichts beantragt hat, *Wirth/Hoffmann-Nowotny*, SchiedsVZ 2005, 66 ff.

456 *Baumbach/Lauterbach/Albers/Hartmann*, ZPO, § 1050 Rn. 1; *Funck-Brentano*, EuZW 1995, 65; *Henn*, Schiedsverfahrensrecht, Rn. 432; *Hepting*, IPrax 1983, 101, 103;

ohne nähere Begründung eine Vorlage nach Art. 267 AEUV an den EuGH über § 1050 ZPO bejaht, da die Schiedsgerichte zur Vorlage nicht berechtigt sind.[457]

Allerdings muss sich die herrschende Ansicht fragen, ob der Normzweck des § 1050 ZPO überhaupt für eine indirekte Vorlage passt. Die gerichtliche Unterstützung nach § 1050 ZPO beruht nämlich auf dem Gedanken, dass die Schiedsgerichte als Gebilde der Privatautonomie über keine eigene Zwangsgewalt verfügen. Dies erschwert nicht nur die Beweisaufnahme durch das Schiedsgericht, sondern verhindert jede Form der Anordnung von Zwangsmaßnahmen durch das Schiedsgericht.[458] Aus diesem Grund hat der Gesetzgeber den Schiedsgerichten mit § 1050 ZPO die Möglichkeit eingeräumt, die Hilfe der staatlichen Gerichtsbarkeit in Anspruch zu nehmen. Das Vorabentscheidungsverfahren nach Art. 267 AEUV hat die einheitliche Anwendung und Auslegung des Unionsrecht zum Ziel und dient damit der Rechtspflege in den Mitgliedstaaten.[459] Die direkte Vorlageberechtigung der Schiedsgerichte nach Art. 267 AEUV wird nicht deswegen verneint, weil die Schiedsgerichte über keine eigene Zwangsgewalt verfügen. Die direkte Vorlageberechtigung durch die Schiedsgerichte wird nach der Rechtsprechung des EuGH deshalb verneint, weil (i) die Parteien weder rechtlich noch tatsächlich verpflichtet sind, Streitigkeiten im Wege des Schiedsverfahrens entscheiden zu lassen, (ii) die öffentliche Gewalt in die Entscheidung, den Weg der Schiedsgerichtsbarkeit zu wählen, nicht einbezogen ist, (iii) die öffentliche Gewalt auf den Ablauf des Schiedsverfahrens keinen hinreichenden Einfluss hat und (iv) das konkrete Schiedsverfahren keine hinreichend enge Beziehung zum staatlichen Rechtsschutzsystem aufweist.[460] Das Rechtshilfeersuchen nach § 1050 ZPO, das lediglich die fehlende Zwangsgewalt der Schiedsgerichte überwinden soll, kann dann aber von seinem Normzweck nicht geeignet sein, als

---

Hilbig, Das gemeinschaftsrechtliche Kartellverbot im internationalen Handelsschiedsverfahren, S. 163; *Liebscher,* 10 Am. Rev. Int. Arb. 81, 86; *Münch,* in: MüKo ZPO, § 1050 Rn. 11; *Rosenberg/Schwab/Gottwald,* Zivilprozessrecht, § 183 Rn. 18; *Sandrock,* in: FS Großfeld, S. 971, 981 f.; *Schlosser,* Das Recht der internationalen privaten Schiedsgerichtsbarkeit, Rn. 589; *ders.,* in: *Stein/Jonas (Hrsg.),* § 1050 ZPO Rn. 4; *Schütze,* SchiedsVZ 2007, 121, 124; *ders.,* in: *Wieczorek/Schütze (Hrsg.),* ZPO, § 1050 Rn. 11; *Schwab/Walter,* Schiedsgerichtsbarkeit, Kap. 16 Rn. 51; *Shelkoplyas,* The Application of EC Law in Arbitration Proceedings, S. 419 f.; *Zobel,* Schiedsgerichtsbarkeit und Gemeinschaftsrecht, S. 128 ff., 165, 174 ff.; zweifelnd *Prütting/Schneider,* in: *Prütting/Gehrlein* (Hrsg.), ZPO, § 1050 Rz. 2.

457 Vgl. § 4.A.I.

458 *Münch,* in: MüKo ZPO, § 1050 Rn. 1 ff.

459 EuGH v. 22.11.2005, Rs. C-144/04 Rn. 36 – *Mangold*; *Karpenstein* in: *Grabitz/Hilf/Nettesheim (Hrsg.),* EUV/AEUV, Art. 267 AEUV, Rn. 2 f.

460 EuGH v. 23.3.1982, Rs. 102/81, Rn. 11–13 – *Nordsee; Hilbig,* Das gemeinschaftsrechtliche Kartellverbot im internationalen Handelsschiedsverfahren, S. 146 ff., 148; *Schütze,* SchiedsVZ 2007, 121; *Gaitanides,* in: *von der Groeben/Schwarze (Hrsg.),,* EUV/EGV, Art. 234 EGV Rn. 46; *Tomuschat,* Die gerichtliche Vorabentscheidung nach den Verträgen über die europäischen Gemeinschaften, S. 39; *Zobel,* Schiedsgerichtsbarkeit und Gemeinschaftsrecht, S. 126 ff.

geeignetes Instrument für die Rechtsfortbildung und die Rechtspflege im Rahmen des Vorabentscheidungsverfahrens nach Art. 267 AEUV eingesetzt zu werden.

Darüber hinaus erfordert nicht nur der Wortlaut des Art. 267 AEUV, sondern auch die ständige Rechtsprechung des EuGH, dass das vorlegende, d.h. staatliche Gericht, die Entscheidungserheblichkeit der Vorlagefrage beurteilen muss.[461] Die Vorlagefrage darf durch das einzelstaatliche Gericht nicht lediglich vom Schiedsgericht an den EuGH weitergeleitet werden.[462] Beim Verfahren nach § 1050 ZPO überprüft das staatliche Gericht lediglich, ob die Voraussetzungen für seine Unterstützungshandlung vorliegen (d.h. ob die Schiedsvereinbarung wirksam ist, das Schiedsgericht die Maßnahme nicht selber durchführen kann und die Maßnahme inhaltlich zulässig ist). Das staatliche Gericht prüft im Rahmen des § 1050 ZPO aber nicht, ob die Maßnahme erforderlich ist oder nicht.[463] Die inhaltliche Überprüfung der Maßnahme nach § 1050 ZPO obliegt nämlich der schiedsrichterlichen Eigenverantwortung (§ 1042 Abs. 4) und entspricht damit den Grundmaximen der Rechtshilfe nach dem Willen des deutschen Gesetzgebers (§ 158 Abs. 1 GVG).[464] Daher könnte das staatliche Gericht die für die Vorlage nach Art. 267 AEUV erforderliche Prüfung der Entscheidungserheblichkeit in dem Verfahren der gerichtlichen Unterstützung nach § 1050 ZPO nicht durchführen, sodass § 1050 ZPO nicht die vom EuGH und vom Gesetz aufgestellten Anforderungen an eine Vorlage nach Art. 267 AEUV erfüllen könnte.

Die herrschende Ansicht verkennt im Ergebnis, dass der Normzweck § 1050 ZPO weder auf eine indirekte Vorlage passt noch die in den EuGH-Entscheidungen *Nordsee* und *Eco Swiss* dargelegten Anforderungen für eine indirekte Vorlage erfüllt oder mit den Voraussetzungen des Art. 267 AEUV vereinbar ist. § 1050 ZPO ermöglicht daher keine indirekte Vorlage nach den Maßstäben der *Nordsee*- und *Eco Swiss*-Rechtsprechung des EuGH. Dies ist wohlmöglich auch der Grund dafür, dass es bisher keinen praktischen Anwendungsfall einer indirekten Vorlage über § 1050 ZPO gibt.[465] Anderweitige Regelungen im deutschen Prozessrecht lassen eine indirekte Vorlage ebenfalls nicht zu. Das deutsche Recht bietet für eine indirekte Vorlage keine gesetzliche Grundlage.

(2) Österreich

Das österreichische Recht enthält eine generelle Vorschrift für die Unterstützung durch die nationalen Gerichte, die den Schiedsgerichten erlauben würde,

461 Siehe ausführlich § 4.A.I.1.b).
462 Ebenso *Bumiller,* in: *Wiedemann,* Kartellrecht, § 63 Rn. 14.
463 *Schwab/Walter,* Schiedsgerichtsbarkeit, Kap. 17 Rn. 8; *Münch,* in: MüKo, ZPO, § 1050 Rn. 24; *Voit,* in *Musielak*: ZPO, § 1050 Rz. 4.
464 *Münch,* in: MüKo, ZPO, § 1050 Rn. 24.
465 Siehe dazu schon § 4 B.1.a)bb)(2).

die staatlichen Gerichte um eine Vorlagefrage an den EuGH zu bitten.[466] Nach § 602 öZPO[467] können die Schiedsgerichte bei Gericht die Vornahme richterlicher Handlungen beantragen. § 602 öZPO basiert auf Art. 27 UN-ModG und dehnt wie § 1050 ZPO die gerichtliche Unterstützung über den Bereich der Beweisaufnahme auf sonstige richterliche Handlungen hinaus, zu deren Vornahme das Schiedsgericht nicht befugt ist.[468]

Die Rechtshilfe nach § 602 öZPO ist nicht nur inländischen Schiedsgerichten zu gewähren, sondern auch Schiedsgerichten, deren Sitz nicht in Österreich liegt bzw. noch nicht bestimmt ist (§ 577 Abs. 2 öZPO).[469] Die Rechtshilfe ist nach § 38 JN (Jurisdiktionsnorm)[470] aber nur dann zu gewähren, wenn die begehrte Handlung nach den in Österreich geltenden Bestimmungen den Gerichten obliegt und die Vornahme der Handlung auch nicht verboten ist.[471]

Auch in Österreich bejaht die überwiegende Ansicht ohne nähere Begründung eine indirekte Vorlage gemäß Art. 267 AEUV über § 602 öZPO als „andere richterliche Handlung".[472] Fraglich ist jedoch, ob tatsächlich eine indirekte Vorlage nach Art. 267 AEUV über § 602 öZPO möglich ist oder ob § 602 öZPO wie § 1050 ZPO ausgehend von seinem Normzweck und den vom EuGH in der *Nordsee*- und *Eco Swiss*-Rechtsprechung festgelegten Maßstäben[473] nicht dazu geeignet ist, die Anforderungen für eine indirekte Vorlage zu erfüllen.

Der Normzweck des § 602 öZPO ist es jedoch wie beim § 1050 ZPO, die fehlende Zwangsgewalt des Schiedsgerichts zu kompensieren. Zwar beziehen sich in der Praxis viele Rechtshilfeersuchen auf die Beweisaufnahme, z.B. die Vorladung von Zeugen und Hören von Zeugen unter Eid.[474] Sie umfassen jedoch auch andere

---

466 *Liebscher*, 10 Am. Rev. Int. Arb. 81, 86.

467 § 602 löst § 589 a.F. öZPO durch das österreichische Schiedsrechts-Änderungsgesetz 2006 ab, da § 589 a.F. für unübersichtlich und nicht überzeugend gehalten wurde, *Kloiber/Rechberger/Oberhammer/Haller,* Das neue Schiedsrecht, S. 281.

468 *Hausmaninger*, in: *Fasching* (Hrsg.), Kommentar zu den Zivilprozessgesetzen, § 602 Rn. 18; *Petsche*, in: *Riegler/Petsche/Fremuth-Wolf/Platte/Liebscher (Hrsg.),* Arbitration Law of Austria, Sect. 602, Rn. 1; *Schoibl,* in: FS Rechberger, S. 513, 524 ff.; *Zeiler/Steindl,* Arbitration in Austria, S. 68.

469 *Kloiber/Haller,* in: *Kloiber/Rechberger/Oberhammer/Haller (Hrsg.),* Das neue Schiedsrecht, S. 11, 45; *Reiner,* Das neue österreichische Schiedsrecht, Fn. 139; *Schoibl,* in: FS Rechberger, S. 513, 536.

470 Gesetz vom 1. August 1895 über die Ausübung der Gerichtsbarkeit und die Zuständigkeit der ordentlichen Gerichte in bürgerlichen Rechtssachen, RGBl. Nr. 111/1895.

471 *Kloiber/Rechberger/Oberhammer/Haller,* Das neue Schiedsrecht, S. 283; *Power,* The Austrian Arbitration Act, Sect. 602, Rn. 7.

472 *Hausmaninger*, in: *Fasching* (Hrsg.), Kommentar zur den Zivilprozessgesetzen, § 602 Rn. 23 m.w.Nachw.

473 Siehe dazu oben § 4.A.I.1.b).

474 *Liebscher/Schmid,* in: *Weigand (Hrsg.),* Practitioner's Handbook, Part 4 A, Rn. 163; *Power,* The Austrian Arbitration Act, Sect. 602, Rn. 2.

richterliche Handlungen. Aber auch diese „anderen richterlichen Handlungen“ meint ausschließlich „hoheitsrechtliche Handlungen in Ausübung der rechtsprechenden Gewalt“.[475] Eine Vorlage zur Vorabentscheidung gehört allerdings nicht dazu, da das Rechtshilfeersuchen nach § 602 öZPO wie § 1050 ZPO von seinem Normzweck nicht geeignet sein kann, als geeignetes Instrument für die Rechtsfortbildung und die Rechtspflege im Rahmen des Vorabentscheidungsverfahrens nach Art. 267 AEUV eingesetzt zu werden.

Zudem kann eine Prüfung der Entscheidungserheblichkeit durch die staatlichen Gerichte nach § 602 öZPO nicht erfolgen, da auch hier lediglich geprüft wird, ob die Tatbestandsvoraussetzungen der Rechtshilfe vorliegen, aber eine Erforderlichkeitsprüfung der Maßnahme (zweckmäßig, nützlich, erheblich) muss nicht durchgeführt werden. Die staatlichen Gerichte haben dafür nach § 602 öZPO keine Prüfungsbefugnis.[476]

Im Übrigen hat der österreichische Gesetzgeber selbst angezweifelt, ob die Regelung des § 602 öZPO eine geeignete Rechtsgrundlage für die indirekte Vorlage ist. Denn im Vorfeld des Schiedsrechts-Änderungsgesetzes 2006 wurde noch die Frage diskutiert, ob für Schiedsgerichte eine ausdrückliche Möglichkeit geschaffen werden sollte im Rahmen der Rechtshilfe, ein österreichisches staatliches Gericht um Vorlage einer bestimmten Rechtsfrage beim EuGH zu ersuchen. Im Ergebnis erachtete es der österreichische Gesetzgeber es aber für unsinnig, eine solche Bestimmung in der bloßen Hoffnung zu schaffen, dass der EuGH seine Judikation ändere. Er hat lediglich aus dem Grund von einer Regelung abgesehen, da er nicht überzeugt war, dass der EuGH trotz seiner *Nordsee*-Entscheidung indirekte Vorlagen von Schiedsgerichten über die staatlichen Gerichte annehmen werde.[477] Dies lässt aber nicht den Umkehrschluss zu, dass der österreichische Gesetzgeber die Regelung des § 602 öZPO als für die indirekte Vorlage als geeignet betrachtet.

Eine Vorlage zur Vorabentscheidung ist daher im Ergebnis nicht über § 602 öZPO möglich.

(3) England, Wales und Nordirland

Die Lösung in England, Wales und Nordirland[478] ist eine Ausnahme und ein merklicher Kontrast zum UNCITRAL-Modellgesetz.[479] Traditionell sind die Eingriffs- und

475 *Hausmaninger*, in: *Fasching* (Hrsg.), Kommentar zur den Zivilprozessgesetzen, § 602 Rn. 23.

476 Zur Prüfungsbefugnis im Verfahren nach § 602 öZPO: *Hausmaninger*, in: *Fasching* (Hrsg.), Kommentar zur den Zivilprozessgesetzen, § 602 Rn. 42 f.

477 *Hausmaninger*, in: *Fasching* (Hrsg.), Kommentar zur den Zivilprozessgesetzen, § 602 Rn. 28; *Kloiber/Rechberger/Oberhammer/Haller*, Das neue Schiedsrecht, S. 282; *Petsche*, in: *Riegler/Petsche/Fremuth-Wolf/Platte/Liebscher (Hrsg.)*, Arbitration Law of Austria, Sect. 602, Rn. 6.

478 Der Arbitration Act 1996 ist nur in England, Wales und Nordirland anwendbar. Schottland verfügt über einen eigenen Arbitration (Scotland) Act 2010.

479 *Komninos*, in: *Ehlermann/Atanasiu (Hrsg.)*, European Competition Law Annual 2001, S. 363, 375.

Entscheidungsmöglichkeiten der staatlichen Gerichte in Common Law-Ländern stark ausgeprägt.[480] Die Befugnisse des Gerichts im Hinblick auf das Schiedsverfahren sind in Sect. 42 ff. Arbitration Act 1996 (AA 1996)[481] geregelt.

(a) Section 45 AA 1996

Bedeutsam ist hier vor allem Sect. 45 AA 1996, demzufolge eine bestimmte Rechtsfrage bindend durch den *High Court* entschieden werden kann.[482] Nach seinem Wortlaut darf das staatliche Gericht auf Antrag einer Partei des Schiedsverfahrens jede Rechtsfrage entscheiden, die im Verlauf des Verfahrens auftaucht und die nach Überzeugung des Gerichts wesentlich die Rechte einer oder mehrerer Parteien betrifft. Das Verfahren nach Sect. 45 AA 1996 hat seine Grenzen aber in der Parteiautonomie, nach der die Parteien sowohl das anwendbare Recht als auch das Verfahren maßgeblich bestimmen können. So kann das Verfahren nach Sect. 45 nur eingeleitet werden, wenn alle Schiedsparteien oder zumindest eine Partei mit Zustimmung des Schiedsgerichts dem zustimmt bzw. die Parteien dieses Verfahren nicht durch Vereinbarung gänzlich ausgeschlossen haben. Im letztgenannten Fall sollten die Schiedsrichter die Aufmerksamkeit der Parteien unter Hinweis auf die günstigere Kostenentscheidung auf die Vorteile dieses Verfahrens in Bezug auf Vorlagefragen richten.[483] Darüber hinaus ist der Antrag nur zulässig, wenn die Entscheidung Kosten spart und der Antrag nicht mit der Absicht auf Verfahrensverzögerung gestellt wurde.[484] Tatsächlich muss das Gericht selbst der Überzeugung sein, dass eine erhebliche Kostenersparnis eintreten wird, bevor es dieses Verfahren zulassen darf. Sogar bei entsprechender Parteivereinbarung darf das Gericht den

---

480 *Hilbig,* Das gemeinschaftsrechtliche Kartellverbot im internationalen Handelsschiedsverfahren, S. 160 f.; *Weigand,* RIW 1997, 904, 909.

481 Eine deutsche Fassung des Arbitration Act 1996 findet sich bei *Hunter/Landau,* The English Arbitration Act 1996, Text and Notes, S. 175 ff.

482 *Blanke,* EBLR 2011, 119, 154 f.; *Harbst,* Die Rolle der staatlichen Gerichte im Schiedsverfahren, S. 123.

483 *Komninos,* in: *Ehlermann/Atanasiu (Hrsg.),* European Competition Law Annual 2001, S. 363, 374; *Merkin/Flannery,* Arbitration Act 1996, S. 114. Sect. 82 (1) AA 1996 bestimmt, dass das Verfahren nach Sect. 45 nur für Rechtsstreitigkeiten über englisches, walisisches oder nordirisches Recht gilt. Da EG-Recht jedoch Teil jedes nationalen Rechts der Mitgliedstaaten ist und nach dem Äquivalenzprinzip die im Rahmen der Durchführung des Unionsrecht herangezogenen Verfahrensmodalitäten nicht ungünstiger sein dürfen als diejenigen, die gleiche Sachverhalte innerstaatlicher Art regeln, kann dieses Verfahren auch über Streitigkeiten des EG-Wettbewerbsrechts genutzt werden, vgl. *Liebscher,* 10 Am. Rev. Int. Arb., 81, 86. Siehe zum Äquivalenzprinzip EuGH v. 19.9.2006, verbundene Rs. C-392/04 und C-422/04, Rn. 57 – *i-21 Germany GmbH*; *von Rinteln,* in: *Grabitz/Hilf/Nettesheim (Hrsg.),* EUV/AEUV, Art. 43 AEUV, Rn. 73; *Kraus,* EuR 2008, Beiheft 3, S. 125, 132.

484 Sect. 45 (2) AA 1996; vgl. dazu auch *Harris/Planterose/Tecks,* The Arbitration Act 1996, Rn. 45 E; *Sutton/Gill,* Russel on Arbitration, Rn. 7–171 f.

Antrag nur behandeln, wenn es überzeugt ist, dass die Rechte einer oder mehrerer Parteien erheblich betroffen sind.[485] Eine starke Beeinträchtigung der Parteien liegt vor, wenn eine erhebliche Geldsumme in Frage steht.[486]

Sect. 45 AA 1996 könnte daher eine mögliche Rechtsgrundlage für die „Goldene Brücke“ sein.[487] Sinn und Zweck dieser Vorschrift ist es, eine Rechtsfrage nicht erst nach dem Erlass des Schiedsspruchs entscheiden zu lassen, sondern zu einem frühen Zeitpunkt während des laufenden Schiedsgerichtsverfahrens, da eine vorgelagerte Entscheidung zu gesteigerter Effizienz und Kostenersparnis führen kann.[488] Im Allgemeinen dient Sect. 45 der Sicherstellung der Fortentwicklung des Handelsrechts.[489] Ein Verfahren nach Sect. 45 wird dann notwendig, wenn zum einen die Entscheidung im Schiedsverfahren von einer bestimmten Rechtsfrage abhängt und eine der Parteien den Schiedsspruch angreifen wird und zum anderen eine Rechtsfrage von allgemeinem Interesse vorliegt.[490] Die Entscheidung des *High Courts* wirkt wie ein Urteil nach der Berufung.[491] Im Ergebnis ist Sect. 45 AA 1996 gerade dafür konzipiert, dass Rechtsfragen für die Rechtsfortbildung im Schiedsverfahren beantwortet werden und beschränkt sich nicht – wie § 1050 ZPO oder § 602 öZPO – darauf, Maßnahmen zu treffen, die das Schiedsgericht aufgrund seiner fehlenden Zwangsgewalt nicht treffen darf.

Über das Verfahren des Sect. 45 AA 1996 ist es auch insbesondere möglich, dass die staatlichen Gerichte die Entscheidungserheblichkeit beurteilen können. Die Frage wird nicht nur durch das einzelstaatliche Gericht an den EuGH weitergeleitet, sondern das einzelstaatliche Gericht entscheidet im Rahmen der Sect. 45 AA 1996 über die Rechtsfrage, d.h. in diesem Fall über die Entscheidung zur Vorlagefrage. Zwar besteht auch hier das Risiko, dass das staatliche Gericht die Entscheidungserheblichkeit der Vorlagefrage anders beurteilt als das Schiedsgericht. Dieses Risiko muss jedoch von den Schiedsgerichten bei einer indirekten Vorlage in Kauf genommen werden.[492]

---

485 *Hunter/Landau,* The English Arbitration Act 1996, Text and Notes, deutsche Fassung, S. 220, Fn. 75.

486 *Sutton/Gill,* Russel on Arbitration, Rn. 7–168.

487 *Blanke,* EBLR 2011, 119, 154 f.; *Hilbig,* Das gemeinschaftsrechtliche Kartellverbot im internationalen Handelsschiedsverfahren S. 162; *Lew/Mistelis/Kröll,* Comparative International Commercial Arbitration, Rn. 19–16; *Schmitthoff,* CMLRev. 1987, 143, 150.

488 *Hunter/Landau,* The English Arbitration Act 1996, Text and Notes, deutsche Fassung, S. 220, Fn. 75.

489 *Weigand,* RIW 1997, 904, 909.

490 *Hilbig,* Das gemeinschaftsrechtliche Kartellverbot im internationalen Handelsschiedsverfahren, S. 162; *Sutton/Gill,* Russel on Arbitration, Rn. 7–167.

491 Sect. 45 (6) AA 1996; *Harris/Planterose/Tecks,* The Arbitration Act 1996, Rn. 45G; *Sutton/Gill,* Russel on Arbitration, Rn. 7–176.

492 Siehe dazu § 4.A.I.1.b).

Sect. 45 AA 1996 erfüllt sowohl die Voraussetzungen des Art. 267 AEUV als auch die in der *Nordsee-* und *Eco Swiss*-Rechtsprechung vom EuGH festgesetzten Maßstäbe.

(b) Section 69 AA 1996

Eine indirekte Vorlage könnte auch über Sect. 69 AA 1996 möglich sein, indem eine Partei des Verfahrens das Gericht wegen einer Rechtsfrage („*Appeal on point of law*") anruft, die aus einem im Verfahren erlassenen Schiedsspruch folgt. Das Schiedsgericht könnte dazu gemäß Sect. 47 AA 1996 einen Teilschiedsspruch erlassen, der die Vorlagefrage zum Inhalt hat. Dieser Teilschiedsspruch könnte gemäß Art. 69 AA 1996 durch das staatliche Gericht dem EuGH vorgelegt werden.[493] Sect. 69 AA 1996 unterliegt dabei geringeren Voraussetzungen als Sect. 45 AA 1996. Bei Sect. 69 AA 1996 wird nicht die Zustimmung beider Parteien vorausgesetzt, da die Zulassung des staatlichen Gerichts ausreichend ist. Zudem muss das Erfordernis der Kostenersparnis nicht vorliegen.[494] Die schiedsgerichtliche Literatur bejaht deshalb eine indirekte Vorlage auch über Art. 69 AA 1996.[495] Das Verfahren nach Art. 69 AA 1996 dient nicht nur der Kompensation der mangelnden Zwangsgewalt der Schiedsgerichte, sondern ermöglicht vielmehr eine eigene Entscheidung des Gerichts. Daher kann das staatliche Gericht auch bei Art. 69 AA 1996 in Übereinstimmung mit der *Nordsee*-Entscheidung des EuGH eigenständig beurteilen, ob die gemäß Art. 267 AEUV erforderliche Entscheidungserheblichkeit der Vorlagefrage erfüllt ist.

Sect. 69 AA 1996 stellt eine mögliche Rechtsgrundlage für die „Goldene Brücke" nach der Rechtsprechung des EuGH dar.

(c) Die „Goldene Brücke" in der Rechtsprechung der englischen Gerichte

Das einzig bekannte Beispiel der „Goldene Brücke" ist in der englischen Rechtsprechung zu finden. *Hilbig* bezeichnet dieses Beispiel in ihrer Dissertation als „eines der raren" Beispiele, benennt andere Entscheidungen indes nicht.[496] Andere Beispiele aus der Praxis sind der Verfasserin zwar ebenfalls nicht bekannt, allerdings handelt es sich hier auch um keinen echten Fall einer indirekten Vorlage im Sinne einer

---

493 *Blanke,* EBLR 2011, 119, 154 f.; *Harbst,* Die Rolle der staatlichen Gerichte im Schiedsverfahren, S. 123; *Merkin/Flannery,* Arbitration Act 1996, S. 113; *Schmitthoff,* CMLRev. 1987, 143, 150.

494 *Hilbig,* Das gemeinschaftsrechtliche Kartellverbot im internationalen Handelsschiedsverfahren, S. 162.

495 *Blanke,* EBLR 2011, 119, 154 f.; *Harbst,* Die Rolle der staatlichen Gerichte im Schiedsverfahren, S. 123; *Hilbig,* Das gemeinschaftsrechtliche Kartellverbot im internationalen Handelsschiedsverfahren, S. 162; *Merkin/Flannery,* Arbitration Act 1996, S. 113; *Schmitthoff,* CMLRev. 1987, 143, 150.

496 *Hilbig,* Das gemeinschaftsrechtliche Kartellverbot im internationalen Handelsschiedsverfahren, S. 162.

„Goldenen Brücke“. In den Fällen *Bulk Oil (Zug) AG / Sun International Limited*[497] legten englische Gerichte in den 1980er Jahren dem EuGH Fragen vor, die im schiedsgerichtlichen Verfahren aufgekommen waren. Doch erging die Vorlage der englischen Gerichte, als der Schiedsspruch im staatlichen Verfahren angegriffen wurde. Damit ist die Sache *Bulk Oil* kein richtiger Fall einer „Goldenen Brücke“, sondern lediglich der einzige bekannte Fall einer Vorlage mit schiedsrechtlichem Verfahrensbezug.

Gleichwohl ist dieses Verfahren von einigem Interesse, da der Generalanwalt in seinem Schlussantrag ausdrücklich darauf hingewiesen hat, dass die Vorlage durch den High Court erfolgt sei, weil der Schiedsrichter selbst nicht vorlegen konnte.[498] Der EuGH beantwortete die Vorlagefrage dann allerdings, ohne auf die Problematik einer nationalen Regelung für indirekte Vorlagen des Schiedsgerichts einzugehen.[499]

(4) Irland

In Irland war noch unter dem alten Arbitration Act 1954 (AA 1954) eine indirekte Vorlage über Sect. 35 möglich. Sect. 35 (1) (a) hat bestimmt, dass ein Schiedsrichter oder ein Obmann jede Rechtsfrage, die im Rahmen der Beweisaufnahme aufkommt, als Spezialfall an das staatliche Gericht weitergeben kann, ungeachtet dessen, dass das Schiedsverfahren noch fortgeführt wird.[500] Ein Fall konnte nur dann nach Sect. 35 AA 1954 an das staatliche Gericht weiter gegeben werden, wenn (1) die Rechtsfrage erheblich, (2) die Rechtsfrage eindeutig bzw. fest umrissen und auch als Rechtsfrage exakt benannt werden kann und (3) die Lösung der Rechtsfrage für die Beilegung des Rechtsstreites notwendig ist.[501] Diese Voraussetzungen entsprachen nahezu den Voraussetzungen einer Vorlage an den EuGH nach Art. 267 AEUV. Art. 267 AEUV erfordert, dass die Vorlagefrage klar und präzise gestellt und der tatsächliche und rechtliche Rahmen festgelegt sein muss.[502] Der nationale Richter hätte dann in seinem Verfahren eine Vorlage an den EuGH stellen können, sofern er die erforderliche Entscheidungserheblichkeit der Vorlagefrage bejaht hätte. Der nationale Richter hätte im Rahmen des Sect. 35 AA 1954 über die Rechtsfrage

---

497 QBD (Commercial Court), 21.12.1982 – *Bulk Oil (Zug) A.G. / Sun International Ltd. and Sun Oil Trading Co.*, [1983] 1 Lloyd’s Rep 655; CA (Civil Division), 30.9.1983 – *Bulk Oil (Zug) A.G. / Sun International Ltd. and Sun Oil Trading Co.*, [1984] 1 All ER 386; [1984] 1 WLR 147; [1983] 2 Lloyd’s Rep 587; QBD (Commercial Court), 17.11.1983 – *Bulk Oil (Zug) A.G. / Sun International Ltd. and Sun Oil Trading Co. (No. 2)*, [1984] 1 Lloyd’s Rep 531.

498 Schlussantrag des Generalanwalt Sir Gordon Slynn vom 10. Dezember 1985, abrufbar unter http://curia.europa.eu/juris/liste.jsf?language=en&num=C-174/84.

499 EuGH v. 18.2.1986, Rs. 174/84 – *Bulk Oil*.

500 *Forde*, Arbitration Law & Procedure, S. 112; Supreme Court v. 31.1.1989, [1989] ILRM 619, 620 f. – *Hynes Ltd. v. O’Malley Properties Ltd.*

501 *Hafldan Grieg and Co. v. Sterling Coal Ltd. (“The Lysland”)*, wiederggb. bei *Dowling-Hussey/Dunne*, Arbitration Law, Rn. 7–55.

502 *Ehricke*, in: *Streinz (Hrsg.)*, EUV/AEUV, Art. 267 AEUV Rn. 55.

entschieden, d.h. in diesem Fall über die Entscheidung zur Vorlagefrage. Daher war eine indirekte Vorlage über Sect. 35 AA 1954 grundsätzlich möglich.

Dies hat sich mit der Einführung des neuen Arbitration Act 2010 (AA 2010) geändert. Bis zum AA 2010 wurde in Irland das Schiedsverfahrensrecht durch den AA 1954 mit den Anpassungen des Arbitration Act 1998 (AA 1998) geregelt. Obwohl auch schon der AA 1998 das UNCITRAL-Modellgesetz übernahm, galt dieses über den AA 1998 nur für die internationale Handelsschiedsgerichtsbarkeit. Mit dem AA 2010 sollte das auch der AA 1954 an das UNCITRAL Modellgesetz angepasst werden, sodass der AA 2010 den AA 1954 aufgehoben hat.[503] Mit dieser Anpassung des irischen Schiedsverfahrensrecht an das UNCITRAL-Modelgesetz wurden auch die Regelungen über die Zusammenarbeit mit den staatlichen Gerichten erheblich eingeschränkt. Durch den Verweis in Sect. 9 (1) (c) auf Art. 27 UNCITRAL-Modellgesetz ist eine Zusammenarbeit mit den staatlichen Gerichten zwar nicht ausgeschlossen, aber auf die Beweisaufnahme beschränkt.[504] Eine indirekte Vorlage ist über die Vorschrift des Art. 27 UNCITRAL-Modellgesetz nicht möglich.[505]

(5) Niederlande

Art. 1044 des niederländischen ZPO (Wetboek van Burgerlijke Rechtsvordering – Rv) erlaubt eine Anfrage des Schiedsgerichts für Informationen über ausländisches Recht durch Einschalten des Präsidenten des Landgerichts von Den Haag. Der Präsident des Landgerichts leitet die Anfrage an die entsprechende ausländische Autorität weiter und unterrichtet dann das Schiedsgericht über das Ergebnis. Folglich trifft das unterstützende nationale Gericht auch keine eigene Entscheidung. Seine Funktion ist, ein Verbindungsglied zwischen den Schiedsgerichten und der ausländischen Quelle für Rechtsinformationen zu sein. Die niederländische Regelung konzentriert sich jedoch nur auf die Einholung von Informationen ausländischen Rechts, aber nicht des eigenen niederländischen Rechts.[506] Deshalb wird vereinzelt vorgeschlagen, dass Art. 1044 Rv analog im Hinblick auf die Interpretation des Unionsrechts angewendet werden kann.[507] Diese Ansicht begründet die analoge Anwendung damit, dass das niederländische Recht formal nicht zwischen heimischem und internationalem Schiedsrecht unterscheide, was jedoch nicht bedeute, dass heimisches und internationales Schiedsrecht gleich beurteilt werden. Internationale Schiedsgerichte hätten nach dieser Ansicht jedoch kein heimisches Schiedsrecht. Unionsrecht könne ohne Probleme für diese „heimatlosen" Schiedsgerichte

---

503 *Reilly*, J.Int. Arb. 2011, 163.

504 *Reilly*, J.Int. Arb. 2011, 163, 165.

505 Siehe § 4.B.1.a)aa).

506 *Sanders*, Het nieuwe arbitragerecht, S. 135; *Shelkoplyas*, The Application of EC Competition Law in Arbitration Proceedings, S. 402; *Snijders*, Nederlands arbitragerecht, S. 165; *Van den Berg/Van Delden/Snijders*, Arbitragerecht, S. 73 f.

507 *Shelkoplyas*, The Application of EC Competition Law in Arbitration Proceedings, S. 402 f.

als fremdes Recht bezeichnet werden. Allerdings verkennt diese Ansicht, dass diese Rechtsfrage nach Art. 1044 Rv nur von den Schiedsgerichten gestellt werden kann, in dessen Verfahren das niederländische Gesetz auch zur Anwendung kommt. Das Europäische Wettbewerbsrechts ist für die Schiedsgerichte dann Bestandteil des nationalen niederländischen Rechts. Eine für eine analoge Anwendung erforderliche vergleichbare Interessenlage fehlt, sodass eine analoge Anwendung des Art. 1044 Rv nicht in Betracht kommt.

In den Niederlanden wurde als einzigem Mitgliedstaat sogar der Vorschlag gemacht, einen neuen Art. 1044 a einzuführen, welcher niederländischen Schiedsgerichten erlauben soll, eine Frage des Unionsrechts durch den Präsidenten des Amtsgerichts an den EuGH weiter zu leiten.[508] In der niederländischen schiedsgerichtlichen Literatur hat es zu diesem Vorschlag weder Kritik noch Zustimmung gegeben, was jedoch wohl mit der generell skeptischen Haltung gegenüber Art. 1044 Rv erklärt werden kann.[509] Zum einen wird Art. 1044 Rv in der Praxis kaum genutzt, da die Schiedsrichter sich wohl selbst in der Lage sehen, mit dem ausländischen Recht umzugehen.[510] Zum anderen sei die Regelung sinnlos.[511] Mit ihrer gleichgültigen Haltung gegenüber der Einführung eines neuen Art. 1044 a RV versäumt die schiedsgerichtliche Literatur in den Niederlanden die Chance, dass eine Regelung für die indirekte Vorlage eingeführt wird. Wenn auf europäischer Ebene den Schiedsgerichten die Vorlageberechtigung verweigert wird, sollten auf nationaler Ebene alle Schritte unternommen werden, zumindest die indirekte Vorlage zu ermöglichen. Das Bedürfnis für eine entsprechende nationale Regelung besteht nach der Rechtsprechung des EuGH in *Nordsee.*

Die weiteren Vorschriften für die Unterstützung der Schiedsgerichte regeln die Zusammenarbeit bei der Vernehmung von Zeugen (Art. 1041 Rv) und die Zusammenführung verschiedener Schiedsverfahren (Art. 1046 Rv).[512] Eine indirekte Vorlage ist über diese Vorschriften aber nicht möglich.

(6) Frankreich, Belgien, Italien, Spanien und Schweden

Auch nach der Reform im Jahre 2011 enthält das französische Schiedsrecht keine eigenen Regelungen für eine indirekte Vorlage. Es wird lediglich Rechtshilfe im Bereich der Beweisaufnahme gestattet, in dem Schiedsgerichte keine Zwangsgewalt

---

508 *Berger,* International Economic Arbitration, S. 457, Fn. 578; *Komninos,* in: *Ehlermann/Atanasiu (Hrsg.),* European Competition Law Annual 2001, S. 363, 377, Fn. 57; *Sanders,* Het nieuwe arbitragerecht, S. 137; *Shelkoplyas,* The Application of EC Competition Law in Arbitration Proceedings, S. 403; *Snijders,* Nederlands Arbitragerecht, S. 166.

509 *Shelkoplyas,* The Application of EC Competition Law in Arbitration Proceedings, S. 403.

510 *Sanders/Van den Berg,* The Netherlands Arbitration Act 1986, S. 130, Rn. 48.

511 *Van den Berg/Van Delden/Snijders,* Arbitragerecht, S. 73 f.

512 *Lazic/Meijer,* in: *Weigand (Hrsg.),* Practitioner's Handbook, Part 4 F, Rn. 215.

anwenden können, zum Beispiel um einen Dritten zur Dokumentenvorlage und Zeugen zu einer Aussage zu zwingen, aber auch um Vermögensgegenstände sicher zu stellen und um Sachverständigengutachten anzufordern.[513] Fraglich ist, ob eventuell über den „*juge d'appui*" eine Vorlage an den EuGH gestellt werden könnte. Der Begriff des „*juge d'appui*" ist im Internationalen Schiedsverfahrensrecht ein feststehender Begriff und bezeichnet den Richter, der für die Unterstützungstätigkeiten des Schiedsgerichts zuständig ist. Diese Unterstützungshandlungen sind insbesondere Schiedsrichterernennungen, Entscheidungen über die Schiedsrichterablehnungen, Fristverlängerungen und Fristsetzungen an Parteien, etc. Die Zuständigkeit des „*juge d'appui*" wurde zwar durch den neu eingeführten Art. 1505 Code de procèdure civile erheblich erweitert.[514] Eine indirekte Vorlage ist aber während des laufenden Schiedsverfahrens durch den „*juge d'appui*" nicht möglich.

Im belgischen Recht vermisst man ebenfalls eine Vorschrift, auf deren Grundlage das Schiedsgericht sich zwecks Vorlagefrage an ein staatliches Gericht wenden könnte.[515]

Im italienischen Recht stellt sich die Situation ähnlich dar wie im französischen und belgischen Recht. Ein italienisches Schiedsgericht kann lediglich bei der Beweisaufnahme die Unterstützung der staatlichen Gerichte anfragen.[516] Eine Vorlage nach Art. 267 AEUV ist nicht möglich. Aus demselben Grund kann eine Vorlage auch nicht im spanischen[517] und im schwedischen[518] Recht erfolgen.

(7) Mittelosteuropa

Ähnlich der deutschen und österreichischen Regelung können staatliche Gerichte in der Tschechischen Republik auf Anfragen des Schiedsgerichts verfahrensrechtliche Maßnahmen vornehmen, die diese nicht selbst ausführen dürfen. Die staatlichen Gerichte müssen die Anfragen der Schiedsgerichte erfüllen, es sei denn, sie verstoßen gegen das Gesetz. Diese Art der gerichtlichen Unterstützung können alle Schiedsgerichte wahrnehmen, auch diejenigen mit Sitz im Ausland.[519] Legt man aber

513 *Carducci,* Arb. Int. 2012, 125, 142.

514 *Carducci,* Arb. Int. 2012, 125, 142, 149; *Kühner,* SchiedsVZ 2011, 125, 126.

515 *Goffin,* in: FS Fettweis, S. 159, 187, Rn. 155; *Hilbig,* Das gemeinschaftsrechtliche Kartellverbot im internationalen Handelsschiedsverfahren, S. 164.

516 816-ter (3) Codice di procedura civile. Vgl. dazu auch *Barbieri/Bella,* Il nouvo diritto dell'arbitrato, S. 258, 423 nach Reform des Schiedsverfahrensrecht. Aber auch schon vor der Reform konnte nur Hilfe im Wege der Beweisaufnahme erfolgen, *Rubino-Sammartano,* in: *Weigand (Hrsg.),* Practitioner's Handbook, Part 4 E, Rn. 224 ff.

517 *V. Tabouillot,* in: *Weigand (Hrsg.),* Practitioner's Handbook, Part 4 G, Rn. 148 ff.

518 *Hobér/Strempel,* in: *Weigand (Hrsg.),* Practitioner's Handbook, Part 4 H, Rn. 147 ff.

519 *Pauknerová/Rôžička,* Czech Republic, in: *Oberhammer,* Schiedsgerichtsbarkeit in Zentraleuropa, S. 271; vgl. weiter zum Schiedsverfahren in der Tschechischen Republik, *Spragge,* Arb. 1999, 60 ff.

auch hier die obigen Maßstäbe[520] aus der *Nordsee*- und *Eco Swiss*-Rechtsprechung zugrunde, kann eine indirekte Vorlage mangels eines eigenen Verfahrens des einzelstaatlichen Gerichts nicht möglich sein.

Die polnische Regelung hat Ähnlichkeiten mit dem UNCITRAL-Modellgesetz. Nach Art. 706 § 1 ZVGB[521] können sich die Schiedsgerichte bei der Vernehmung von Zeugen, Sachverständigen und Parteien Unterstützung von den staatlichen Gerichten holen, wenn sie bestimmte Handlungen nicht alleine vornehmen dürfen. Es ist aber davon auszugehen, dass diese Rechtshilfe nur inländischen Schiedsgerichten gewährt wird. Ausländischen Schiedsgerichten steht ein solches Recht nicht zu.[522] Im slowenischen Recht leistet das Gericht dem Schiedsgericht Rechtshilfe im Bereich der Beweisdurchführung, wenn das Schiedsgericht nicht selbst in der Lage ist, die Beweise aufzunehmen (§ 470 slowenische ZPO). Diese Vorschrift gilt nur für inländische Schiedsgerichte. Ausländische Schiedsgerichte müssen sich zunächst an ein staatliches Gericht in ihrem Land wenden, das wiederum dann Rechtshilfe beim slowenischen Gericht beantragen kann.[523] Nach § 37 des ungarischen Schiedsgesetzes kann den Schiedsgerichten Rechtshilfe in Bezug auf das Beweisverfahren und einstweiligen Rechtsschutz gewährt werden. Ähnlich zu Art. 27 Abs. 3 UN-ModG erlaubt § 37 Abs. 3 ungarisches Schiedsgesetz die Beweisrechtshilfe und wenn nötig auch den Einsatz von Zwangsmaßnahmen. Das ungarische Schiedsgesetz erstreckt sich nicht auf ausländische Schiedsgerichte.[524] Da die Unterstützung im polnischen, slowenischen und ungarischen Recht lediglich auf die Beweisaufnahme beschränkt ist, wird hierüber keine Vorlagefrage an den EuGH möglich sein.

cc) Stellungnahme

Im Ergebnis sind England, Wales und Nordirland die einzigen untersuchten Landesteile eines Mitgliedstaats der Europäischen Union (Vereinigtes Königreich von Großbritanien und Nordirland), die mit Art. 45 und 69 AA 1996 über eine nationale Regelung verfügen, über die eine indirekte Vorlage möglich ist und die alle Voraussetzungen des Wortlauts des Art. 267 AEUV sowie die Maßstäbe des EuGH aus *Nordsee* und *Eco Swiss* erfüllt. England, Wales und Nordirland nehmen gegenüber allen anderen Staaten eine Sonderposition ein, die nach der hier vertretenen Ansicht eine indirekte Vorlage nicht ermöglichen. Folglich muss man sich aber fragen, wieso England, Wales und Nordirleand diese Sonderposition einnehmen bzw. warum die anderen Mitgliedstaaten eine indirekte Vorlage nicht ermöglichen. Im Fall von

---

520 Siehe dazu § 4 A.I.1.

521 Zivilverfahrensgesetzbuch (*kodeks postępowania cywilnego – kpc*), Gesetz vom 17.11.1964.

522 *Zoll/Lyszczarz*, Polen, in: *Oberhammer*, Schiedsgerichtsbarkeit in Zentraleuropa, S. 421 f.

523 *Galič/Mežnar*, Slowenien, in: *Oberhammer*, Schiedsgerichtsbarkeit in Zentraleuropa, S. 546 f.

524 *Varga*, Ungarn, in: *Oberhammer*, Schiedsgerichtsbarkeit in Zentraleuropa, S. 669 f.

Deutschland, Österreich und Irland ist dies beispielsweise darauf zurückzuführen, dass die entsprechenden bestehenden nationalen Regelungen auf Art. 27 UNCITRAL-Modellgesetz beruhen, die eine Unterstützungshandlung lediglich im Bereich der Beweisaufnahme vorsieht, und neue Regelungen nicht eingeführt worden sind. Insbesondere hätte auch in der Reform des Schiedsrechts in Irland im Jahr 2011 eine neue Regelung über die indirekte Vorlagemöglichkeit schwer durchgesetzt werden können, da in dieser Reform lediglich das UNCITRAL-Modellgesetz umgesetzt wurde. In Frankreich wäre die Einführung einer neuen Regelung über die indirekte Vorlagemöglichkeit im Wege der Reform 2011 allerdings möglich gewesen.

Folglich kann man durchaus hinterfragen, ob eine nationale Regelung der indirekten Vorlageberechtigung wirklich notwendig ist oder ob das Bedürfnis einer solchen indirekten Vorlageberechtigung der Schiedsgerichte in der Praxis nicht besteht. Gleichzeitig stellt sich die Frage, ob die fehlenden indirekten Vorlagen in der Praxis in den letzten 30 Jahren (!) darauf beruhen, dass keine nationale Regelung bestehen oder weil die Schiedsgerichte nicht vorlegen wollen (z.B. wegen Verlängerung des Prozesses, Hinaustragen der Streitigkeit in der Öffentlichkeit). Denkbar ist jedoch, dass hier ein Teufelskreis vorliegt: Die nationalen Gesetzgeber schaffen keine Regelung, weil sie das Bedürfnis der Schiedsgerichte für indirekte Vorlagen mangels Beispielsfälle nicht sehen. Die Schiedsgerichte legen mangels nationaler Regelungen keine indirekten Vorlagen vor. Angesichts der Rechtsprechung des EuGH in *Nordsee* und *Eco Swiss* und der Gewährleistung der einheitlichen Auslegung des Unionsrechts sollten die nationalen Gesetzgeber daher gleichwohl in Betracht ziehen, eine eigene nationale Regelung für eine indirekte Vorlage zu schaffen. Denn ob im Schiedsverfahren in der Praxis wirklich das Bedürfnis für solche Vorlagen besteht, kann nur beantwortet werden, wenn eine indirekte Vorlage nach nationalem Recht auch möglich ist.

b) Prozessuale Konsequenzen des Schiedsverfahrens

Da mit Ausnahme von England, Wales und Nordirland es bisher keine rechtliche Möglichkeit gibt, eine Vorlagefrage des Schiedsgerichts indirekt über die staatlichen Gerichte dem EuGH zu stellen, stellt sich auch nur in England, Wales und Nordirland die Frage der Aussetzung des Schiedsverfahrens bei einer indirekten Vorlage. Während des Verfahrens nach Sect. 45 AA 1996 muss das Schiedsgericht das Verfahren nicht aussetzen. Es kann das Verfahren weiter führen und sogar einen Schiedsspruch erlassen, es sei denn, die Parteien haben etwas anderes vereinbart (Sect. 45 (4)) oder die gestellte Frage an das staatliche Gericht ist für den Ausgang des Verfahrens von besonderer Wichtigkeit.[525] In der Regel wird das Schiedsverfahren nur fortgeführt, wenn beide Parteien der Einschaltung des staatlichen Gerichts zustimmen und dies nicht allein auf der Entscheidung des Schiedsgerichts beruht.[526]

525 *Harris/Planterose/Tecks*, The Arbitration Act 1996, Rn. 45 F; *Merkin/Flannery*, Arbitration Act 1996, S. 115.

526 *Sutton/Gill*, Russel on Arbitration, Rn. 7–175.

2. *Zwischenergebnis*

Nur die englische, walisische und nordirische Regelung in Sect. 45, 69 AA 1996 eignet sich für eine indirekte Vorlage an den EuGH nach seinen Maßstäben aus der *Nordsee*- und *Eco Swiss*-Entscheidung. In Deutschland (§ 1050 ZPO) und in Österreich (§ 602 öZPO) wird zwar überwiegend vertreten, dass eine indirekte Vorlage über diese Vorschriften möglich ist. Allerdings sind diese Regelungen weder vom Normzweck auf eine indirekte Vorlage anwendbar noch können sie die Voraussetzungen des Art. 267 AEUV erfüllen. Der Wortlaut des Art. 267 AEUV und die Rechtsprechung des EuGH erfordert nämlich, dass die Entscheidungserheblichkeit der Vorlagefrage durch das vorlegende staatliche Gericht geprüft wird. Eine Prüfung der Entscheidungserheblichkeit ist aber weder nach der Unterstützungshandlung des § 1050 ZPO noch des § 602 öZPO möglich, sodass eine indirekte Vorlage über diese Vorschriften nicht möglich ist. In den meisten Rechtsordnungen der Unionsstaaten sind keine Regelungen enthalten, die eine indirekte Vorlage nach den Maßstäben des EuGH aus der *Nordsee*- und *Eco Swiss*-Entscheidung zulassen würden. Es sind lediglich Regelungen zu finden, die eine Rechtshilfe im Bereich der Beweisaufnahme mangels eigener Zwangsgewalt der Schiedsgerichte vorsehen.

II. Notwendigkeit einer neuen nationalen Regelung

Mit Ausnahme der englischen, walisischen und nordirischen Regelungen in Art. 45 und 69 AA 1996 lassen die Rechtsordnungen der Mitgliedstaaten eine indirekte Vorlage nach den Maßstäben des EuGH aus der *Nordsee*- und *Eco Swiss*-Entscheidung nicht zu. Die englischen, walisischen und nordirischen Regelungen stellen gleichwohl aber keine Musterlösung für die indirekte Vorlage über die einzelstaatlichen Gerichte dar.

Vielmehr sollten die nationalen Gesetzgeber für die einheitliche Auslegung des Unionsrechts und der Umsetzung der Rechtsprechung des EuGH in *Nordsee*- und *Eco Swiss* ermöglichen, dass die Schiedsgerichte die Möglichkeit einer indirekten Vorlage auch tatsächlich nutzen können.[527] Zugleich besteht die Schwierigkeit darin, die Interessen der Schiedsgerichtsbarkeit bei einem solchen Vorschlag zu bewahren.

1. *Der Vorschlag Hilbigs*

Die für das deutsche Recht dogmatisch passendste Lösung ist – soweit ersichtlich – bislang Gegenstand nur einer intensiveren Untersuchung gewesen. *Hilbig* hat in ihrer Dissertation aus dem Jahre 2006[528] einen Vorschlag für eine nationale Regelung der indirekten Vorlageberechtigung gewagt. Dieser Vorschlag sieht vor, dass (i) eine indirekte Vorlage an den EuGH während des schiedsgerichtlichen Verfahrens

---

527 Siehe dazu § 4.B.1.a)cc).

528 *Hilbig*, Das gemeinschaftsrechtliche Kartellverbot im internationalen Handelsschiedsverfahren, S. 164 f.

möglich sein soll, (ii) der staatliche Richter die Vorlage nur weiterleiten darf, wenn er davon überzeugt ist, dass die Vorlagefrage für das schiedsgerichtliche Verfahren entscheidungserheblich ist, (iii) für die Vorlage die Zustimmung aller Parteien erforderlich ist und (iv) die Vorlage der relevanten Tatsachen anonymisiert erfolgt. Anhand ihres Vorschlags (hierzu unter 1.) soll ein eigener Vorschlag (hierzu unter 2.) ausgearbeitet werden. Der Vorschlag richtet sich nach der Dogmatik der ZPO. Die dogmatisch geeignetste Lösung für die anderen Rechtsordnungen der Mitgliedstaaten soll im Hinblick auf den Umfang der Arbeit nicht untersucht werden. Gleichwohl könnten die allgemeinen Gedanken des Vorschlags auch für die nationalen Regelungen in anderen Mitgliedstaaten übernommen werden.

a) Zustimmung der Schiedsparteien

Hilbig geht in ihrem Vorschlag in Punkt (iii) von dem Zustimmungserfordernis der Schiedsparteien zur indirekten Vorlage aus. Gegen ein solches Zustimmungserfordernis der Schiedsparteien spricht auf der einen Seite, dass die Schiedsparteien möglichweise die Bedeutung der Vorlagefrage nicht erfassen oder ihre Zustimmung verweigern, weil sie einen schnellen Schiedsspruch erhalten möchten.

Eine Vorlage an das staatliche Gericht ohne die Zustimmung der Parteien würde auf der anderen Seite gegen die Privatautonomie der Parteien im Schiedsverfahren sprechen. Eines der entscheidenden Vorteile der Schiedsgerichtsbarkeit ist es, dass die Parteien die wesentlichen Aspekte des Verfahrens bestimmen können. Dazu muss auch eine indirekte Vorlage des Schiedsgerichts zählen, da dadurch nicht nur das Verfahren – falls das Schiedsgericht aussetzte – verlängert wird, sondern auch das Schiedsverfahren dadurch – im offengelegten Umfang – nicht mehr vertraulich ist. Ohne die Zustimmung der Parteien würden die Schiedsrichter gegen ihre Vertraulichkeitsverpflichtungen verstoßen, die sie grundsätzlich zum Stillschweigen über alle Aspekte des Schiedsverfahrens, auch dessen Existenz, verpflichtet.[529] Dies entspricht auch im Übrigen den bestehenden nationalen Regelungen über die Unterstützungshandlungen der staatlichen Gerichte während der Beweisaufnahme und anderer hoheitsrechtlicher Maßnahme, die ein solches Zustimmungserfordernis in der Regel auch vorsehen.

Die Privatautonomie, die Schnelligkeit und die Vertraulichkeit des Schiedsverfahrens erfordern daher eine Zustimmung der Schiedsparteien für eine indirekte Vorlage. Wie und in welcher Form diese Zustimmung erfolgen sollte, d.h. ob schon im Vorfeld der Streitigkeit in der Schiedsklausel oder erst nach Entstehen der Streitigkeit, muss den Parteien überlassen bleiben. Eine Zustimmung zu der indirekten Vorlage schon in der Schiedsklausel müsste aufgrund der Vertrags- und Privatautonomie jedoch möglich sein.

529 Siehe zur Vertraulichkeit des Schiedsverfahrens und die Pflichten der Schiedsrichter § 2 A.I.4 u. § 2 A.III.

b) Anonymisierte Darstellung des Sachverhalts

Die anonymisierte Vorlage der Tatsachen in Punkt (iv) berücksichtigt die Vertraulichkeit des Schiedsverfahrens. *Hilbig* macht in ihrem Vorschlag jedoch nicht deutlich, was konkret anonymisiert werden soll. Nach Sinn und Zweck der Vertraulichkeit im Schiedsverfahren kann *Hilbig* nur eine anonymisierte Beschreibung der Parteien gemeint haben. Die Parteien können ein Interesse daran haben, dass die Tatsache, dass sie einen Rechtstreit führen, nicht öffentlich wird. Die Geheimhaltung des Rechtstreits ist einer der Vorteile der Schiedsgerichtsbarkeit. Aufgrund der Öffentlichkeit des gerichtlichen Verfahrens, auch eines indirekten Vorlageverfahrens, wäre die Vertraulichkeit des Schiedsverfahrens bei einer nicht anonymisierten Darstellung des Sachverhalts und der Parteien nicht gewahrt.

Bei der Unterstützungshandlung nach § 1050 ZPO ist weder aus der Kommentarliteratur noch aus der deutschen Rechtsprechung eindeutig ersichtlich, ob der Antrag nach § 1050 ZPO anonymisiert – zumindest beim Antrag des Schiedsgerichts, da diese Frage bei einem Antrag einer Schiedspartei sich nicht stellt – erfolgt. Da es hier jedoch um hoheitliche Maßnahmen wie Zustellungen, Ladungen und Vernehmungen von Zeugen geht, die das Schiedsgericht mangels Zwangsgewalt nicht durchführen kann, und das staatliche Gericht auch die Wirksamkeit der Schiedsvereinbarung prüft, wird eine Offenlegung der Parteien im Verfahren des § 1050 ZPO wahrscheinlich nicht vermieden werden können.

Bei einer indirekten Vorlage besteht dieses Bedürfnis gleichwohl nicht, da es hier lediglich um die Auslegung des Unionsrechts geht und diese auch unabhängig von der Kenntnis der Parteien erfolgen kann. Fraglich ist allerdings, ob eine anonymisierte Darstellung der Parteien im staatlichen Verfahren bzw. bei der Vorlagefrage vor dem EuGH überhaupt erfolgen kann.

Grundsätzlich müssen in jedem staatlichen streitigen Verfahren aus Gründen der Rechtskraft, der Zustellung und der Zwangsvollstreckung die Parteien identifizierbar sein und im Rubrum der gerichtlichen Entscheidung genannt werden. Fraglich ist, ob die Vorschriften der deutschen ZPO eine anonymisierte Darstellung zulassen würden.

§ 253 Abs. 2 Nr. 1 ZPO bestimmt, dass die Parteien in der Klage bezeichnet werden müssen, durch die das staatliche Verfahren eingeleitet wird. Eine Bezeichnung der Parteien ist dann ausreichend, wenn Zweifel an der Identität und der Stellung der Parteien ausgeschlossen sind. Es muss gewährleistet sein, dass sich die betreffende Partei für jeden Dritten ermitteln lässt.[530] Grundsätzlich ist dazu die namentliche Nennung erforderlich. Ausnahmen sind nur denkbar, wenn der Kläger den Namen des Beklagten nicht weiß[531] oder Gründe des materiellen Rechts eine Anonymität

530 BGHZ 102, 332; 145, 358, 363; BGH NJW 1977, 1686.

531 *Roth*, in: *Stein/Jonas (Hrsg.)*, ZPO, § 253 Rn. 14.

erforderlich machen.[532] Die Identifizierung durch Dritte wollen die Schiedsparteien in der Regel vermeiden. § 253 ZPO bezieht sich auf alle streitigen Klageverfahren in der ZPO. Eine namentliche Bezeichnung wäre daher nur dann erforderlich, wenn das Verfahren der indirekten Vorlage als ein streitiges Klageverfahren einzuordnen wäre. Ein streitiges Klageverfahren wird durch eine Klage eingeleitet und zielt darauf ab, die tatsächlichen und/oder rechtlichen Streitfragen durch eine Entscheidung abschließend zu klären. Die indirekte Vorlage soll jedoch nur ein unterstützendes Verfahren sein. Eine abschließende Klärung des Rechtsstreits soll durch das staatliche Verfahren gerade nicht erfolgen. § 253 ZPO steht einer anonymisierten Darstellung nicht entgegen.

Mit der Problematik einer anonymisierten Darstellung geht die Frage einher, in welcher Form das staatliche Gericht sein Verfahren zur Unterstützungshandlung beendet. Grundsätzlich ordnet § 1063 Abs. 1 ZPO an, dass die Entscheidungen des staatlichen Gerichts im Zusammenhang mit Schiedsverfahren durch Beschluss ergehen. Das Verfahren zur indirekten Vorlage wäre seinem Wesen nach kein streitiges Verfahren, sondern nur ein unterstützendes Verfahren. Gleichwohl muss auch dieses Verfahren vor dem staatlichen Gericht durch einen Akt offiziell beendet werden. Das staatliche Gericht müsste wegen § 1063 Abs. 1 ZPO durch Beschluss entscheiden. Fraglich ist, ob in einem Beschluss die Parteien des Rechtsstreits bezeichnet werden müssen. Der für Urteile geltende § 313 ZPO ist auf Beschlüsse nicht entsprechend anwendbar. Die äußere Form wird vielmehr in das Ermessen des Gerichts gestellt,[533] orientiert sich jedoch in der Regel an den Formalien des § 313 ZPO für das Urteil. Der Beschluss muss naturgemäß für Rechtskraft, Zustellung und Vollstreckung ausdrücken, was, wie und für wen entschieden wurde.[534] In Fall der indirekten Vorlage könnte die Bestimmbarkeit der Parteien jedoch durch Nennung des Schiedsgerichts erreicht werden. Ein institutionelles Schiedsgericht wäre durch Nennung seines Aktenzeichens identifizierbar. Ein *ad hoc*-Schiedsgericht könnte durch die namentliche Nennung der Schiedsrichter sowie des Schiedsortes von anderen unterschieden werden. Im staatlichen Verfahren könnten die Parteien durch Übernahme der Bezeichnungen aus dem Schiedsverfahren als „Schiedskläger" und „Schiedsbeklagter" bestimmt werden. Die Beschlussform der gerichtlichen Entscheidung erfordert eine namentliche Nennung der Schiedsparteien nicht. Darüber hinaus wird das staatliche Gericht bei der Unterstützungshandlung nicht für die Schiedsparteien, sondern nur für das Schiedsgericht tätig. Die Benennung des Schiedsgerichts sollte schon aus diesem Grund für die Bestimmtheit ausreichend sein.

---

532 *Becker-Eberhard*, in: MüKo, ZPO, § 253 Rn. 52. Nach OLG Karlsruhe FamRZ 1975, 507, 508 wurde auf die namentliche Bezeichnung bei einem Rechtsstreit über die Abstammung eines adoptierten nichtehelichen Kindes verzichtet.

533 OLG Hamm MDR 1999, 316 f.; *Huber* JuS 1984, 950, 952; *Musielak (Hrsg.)*, in: MüKo, ZPO, § 329 Rn. 2; *Schneider* MDR 1978, 89, 92; *Saenger*, in: *Saenger (Hrsg.)*, ZPO, § 329 Rn. 3.

534 *Münch*, in: MüKo, ZPO, § 1063 Rn. 22.

Das europäische Recht steht einer anonymisierten Darstellung des Sachverhalts ebenfalls nicht entgegen. Bei der Stellung der Vorlagefrage durch ein einzelstaatliches Gericht an den EuGH erfordert seine Verfahrensordnung[535] in Art. 104 § 1 die Nennung der Parteien des nationalen Verfahrens nicht.

Zusammenfassend kann daher bei der indirekten Vorlage über die staatlichen Gerichte an den EuGH der dem Schiedsverfahren zugrunde liegende Sachverhalt anonymisiert dargestellt werden.

c) Beurteilung der Entscheidungserheblichkeit

Nach *Hilbigs* Vorschlag in Punkt (ii) soll der staatliche Richter allein beurteilen, ob die Frage im Schiedsverfahren entscheidungserheblich ist. Damit berücksichtigt sie die Rechtsprechung des EuGH in seiner *Nordsee*-Entscheidung, nach der die Prüfung der Entscheidungserheblichkeit „Sache [des] nationalen Gericht[s]" ist.[536]

d) Bewertung des Vorschlags

Der Vorschlag von *Hilbig* ist grundsätzlich in sich stimmig und schlüssig. Allerdings könnte man überlegen, ob man in die Prüfung der Entscheidungserheblichkeit durch die staatlichen Gerichte die Schiedsgerichte einbeziehen könnte.

Sinn und Zweck der Entscheidungserheblichkeit ist die „Filterung" von unkontrollierten Vorlagen an den EuGH.[537] Unnötige Vorlagen von Schiedsgerichten sind zwar aufgrund der Vertraulichkeit und der Effizienz des Schiedsverfahrens sowie der Angst vor überlangen Verfahren grundsätzlich nicht zu befürchten. Allerdings könnte es hier trotzdem sinnvoll und erforderlich sein, die Schiedsgerichte in die Prüfung der Entscheidungserheblichkeit der Vorlagefrage einzubeziehen.

Die Prüfung der Entscheidungserheblichkeit obliegt nach dem EuGH demjenigen, der das Unionsrecht in dem bei ihm anhängigen Rechtsstreit anzuwenden hat und der daher allein zu einer abschließenden Beurteilung über diese Frage in der Lage ist. Der EuGH stellte dies unmissverständlich klar:[538]

> *„Denn im Rahmen der in Artikel 234 des Vertrages [Art. 234 AEUV] vorgesehenen Zuständigkeitsverteilung zwischen den innerstaatlichen Gerichten und dem Gerichtshof ist es Aufgabe des innerstaatlichen Gerichts, das allein über eine unmittelbare Kenntnis des Sachverhalts und des Parteivorbringens verfügt und dem die Verantwortung über die zu erlassende Entscheidung obliegt, in voller Sachkenntnis die Erheblichkeit der in dem vor*

---

535 Verfahrensordnung des Gerichtshofs der Europäischen Gemeinschaften vom 19. Juni 1991 in der konsolidierten Fassung, ABl. (EG) 2010, C-177/1.

536 EuGH v. 23.3.1982, Rs. 102/81, Rn. 15 – *Nordsee.* Siehe dazu schon oben § 4 A.I.1.b).

537 So wie *Hilbig*, Das gemeinschaftsrechtliche Kartellverbot im internationalen Handelsschiedsverfahren, S. 165, die Besorgnis des Gerichtshofs vor unkontrollierten Vorlagen Privater nennt.

538 EuGH v. 14.2.1980, Rs. 53/79 – *Damiani;* EuGH v. 7.6.2005, Rs. C 17/03, Rn. 34 – *Vereniging voor Energie.*

ihm anhängigen Rechtsstreit aufgeworfenen Rechtsfragen und die Notwendigkeit einer Vorabentscheidung für den Erlass seines Urteils zu beurteilen.“

Der staatliche Richter kann im Rahmen der indirekten Vorlage die Entscheidungserheblichkeit der Vorlagefrage aus dem Schiedsverfahren schwer ohne die Beteiligung der Schiedsgerichte beurteilen. Er ist mit dem Rechtsstreit in der Sache nicht befasst, sodass eine Beurteilung dieser Frage ohne die Beteiligung der Schiedsgerichte nahezu unmöglich ist.

Vielmehr ist zu überlegen, ob der staatlichen Richter die Entscheidungserheblichkeit der indirekten Vorlage nur summarisch prüfen soll. Ergibt die summarische Prüfung die Entscheidungserheblichkeit der Vorlagefrage nicht, kann der staatliche Richter die Vorlagefrage ablehnen und das Verfahren der indirekten Vorlage beenden. Der EuGH macht in der *Nordsee*-Entscheidung keine Vorgaben, in welchem Umfang sich der staatliche Richter mit der Vorlagefrage beschäftigen muss. Eine Konformität mit der *Nordsee*-Rechtsprechung kann auch erreicht werden, wenn die Entscheidungserheblichkeit vom staatlichen Richter nur nachgeprüft wird. Eine Nachprüfung der Entscheidungserheblichkeit ist ohne vertiefte Informationen und Anhörung der Parteien möglich, vor allem wenn der Schiedsrichter der Vorlagefrage eine anonymisierte Schilderung des Sachverhalts und sonstigen notwendigen Informationen beilegt. Eine Nachprüfung der Entscheidungserheblichkeit bedeutet darüber hinaus Zeitersparnis im staatlichen Verfahren, da die Gründe nur überprüft, aber nicht neu in das Verfahren eingebracht werden müssen.

Fraglich ist darüber hinaus auch, ob die Schiedsparteien angehört werden könnten. Eine solche wäre allerdings wohl im Hinblick auf die Vertraulichkeit des Schiedsverfahrens nur realisierbar, wenn sie einer Anhörung zustimmen würden. Das rechtliche Gehör könnte beispielsweise auch durch anonymisierte schriftliche Stellungnahmen der Schiedsparteien gewährleistet werden.

2. Eigener Vorschlag

Das Bedürfnis einer nationalen Regelung für die indirekte Vorlagenberechtigung besteht nach der hier vertretenen Ansicht, da in den meisten Mitgliedstaaten eine Regelung vermisst wird oder die vorhandene Regelung sich nicht für eine indirekte Vorlage nach den Maßstäben der *Nordsee-* und *Eco Swiss*-Rechtsprechung eignet. In den Rechtsordnungen der Mitgliedstaaten sollte eine neue Verfahrensart der indirekten Vorlage eingeführt werden, die einen Kompromiss zwischen den europarechtlichen Anforderungen an das Vorabentscheidungsverfahren, konkretisiert durch die Entscheidungen des EuGH in *Nordsee* und *Eco Swiss*, den zivilprozessualen Vorgaben der deutschen ZPO und den Eigenheiten des Schiedsverfahrens findet.

Zur Klarstellung soll vorab nochmals betont werden, dass die Schiedsgerichte nicht zur indirekten Vorlage an die staatlichen Gerichte verpflichtet werden können.[539] Die indirekte Vorlage kann für die Schiedsgerichte nur als „Recht“, aber

539 Siehe dazu schon oben § 4 A.I.5.

nicht als „Verpflichtung“ ausgestaltet sein. In Übereinstimmung mit dem Vorschlag *Hilbigs* sollte eine nationale Regelung die Zustimmung der Schiedsparteien zur indirekten Vorlage an ein einzelstaatliches Gericht und eine anonymisierte Darstellung des Sachverhalts enthalten. Die Zustimmung der Schiedsparteien könnten wohl aber schon aufgrund der Vertrags- und Privatautonomie der Schiedsparteien in der Schiedsklausel erfolgen.

Das Schiedsgericht und nicht die Schiedsparteien muss nach eigenständiger Prüfung der Entscheidungserheblichkeit der Vorlagefrage für den Ausgang des Schiedsverfahrens bei einem einzelstaatlichen Gericht einen Antrag auf indirekte Vorlage zum EuGH stellen. Zugleich muss es eine anonymisierte Darstellung des Sachverhalts, die Vorlagefrage(n) und eine Zusammenfassung der wesentlichen Argumentation für die Entscheidungserheblichkeit der Vorlagefrage an das einzelstaatliche Gericht übermitteln. In einer summarischen Überprüfung würde das einzelstaatliche Gericht die Entscheidungserheblichkeit untersuchen. Das Verfahren vor dem einzelstaatlichen Gericht könnte schriftlich oder wegen § 128 Abs. 4 ZPO auch durch mündliche Verhandlung erfolgen. Nach Zustimmung der Schiedsparteien dürften sie auch angehört werden. Daneben ist auch die Anhörung der Schiedsrichter sinnvoll. Diese könnten bei Unklarheiten über die Entscheidungserheblichkeit den einzelstaatlichen Richtern die zur Überprüfung notwendigen Informationen besser als die Schiedsparteien erteilen. Auf eine Anhörung der Schiedsparteien könnte dann aus Vertraulichkeitsgesichtspunkten verzichtet werden. Ergibt die summarische Überprüfung der einzelstaatlichen Richter, dass die Vorlagefrage für den Rechtsstreit des Schiedsverfahrens entscheidungserheblich ist, würden diese die Vorlagefrage an den EuGH weiterleiten. Befindet der einzelstaatliche Richter über die Frage der Entscheidungserheblichkeit anders als der Schiedsrichter, kann der einzelstaatliche Richter den Antrag des Schiedsgerichts als unbegründet ablehnen.

Die Vorlagefrage sollte zunächst das Schiedsgericht formulieren. Allerdings müsste das staatliche Gericht die Möglichkeit eingeräumt bekommen, die Formulierung der Vorlagefrage abzuändern. Diese Möglichkeit müsste dem staatlichen Gericht eingeräumt werden, da es letztlich die Frage an den EuGH stellt. Für das Schiedsgericht kommt es auf die Formulierung der Vorlagefrage für das Schiedsgericht auch nicht an, solange der inhaltliche Sinn der Vorlagefrage erhalten bleibt. Damit der Sinn der Vorlagefrage jedoch gewahrt bleibt, sollte das staatliche Gericht Rücksprache mit den Schiedsgerichten halten.

Das Verfahren vor dem staatlichen Gericht könnte durch Beschluss beendet werden, der die Weiterleitung der Vorlagefrage durch den EuGH an das Schiedsgericht anordnet oder die Entscheidungserheblichkeit der Vorlagefrage verneint und damit den Antrag des Schiedsgerichts zurückweist. Beide Beschlüsse wären mit den Rechtsmitteln der ZPO gegen Beschlüsse anfechtbar, aber wohl als Verfahrensbeschlüsse nicht der materiellen Rechtskraft fähig. Problematisch ist dann allerdings, ob das Schiedsgericht – insbesondere bei Ablehnung des Antrags – solange einen Antrag auf indirekte Vorlage stellt, bis ein Richter die Entscheidungserheblichkeit bejaht. Da dies jedoch das Schiedsverfahren nur weiterhin verzögern würde, sind solche Anträge des Schiedsgerichts nicht zu befürchten und auch nicht zielführend.

Das Schiedsgericht würde dann – wie das staatliche Gericht, wenn es die Entscheidungserheblichkeit der Vorlagefrage in dessen eigenen staatlichen Verfahren verneint – ohne die Beantwortung der Vorlagefrage entscheiden.

Das Schiedsgericht sollte während des Verfahrens der indirekten Vorlage schon aufgrund der langen Verfahrensdauer sein Verfahren aussetzen, sofern das Schiedsverfahren ohne die Beantwortung der Vorlagefrage nicht weiter geführt werden kann. Die Aussetzung versteht sich in diesem Fall von selbst, weshalb die Aussetzung des Schiedsverfahrens in der nationalen Vorschrift nicht geregelt werden muss.

Die Vorlageentscheidung nach Art. 267 AEUV bindet das vorlegende Gericht an die Auslegung durch den EuGH. Die Schiedsgerichte sind grundsätzlich an Entscheidungen des Gerichtshofes nicht gebunden, weil sie nicht durch den Grundsatz der loyalen Zusammenarbeit aus Art. 4 Abs. 3 EUV verpflichtet werden. Dies gilt auch für die Vorlageentscheidung. Eine nationale Regelung könnte mangels Regelungskompetenz die Bindungswirkung der EuGH-Entscheidung für die Schiedsgerichte auch nicht anordnen. Tatsächlich werden die Schiedsgerichte aufgrund ihrer Verpflichtung zur Schaffung eines durchsetzbaren Schiedsspruchs die Urteile des Gerichtshofs allerdings nicht unberücksichtigt lassen können. Die Entscheidung des EuGH hat für die staatlichen Gerichte aber zumindest im Anerkennungs- und Vollstreckungsverfahren über den Schiedsspruch Bindungswirkung. Wenn die Schiedsrichter sich trotz der Bedenken für eine indirekte Vorlage entscheiden, werden sie von der Auslegung des Gerichtshofs in der Regel auch nicht abweichen. Die Mühen der indirekten Vorlage wären ansonsten nutzlos.

Eine nationale Regelung könnte daher wie folgt formuliert werden:

(1) *Während eines schiedsgerichtlichen Verfahrens kann ein Schiedsgericht ein staatliches Gericht ersuchen, im Wege des Vorabentscheidungsverfahrens nach Art. 267 AEUV eine Frage über die Auslegung des Unionsrechts an den Gerichtshof der Europäischen Union zu stellen (indirekte Vorlagefrage). Eine indirekte Vorlage ist nur möglich, wenn*

(a) *ernsthafte Zweifel über die Auslegung von Unionsrecht vorliegen,*

(b) *die Vorlagefrage nach Auffassung der Schiedsrichter für den Ausgang des Schiedsverfahrens entscheidungserheblich ist und*

(c) *die Schiedsparteien dem zugestimmt haben.*

Das Schiedsgericht übermittelt die Vorlagefrage, die relevanten Tatsachen, eine anonymisierte Zusammenfassung des Sachverhalts ohne Nennung der Schiedsparteien und die wesentlichen Gründe der Entscheidungserheblichkeit an das staatliche Gericht.

(2) *Das staatliche Gericht überprüft summarisch die Entscheidungserheblichkeit der Vorlagefrage. Zu diesem Zweck kann es die Schiedsrichter und mit deren Zustimmung auch die Schiedsparteien anhören. Das staatliche Gericht kann die Formulierung der Vorlagefrage nach Rücksprache mit dem Schiedsgericht abändern.*

Ist das staatliche Gericht von der Entscheidungserheblichkeit der Vorlagefrage überzeugt, leitet es ein Vorabentscheidungsverfahren beim Gerichtshof der Europäischen Union nach Maßgabe der Verfahrensordnung ein. Im Übrigen wird der Antrag als unbegründet abgelehnt.

(3) *Sobald der Gerichtshof der Europäischen Union über die Vorlagefrage entschieden hat, leitet das staatliche Gericht die Entscheidung unverzüglich an das Schiedsgericht weiter.*

C. Ergebnis des 4. Paragraphen

Die Vorlageberechtigung der Schiedsgerichte war im letzten Jahrzehnt Gegenstand der kontroversesten Diskussion im Schnittpunkt des Schiedsverfahrensrechts mit dem Unionsrecht. Nach der Rechtsprechung des EuGH sind die Schiedsgerichte nach Art. 267 AEUV nicht vorlageberechtigt. Jedoch eröffnet der EuGH den Schiedsgerichten eine vielfach kritisierte indirekte Vorlage an den EuGH über den Umweg der staatlichen Gerichte, die sog. „Goldene Brücke". Die Schiedsgerichte können während des laufenden Schiedsverfahrens ihr Schiedsverfahren aussetzen und im Wege der gerichtlichen Unterstützung nach dem jeweils geltenden autonomen Recht die einzelstaatlichen Gerichte um eine Vorlage an den EuGH bitten. Das Bedürfnis einer direkten Vorlageberechtigung durch die Schiedsgerichte besteht entgegen der EuGH-Rechtsprechung gleichwohl. Die Schiedsgerichte dürften aber nicht auch zur Vorlage nach Art. 267 Abs. 3 AEUV verpflichtet werden.

Nur die englische, walisische und nordirische Regelung in Sect. 45, 69 AA 1996 eignet sich für eine indirekte Vorlage an den EuGH nach dessen Maßstäben aus der *Nordsee-* und *Eco Swiss*-Entscheidung. In Deutschland (§ 1050 ZPO) und Österreich (§ 602 öZPO) wird zwar überwiegend vertreten, dass eine indirekte Vorlage über diese Vorschriften möglich ist. Die in der *Nordsee*-Entscheidung festgelegte Voraussetzung, dass die einzelstaatlichen Gerichte in einem eigenen Verfahren über die Entscheidungserheblichkeit der Vorlagefrage entscheiden, können diese Vorschriften jedoch nicht erfüllen. In den meisten Rechtsordnungen der Unionsstaaten sind folglich keine Regelungen enthalten, die eine indirekte Vorlage nach den Maßstäben des EuGH aus der *Nordsee-* und *Eco Swiss*-Entscheidung zulassen würden.

Daher sollten die Mitgliedstaaten eine nationale Regelung schaffen, die eine indirekte Vorlage an den EuGH nach den Maßstäben der *Nordsee-* und *Eco Swiss*-Rechtsprechung ermöglicht. Die nationale Regelung sollte auf Antrag des Schiedsgerichts und nach Zustimmung der Schiedsparteien ein Verfahren der indirekten Vorlage aufzeigen, nach dem die Schiedsgerichte den zugrunde liegenden Sachverhalt und die wesentlichen Tatsachen nur anonymisiert an das einzelstaatliche Gericht übermitteln und die Entscheidungserheblichkeit der Vorlage selbst beurteilen können. Das einzelstaatliche Gericht sollte lediglich die Entscheidungserheblichkeit der Vorlagefrage in einer summarischen Überprüfung untersuchen. Da der EuGH in der *Nordsee*-Entscheidung keine Vorgaben über den Umfang der Prüfung des einzelstaatlichen Richters macht, ist die Beschränkung der Überprüfung des einzelstaatlichen Richters auf eine summarische Untersuchung der Entscheidungserheblichkeit möglich.

§ 5 Die einheitliche Anwendung des Europäischen Wettbewerbsrechts

Durch die Reform der VO 1/2003 und die damit einhergehende verstärkte privatrechtliche Durchsetzung des Kartellrechts kann nicht nur mehr die Kommission, sondern es können auch die nationalen Gerichte Art. 101 AEUV in seiner Gesamtheit anwenden. Aber auch die Schiedsgerichte können – wie oben aufgezeigt – von der Anwendung des Europäischen Wettbewerbsrecht nicht ausgeschlossen werden und folglich auch neben Art. 101 Abs. 1 und 2 AEUV über den Ausnahmetatbestand des Art. 101 Abs. 3 AEUV entscheiden. Die Anwender des Europäischen Wettbewerbsrechts sind in ein System der parallelen Zuständigkeit eingegliedert, in welchem die Gefahr von Wiederholungen von Rechtsstreitigkeiten sowie widersprüchlicher Entscheidungen allein durch die Vielzahl der Akteure verhältnismäßig hoch ist.[540]

Das System paralleler Zuständigkeiten birgt zum einen das Risiko von Parallelverfahren von mehreren Anwendern des Europäischen Wettbewerbsrechts. Entsprechend der allgemeinen Zielsetzung der Untersuchung muss daher das Verhalten der Anwender des Art. 101 AEUV im Rahmen von Parallelverfahren herausgearbeitet werden.

Zum anderen umfasst das System der parallelen Zuständigkeiten die Gefahr widersprüchlicher Entscheidungen. Die einzelstaatlichen Gerichte und die Schiedsgerichte könnten eine kartellrechtliche Fragestellung anders beurteilen als die Kommission. Divergierende Entscheidungen verstoßen nicht nur gegen den Grundsatz der Rechtssicherheit.[541] Sie widersprechen dem Prinzip der einheitlichen Anwendung des Wettbewerbsrechts, die durch die Reform der VO 1/2003 vermehrt durchgesetzt und gewährleistet werden sollte. Die Gefahr sich widersprechender Entscheidungen kann nur vermieden werden, wenn ein Anwender die Letztentscheidungskompetenz hat.[542] Schwerpunkt der Untersuchung soll hier daher sein, welche Entscheidung Bindungswirkung gegenüber den anderen Anwendern des Art. 101 AEUV entfaltet.

Zunächst soll die einheitliche Anwendung des Europäischen Wettbewerbsrechts gemäß Art. 16 VO 1/2003 Gegenstand der Untersuchung sein (A.). Dies betrifft insbesondere die Problematik der einheitlichen Anwendung des Europäischen Wettbewerbsrecht und die Frage, inwieweit die staatlichen Gerichte an Entscheidungen der Kommission gebunden sind (A.I.) Sodann wird problematisiert, ob auch die Schiedsgerichte über Art. 16 VO 1/2003 an die Entscheidungen der Kommission gebunden sind (A.I.). Im nächsten Abschnitt wird erörtert, inwiefern die Kommission

540 *Idot*, in: *Ehlermann/Atanasiu (Hrsg.)*, European Competition Law Annual 2001, S. 307, 319; *Sura*, in: *Langen/Bunte (Hrsg.)*, VO 1/2003, Art. 16 Rn. 1.

541 EuGH v. 28.2.1991, Rs. C-234/89, Rn. 47 – *Delimitis*.

542 *Sura*, in: *Langen/Bunte (Hrsg.)*, VO 1/2003, Art. 16 Rn. 3.

an staatliche Urteile (B.I.) und Schiedssprüche (B.II.) gebunden ist. Abschließend richtet sich das Augenmerk auf die Bindungswirkung von staatlichen Urteilen und Schiedsgerichten (C.).

A. Einheitliche Anwendung des Europäischen Wettbewerbsrechts gemäß Art. 16 VO 1/2003

Aufgrund der Ziele der Rechtssicherheit und der einheitlichen Anwendung des Europäischen Wettbewerbsrechts sollten parallele Verfahren von Wettbewerbsbehörden und Gerichten grundsätzlich vermieden werden. Das System der parallelen Zuständigkeit im Europäischen Wettbewerbsrecht schließt Parallelverfahren aber nicht kategorisch aus. Die Kommission könnte trotz eines laufenden Zivilprozesses vor einem einzelstaatlichen Gericht oder einem Schiedsgericht mit einer kartellrechtlichen Fragestellung ein Kartellverwaltungsverfahren einleiten. Daneben könnte theoretisch auch ein paralleles Verfahren vor einem einzelstaatlichen Gericht und einem Schiedsgericht Folge der parallelen Anwendbarkeit des Art. 101 AEUV sein. Folglich muss untersucht werden, wie sich die Anwender des Art. 101 AEUV bei Parallelprozessen zur Vermeidung widersprüchlicher Entscheidungen verhalten sollen und welche Bindungswirkungen ergangene Kommissionsentscheidungen für die staatlichen Gerichte haben. Insbesondere die Frage der Bindungswirkung der ergangenen Kommissionsentscheidungen für die staatlichen Gerichte ist von großer Bedeutung, da sie die Reichweite des Grundsatzes der Gewaltenteilung berührt, der neben dem Vorrang des Unionsrechts vor nationalem Recht ein grundlegendes europäisches Verfassungsprinzip darstellt.[543]

I. Art. 16 VO 1/2003 und die einzelstaatlichen Gerichte

Im System der parallelen Zuständigkeit des Europäischen Wettbewerbsrechts kann eine kartellrechtliche Problematik zwischen zwei Parteien Gegenstand sowohl eines Kartellverwaltungsverfahren vor der Kommission als auch einer inzidenten Prüfung im Rahmen eines Zivilverfahrens vor einem einzelstaatlichen Gericht sein. Dieses Problem der parallelen Verfahren der Kommission und des einzelstaatlichen Gerichts wird in Art. 16 VO 1/2003 gelöst.

543 *Oppermann/Classen/Nettesheim,* Europarecht, § 7 Rn. 7 ff.; *Schwarze/Weitbrecht,* § 11 Rn. 60. Vgl. speziell zum Kartellrecht *Rittner,* EuZW 2000, 129.

1. *Entstehung und Zweck des Art. 16 VO 1/2003*

a) *Masterfoods als Vorbild für Art. 16 VO 1/2003*

Art. 16 VO 1/2003 dient der Sicherstellung der Kohärenz der Kartellrechtsanwendung und kodifiziert eine anerkannte EuGH-Rechtsprechung.[544] Im Modernisierungsprozess gab es zunächst Unstimmigkeiten, ob die Regelung des Art. 16 mit in die Reform aufgenommen werden sollte.[545] Der letztendliche Grund für die Aufnahme dieser Regelungen in die Reform war vor allem die Entscheidung des EuGH in den Sachen *„Masterfoods“*[546] und *„Delimitis“*.[547] Diese Entscheidungen bildeten bei der Reform des Kartellverfahrensrechts und der Einführung der VO 1/2003 die Grundlage für Art. 16 VO 1/2003.

aa) Sachverhalt und Gang des Verfahrens der Masterfoods-Entscheidung

In dem Rechtsstreit *Masterfoods* ging es um einen Zivilrechtsstreit zwischen den konkurrierenden Unternehmen der Konzerne Unilever („HB“) und Mars („Masterfoods“). Beide Unternehmen vertrieben industriell gefertigtes Speiseeis in Irland. HB hatte dazu einer Vielzahl von Händlern Kühltruhen entweder kostenlos oder zu einem sehr geringen Mietzins zur Verfügung gestellt, wobei sich die Händler verpflichteten, in diesen Kühltruhen nur HB-Speiseeis aufzubewahren. Da in vielen Supermärkten kein Platz für eine weitere Kühltruhe war, wirkte diese Vereinbarung wie eine Ausschließlichkeitsbindung zu Lasten des später in den Markt eintretenden Konkurrenten Masterfoods.

Im Mai 1992 wies der High Court die Klage von Masterfoods ab und erließ zugunsten von HB eine endgültige Verfügung, durch die er es Masterfoods untersagte, die Wiederverkäufer zur Aufbewahrung ihrer Erzeugnisse in HB gehörenden Kühltruhen zu veranlassen. Masterfoods legte im September 1992 gegen diese Entscheidung ein Rechtsmittel zum Supreme Court ein.[548] Dieser legte dem EuGH zur Vorabentscheidung vor, ob der irische Supreme Court sein Verfahren aussetzen

---

544 EuGH v. 28.2.1991, Rs. C-234/89, Rn. 53 – *Delimitis*; Urteil v. 13.7.1990, Rs. C- 2/88, Leitsatz 1 u. 2 – *Zwartfeld*; Urteil v. 14.12.2000, Rs. C-344/98, Rn. 60 – *Masterfoods;* siehe auch *Blessing*, Arbitrating Antitrust and Merger Control Issues, S. 35; *Hirsch*, ZWeR 2003, 233, 248; *Klees*, Europäisches Kartellverfahrensrecht, § 8 Rn. 102; *Schneider*, in: MüKo, KartellR, VO 1/2003, Art. 16 Rn. 2; *Schnelle/Bartosch/Hübner*, VO 1/2003, S. 92; *Wainwright*, wiederggb. von *Hamer*, EWS 2003, 415, 418.

545 *Klees*, Europäisches Kartellverfahrensrecht, § 8 Rn. 100 ff.

546 EuGH v. 14.12.2000, Rs. C-344/98 – *Masterfoods*. Vgl. zur *Masterfoods*-Entscheidung: *Bornkamm*, ZWeR 2003, 73 ff.; *Cooke*, in: *Ehlermann/Atanasiu (Hrsg.)*, European Competition Law Annual 2000, S. 551, 561 ff.; *Durner*, EuR 2004, 547, 555 ff.; *Forrester*, Legal Issues of Economic Integration 28 (2001), 173, 188 ff.; *Komninos*, CMLRev. 2007, 1387 ff.; *Schwarze/Weitbrecht*, § 11 Rn. 56 ff.; *Wils*, World Comp. 2009, 3, 13 ff.

547 EuGH v. 28.2.1991, Rs. C-234/89 – *Delimitis.*

548 *Bornkamm*, ZWeR 2003, 73; *Europäische Union*, GRUR Int. 2001, 91.

müsse, bis das Gericht erster Instanz über die Nichtigkeitsklage und der Gerichtshof über ein mögliches Rechtsmittel entschieden habe.

bb) Entscheidung des Gerichtshofs

Zu Beginn seiner Entscheidungsgründe erläuterte der EuGH die Zuständigkeitsverteilung zwischen der Kommission und den nationalen Zivilgerichten bei der Anwendung der Wettbewerbsregeln des Vertrages. Zunächst verweist der EuGH auf die Grundsätze, die die Zuständigkeitsverteilung zwischen der Kommission und den nationalen Gerichten bei der Anwendung des europäischen Wettbewerbsrechts beherrschen.[549] Er erinnert an die Verantwortung der Kommission für „die Verwirklichung der in den Art. 101 und 102 AEUV niedergelegten Grundsätze" nach Art. 105 Abs. 1 S. 1 AEUV. Mit Ausnahme der Erteilung der damals noch erforderlichen Freistellungsentscheidungen nach Art. 9 Abs. 1 VO 17/62 teile sich die Kommission die Zuständigkeit mit den nationalen Zivilgerichten, deren Kompetenz durch die Einleitung eines Verfahrens durch die Kommission nicht berührt werde. Sodann stellte der EuGH aber fest, dass die nationalen Gerichte aufgrund ihrer Kooperationspflicht aus Art. 4 Abs. 3 EUV keine widersprechenden Entscheidungen erlassen dürfen, wenn diese Vereinbarung oder der Zusammenschluss schon Gegenstand einer Kommissionsentscheidung war.[550]

Obwohl die Entscheidung des EuGH in Sachen *Masterfoods* weitestgehend Zustimmung[551] gefunden hat, gab es auch einige kritische Stimmen.[552] Das Verhältnis der Kommission zu den einzelstaatlichen Gerichten sei als Einbahnstraße ausgestaltet und die nationalen Gerichte würden zu Erfüllungsgehilfen von Behörden degradiert.[553] Näher betrachtet sei nach einer Stimme in der Literatur die Kritik jedoch unbegründet. Die Kommission übernehme nicht nur eine wichtige Kontrollfunktion im Bereich des Unionskartellrechts,[554] sondern die *Masterfoods*-Entscheidung regele das Nebeneinander von Verwaltungsverfahren und Zivilrechtsstreit in einer für die private Anspruchsdurchsetzung schonenden Weise.[555] Eine andere Ansicht in der Literatur weist darauf hin, dass die Kommission nur intervenieren sollte, wenn ihre

---

549 EuGH v. 14.12.2000, Rs. C-344/98, Rn. 45 – *Masterfoods.*

550 EuGH v. 14.12.2000, Rs. C-344/98, Rn. 52 – *Masterfoods*; a.A. *Preece,* ECLR 2001, 281, 284, nach dem der EuGH in *Masterfoods* zumindest keine Bindung im strengen Sinn ausspricht, sondern nur die Bindung an die Generalprinzipien des Unionsrechts sicherstellen wollte.

551 *Bornkamm,* ZWeR 2003, 73, 75 ff.; *Kamann/Horstkotte,* WuW 2001, 458, 464 ff.; *Kjølbye,* CMLRev. 2002, 175 ff., 179; *Malferrari,* EuR 2001, 605 ff.; *Preece,* ECLR 2001, 281 ff.; *Schwarze/Weitbrecht,* § 11 Rn. 59. Neutral *Hirsch,* ZWeR 2003, 233, 248 f.

552 *Bartels,* ZfRV 2002, 83, 87 ff.; *Geiger,* EuZW 2001, 116 f.; *Forgoux,* Recueil Le Dalloz 2001, 1864, 1866 f.; *O'Keeffe,* ELRev. 26 (2001), 301 ff.

553 *Geiger,* EuZW 2001, 116, 117.

554 *Kamann/Horstkotte,* WuW 2001, 458, 465.

555 *Bornkamm,* ZWeR 2003, 73, 77.

Verpflichtung aus dem AEUV es verlangt.[556] Die Kommission dürfe Entscheidungen erlassen, die im direkten Widerspruch zu schon ergangen staatlichen Zivilurteilen stehen. Allerdings sei die Kommission als gemeinschaftliche Institution zur Zusammenarbeit nach Art. 4 Abs. 3 EUV verpflichtet. Eine übermäßige Einmischung von Seiten der Kommission erschwere die private Durchsetzung der Wettbewerbsregeln.

b) Sinn und Zweck von Art. 16 VO 1/2003

Mit Art. 16 VO 1/2003 sichert sich die Kommission ihre bisherige Rolle als letztentscheidende Instanz in Wettbewerbsangelegenheiten.[557] Art. 16 VO 1/2003 dient grundsätzlich der Sicherstellung der Kohärenz der Kartellrechtsanwendung und kodifiziert eine anerkannte EuGH-Rechtsprechung.[558] Dürften einzelstaatliche Gerichte ohne weiteres Entscheidungen treffen, die einer Kommissionsentscheidung in der gleichen Sache zuwiderlaufen, würde die einheitliche Geltung der Entscheidungen der Kommission im gesamten Gebiet der Union unterlaufen werden. Art. 16 VO 1/2003 löst dieses Problem auf der materiellen Ebene. Sinn und Zweck der Regelung des Art. 16 VO 1/2003 ist es, im Interesse der Rechtssicherheit den materiellen Vorrang von Einzelfall-Entscheidungen der Kommission gegenüber inhaltlich zuwiderlaufenden Entscheidungen in demselben Einzelfall durch einzelstaatliche Instanzen festschreiben zu lassen.[559] Gerichte der Mitgliedstaaten i.S.v. Art. 16 VO 1/2003 sind solche Einrichtungen, die Art. 101 und 102 AEUV anwenden können und nach Art. 267 AEUV dazu berufen sind, dem EuGH eine Frage zur Vorabentscheidung vorzulegen.[560] Gerichte, die von einem Mitgliedstaat als Wettbewerbsbehörde berufen sind (Art. 35 Abs. 1 S. 2 VO 1/2003), fallen unter Art. 16 Abs. 2 VO 1/2003.[561]

Art. 16 VO 1/2003 regelt zwei Fallgestaltungen: (i) eine Kommissionsentscheidung liegt vor (Art. 16 Abs. 1 S. 1 VO 1/2003); und (ii) nach erfolgter Verfahrenseinleitung

---

556 So wie die Entscheidung der Kommission v. 11.3.1998, ABl. (EG) 1998, L-246/1 – *Van den Bergh Foods. Kjølbye*, CMLRev. 2002, 175, 178.

557 So die Einschätzung von *Durner*, EuR 2004, 547, 550; *Goldschmidt/Thomsen*, Eipascope 2003, Nr. 2, 24, 26; *Venit*, CMLRev. 2003, 545, 546, 560; kritisch *Jochum*, VerwArch94 (2003), 512, 517 ff.

558 EuGH v. 28.2.1991, Rs. C-234/89, Rn. 53 – *Delimitis*; Urteil v. 13.7.1990, Rs. C- 2/88, Leitsatz 1 u. 2 – *Zwartfeld*; Urteil v. 14.12.2000, Rs. C-344/98, Rn. 60 – *Masterfoods;* siehe auch *Blessing*, Arbitrating Antitrust and Merger Control Issues, S. 35; *Hirsch*, ZWeR 2003, 233, 248; *Klees*, Europäisches Kartellverfahrensrecht, § 8 Rn. 102; *Schneider*, in: MüKo, KartellR, VO 1/2003, Art. 16 Rn. 2; *Schnelle/Bartosch/Hübner*, VO 1/2003, S. 92; *Wainwright*, wiederggb. von *Hamer*, EWS 2003, 415, 418.

559 *Schneider*, in: MüKo, KartellR, VO 1/2003, Art. 16 Rn. 1.

560 Bekanntmachung der Kommission über die Zusammenarbeit mit nationalen Gerichten, ABl. (EG) 2004, C-101/54, Rn. 1; *Leopold/Reiche*, EuZW 2005, 143; *Sura*, in: *Langen/Bunte (Hrsg.)*, VO 1/2003, Art. 16 Rn. 8. Vgl. zum Begriff der Gerichte in der VO 1/2003 auch § 3 A.II.

561 *Ritter*, in: *Immenga/Mestmäcker (Hrsg.)*, VO 1/2003, Art. 16 Rn. 9; *Sura*, in: *Langen/Bunte (Hrsg.)*, VO 1/2003, Art. 16 Rn. 8.

steht die Kommissionsentscheidung unmittelbar bevor (Art. 16 Abs. 1 S. 2 VO 1/2003). Andere, darüberhinausgehende Konstellationen regelt Art. 16 VO 1/2003 nicht.[562]

c) Kritik an der Kompetenzverteilung nach Art. 16 VO 1/2003

Aus dem vom EuGH und der VO 1/2003 konstatierten Vorrang von Entscheidungen der Kommission vor denjenigen der einzelstaatlichen Gerichte könnten sich insbesondere im Hinblick auf die richterliche Unabhängigkeit Zweifel an dem Art. 16 VO 1/2003 ergeben.[563] Dies wird deswegen diskutiert, da durch den Vorrang von Kommissionsentscheidungen dem nationalen Richter Verhaltensweisen auferlegt werden (Beachtung der Kommissionsentscheidung nach Art. 16 Abs. 1 Satz 1; eventuell Aussetzung des eigenen Verfahrens bei einer beabsichtigen Kommissionsentscheidung nach Art. 16 Abs. 1 Satz 2). Häufig führt dies zu den Bedenken, dass die *Masterfoods*-Entscheidung des EuGH und damit auch Art. 16 VO 1/2003 einen Verstoß gegen den Gewaltenteilungsgrundsatz[564] darstellt und die einzelstaatlichen Gerichte deshalb nicht an Akte der Verwaltungsbehörden gebunden sein können.[565] Den Grundsatz der Gewaltenteilung, der seit der im Zuge der französischen Revolution eingeführten Erklärung der Menschen- und Bürgerrechte von 1789 in Frankreich als „tragendes Organisationsprinzip jedes Rechtsstaats"[566] zur Mäßigung der Staatsgewalt und der gegenseitigen Kontrolle ihrer Teile anerkannt, hat das Gemeinschaftsrecht von Anfang an vernachlässigt. Weil es dem EuGH darauf ankam, die Funktionsfähigkeit der Gemeinschaft zu sichern,[567] hat das Gemeinschaftsrecht versucht, den Gewaltenteilungsgrundsatz durch den Grundsatz des institutionellen Gleichgewichts zu ersetzen.[568] Art. 16 VO 1/2003 setzt das Prinzip der Rechtssicherheit in Form des Zwangs zur materiellen Kohärenz und einseitigen Ausrichtung an den Bewertungen der Kommission gegen das Prinzip der Unabhängigkeit der Gerichte durch.[569]

---

562 *Schneider,* in: MüKo, KartellR, VO 1/2003, Art. 16 Rn. 1.

563 Die richterliche Unabhängigkeit ist im deutschen Recht in Art. 97 GG geregelt. Vgl. dazu ausführlich *Durner,* EuR 2004, 547, 562 ff.; *Haberland,* DRiZ 2002, 301 ff.; *Holm-Hadulla,* Private Kartellrechtsdurchsetzung unter der VO Nr. 1/2003, S. 110 ff.; *Morgenthaler,* in: BeckOK, GG, Art. 97, Rn. 1 ff.; *Oppermann,* Richterberufung und richterliche Unabhängigkeit, S. 35 ff.; *Papier,* NJW 2001, 1089 ff.; *Schilken,* JZ 2006, 860 ff.; *Schmidt,* ZRP 2008, 242 ff. Vgl. zur richterlichen Unabhängigkeit der Richter am EuGH: *Wegener,* in: *Callies/Ruffert (Hrsg.),* EUV/AEUV, Art. 253 Rn. 3. Zur richterlichen Unabhängigkeit der Schiedsrichter: *Raeschke-Kessler,* ASA Bull. 2008, 26 ff.

564 *Huster/Rux,* in: BeckOK, GG, Art. 20 Rn. 126 ff.; *Vogel,* NJW 1996, 1505 ff.

565 *Bartels,* ZfRV 2002, 83, 87; *Kjølbye,* CMLRev. 2002, 175, 180; *Marenco,* in: *Ehlermann/Atanasiu (Hrsg.),* European Competition Law Annual 2000, S. 145, 172.

566 BVerfG v. 18.12.1953, BVerfGE 3, 225, 247 = NJW 1954, 65.

567 *Rittner,* EuZW 2000, 129.

568 EuGH v. 5.5.1981, Rs. 804/79, Leitsatz Nr. 2 – *Kommission/Vereinigtes Königreich.*

569 *Schneider,* in: MüKo, KartellR, VO 1/2003, Art. 16 Rn. 5.

Art. 16 VO 1/2003 führt deshalb nach einer Ansicht in der Literatur zu der merkwürdigen Folge, dass die Kommission ein Vertragsverletzungsverfahren nach Art. 258 AEUV gegen denjenigen Mitgliedstaat einleiten könnte, dessen nationale Rechtsprechung sich nicht an die ihr zugedachte Rolle als an die Kommissionsentscheidung gebundener Rechtsanwender hält. Die Heranziehung der Loyalitätspflicht aus Art. 4 Abs. 3 EUV zur Begründung dieses Vorrangs sei eine „Einbahnstraße". Eine derartige Auslegung führe nur dazu, dass eine Nichtbefolgung der Loyalitätspflicht durch die nationalen Gerichte als Organe der Mitgliedstaaten ein Verstoß des Mitgliedstaates selbst gegen Art. 4 Abs. 3 EUV darstellt. Erstaunlich erscheine dies vor allem deswegen, weil die Mitgliedstaaten ihrer unabhängigen Justiz keine Weisungen erteilen könnten und daher für ein Verhalten haften sollten, welches sie nicht beeinflussen könnten.[570] Durch diese Entscheidung werde der Kommission eine Machtposition im Europäischen Wettbewerbsrecht eingeräumt, die durchaus kritisch gesehen werden könne.[571] Zudem werde die Stellung der Gerichte der einer Verwaltungsbehörde angenähert, welche die richterliche Unabhängigkeit in einer Weise beschneide, die offensichtlich gegen Art. 6 Abs. 1 EMRK und gegen Art. 47 der Grundrechtecharta der Europäischen Union verstoße.[572] Die Gegenmeinung merkt dazu jedoch an, dass ein Vertragsverletzungsverfahrens auch bei Verletzung der Vorlagepflicht des Art. 267 Abs. 3 AEUV – zumindest theoretisch[573] – durchgeführt werden kann.[574] Die Situation sei vergleichbar, weil bei Verletzung sowohl der

570 *Bartels,* ZfRV 2002, 83, 87; *Geiger,* EuZW 2001, 116, 117. Vgl. zur Problematik des Vertragsverletzungsverfahren aufgrund der Rechtsprechung der einzelstaatliche Gerichte: *Däubler,* NJW 1968, 325, 326 f.; *Gaitanides,* in: *Groeben/Schwarze (Hrsg.),* EGV, Art. 226, Rn. 68 ff.; *Mertens de Wilmars/Verougstraete,* CMLRev. 1970, 385, 389; *Nicolaysen,* EuR 1985, 368 ff.; *Oppermann/Hiermaier,* JuS 1980, 782, 786 ff. Allerdings fiel die Reaktion der Kommission auf Vertragsverstöße durch staatliche Gerichte bisher äußerst zurückhaltend aus, vgl. dazu *Gaitanides,* in: *Groeben/Schwarze (Hrsg.),* EGV, Art. 226, Rn. 70; *Karpenstein,* in: *Grabitz/Hilf/Nettesheim (Hrsg.),* EUV/AEUV, Art. 258 AEUV Rn. 69 ff.

571 V.a. im Hinblick auf die Einengung des Ermessensspielraums der nationalen Gerichte. Siehe *Bartels,* ZfRV 2002, 83, 87; *Rittner,* EuZW 2000, 129; *Steindorff,* ZHR 162 (1998), 290, 314 f.

572 *Forgoux,* Recueil Dalloz 2001, 1863, 1866 f.; ähnlich auch *O'Keefe,* ELRev. 2001, 301, 307 ff.

573 Die Kommission hat allerdings bisher in derartigen Fällen von einer Erhebung des Vertragsverletzungsverfahrens abgesehen, weil ein der Klage stattgebendes Urteil des EuGH die Rechtskraft der Entscheidung unberührt ließe und der Mitgliedstaat auch im Übrigen die Gerichtsentscheidung aufgrund der Unabhängigkeit der Gerichte kaum korrigieren kann. *Borchardt,* in *Lenz/Borchardt (Hrsg.),* EU-Verträge, Art. 267 AEUV Rn. 49; *Ehlers,* in *Schoch/Schmidt-Aßmann/Pietzner (Hrsg.),* Anh. § 40 Rn. 60; *Schwarze,* in *Schwarze (Hrsg.),* EU-Kommentar, Art. 267 AEUV, Rn. 52 f.

574 *Breuer,* EuZW 2004, 199, 200 f.; *Gaitanides,* in: *Groeben/Schwarze (Hrsg.),* EGV/EUV, Art. 234 EG Rn. 70; *Endler,* in: *Kuhla/Hüttenbrink (Hrsg.),* Der Verwaltungsprozess, L., Rn. 106; *Hermann,* EuZW 2006, 231 ff.; *Kokott/Henze/Sobotta* JZ 2006, 633, 640;

Vorlagepflicht als auch der Bindungswirkung der Staat nicht auf seine unabhängige Rechtsprechung Einfluss nehmen kann, aber trotzdem für ihr Fehlverhalten einstehen müsse.[575]

Zudem muss beachtet werden, dass die Befugnisse der einzelstaatlichen Gerichte, Vorabentscheidungen nach Art. 267 AEUV dem EuGH vorzulegen, durch Art. 16 VO 1/2003 gerade nicht beschränkt werden (Art. 16 Abs. 1 Satz 4 VO 1/2003). Dies bleibt dem einzelstaatlichen Gericht als Auswegmöglichkeit, falls es die Entscheidung der Kommission nicht akzeptieren möchte. Daher tritt im Ergebnis die richterliche Unabhängigkeit nur in einem gewissen Grad gegenüber dem Prinzip der Rechtssicherheit zurück. Im Hinblick auf die widerstreitenden Interessen der einheitlichen Anwendung des Europäischen Wettbewerbsrechts bzw. der Rechtssicherheit und der uneingeschränkten richterlichen Unabhängigkeit ist der in Art. 16 VO 1/2003 gefundene Kompromiss akzeptabel.[576] Die einheitliche Anwendung des Europäischen Wettbewerbsrechts kann nur gewährleistet werden, wenn nicht den Rechtsprechungen der derzeit 28 Mitgliedstaaten, sondern den Entscheidungen der Kommission der Vorrang eingeräumt wird.[577]

2. Die Regelung des Art. 16 VO 1/2003

a) Bereits ergangene Kommissionsentscheidungen, Art. 16 Abs. 1 Satz 1

Die einzelstaatlichen Gerichte dürfen nach Art. 16 Abs. 1 Satz 1 VO 1/2003 in derselben Sache keine widersprechenden Entscheidungen treffen, wenn die Vereinbarungen, Beschlüsse und Verhaltensweisen bereits Gegenstand einer Entscheidung der Kommission waren.[578] Art. 16 Abs. 1 Satz 1 VO 1/2003 regelt damit die Bindungswirkung von Kommissionsentscheidung für die einzelstaatlichen Gerichte. In Art. 16 Abs. 1 Satz 1 VO 1/2003 wird im Sinne der *Masterfoods*-Entscheidung die Vorgreiflichkeit einer bereits ergangenen Kommissionsentscheidung geregelt, die der EuGH dort aus Art. 4 Abs. 3 EUV abgeleitet hat.[579] Eine gerichtliche Entscheidung kann der

Preece, ECLR 2001, 281, 285; *Roth*, NVwZ 2009, 345, 351; *Schöndorf-Haubold*, JuS 2006, 112, 113 f.; *Wegener*, in: *Callies/Ruffert (Hrsg.)*, EUV/EGV, Art. 234 EG Rn. 30; *Wissmann*, in: Erfurter Kommentar zum Arbeitsrecht, Art. 267 AEUV Rn. 37.

575 *Bartels*, ZfRV 2002, 83, 87.

576 Vgl. auch *Schneider*, in: MüKo, KartellR, VO 1/2003, Art. 16 Rn. 5.

577 *Bartels*, ZfRV 2002, 83, 87.

578 Erwägungsgrund Nr. 22 der VO 1/2003.

579 *Klees*, Europäisches Kartellverfahrensrecht, § 8 Rn. 101; *Sura*, in: *Langen/Bunte (Hrsg.)*, VO 1/2003, Art. 16 Rn. 9; die Regelung ist auf Kritik gestoßen, vgl. dazu *Bartels*, ZfRV 2002, 83, 94; *Bornkamm*, ZWeR 2003, 73, 84; *Durner*, EuR 2004, 547, 561. Die Methoden der Kommission zur Sicherung der einheitlichen Anwendung des Wettbewerbsrechts gehen sogar noch weiter als in dem Weißbuch. Die Kommission wirkt bemüht, die Anwendung des Wettbewerbsrechts in allen Mitgliedstaaten auf einem sehr hohen Standard zu modernisieren, vgl. *O'Keefe*, 26 ELRev. (2001), 301, 310.

Kommissionsentscheidung allerdings nur zuwiderlaufen, wenn sie auf demselben Sachverhalt beruht, d.h. die Verfahrensgegenstände identisch oder teilidentisch – dann nur Bindungswirkung für den identischen Teil[580] – sind.[581] Dies impliziert, dass dann keine Bindungswirkung nach Art. 16 Abs. 1 Satz 1 VO 1/2003 besteht, wenn aufgrund neuer Tatsachenfeststellungen und erheblicher Sachverhaltsänderung im gerichtlichen Verfahren eine Identität des Verfahrensgegenstandes nicht mehr vorliegt. Die einzelstaatlichen Gerichte können in diesen Fällen abweichende Entscheidungen treffen.[582] Bei Teilidentität beschränkt sich die Bindungswirkung nur auf die identischen Teile. Zur Feststellung paralleler Verfahren muss der von der Entscheidung bzw. dem Verfahren der Kommission erfasste Sachverhalt mit dem von dem Gericht bzw. der nationalen Wettbewerbsbehörde vorliegenden Sachverhalt verglichen werden.[583]

Das Verbot des Zuwiderlaufens von Kommissionsentscheidungen nach Art. 16 Abs. 1 Satz 1 VO 1/2003 bezieht sich allein auf die materiell-rechtliche Bewertung des Einzelfalls durch die Kommission, nicht dagegen aber die hieran geknüpfte Rechtsfolge, d.h. das einzelstaatliche Gericht kann eine andere Rechtsfolge (z.B. im nationalen Recht eine Haftstrafe) als die Kommission vorsehen.[584]

Fraglich ist, welche rechtlichen Möglichkeiten die einzelstaatlichen Gerichte haben, wenn sie der Rechtsauffassung der Kommission nicht teilen, aber trotzdem gemäß Art. 16 Abs. 1 Satz 1 VO 1/2003 an die Kommissionsentscheidungen materiell-rechtlich gebunden sind. Die einzelstaatlichen Gerichte haben in dem Fall einer noch nicht bestandskräftigen Kommissionsentscheidung die Möglichkeit, gemäß Art. 267 AEUV eine Vorabentscheidung des EuGH zur Auslegung des Unionsrechts (bei Entscheidungserheblichkeit) einzuholen. Dies stellt Art. 16 Abs. 1 Satz 4 VO 1/2003 klar. Unter Umständen kann das einzelstaatliche Gericht zu einer Vorlage an den EuGH sogar verpflichtet sein, soweit letztinstanzliche Gerichte von der Kommissionsentscheidung abweichen wollen (Art. 267 Abs. 3 AEUV).[585] Nur der EuGH entscheidet letztverbindlich über die Auslegung des Art. 101 AEUV. Das Vorabentscheidungsurteil des Gerichtshofes und nicht die Kommissionsentscheidung ist für die einzelstaatlichen Gerichte bindend. Die Kommissionsentscheidung

580 *Schneider,* in: MüKo, KartellR, VO 1/2003, Art. 16 Rn. 9.

581 *Klees,* Europäisches Kartellverfahrensrecht, § 6 Rn. 165, § 7 Rn. 222; *Schneider,* in: MüKo, KartellR, VO 1/2003, Art. 16 Rn. 11; *Zuber,* in: *Loewenheim/Meesen/Riesenkampff (Hrsg.),* KartellR, VerfVO, Art. 16 Rn. 13.

582 *De Bronett,* Europäisches Kartellverfahrensrecht, Art. 16 Rn. 4; *Schneider,* in: MüKo, KartellR, VO 1/2003, Art. 16 Rn. 11.

583 *Dalheimer,* in: *Dalheimer/Feddersen/Miersch,* EUVerfO, Art. 16 Rn. 6.

584 *Schneider,* in: MüKo, KartellR, VO 1/2003, Art. 16 Rn. 11.

585 *Klees,* Europäisches Kartellverfahrensrecht, § 8 Rn. 115; *Schneider,* in: MüKo, KartellR, VO 1/2003, Art. 16 Rn. 17; *Zuber,* in: *Loewenheim/Meesen/Riesenkampff (Hrsg.),* KartellR, VerfVO, Art. 16 Rn. 16.

ist grundsätzlich aufzuheben.[586] Ist die Entscheidung der Kommission dagegen bestandskräftig, ist die Gültigkeitsfrage der Vorabentscheidung nach Art. 267 AEUV dann problematisch, wenn die Partei die Möglichkeit nicht fristgemäß wahrgenommen hat, um die Kommissionsentscheidung im Wege der Nichtigkeitsklage gemäß Art. 263 AEUV anzufechten. In diesem Fall ist nach der ständigen Rechtsprechung des EuGH ein Vorabentscheidungsverfahren nach Art. 267 AEUV ausgeschlossen,[587] wenn die Partei die Entscheidung nicht fristgemäß angefochten hat, obwohl sie klagebefugt war.[588] Ansonsten hätte der gegen die Kommissionsentscheidung Klageberechtigte die Möglichkeit, die Bestandskraft der Kommissionsentscheidung mit dem Vorabentscheidungsverfahren zu umgehen.[589]

Folglich entfällt die Bindungswirkung der Kommissionsentscheidung auch, wenn die Kommissionsentscheidung im Wege der Nichtigkeitsklage nach Art. 263 AEUV für nichtig erklärt wurde.[590] Ist gegen die ergangene Kommissionsentscheidung eine Nichtigkeitsklage nach Art. 263 AEUV vor dem EuGH anhängig, sollte das nationale Gericht sein Verfahren bis zu einer endgültigen Entscheidung des Gerichts über die Klage aussetzen. Eine Nichtigkeitsklage ist aus Gründen der Prozessökonomie dem Vorabentscheidungsverfahren nach Art. 267 AEUV stets vorzuziehen, da nur die Nichtigkeitsklage eine umfassende Prüfung der Rechtsgültigkeit der Kommissionsentscheidung und ihrer Nichtigkeitserklärung nach Art. 264 AEUV erlaubt.[591]

Aber sowohl beim Vorabentscheidungsverfahren nach Art. 267 AEUV als auch bei der Nichtigkeitsklage nach Art. 263 AEUV ist zu beachten, dass die Kommissionsentscheidung bis zur endgültigen Entscheidung des EuGH weiterhin Bindungswirkung hat.[592]

---

586 *Gaitanides,* in: *Groeben/Schwarz (Hrsg.)e,* Art. 234 EG Rn. 89; *Sura,* in: *Langen/Bunte (Hrsg.),* VO 1/2003, Art. 16 Rn. 10.

587 EuGH v. 9.3.1994, Rs. C-188/92 – *TWD Textilwerke Düsseldorf/Bundesrepublik Deutschland;* EuGH v. 30.1.1997, Rs. C-178/95 Rn. 24 – *Wiljo/Belgien*; *Zuber,* in: *Loewenheim/Meessen/Riesenkampff (Hrsg.),* KartellR, VerfVO, Art. 16 Rn. 16.

588 EuGH v. 12.12.1996, Rs. C-241/95 Rn. 15 f. – *Accrington Beef*; EuGH v. 11.11.1997, Rs. C-408/95 Rn. 29 f. – *Eurotunnel.*

589 EuGH v. 30.1.1997, Rs. C-178/95 Rn. 21 – *Wiljo/Belgien*; *Pache,* EuZW 1994, S. 615 ff.; *Schwarze* in: *Schwarze,* EU-Kommentar, Art. 234 EGV Rn. 25; *Gaitanides,* in: *Von der Groeben/Schwarze,* EU-/EG-Vertrag, Art. 234 EG Rn. 39; *uber,* in: *Loewenheim/ Meessen/Riesenkampff (Hrsg.),* KartellR, VerfVO, Art. 16 Rn. 16.

590 *Middeke,* in: *Rengeling/Middeke/Gellermann (Hrsg.),* Handbuch des Rechtsschutzes der Europäischen Union, § 7 Rn. 121 ff.; *Ehricke,* in: *Streinz (Hrsg.),* EUV/AEUV, Art. 234 EGV Rn. 69; *Klees,* Europäisches Kartellverfahrenrecht, § 8 Rn. 113.

591 *Gaitanides,* in: *Groeben/Schwarze (Hrsg.),* Art. 231 EG Rn. 1; *Hirsch* ZWeR 2003, 233, 250; *Malferrari,* EuR 2001, 605, 614; *Sura,* in: *Langen/Bunte (Hrsg.),* VO 1/2003, Art. 16 Rn. 10.

592 Vgl. auch *Bartels,* ZfRV 2002, 83, 88 ff., *Dalheimer,* in: *Dalheimer/Feddersen/Miersch (Hrsg.),* EU-VerfO, Art. 16 Rn. 10; *Schnelle/Bartosch/Hübner,* VO 1/2003, S. 96; *Sura,* in: *Langen/Bunte (Hrsg.),* VO 1/2003, Art. 16 Rn. 10. Nach *Klees,* Europäisches Kartellverfahrensrecht, § 8 Rn. 117 ist Art. 267 AEUV nicht die richtige

b) Beabsichtigte Kommissionsentscheidungen, Art. 16 Abs. 1 Satz 2

Die einzelstaatlichen Gerichte dürfen zur Vermeidung divergierender Rechtsauslegung gemäß Art. 16 Abs. 1 Satz 2 VO 1/2003 während eines laufenden Kartellverwaltungsverfahren der Kommission keine Entscheidung treffen, die der beabsichtigten Entscheidung der Kommission widerspricht.[593] Diese Regelung betrifft damit die Problematik von parallelen Verfahren der Kommission und der einzelstaatlichen Gerichte.

Art. 16 Abs. 1 Satz 2 VO 1/2003 wird dann relevant, wenn die Kommission das Verfahren formell eingeleitet hat.[594] Nach Art. 2 VO 773/2004 wird die Verfahrenseinleitung im Amtsblatt oder auf anderem Weg veröffentlicht. In der Regel erfolgt dies durch die Bekanntgabe auf der Internetseite der Kommission. Die einzelstaatlichen Gerichte können zudem bei der Generaldirektion Wettbewerb nachfragen, ob die Kommission ein Kartellverwaltungsverfahren eingeleitet hat.[595] Nach erfolgter Verfahrenseinleitung durch die Kommission braucht nicht gesondert zum Ausdruck gebracht werden, dass die Kommission den Erlass einer Entscheidung beabsichtigt. Diese Absicht kommt bereits durch die Verfahrenseinleitung zum Ausdruck.[596]

Art. 16 Abs. 1 Satz 3 der VO 1/2003 sieht für den Fall einer beabsichtigen Kommissionsentscheidung vor, dass die einzelstaatlichen Gerichte die Aussetzung des bei ihm anhängigen Verfahrens prüfen können. Sieht das einzelstaatliche Gericht hinsichtlich der in Erwägung gezogenen Entscheidung der Kommission keine begründeten Zweifel oder hat die Kommission bereits in einem ähnlichen Fall entschieden, so kann das einzelstaatliche Gericht in dem bei ihm anhängigen Verfahren in Übereinstimmung mit der in Erwägung gezogenen oder früheren Entscheidung der Kommission seinerseits eine Entscheidung treffen, Art. 16 Abs. 1 Satz 1 und 2 der VO 1/2003. Das Gericht muss in einem solchen Fall nicht bei der Kommission um Informationen anfragen oder seine Entscheidung aussetzen.[597] Es sollte zumindest aber dann aussetzen, wenn es der zu erwartenden Kommissionsentscheidung nicht zustimmt, um keine gemäß Art. 16 Abs. 1 Satz 2 VO 1/2003 zuwiderlaufende

---

Vorgehensweise, da sonst schwierige Fragen des Verhältnisses des Vorabentscheidungsverfahrens und der Nichtigkeitsklage aufkommen.

593 Siehe dazu ausführlich unten § 5 A.I.

594 Die Verfahrenseinleitung ist ein hoheitlicher Rechtsakt der Kommission, der ihren Willen zum Ausdruck bringt, eine Entscheidung herbeizuführen, vgl. EuGH v. 10.6.1980. Rs. 37/79, Rn. 14 m.w.Nachw. – *Estee Lauder.*

595 EuGH v. 28.2.1991, Rs. 234/89, Rn. 53 – *Delimitis;* Bekanntmachung über die Zusammenarbeit mit den staatlichen Gerichten, ABl. (EG) 2004, C-101/54, Rn. 12 u. 21; *Dalheimer,* in: *Dalheimer/Feddersen//Miersch,* EU-VerfO, Art. 16 Rn. 8; *Schneider,* in: MüKo, KartellR, VO 1/2003, Art. 16 Rn. 14.

596 *Schneider,* in: MüKo, KartellR, VO 1/2003, Art. 16 Rn. 14.

597 Bekanntmachung über die Zusammenarbeit mit den staatlichen Gerichten, ABl. (EG) 2004, C-101/54, Rn. 12; *Dalheimer,* in: *Dalheimer/Feddersen//Miersch (Hrsg.),* EU-VerfO, Art. 16 Rn. 9; *Sura,* in: *Langen/Bunte (Hrsg.),* VO 1/2003, Art. 16 Rn. 13; *Whish,* Competition Law, S. 298.

Entscheidung treffen. Daher enthält Art. 16 Abs. 1 Satz 3 VO 1/2003 nur eine Aussetzungsbefugnis und keine Aussetzungsverpflichtung.[598] Die einzelstaatlichen Gerichte müssen trotz Aussetzung ihres Verfahrens aber überlange Prozesse nicht fürchten. Die Kommission hat verlauten lassen, dass diejenigen Fälle vorrangig behandelt werden, in denen es für den Ausgang eines ausgesetzten zivilrechtlichen Prozesses auf ihre Entscheidung ankommt.[599]

Stimmt das einzelstaatliche Gericht auch hier nicht mit der Meinung der Kommission überein, kann es nach Art. 16 Abs. 1 Satz 4 VO 1/2003 ein Vorabentscheidungsverfahren nach Art. 267 AEUV einleiten.[600]

Die Verfahrensaussetzung selbst richtet sich nach nationalem Recht.[601] Im deutschen Prozessrecht richtet sich die Aussetzung des nationalen Verfahrens aufgrund Einleitung eines Kartellverwaltungsprozesses durch die Kommission nach § 148 ZPO analog.[602] Eventuell können bei der Aussetzung einstweilige Anordnungen zur Sicherung getroffen werden.[603]

3. Einzelne Entscheidungen nach der VO 1/2003

Von Art. 16 VO 1/2003 sind grundsätzlich alle materiellrechtlichen Entscheidungen der Kommission erfasst. Dazu gehören die Entscheidungen nach Kapitel III der VO 1/2003 und Entscheidungen nach Art. 29 Abs. 1 der VO 1/2003.[604]

a) Bindende Entscheidungen der Kommission

Die Kommission kann nach Art. 7 Abs. 1 VO 1/2003 eine Zuwiderhandlung gegen Art. 101 und 102 AEUV feststellen und die Unternehmen verpflichten, die Zuwiderhandlung abzustellen. Nach Art. 16 Abs. 1 VO 1/2003 darf dann ein einzelstaatliches

---

598 *Schneider*, in: MüKo, KartellR, VO 1/2003, Art. 16 Rn. 15.

599 Bekanntmachung über die Zusammenarbeit mit den staatlichen Gerichten, ABl. (EG) 2004, C-101/54, Rn. 12.

600 *Nazzini*, Concurrent Proceedings in Competition Law, Rn. 6.19 f.; *Schneider*, in: MüKo, KartellR, VO 1/2003, Art. 16 Rn. 15; *Sura*, in: *Langen/Bunte (Hrsg.)*, VO 1/2003, Art. 16 Rn. 13.

601 § 148 ZPO ist zwar eine Ermessensvorschrift, aber das Ermessen wird auf Null reduziert, wenn der Richter nicht mit einiger Gewissheit die Entscheidung der Kommission vorhersehen kann, siehe dazu ausführlich *Klees*, Europäisches Kartellverfahrensrecht, § 8 Rn. 132 ff. Kennen die nationalen Prozessrechte die Verfahrensaussetzung nicht, gilt Art. 16 Abs. 1 Satz 3 VO 1/2003 wegen Vorrang des Unionsrechts auch dann, *Schneider*, in: MüKo, KartellR, VO 1/2003, Art. 16 Rn. 16.

602 BGH v. 30.3.2005, NJW 2005, 1947; *Wagner*, in: MüKo, ZPO, § 148 Rn. 11.

603 *Dalheimer*, in: *Dalheimer/Feddersen/Miersch (Hrsg.)*, EU-VerfO, Art. 16 Rn. 9; *Ritter*, in: *Immenga/Mestmäcker (Hrsg.)*, VO 1/2003, Art. 16 Rn. 7; *Schneider*, in: MüKo, KartellR, VO 1/2003, Art. 16 Rn. 15.

604 *De Bronett*, Europäisches Kartellverfahrensrecht, Art. 16 Rn. 4; *Schneider*, in: MüKo, KartellR, VO 1/2003, Art. 16 Rn. 8.

Gericht in demselben Fall nicht entscheiden, dass die in Art. 101 und 102 AEUV enthaltenen Verbote nicht anwendbar sind.[605] Eine Verbotsentscheidung nach Art. 7 Abs. 1 VO 1/2003 war Gegenstand der *Masterfoods*-Entscheidung. Ihre Bindungswirkung nach Art. 16 VO 1/2003 steht außer Frage.

Art. 10 VO 1/2003 sieht die Feststellung der Kommission vor, dass die in Art. 101 und 102 AEUV genannten Verbote keine Anwendung finden. Die Positiventscheidungen nach Art. 10 VO 1/2003 sollen insbesondere die Rechtslage klären und die Rechtseinheitlichkeit sicherstellen.[606] Art. 16 VO 1/2003 legt ausdrücklich die Bindungswirkung von Entscheidungen der Kommission gegenüber Gerichten und Behörden der Mitgliedstaaten fest, ohne zwischen den einzelnen Entscheidungsarten zu differenzieren. Die Bindungswirkung der Positiventscheidung war kurz nach Inkrafttreten der VO 1/2003 noch unklar. So vertraten insbesondere *Schmidt*[607] und *Röhling*[608] noch unter Verweis auf Erwägungsgrund Nr. 14 und das Weißbuch über die Modernisierung der Vorschriften zur Anwendung der Art. 85 und 86 EG[609] sowie auf die frühere Bewertung der Negativatteste, dass den Positiventscheidungen nach Art. 10 VO 1/2003 keine Bindungswirkung zukomme. Die Feststellung der Nichtanwendbarkeit sei eine rein deklaratorische Entscheidung, die die staatlichen Gerichte nicht stärker binde als noch die Negativatteste nach der VO 17/62. Mittlerweile ist es doch herrschende Ansicht, dass die Positiventscheidungen nach Art. 10 VO 1/2003 unter die bindenden Entscheidungen nach Art. 16 Abs. 1 VO 1/2003 fallen,[610] da eine solche Einschränkung der Bindungswirkung aus dem Wortlaut des Art. 16 VO 1/2003 nicht ersichtlich ist.[611] *Schmidt* und *Röhling* gehen zumindest aber auch von einer faktischen Bindungswirkung von Positiventscheidungen nach Art. 10 aus.[612]

---

605 *Dalheimer,* in: *Dalheimer/Feddersen/Miersch (Hrsg.),* EUVerfO, Art. 16 Rn. 7; *Klees,* Europäisches Kartellverfahrensrecht, § 6 Rn. 90; *Schnelle/Bartosch/Hübner,* VO 1/2003, S. 94.

606 Erwägungsgrund Nr. 14 der VO 1/2003.

607 *Schmidt,* BB 2003, 1237, 1242.

608 *Röhling,* GRUR 2003, 1019, 1023.

609 ABl. (EG) 1999, C-132/01, Rn. 89.

610 *Anweiler,* in: *Loewenheim/Meesen/Riesenkampff (Hrsg.),* KartellR, VerfVO, Art. 10 Rn. 19; *Bauer,* in: MüKo, KartellR, VO 1/2003, Art. 10 Rn. 17; *Eilmansberger,* JZ 2001, 365, 373; *Gauer/Dalheimer/Kjolbye/Smijter,* EC Competition Policy Newsletter 1/2003, S. 3, 5; *Hossenfelder/Lutz,* WuW 2003, 118, 123; *Klees,* Europäisches Kartellverfahrensrecht, § 6 Rn. 162; *Schwarze/Weitbrecht,* § 6 Rn. 106; *Wiedemann,* in: FS Bechtold, S. 627, 637.

611 *Hirsch,* ZWeR 2003, 233, 251; *Hossenfelder/Lutz,* WuW 2005, 146, 151; *Zuber,* in: *Loewenheim/Meesen/Riesenkampff (Hrsg.),* KartellR, VerfVO, Art. 16 Rn. 9.

612 *Schmidt,* BB 2003, 1237, 1242; *Röhling,* GRUR 2003, 1019, 1023.

Entscheidungen über die Feststellung der Nichtanwendbarkeit der Gruppenfreistellungsverordnungen nach Art. 29 VO 1/2003 erlangen ebenfalls über Art. 16 VO 1/2003 Bindungswirkung.[613]

Bei der Anordnung von Geldbußen nach Art. 23 VO 1/2003 wird die Bindungswirkung zumindest für den Teil bejaht, der sich auf den feststehenden Teil der Entscheidung einer Zuwiderhandlung nach Art. 7 VO 1/2003 bezieht.[614]

b) Entscheidungen der Kommission über Verpflichtungszusagen

Nach Art. 9 Abs. 1 der VO 1/2003 kann die Kommission entscheiden, dass sie aufgrund Verpflichtungszusagen von Unternehmen für ein Tätigwerden wegen eines Kartellverstoßes keinen Anlass mehr sieht. Diese Entscheidungen der Kommission über Verpflichtungszusagen haben nach Art. 9 Abs. 1 VO 1/2003 lediglich gegenüber den Unternehmen, die diese abgeben, Bindungswirkung. Sie sind aber keine Entscheidungen i.S.v. Art. 16 der VO 1/2003 und daher für die einzelstaatlichen Gerichte nicht bindend.[615] Von den Sanktionsentscheidungen der Kommission nach Kapitel IV fallen zumindest die Zwangsgelder nach Art. 24 VO 1/2003 nicht unter Art. 16 VO 1/2003.[616]

4. Rechtsfolgen eines Verstoßes gegen Art. 16 VO 1/2003

Die Rechtsfolgen für Urteile der einzelstaatlichen Gerichte gelten für Verstöße gegen Art. 16 Abs. 1 Satz 1 und 2 VO /2003 gleichermaßen.

Art. 16 VO 1/2003 regelt die Rechtsfolgen eines Verstoßes des einzelstaatlichen Gerichts gegen Art. 16 Abs. 1 VO 1/2003 nicht. Bei einem unbewussten oder versehentlichen Verstoß gegen Art. 16 Abs. 1 VO 1/2003 kann dies entweder mit einem Rechtsmittel gegen das Urteil nach dem jeweiligen nationalen Prozessrecht[617] oder mit der Wiederaufnahme des Verfahrens aus dem übergeordneten Grund des *effet utile* und der allgemeinen Loyalitätspflicht aus Art. 4 Abs. 3 EU[618] geltend gemacht

613 *Schneider*, in: MüKo, KartellR, VO 1/2003, Art. 16 Rn. 8; *Schnelle/Bartosch/Hübner*, VO 1/2003, S. 96; *Ritter*, in: *Immenga/Mestmäcker (Hrsg.)*, VO 1/2003, Art. 16 Rn. 3.

614 *Ritter*, in: *Immenga/Mestmäcker (Hrsg.)*, VO 1/2003, Art. 16 Rn. 3; *Schneider*, in: MüKo, KartellR, VO 1/2003, Art. 16 Rn. 8. Nach *Zuber*, in: *Loewenheim/Meesen/Riesenkampff (Hrsg.)*, KartellR, VerfVO, Art. 16 Rn. 10 sei ein Konflikt zwischen der Kommission und den staatlichen Gerichten sowieso nur schwer denkbar.

615 Siehe dazu schon ausführlich § 5 A.II.3.b).

616 *Bechtold/Brinker/Bosch/Hirsbrunner*, EU-Kartellrecht, VO 1/2003, Art. 16 Rn. 5; *de Bronett*, Europäisches Kartellverfahrensrecht, Art. 16 Rn. 4; *Schneider*, in: MüKo, KartellR, VO 1/2003, Art. 16 Rn. 8.

617 *Zuber*, in: *Loewenheim/Meesen/Riesenkampff (Hrsg.)*, KartellR, VerfVO, Art. 16 Rn. 20.

618 *Schneider*, in: MüKo, KartellR, VO 1/2003, Art. 16 Rn. 12.

werden. Zur Vermeidung divergierender Entscheidung kann sich die Kommission nach Art. 15 VO 1/2003 an dem nationalen Verfahren beteiligen.[619]

Bei einer vorsätzlichen Nichtbeachtung des Art. 16 VO 1/2003 durch die staatlichen Gerichte könnte die Kommission gegen den betroffenen Mitgliedstaat ein Vertragsverletzungsverfahren gemäß Art. 258 AEUV einleiten.[620] Dies ist aber angesichts der richterlichen Unabhängigkeit nur der Fall, wenn der Richter offenkundig und wiederholt gegen das Recht verstoßen hat.[621] Soweit allerdings auch das letztinstanzliche Gericht seine Loyalitätspflichten gemäß Art. 16 nicht genügt und auch nicht die Frage zur Vorabentscheidung des EuGH gemäß Art. 267 AEUV vorlegt, bestehen keine Möglichkeiten, das Gericht zur Beachtung des Art. 16 VO 1/2003 zu zwingen. In Deutschland besteht allerdings zu Art. 267 AEUV, wenngleich nicht zu Art. 16 VO 1/2003, die Möglichkeit, wenn sich das Verhalten eines letztinstanzlichen Gerichts als willkürliche Vorlage gemäß Art. 267 AEUV darstellt, eine Urteilsverfassungsbeschwerde wegen Verstoßes gegen Art. 101 Abs. 1 Satz 1 GG einzuleiten.

5. Zwischenergebnis

Nach Art. 16 Abs. 1 Satz 1 VO 1/2003 sind die einzelstaatlichen Gerichte an bereits ergangene Entscheidungen der Kommission gebunden. Die einzelstaatlichen Gerichte können dann in der Regel bei einer noch nicht bestandskräftigen Kommissionsentscheidung die Frage zur Vorabentscheidung nach Art. 267 AEUV dem EuGH vorlegen. Bei bestandskräftigen Kommissionsentscheidungen ist eine Vorlage jedoch nicht möglich, wenn die Einlegung einer Nichtigkeitsklage gegen die Kommissionsentscheidung gemäß Art. 263 AEUV versäumt wurde, obwohl eine solche zulässig gewesen wäre.

Die einzelstaatlichen Gerichte dürfen zur Vermeidung divergierender Rechtsauslegung gemäß Art. 16 Abs. 1 Satz 2 VO 1/2003 während eines laufenden Kartellverwaltungsverfahren der Kommission keine Entscheidung treffen, die der beabsichtigten Entscheidung der Kommission widerspricht. Deshalb können die einzelstaatlichen Gerichte prüfen, ob sie ihr Verfahren gemäß Art. 16 Abs. 1 Satz 3 VO 1/2003 aussetzen. Eine Pflicht zur Aussetzung besteht nach Art. 16 Abs. 1 Satz 3 VO 1/2003 nicht.

---

619 *Zuber*, in: *Loewenheim/Meesen/Riesenkampff (Hrsg.)*, KartellR, VerfVO, Art. 16 Rn. 19. Siehe zur Zusammenarbeit nach Art. 15 ausführlich § 6 B.II.

620 *Zuber*, in: *Loewenheim/Meesen/Riesenkampff (Hrsg.)*, KartellR, VerfVO, Art. 16 Rn. 21; vgl. dazu auch *Breuer*, EuZW 2004, 199 ff.; *Kremer*, EuR 2007, 470, 477; kritisch *Geiger*, EuZW 2001, 116, 117.

621 *Ritter*, in: *Immenga/Mestmäcker (Hrsg.)*, VO 1/2003, Art. 16 Rn. 13.

II. Art. 16 VO 1/2003 und die Schiedsgerichte

Die Schiedsgerichte sind – wie oben festgestellt – bei der Beurteilung des Europäischen Wettbewerbsrecht nicht auf die Anwendung von Art. 101 Abs. 1 und 2 AEUV beschränkt, sondern können wie die staatlichen Gerichte auch den Ausnahmetatbestand des Art. 101 Abs. 3 AEUV anwenden. Dann stellt sich aber die Frage, ob auch die Schiedsgerichte wie die einzelstaatlichen Gerichte gemäß Art. 16 Abs. 1 VO 1/2003 an bereits ergangene Entscheidungen der Kommission (S. 1) gebunden sind und inwiefern sie Entscheidungen zu berücksichtigen haben, die die Kommission zu erlassen beabsichtigt (S. 2, 3).

1. Unmittelbare Bindung durch Art. 16 Abs. 1 VO 1/2003

Eine Bindungswirkung über Art. 16 VO 1/2003 erfolgt auf jeden Fall dann, wenn Art. 16 VO 1/2003 sich ebenfalls unmittelbar an die Schiedsgerichte richten würde. Die Vorschriften des Europäischen Wettbewerbsrechts sind zwingende Normen des Unionsrechts und müssen von den Schiedsgerichten unmittelbar beachtet und angewendet werden. Daher wird teilweise in der schiedsgerichtlichen Literatur vertreten, dass die Entscheidungen der Kommission ebenfalls von den Schiedsgerichten respektiert werden müssten und deshalb die ratio des Art. 16 VO 1/2003 auf die Schiedsgerichte übertragbar sei.[622]

Dagegen spricht allerdings, dass der EuGH die Bindungswirkung der Kommissionsentscheidung für staatliche Gerichte in der dem Art. 16 VO 1/2003 zugrundeliegende Entscheidung *Masterfoods* aus der unionschaftlichen Treuepflicht des Art. 4 Abs. 3 EUV[623] ableitete.[624] Deswegen richtet sich Art. 16 Abs. 1 VO 1/2003 ausdrücklich an die „Gerichte eines Mitgliedstaats". Die Schiedsgerichte erlangen ihre Zuständigkeit nur aufgrund privatrechtlicher Vereinbarung und sie sind nicht Träger der öffentlichen Gewalt. Daher fallen die Schiedsgerichte auch nicht unter die unionsrechtliche Treuepflicht des Art. 4 Abs. 3 EUV und sind keine Gerichte in diesem Sinne.[625] Die Schiedsgerichte sind nicht direkter Adressat der EuGH-Rechtsprechung in *Masterfoods* und damit auch nicht von Art. 16 VO 1/2003. Folglich ist Art. 16 VO 1/2003 für die Schiedsgerichte auch nicht unmittelbar anwendbar.[626]

---

622 *Derains*, Gaz. Pal. 2003, 1520, 1522; *Abdelgawad*, Rev. Arb. 2004, 253, 272.

623 EuGH v. 14.12.2000, Rs. C-344/98, Rn. 49, 56 und 59 – *Masterfoods* sowie die Stellungnahmen der italienischen (Rn. 34) und britischen (Rn. 38) Regierung.

624 Vgl. dazu ausführlich oben § 5.A.1.

625 Siehe dazu ausführlich § 3.B.a)dd)(2).

626 Vgl. *Hilbig*, Das gemeinschaftrechtliche Kartellverbot im internationalen Handelsschiedsverfahren, S. 169; *Komninos*, in: *Basedow/Francq/Idot (Hrsg.)*, International Antitrust Litigation, S. 208; *Ritter*, in: *Immenga/Mestmäcker (Hrsg.)*, VO 1/2003, Art. 16 Rn. 5; *Schneider*, in: MüKo, KartellR, VO 1/2003, Art. 16 Rn. 6.

2. *Mittelbare Bindung durch Art. 16 Abs. 1 VO 1/2003*

Fraglich ist dann, ob die Schiedsgerichte zumindest „mittelbar" an Art. 16 VO 1/2003 gebunden sind.

a) Vollstreckbarer Schiedsspruch

Die Schiedsgerichte könnten aber durch die allgemeinen Prinzipien der Schiedsgerichtsbarkeit an die Entscheidungen der Kommission zumindest mittelbar gebunden sein. Die Schiedsrichter sind nämlich grundsätzlich dazu verpflichtet, einen durchsetzbaren Schiedsspruch zu schaffen.[627] Auch wenn die Pflicht zur Schaffung eines vollstreckbaren Schiedsspruchs in vielen Schieds- oder auch nationalen Rechtsordnungen nicht ausdrücklich verankert ist, ergibt sich ihre Notwendigkeit aus der Zielsetzung der Schiedsgerichtsbarkeit.[628]

Eine Überprüfung des Schiedsspruchs durch die einzelstaatlichen Gerichte im Rahmen der *ordre public*-Kontrolle bedeutet für die Anerkennung und Vollstreckung des Schiedsspruchs bei einem Verstoß gegen eine Kommissionsentscheidung zumindest dann ein erhebliches Risiko, wenn die Entscheidungen der Kommission im Europäischen Wettbewerbsrecht im Rahmen der *ordre public*-Kontrolle auch tatsächlich vom einzelstaatlichen Gericht überprüft werden. Die Entscheidungen der Kommission sind zwar keine „Normen" des Europäischen Wettbewerbsrechts. Allerdings betreffen die hier maßgeblichen Entscheidungen der Kommission die Anwendung von Art. 101 AEUV, die eine für die einzelstaatliche Gerichte nach Art. 16 VO 1/2003 verbindliche Aussage über den wettbewerbsrechtlichen Sachverhalt treffen, sodass auch die Kommissionsentscheidungen von den einzelstaatlichen Gerichten im Rahmen der *ordre public*-Kontrolle bei der Anerkennung und Vollstreckung des Schiedsspruchs berücksichtigt werden müssen. Daher dürfen die Gerichte der Mitgliedstaaten angesichts der Grundsätze aus Art. 16 keine Schiedssprüche für vollstreckbar erklären, die einer Kommissionsentscheidung nach Art. 16 VO 1/2003 widersprechen würden.[629] Würden die Schiedsgerichte also folglich die Entscheidungen der Kommission gemäß Art. 16 VO 1/2003 nicht berücksichtigen,

---

627 Siehe *Blanke,* The Use and Utility of International Arbitration in EC Commission Merger Remedies, S. 35 f., der darauf hinweist, dass diese Pflicht für die Schiedsrichter eigentlich unmöglich ist, da sie nicht alle Rechte der Mitgliedstaaten berücksichtigen können, in denen eine Partei möglicherweise vollstrecken will.

628 Siehe dazu schon § 2 A.I.5. A.A. *Karrer,* in: *Torggler (Hrsg.),* Praxishandbuch Schiedsgerichtsbarkeit, Rn. E.90, denn das Schiedsgericht wisse häufig nicht, was mit dem Schiedsspruch geschehen sollte und die Durchsetzbarkeit müsse daher Sorge der obsiegenden Partei sein; ebenso *ders.,* in: FS Briner, S. 429 ff.

629 *Bechtold/Brinker/Bosch/Hirsbrunner,* EU-KartellR, VO 1/2003, Art. 16 Rn. 8; *Komninos,* World Comp. 2001, 211, 231 ff.; *Schneider,* in: MüKo, KartellR, VO 1/2003, Art. 16 Rn. 6; *Zuber,* in: *Loewenheim/Meesen/Riesenkampff (Hrsg.),* KartellR, VerfVO, Art. 16 Rn. 12; i.E. wohl auch *Idot,* in: *Ehlermann/Atanasiu (Hrsg.),* European Competition Law Annual 2001, S. 307, 319.

bestünde ein erhebliches Risiko, dass der Schiedsspruch nicht anerkannt und vollstreckt wird. Dies kann natürlich nur für solche Kommissionsentscheidungen gelten, die auch gegenüber den einzelstaatlichen Gerichten gemäß Art. 16 VO 1/2003 Bindungswirkung entfaltet.[630]

Daher sollten die Schiedsgerichte schon aufgrund ihrer Verpflichtung zur Schaffung eines vollstreckbaren Schiedsspruchs die Entscheidungen der Kommission im Wettbewerbsrecht beachten.[631]

b) Prozessmissbrauch

Zusätzlich zu der Pflicht der Schiedsrichter einen durchsetzbaren Anspruch zu schaffen, könnte der Einwand des Prozessmissbrauchs eine mittelbare Bindungswirkung rechtfertigen. Hatten die Parteien die Gelegenheit, zum einen ihre Argumente im kartellverwaltungsrechtlichen Verfahren anzubringen, zum anderen die Entscheidung in einem darauffolgenden richterlichen Verfahren überprüfen zu lassen, könnte der Schiedsrichter entscheiden, dass es Prozessmissbrauch darstelle, wenn die kartellverwaltungsrechtliche Entscheidung in Frage gestellt und nicht beachtet wird.

Obwohl der Grundsatz des Prozessmissbrauchs in der internationalen Handelsschiedsgerichtsbarkeit nicht fest verankert ist, die grundlegende Methode ist es zumindest in fast allen Rechtssystemen. Man muss bedenken, dass die Parteien im Rahmen der staatlichen Gerichtsbarkeit an die kartellverwaltungsrechtliche Entscheidung der Kommission gebunden wären. Daher ist es nach einer Ansicht in der schiedsgerichtlichen Literatur nicht „ungerecht", wenn das Schiedsgericht ebenfalls eine Bindung an die kartellverwaltungsrechtliche Entscheidung in der internationalen Schiedsgerichtsbarkeit zulässt. Diese Ansicht sieht nämlich die Pflicht der Schiedsrichter, Entscheidung der Kommission zu berücksichtigen, in der allgemeinen Pflicht zur Anwendung des maßgeblichen Rechts.[632] Dies überzeugt, da die Kommissionsentscheidung zwar keine „Normen" des Europäischen Wettbewerbsrechts sind, aber die Kommissionsentscheidung – die über Art. 16 VO 1/2003 zu berücksichtigen sind – eine

---

630 Siehe zu den bindenden Entscheidungen der Kommission im Rahmen von Art. 16 VO 1/2003: § 5.A.3.a).

631 *Hermanns/Brück*, SchiedsVZ 2004, 137, 140; *Komninos*, in: *Basedow/Francq/Idot*, International Antitrust Litigation, S. 208; *Thalhammer*, wbl 2005, 62, 69; *Ritter*, in: *Immenga/Mestmäcker (Hrsg.)*, VO 1/2003, Art. 16 Rn. 10; *Schmidt*, in: *Immenga/Mestmäcker (Hrsg.)*, Anh. 3 VO 1/2003, IV. Schiedsverfahren, Rn. 69; *Schneider*, in: MüKo, KartellR, VO 1/2003, Art. 16 Rn. 6; *Zuber*, in: *Loewenheim/Meesen/Riesenkampff (Hrsg.)*, KartellR, VerfVO, Art. 16 Rn. 12; so wohl auch *Schmidt*, BB 2006, 1397, 1403, der zwar die auch in diesem Problem sich ausdrückende Rechtsunsicherheit gut verstehen kann, aber meint, dass dies eher mit dem politischen Pragmatismus des Europakartellrechts zu tun hat, der sich mit der uns vertrauten ordnungsliebenden Dogmatik schlecht verträgt.

632 *Nazzini*, EBLR 2008, 89, 111; *ders.*, Concurrent Proceedings in Competition Law, Rn. 11.52. *Kurkela/Levin/Liebscher/Sommer*, J. Int. Arb. 24 (2007), 189, 194.

verbindliche Aussage über die Anwendung von Art. 101 und 102 AEUV treffen. Die einheitliche Anwendung dieser Vorschriften erfordert aber eine zumindest mittelbare Bindung der Schiedsgerichte an die Entscheidungen der Kommission. Die Schiedsgerichte könnten bei Zweifel der Richtigkeit der Kommissionsentscheidung eine indirekte Vorlagefrage an den EuGH stellen[633] oder ihre Parteien anweisen, gegen die Kommissionsentscheidung Nichtigkeitsklage nach Art. 263 Abs. 4 AEUV zu erheben. Sie würden der Kommissionsentscheidung keineswegs schutzlos gegenüberstehen. Ist eine Nichtigkeitsklage nach Art. 263 AEUV anhängig, müssten die Schiedsgerichte bis zur Kommissionsentscheidung ihr Verfahren aussetzen. Die Effektivität, Schnelligkeit und die Kosten des Schiedsverfahrens sprechen zwar gegen eine Aussetzung. Die einheitliche Anwendung des Wettbewerbsrechts und die Verpflichtung zur Schaffung eines durchsetzbaren Schiedsspruches erfordern trotz dieser Nachteile eine Aussetzung des Schiedsverfahrens.

c) Berücksichtigung im Wege der Beweisaufnahme

Nazzini[634] ist der Ansicht, dass die Entscheidungen der Kommission nicht unbedingt über die mittelbare Bindungswirkung über Art. 16 VO 1/2003 Berücksichtigung im Schiedsverfahren finden müssen, sondern auch schon im Wege der Beweisaufnahme im schiedsgerichtlichen Verfahren eingeführt werden können. Die Schiedsrichter könnten zu dem Schluss kommen, dass der verwaltungsrechtliche Entscheidungsfindungsprozess von hoher Qualität ist und seine Schlussfolgerungen vernünftig und gut durchdacht sind. Andere Beweise sind dann nicht erforderlich, es sei denn, die Kommission hat den fraglichen Punkt nicht dargelegt bzw. in Betracht gezogen.

Es mag zwar sein, dass die gefundenen Erkenntnisse der kartellverwaltungsrechtlichen Entscheidung zumindest im Wege der Beweisführung Eingang in das Schiedsverfahren finden können. Anders als im Zivilprozess herrscht im Schiedsverfahren der gemäßigte Amtsermittlungsgrundsatz, d.h. ein beschränkter Untersuchungsgrundsatz.[635] Die Schiedsgerichte sind einerseits nicht an die Beweisanträge der Parteien gebunden, müssen aber andererseits auch dort eine zur Aufklärung des Sachverhalts erforderliche Beweisaufnahme durchführen, wo die Parteien entsprechende Beweisanträge gestellt haben.[636] Es ist daher nicht sichergestellt, dass die kartellverwaltungsrechtliche Entscheidung in dem Schiedsverfahren berücksichtigt wird, sodass die Ansicht von *Nazzini* abzulehnen ist. Um den Konsequenzen der Nichtberücksichtigung der Kommissionsentscheidung zu begegnen, müssen

---

633 Vgl. dazu § 4 A.I.

634 *Nazzini*, EBLR 2008, 89, 110.

635 Siehe dazu *Hilger*, BB-Beilage 2000, Nr. 8, 2, 5; *Lachmann*, Handbuch Schiedsgerichtsbarkeit, Rn. 1281; *Schütze/Tscherning/Wais*, Handbuch des Schiedsverfahrens, Rn. 332; kritisch *Lionnet*, in: FS Glossner, S. 209, 213 ff. und *Lionett/Lionnett*, Handbuch Schiedsgerichtsbarkeit, S. 358.

636 BGH NJW 1964, 593, 595; *Lachmann*, Handbuch Schiedsgerichtsbarkeit, Rn. 1282; *Schwab/Walter*, Schiedsgerichtsbarkeit, Kap. 15 Rn. 8 f.

die Schiedsgerichte zumindest mittelbar an die Kommissionsentscheidungen gebunden sein.

d) Bewertung

Eine zumindest mittelbare Bindung der Schiedsgerichte an die Entscheidungen der Kommission ist die richtige Lösung. Die Schiedsgerichte dürfen weder aus dem System der Zusammenarbeit noch aus dem System der Bindungswirkung der Entscheidungen ausgeschlossen werden. Würde man eine Bindungswirkung an die Kommissionsentscheidungen für die Schiedsgerichte verneinen, hätte dies zur Konsequenz, dass sie sich bei der Beurteilung des Wettbewerbsrechts losgelöst von den anderen Entscheidungsträgern in einem „quasi-rechtsfreien Raum“ bewegen und die Parteien im nachfolgenden Anerkennungs- und Vollstreckungsverfahren „einen Stoß in die Realität“ versetzt bekommen. Hätten die Parteien nicht diese Schiedsvereinbarung getroffen, so wären sie an die kartellverwaltungsrechtliche Entscheidung bei der Streitbeilegung im staatlichen Prozess gebunden. Die Schiedsgerichte könnten durch eine eigene Bekanntmachung der Europäischen Kommission über eine Zusammenarbeit, wie sie § 7 dieser Untersuchung vorschlägt, nicht an die Entscheidungen der Europäischen Kommission nach dem Vorbild des Art. 16 VO 1/2003 gebunden werden. Die Europäische Kommission hätte für die Anordnung einer solchen Bindungswirkung in der privaten Schiedsgerichtsbarkeit keine Kompetenz. Dies kann aber nicht heißen, dass die Parteien um die Anerkennung und Vollstreckung ihres Schiedsspruchs fürchten müssen. Die Schiedsgerichtsbarkeit würde von einer attraktiven Alternative zu einem Risikofaktor bei der Streitbeilegung werden.

Überdies ist eine Bindungswirkung von Kommissionsentscheidungen der Verfahrensdauer und den Kosten des Schiedsverfahrens zuträglich. Die Kommission hat die relevanten tatsächlichen und rechtlichen Erwägungen im Hinblick auf die Verletzung des Europäischen Wettbewerbsrechts untersucht, Informationen und Beweise gesichtet, die unter Umständen den Schiedsgerichten nicht zugänglich sind, und sie ist zu einer schlüssigen Entscheidung gekommen. Die Kommission als oberste Wettbewerbsbehörde ist in der Regel, nicht zuletzt infolge ihrer institutionellen und ermittlungstechnischen Möglichkeiten an Informationen zu gelangen, am besten geeignet, die Verletzung von Art. 101 und 102 AEUV abschließend zu beurteilen. Die durch die kartellverwaltungsrechtliche Entscheidung getroffenen Feststellungen können den Schiedsgerichten ihr Verfahren erheblich erleichtern, da sie unter Umständen nicht die tatsächlichen Möglichkeiten haben, Informationen zu ermitteln, oder ihnen die rechtliche Möglichkeit der Informations- und Unterstützungsbeschaffung durch das Kooperationssystem der VO 1/2003 zumindest offiziell verwehrt wird. Die Bindungswirkung an die Kommissionsentscheidung entspricht nicht nur dem Grundsatz der Prozessökonomie, sondern verkürzt das Schiedsverfahren erheblich, also auch die Kosten für die Parteien. Gegen unrichtige Kommissionentscheidungen könnten auch die Schiedsparteien Nichtigkeitsklage gemäß Art. 263 AEUV erheben.

Die Schiedsgerichte könnten sich wie die staatlichen Gerichte über die Einleitung des Kartellverwaltungsverfahrens auf der Internetseite der Kommission informieren. Zudem sollte die Kommission den Schiedsgerichten nicht die Möglichkeit verwehren, bei Zweifeln genauso wie die staatlichen Gerichte[637] bei der Generaldirektion Wettbewerb anfragen zu dürfen. Im Bereich der alternativen Zusammenarbeit mit den Schiedsgerichten hat die Kommission verlauten lassen, dass sie den Schiedsgerichten zumindest positiv gegenüber steht.[638] Es kann daher davon ausgegangen werden, dass die Generaldirektion Wettbewerb einer diesbezüglichen Anfrage der Schiedsgerichte, die nur ein Informationsbegehren beinhaltet, ebenfalls nicht ablehnend gegenüber steht.

Problematisch könnte es werden, wenn die Schiedsgerichte Zweifel an der Richtigkeit der Kommissionsentscheidung haben. Nicht nur, dass ihnen der direkte Weg über Art. 267 AEUV verwehrt wird. Die „goldene Brücke", soweit sie im nationalen Recht überhaupt prozessual möglich ist,[639] zieht die Verfahrensdauer zusätzlich in die Länge. Aber auch hier werden die Schiedsgerichte die weitere Verzögerung im Hinblick auf die einheitliche Anwendung des Wettbewerbsrechts und die Schaffung eines durchsetzbaren Schiedsspruchs hinnehmen müssen. Denkbar wäre es jedoch, dass die Kommission ebenso wie beim staatlichen Gerichtsverfahren Fälle bevorzugt behandelt, die zur Aussetzung eines Schiedsverfahrens geführt haben. Im Hinblick auf die hohe Arbeitsbelastung der Kommission kann dies aber grundsätzlich nicht erwartet werden.

3. Begriff der mittelbaren Bindung durch Art. 16 Abs. 1 VO 1/2003

Problematisch ist darüber hinaus, was in diesem Zusammenhang unter einen „mittelbaren Bindungswirkung" überhaupt zu verstehen ist.

„Mittelbare Bindungswirkung" muss in diesem Zusammenhang mindestens heißen, dass Art. 16 Abs. 1 VO 1/2003 im Bereich der Schiedsgerichtsbarkeit sinngemäß anzuwenden ist[640] bzw. dass die Schiedsgerichte auf der Basis einer freiwilligen Selbstverpflichtung[641] Art. 16 Abs. 1 VO 1/2003 bei ihrer Entscheidungsfindung berücksichtigen. Denn die Schiedsgerichte können als rein privates Entscheidungsgremium nicht dazu verpflichtet werden, die Kommissionsentscheidung zu berücksichtigen.[642]

637 Bekanntmachung über die Zusammenarbeit mit den staatlichen Gerichten, ABl. (EG) 2004, C-101/54, Rn. 12 u. 21.

638 Vgl. § 6 C.II.1.b)bb).

639 Siehe dazu § 4 B.I.1.a)bb).

640 *Schneider,* in: MüKo, KartellR, VO 1/2003, Art. 16 Rn. 6.

641 *Bartels,* ZfRV 2002, 83, 88.

642 *Blessing,* Arbitrating antitrust and merger control issues, S. 15 ff.; *Nazzini,* Concurrent Proceedings in Competition Law, Rn. 11.32; *ders.,* ECLR 2004, 153, 158; *Thalhammer,* wbl 2005, 62, 70.

In der schiedsgerichtlichen Literatur wird diskutiert, ob die Schiedsgerichte nicht zumindest *de facto* verpflichtet sind, die Kommissionsentscheidungen zu beachten.[643] Das Schiedsgericht muss nämlich berücksichtigen, dass ein Verstoß gegen das Unionsrecht die Anerkennung und Vollstreckung innerhalb der Union beeinflusst und sie deshalb von einer Kommissionsentscheidung *de facto* nicht abweichen können. Daher muss wohl im Ergebnis von einer *de facto*-Verpflichtung der Schiedsgerichte zur Berücksichtigung der Kommissionsentscheidungen ausgegangen werden, da ansonsten das Risiko zu groß ist, dass der Schiedsspruch in der Union nicht anerkannt und vollstreckt wird. Allerdings muss für eine solche *de facto*-Verpflichtung das Risiko einer divergierenden Entscheidung des Schiedsspruchs mit einer Entscheidung der Kommission real und nicht nur rein spekulativ ist.[644] Dies muss im Einzelfall vom Schiedsgericht geprüft und abgewägt werden. Im Zweifel sollten die Schiedsrichter aber in jedem Fall von einer realen Gefahr ausgehen.

4. *Rechtsfolge der mittelbaren Bindung über Art. 16 VO 1/2003*

a) *Ergangene Kommissionsentscheidungen gemäß Art. 16 Abs. 1 Satz 1 VO 1/2003*

Die mittelbare Bindung des Art. 16 VO 1/2003 bedeutet, dass die Schiedsgerichte ergangene Kommissionsentscheidungen gemäß Art. 16 Abs. 1 Satz 1 VO 1/2003 bei ihrer Entscheidungsfindung berücksichtigen müssten.

b) *Beabsichtigte Kommissionsentscheidungen gemäß Art. 16 Abs. 1 Satz 2 VO 1/2003*

Dies gilt auch für beabsichtigte Kommissionsentscheidungen gemäß Art. 16 Abs. 1 Satz 2 VO 1/2003. Diese wären ebenfalls von den Schiedsgerichten zu berücksichtigen, sobald die Kommission ein Verfahren offiziell eingeleitet hat. Die notwendigen Informationen über die Einleitung eines Kartellverwaltungsverfahrens könnten die Schiedsgerichte über die Bekanntgabe auf der Internetseite der Kommission oder nach Information durch die GD Wettbewerb erhalten.[645]

Fraglich ist, ob dies auch gemäß Art. 16 Abs. 1 Satz 3 VO 1/2003 zur Folge hat, dass die Schiedsgerichte ihr Verfahren aussetzen. Zwar kann die Aussetzung nach Art. 16 Abs. 1 Satz 3 VO 1/2003 grundsätzlich wie bei den staatlichen Gerichten nur als eine Ermessensvorschrift verstanden werden.[646] Jedoch werden die einzelstaatlichen Gerichte in der Regel ihr Verfahren aussetzen, wenn abzusehen ist, dass sie der beabsichtigten Kommissionsentscheidung nicht zustimmen, um nicht gegen ihrer Verpflichtung aus Art. 16 Abs. 1 Satz 2 VO 1/2003 zu verstoßen.

---

643 *Komninos*, in: *Basedow/Francq/Idot*, International Antitrust Litigation, S. 208; *Nazzini*, ECLR 2004, 153, 158.

644 *Nazzini*, ECLR 2004, 153, 158.

645 Siehe dazu schon § 5.A.2.d).

646 Siehe § 5.A.2.b).

Problematisch ist aber, ob das Schiedsverfahren eine solche Aussetzung überhaupt zulassen würde. Die weiten Kompetenzen der Schiedsrichter bei der Verfahrensgestaltung[647] würden wohl eine Verfahrensaussetzung ermöglichen, um die kartellverwaltungsrechtliche Entscheidung abzuwarten. Allerdings sind Schiedsrichter oft an Fristen für die Beendigung des Verfahrens gebunden.[648] Darüber hinaus legen einige Regelungen in nationalen Rechts-[649] und Schiedsordnungen[650] fest, dass es eine Pflicht der Schiedsrichter sei, die Verfahren schleunig und ohne unnötige Verzögerungen zu beenden. Eine Aussetzung des Verfahrens und das Warten auf die kartellverwaltungsrechtliche Entscheidung könnten dem Prinzip der Schnelligkeit des Verfahrens widersprechen.[651] Allerdings ist es die oberste Pflicht des Schiedsrichters einen vollstreckbaren Schiedsspruch zu schaffen. Daher kann die Aussetzung trotz des Prinzips der Schnelligkeit des Schiedsverfahrens nicht verweigert werden, wenn ansonsten im Anerkennungs- und Vollstreckungsverfahren die Nichtigkeit des Schiedsspruchs droht.[652]

Die Parteiautonomie im Schiedsverfahren könnte eine Aussetzung verhindern. Im Unterschied zum staatlichen Verfahren erhalten die Schiedsgerichte ihre Rechte im Wesentlichen durch die Schiedsvereinbarung. Die Schiedsrichter dürfen ihre Rechte nur in dem Maß ausüben, das die Parteien ihnen gewähren.[653] Eine Aussetzung wäre auch nur dann möglich, wenn die Schiedsparteien der Aussetzung zustimmen.[654] Es besteht aber das Risiko, dass eine Schiedspartei die Zustimmung zur Aussetzung verweigert, z.B. weil die Partei finanziell nicht in der Lage, die sich durch die Aussetzung ergebene Verlängerung des Schiedsverfahrens durchzustehen. Das Schiedsgericht könnte dann nicht aussetzen. Nichtsdestotrotz hilft es auch finanziell schwachen Parteien nicht, eine Aussetzung zu umgehen, wenn in der Konsequenz kein vollstreckbarer Schiedsspruch geschaffen wird. Zudem haben die Schiedsgerichte genauso wie die staatlichen Gerichte die Möglichkeit, die Rechte der Parteien durch einstweilige Maßnahmen zu schützen.[655] Die Schiedsgerichte sollten

---

647 *Schütze*, Schiedsgerichtsbarkeit und Schiedsverfahren, Rn. 23; *Schütze/Tscherning/Wais*, Handbuch des Schiedsverfahrens, Rn. 5.

648 Art. 24 (1) ICC Regeln.

649 Z.B. § 1030 Abs. 1 ZPO; Sect. 1 (a) AA 1996; *Kutschera*, in: *Torggler (Hrsg.)*, Praxishandbuch Schiedsgerichtsbarkeit, Rn. C.50.

650 Art. 16 Abs. 2 AAA International Arbitration Rules; Art. 14.1.ii. LCIA Rules.

651 *Nazzini*, Concurrent Proceedings in Competition Law, Rn. 11.26. Siehe dazu schon § 2 A.I.3.

652 *Nazzini*, Concurrent Proceedings in Competition Law, Rn. 11.27.

653 *Schütze*, Schiedsgericht und Schiedsverfahren, Rn. 6, 108; *Kutschera*, in: *Torggler (Hrsg.)*, Praxishandbuch Schiedsgerichtsbarkeit, Rn. C.1; *Schwab/Walter*, Schiedsgerichtsbarkeit, Kap. 1 Rn. 1. Siehe dazu schon § 2 A.I.2.

654 *Kurkela/Levin/Liebscher/Sommer*, J. Int. Arb. 24 (2007), 189, 194; *Thalhammer*, wbl 2005, 62, 70.

655 Im deutschen Recht § 1041 ZPO; in Österreich: § 593 öZPO. Vgl. zum einstweiligen Rechtsschutz im Schiedsverfahren: *Bandel*, Einstweiliger Rechtsschutz im

den Parteien in einer solchen Situation auf jeden Fall klar machen, dass dies dazu führen kann, dass der Schiedsspruch nicht vollstreckbar ist. Sollten die Parteien dann ihre Zustimmung zur Aussetzung verweigern, muss das Schiedsgericht sich dem Willen der Parteien beugen. Die Schiedsrichter verletzen damit jedoch keine ihrer Pflichten, da die Schiedsparteien den Weitergang des Verfahrens aufgrund ihrer Parteiautonomie selbst bestimmt haben und das Risiko der Nichtvollstreckbarkeit des Schiedsspruchs wissentlich in Kauf nehmen.

Im Ergebnis sollten die Schiedsgerichte ihre Aussetzung ebenso wie die einzelstaatlichen Gerichte ernsthaft prüfen und in dem Fall – mit Zustimmung der Parteien – aussetzen, in dem sie einen Widerspruch zu der Kommissionsentscheidung erwarten.

III. Ergebnis

Die einzelstaatlichen Gerichte sind gemäß Art. 16 Abs. 1 Satz 1 VO 1/2003 an die ergangenen Entscheidungen der Kommission gebunden. Sie sind zudem verpflichtet, keine Urteile zu erlassen, die Entscheidungen widersprechen, die die Kommission zu erlassen beabsichtigt, Art. 16 Abs. 1 Satz 2 VO 1/2003. In diesem Fall können und sollten die einzelstaatlichen Gerichte prüfen, ob sie ihr Verfahren bis zur Kommissionsentscheidung aussetzen, Art. 16 Abs. 1 S. 3 VO 1/2003. Die Aussetzung des einzelstaatlichen Verfahrens steht jedoch im Ermessen der Gerichte.

Art. 16 Abs. 1 VO 1/2003 ist für die Schiedsgerichte nur mittelbar anwendbar. Mittelbare Anwendbarkeit bedeutet eine Selbstverpflichtung der Schiedsgerichte, im Hinblick auf die Schaffung eines vollstreckbaren Schiedsspruchs von den Kommissionsentscheidungen nicht abzuweichen. Daher sollten die Schiedsgerichte ernsthaft prüfen, ob sie im Falle von beabsichtigen Kommissionsentscheidung nicht auch das Schiedsverfahren aussetzen sollten. Dies geht jedenfalls aber nur mit Zustimmung der Schiedsparteien.

B. Bindung der Kommission an Urteile nationaler Gerichte und Schiedsgerichte

In dem System der parallelen Zuständigkeiten des Europäischen Wettbewerbsrechts kann die Situation auftreten, dass die Kommission ein Kartellverwaltungsverfahren einleitet, obwohl die Vereinbarung oder die Verhaltensweise schon Gegenstand eines einzelstaatlichen Gerichtsverfahren oder eines Schiedsverfahrens war. Die Kommission ist die oberste Kartellbehörde.[656] Sie kann jederzeit gegen die Parteien eines

---

Schiedsverfahren, 2000; *Krimpenfort,* Vorläufige und sichernde Maßnahmen im schiedsrichterlichen Verfahren, 2001; *Otte,* in: *Berger (Hrsg.),* Einstweiliger Rechtsschutz, Kapt. 17; *Schroeder,* SchiedsVZ 2004, 26 ff.; *Schroth,* SchiedsVZ 2003, 102 ff.; *Schütze,* BB 1998, 1650 ff.; *Zeiler,* SchiedsVZ 2006, 79 ff.

656 *Kjølbe,* CMLRev. 2002, 175, 177.

Kartells ein Kartellverwaltungsverfahren einleiten, auch wenn die Vereinbarung oder die Verhaltensweise inzident im Rahmen eines Zivilverfahrens vor einem einzelstaatlichen Gericht oder einem Schiedsgericht geprüft wird oder geprüft wurde. Fraglich ist daher, inwieweit die Kommission an vorhergehende Entscheidungen der einzelstaatlichen Gerichte und der Schiedsgerichte gebunden ist.

I. Bindungswirkung von Urteilen einzelstaatlicher Gerichte

Aus der VO 1/2003 ergeben sich hinsichtlich der Bindungswirkung von Urteilen einzelstaatlicher Zivilgerichte in Bezug auf die Kommission keine Hinweise. Art. 16 VO 1/2003 regelt ausschließlich die umgekehrte Situation der Bindungswirkung der Kommissionsentscheidung für die einzelstaatlichen Gerichte. Hinweise ergeben sich auch nicht aus der Bekanntmachung der Kommission über die Zusammenarbeit mit den staatlichen Gerichten.[657]

1. Die Ansicht der Kommission und des EuGH

Die Kommission äußerte sich zuerst zu der Bindungswirkung von einzelstaatlichen Gerichtsentscheidungen für die Kommission. In der Sache *Van den Bergh Foods*[658] befand die Kommission, dass es „keineswegs gegen die Prinzipien, die die konkurrierenden Zuständigkeiten der nationalen Gerichte und der Kommission bei der Anwendung von Artikel 85 Absatz 1 und Artikel 86 des Vertrags regeln" verstößt, „wenn die Kommission eine von einem Urteil eines nationalen Gerichts abweichende Entscheidung trifft". Die Kommission schränkte dies aber noch dahingehend ein, dass ein solches Vorgehen durch ein ausreichendes Gemeinschaftsinteresse begründet werden müsse. Das Gemeinschaftsinteresse sah die Kommission in der Entscheidung *Van den Bergh Foods* in der Klärung von fundamentalen Aspekten gemeinschaftsweit üblicher Geschäftspraktiken.

Wo die Kommission in der *Van den Bergh Foods*-Entscheidung zunächst noch zögerlich die fehlende Bindungswirkung von gerichtlichen Entscheidung für die Kommission nur bei ausreichenden Gemeinschaftsgründen begründete, äußerte sich der EuGH zwei Jahre später eindeutiger dazu in der Entscheidung *Masterfoods*, die den Anstoß für Art. 16 VO 1/2003 gab.[659] Dort heißt es:[660]

> *„Ungeachtet dieser Zuständigkeitsverteilung kann die Kommission bei der Erfüllung der ihr durch den Vertrag zugewiesenen Aufgabe nicht an eine Entscheidung gebunden sein, die ein nationales Gericht in Anwendung der Art. 85 I und 86 EGV erlässt. Sie ist somit*

---

657 ABl. (EG) 2004, C-101/54. *Schütz*, WuW 2000, 686, 694 und *Zuber*, in: *Loewenheim/Meesen/Riesenkampff (Hrsg.)*, KartellR, VerfVO, Art. 16 Rn. 4 weisen noch darauf hin, dass die Bekanntmachung eine entsprechende Regelung aufweisen sollte. Dies wurde jedoch nicht umgesetzt.

658 Entscheidung der Kommission v. 11.3.1998, ABl. (EG) 1998, L-246/1 Rz. 279.

659 Siehe § 5.A.1.a).

660 EuGH v. 14.12.2000, Rs. C-344/98, Rz. 48 – *Masterfoods.*

befugt, jederzeit Einzelentscheidung zur Anwendung der Art. 85 und 86 EGW zu treffen, auch wenn eine Vereinbarung oder Verhaltensweise bereits Gegenstand einer Entscheidung eines nationalen Gerichts ist und die von der Kommission ins Auge gefasste Entscheidung zu dieser in Widerspruch steht.“

Der EuGH verweist damit auf die Rolle der Kommission als oberste Kartellbehörde, der es im Europäischen Wettbewerbsrecht unabhängig von ergangenen gerichtlichen Entscheidungen zu Erfüllung ihrer Aufgaben möglich sein muss, nachträgliche und von der Gerichtsentscheidung abweichende Entscheidungen zu treffen. Daher haben ergangene Gerichtsentscheidungen für die Kommission keine Bindungswirkung.[661]

Die fehlende Bindungswirkung von einzelstaatlichen Gerichtsentscheidungen ist konsistent, da ansonsten eine einheitliche und vor allem richtige Anwendung des Europäischen Wettbewerbsrechts nicht möglich ist. Denn anders als bei der Zusammenarbeit mit den nationalen Wettbewerbsbehörden[662] wird die Kommission nicht von der Einleitung eines gerichtlichen Verfahrens unterrichtet und kann dementsprechend auch nicht gemäß Art. 11 Abs. 6 VO 1/2003 das Verfahren von vornherein, d.h. vor[663] einer Entscheidung der nationalen Wettbewerbsbehörde, an sich ziehen. Daher muss die Kommission im Hinblick auf die – auch rechtskräftigen – nationalen Gerichtsentscheidungen die Möglichkeit haben, abweichende Entscheidungen zu treffen. Die Parteien haben zudem jederzeit die Möglichkeit, die abweichende Kommissionsentscheidung mit der Nichtigkeitsklage gemäß Art. 263 AEUV anzufechten, sodass sie einer abweichenden Kommissionsentscheidung auch nicht „schutzlos“ ausgeliefert sind.

2. *Auswirkungen für rechtskräftige Urteile*

Sodann stellt sich aber die Frage, was mit rechtskräftigen Urteilen der einzelstaatlichen Gerichte geschieht, wenn die Kommission eine abweichende Entscheidung

661 *Bornkamm,* ZWeR 2003, 73, 76; *Jaeger,* WuW 2000, 1063, 1069 f; *Holm-Hadulla,* Private Kartellrechtsdurchsetzung unter der VO Nr. 1/2003, S. 120; *Klees,* Europäisches Kartellverfahrensrecht, § 8 Rn. 135 ff.; *Komninos,* CMLRev. 2007, 1387, 1408; *Schneider,* in: MüKo, KartellR, VO 1/2003, Art. 16 Rn. 3; *Schütz,* WuW 2000, 686, 694; *Ritter,* in: *Immenga/Mestmäcker (Hrsg.),* VO 1/2003, Art. 16 Rn. 8.

662 Art. 11 Abs. 3 VO 1/2003.

663 Die VO 1/2003 regelt nicht die Situation, falls eine Entscheidung einer nationalen Wettbewerbsbehörde schon ergangen ist. In der Bekanntmachung über die Zusammenarbeit mit den Wettbewerbsbehörden (ABl. 2004 C 101/43, Rn. 57) kündigte die Kommission jedoch an, dass sie keine zu einer Entscheidung einer nationalen Wettbewerbsbehörde abweichende Entscheidung treffen wird, wenn das Netzwerk nach Art. 11 Abs. 3 ordnungsgemäß unterrichtet wurde und die Kommission von ihrer Kompetenz des Heranziehens des Verfahrens in Art. 11 Abs. 6 keinen Gebrauch gemacht hat.

trifft.[664] Der EuGH äußert sich in der *Masterfoods*-Entscheidung dazu nicht. Nach der Rechtsprechung des EuGH darf aber in einer solchen Konstellation die praktische Wirksamkeit der Entscheidung der Kommission nicht beeinträchtigt werden,[665] auch nicht, wenn diese zeitlich später ergangen ist. Daher ist eine Anwendung des Wettbewerbsrechts nur statthaft, soweit sie die einheitliche Anwendung des unionsrechtlichen Wettbewerbsrecht und die volle Wirksamkeit der zu seinem Vollzug geeigneten Maßnahmen nicht beeinträchtigt (effet utile).[666] Das nationale Recht muss für einen solchen Fall geeignete Maßnahmen – inklusive Maßnahmen der Wiedergutmachung – treffen, um den Konflikt nachträglich zu beseitigen[667] und sie im Ergebnis der Entscheidung der Kommission inhaltlich anzupassen.[668]

Bei rechtskräftigen Urteilen kommt nach deutschem nationalem Recht nur eine Wiederaufnahme des Verfahrens in Betracht. In einigen Entscheidungen[669] betont der EuGH, dass die Rechtskraft nationaler Gerichtsentscheidungen nicht in jedem Fall absolut zu schützen sei. Das Effektivitäts- und Gleichbehandlungsgebot aus Art. 4 Abs. 3 EUV rechtfertigt nach seiner Ansicht unter Umständen eine Durchbrechung der Rechtskraft.

Jaeger vertritt dagegen die Ansicht, dass eine abweichende Kommissionsentscheidung keine Auswirkung auf die – *inter partes* – Verbindlichkeit des Gerichtsurteils habe, da nach deutschem Prozessrecht kein hinreichender Grund für eine Wiederaufnahme des Verfahrens bestehe und die Parteien die Möglichkeit hätten, die Kommissionsentscheidung direkt anzufechten.[670]

a) Die Wiederaufnahme des Verfahrens nach der deutschen ZPO

Fraglich ist daher, ob im deutschen Recht rechtlich überhaupt eine Möglichkeit besteht, hier eine Wiederaufnahme des rechtskräftigen Gerichtsurteils zu erwirken. Die Wiederaufnahme des Verfahrens richtet sich im deutschen Recht im Wesentlichen nach §§ 578 ff. ZPO. Das deutsche Recht kennt darüberhinaus aber noch einige andere die Rechtskraft durchbrechende Rechtsbehelfe (z.B. die Abänderungsklage gemäß § 323 ZPO, Klage nach § 826 BGB). Grundsätzlich ist eine Wiederaufnahme des Verfahrens nur unter engen Voraussetzungen möglich, die eine Durchbrechung der Rechtskraft ausnahmsweise zulassen sollen.

---

664 KomE v. 11.3.1998, ABl. (EG) 1998, L-246/1, Rn. 279 – *„Van den Bergh Foods"*.

665 EuGH v. 13.2.1969, Rs. 14/68, Rn. 47 f. – *Walt Wilhelm*; EuGH v. 10.7.1980, Rs. 253/78 Rn. 16 – *Guerlain*.

666 *Schneider*, in: MüKo, KartellR, VO 1/2003, Art. 16 Rn. 3 m.w.Nachw.

667 *Ritter*, in: *Immenga/Mestmäcker (Hrsg.)*, VO 1/2003, Art. 16 Rn. 8.

668 *Schneider*, in: MüKo, KartellR, VO 1/2003, Art. 16 Rn. 3.

669 EuGH v. 16.3.2006, Rs. C-234/04, Rn. 22 – *Kapferer;* EuGH v. 18.7.2007, Rs. C-119/05, Rn. 61 – *Lucchini*, siehe dazu *Hatje*, EuR 2005, S. 654–659; EuGH v. 3.9.2009, Rs. C-2/08, Rn. 24 – *Olimpiclub*; EuGH v. 6.10.2009, Rs. C-40/08, Rn. 38 – *Asturcom*.

670 *Jaeger*, WuW 2000, 1063, 1069.

(1) Wiederaufnahme nach §§ 578 ff. ZPO

Als statthafter Rechtsbehelf käme zunächst die Restitutionsklage nach § 580 ZPO in Betracht kommt. Die Nichtigkeitsklage gemäß § 579 ZPO wäre hier kein statthafter Rechtsbehelf, da keiner der Nichtigkeitsgründe gemäß § 579 Abs. 1 ZPO statthaft wäre. Aber auch die Restitutionsklage ist nur statthaft, wenn ein Restitutionsgrund vorliegt. Der Restitutionsgrund des § 580 Nr. 8 ZPO betrifft Entscheidungen der EMRK und nicht die Entscheidungen der Kommission. Auch der Restitutionsgrund aus § 580 Nr. 6 ZPO ist nicht direkt anwendbar.

Denkbar wäre § 580 Abs. 1 Nr. 7b ZPO (Ergebnisfehlerrestitution). Fraglich ist, ob die Kommissionsentscheidung hier überhaupt als „Urkunde" i.S.v. § 580 Abs. 1 Nr. 7b ZPO angesehen werden könnte. Die in der Kommentarliteratur und in der Rechtsprechung bisher aufkommenden Beispiele lassen darauf schließen,[671] dass eine Entscheidung der Kommission nicht unter diesen Begriff fällt. In der Rechtsprechung wurde zudem verneint, dass ein Urteil des EuGH eine „Urkunde" i.S.v. § 580 Abs. 1 Nr. 7b ZPO ist.[672] Dies kann jedoch im Ergebnis dahinstehen, da bei den Urkunden in ständiger Rechtsprechung vom BGH gefordert wird, dass die Urkunde in einem Zeitpunkt errichtet wurde, in dem sie in dem früheren Verfahren (Zeitpunkt der mündlichen Verhandlung) noch hätte geltend gemacht werden können.[673] Bei nachträglich aufgestellten Urkunden hat der BGH diesen Restitutionsgrund bisher nur im Zusammenhang mit nachträglich ausgestellten Geburtsurkunden zugelassen.[674] Daher scheitert dieser Restitutionsgrund bei einer Kommissionsentscheidung schon deshalb, weil die Kommissionsentscheidung bei der hier untersuchten Auswirkung auf rechtskräftige Urteile im Zeitpunkt der mündlichen Verhandlung noch nicht vorgelegen hat. Sofern die Kommissionsentscheidung nämlich vor der mündlichen Verhandlung vorgelegen hat, ist das staatliche Gericht grundsätzlich dazu verpflichtet, diese zu berücksichtigen.[675] Ein anderer Restitutionsgrund ist nicht ersichtlich.

Einige Stimmen in der Literatur vertreten eine unionsrechtsorientierte analoge Anwendung der Restitutionsgründe § 580 Nr. 6 und 7 ZPO, wenn durch eine Entscheidung des EuGH die Unionsrechtswidrigkeit des nationalen Urteils festgestellt wird.[676] Bei einer Entscheidung der Kommission im Bereich des Wettbewerbsrechts, die dem rechtskräftigen nationalen Urteil widerspricht, ist eine analoge Anwendung dieser Vorschriften ebenfalls denkbar. Die Problematik des Einflusses von Entscheidungen der Kommission im Wettbewerbsrecht und von Urteilen des

671 Siehe zum Begriff der Urkunde bei § 580 Abs. 1 Nr. 7b ZPO: *Braun*, in: MüKo, ZPO, § 580 Rn. 45 ff.

672 OLG Bonn, BeckRS 2004, 4527.

673 BGH NJW 1951, 964; BGH NJW 1959, 1369, 1370; BGH NJW 2007, 3429.

674 BGHZ NJW 1951, 964; BGH NJW 1952, 666; BGH NJW 1959, 1369, 1370; BGH NJW 1967, 630, 631.

675 Siehe unten § 5.B.3.

676 *Meier*, EuZW 1991, 11, 14 f.; *Poelzig*, JZ 2007, 858, 867 f.

EuGH über die Auslegung des Unionsrechts auf rechtskräftige nationale Urteile ist vergleichbar. Die analoge Anwendung dieser Vorschriften ist umstritten.[677]

Selbst wenn man von einer Analogiefähigkeit der Restitutionsgründe ausgeht,[678] muss sich die Wiederaufnahme trotzdem grundsätzlich auf die Korrektur solcher Urteilsmängel beschränken, die ohne erneute Sachprüfung festgestellt werden können (z.B. Verfahrensfehler). Eine Überprüfung des Urteils auf seine sachliche Richtigkeit (auf Ergebnisfehler) ist nur in dem Fall gerechtfertigt, wenn sie auf Urteile beschränkt ist, denen aus bestimmten Gründen nur eine Rechtskraft geringerer Intensität zukommt.[679] Zwar ist unklar, was hier mit „Rechtskraft geringer Intensität" gemeint ist. Allerdings müsste bei einer Aufhebung eines einzelstaatlichen Urteils (i.d.R. Schadensersatzprozess) neu bewertet werden, welche Auswirkung die Kartellverwaltungsentscheidung der Kommission auf den zivilrechtlichen Sachverhalt zwischen den Parteien hat, sodass eine Korrektur des Urteils auch bei einer Analogiefähigkeit der Wiederaufnahmegründe nicht möglich wäre. In der Tat scheidet im Ergebnis ein Wiederaufnahmeverfahren nach §§ 580 ZPO aus.

(2) Abänderungsklage nach § 323 ZPO

In Betracht könnten jedoch noch die weiteren die Rechtskraft durchbrechenden Rechtsbehelfe der ZPO kommen. Eine Abänderungsklage gemäß § 323 ZPO, die grundsätzlich auch die materielle Rechtskraft durchbrechen kann,[680] wäre ebenfalls nicht zulässig, da es bei den hier in Betracht kommenden Urteilen im Wettbewerbsrecht in der Regel an einer wiederkehrenden Leistung i.S.v. § 258 ZPO fehlt.

(3) Klage nach § 826 BGB

Denkbar wäre jedoch auch eine Klage gemäß § 826 BGB. Die Klage gegen § 826 BGB richtet sich nicht gegen den Titel selbst, sondern geht nur auf Herausgabe des Titels oder Unterlassung der Zwangsvollstreckung oder – falls die Zwangsvollstreckung erfolgt ist – auf Wiederherstellung des Zustands oder Geldersatz.[681] Damit ist sie zwar nicht dazu geeignet, den Konflikt nachträglich komplett „zu beseitigen", denn dies könnte nur mit der Aufhebung des Urteils erreicht werden. Allerdings kann mit

---

677 Gegen eine analoge Anwendung: OLG Bonn, BeckRS 2004, 4527; *Baumbach/Lauterbach/Albers/Hartmann,* ZPO, Grundz § 578 Rn. 2, 4; *Germelmann,* Die Rechtskraft von Gerichtsentscheidungen in der Europäischen Union, S. 287; *Poelzig,* JZ 2007, 858, 867 f.; *Schmahl/Köber,* EuZW 2010, 927, 932; *Streinz,* JuS 2006, 637, 639. Für eine analoge Anwendung: *Braun,* in: MüKo, ZPO, Vorbem. § 578 Rn. 7; *ders.,* Rechtskraft und Restitution, S. 24; *Gaul,* Grundlagen des Wiederaufnahmerechts, § 37 ff.

678 Dies ist höchst umstritten. Siehe Übersicht bei *Braun,* in: MüKo, ZPO, Vorbem. §§ 578 ff. Rn. 4 ff.

679 *Braun,* in: MüKo, ZPO, Vorbem. §§ 578 ff. Rn. 9.

680 *Borth,* in: *Musielak,* ZPO, § 323 Rn. 4.

681 *Oechsler,* in: *Staudinger,* BGB, § 826 Rn. 512.

der Klage nach § 826 BGB Wiedergutmachung geleistet werden, indem entweder der Titel herausgegeben wird oder der Zustand vor der Vollstreckung wieder hergestellt oder Geldersatz geleistet wird. Dies ist grundsätzlich ausreichend, um die Folgen des Urteils, von dem die Kommissionsentscheidung nachträglich abweicht, im Ergebnis zu beseitigen.

Allerdings kommt die Klage nach § 826 BGB nur in Betracht, wenn (i) eine Partei eine Entscheidung oder dessen Rechtskraft in einer gegen die guten Sitten verstoßenden Weise herbeigeführt hat (Titelerschleichung) oder (ii) die Ausnutzung der Entscheidung aus anderen Gründen gegen die guten Sitten verstößt.[682] Eine Titelerschleichung kommt nicht in Betracht. Allerdings wäre denkbar, dass die Ausnutzung der gerichtlichen Entscheidung, die nach der Kommissionsentscheidung offensichtlich falsch ist, gegen die guten Sitten verstoßen würde. In der Praxis hängt eine solche Entscheidung immer von den Umständen des Einzelfalls ab.[683] Darin liegt zwar der Nachteil dieser Klage, da ein Verstoß gegen die guten Sitten nur restriktiv bejaht wird. Allerdings könnte man argumentieren, dass es gegen „das Anstandsgefühl aller billig und gerecht Denkenden"[684] verstößt, ein Urteil mit wettbewerbsrechtlichen Gesichtspunkten zu vollziehen, welches gegen eine Kommissionsentscheidung verstößt und eine Aufhebung dieses Urteils aufgrund des deutschen Rechtssystem mit den anderen die Rechtskraft durchbrechenden Rechtsbehelfen nicht aufgehoben werden kann. Zudem könnten die weiteren Umstände des jeweiligen Einzelfalls dazu beitragen, dass ein Verstoß gegen die guten Sitten bejaht werden kann.

Auf der anderen Seite ist die Klage nach § 826 BGB auf Fehler im Verhalten der Gegenpartei und erst nachrangig auf gerichtliche Fehler konzipiert.[685] Zudem stellen auf § 826 BGB gestützte Klagen zur Durchbrechung der Rechtskraft seltene Ausnahmefälle dar, die das Institut der Rechtskraft nie bezweifelt haben.[686] Eine weite Ausdehnung dieser Klageart verbietet sich grundsätzlich. Daher wird man im Ergebnis die Ausdehnung dieser Klageart auf die Beseitigung von Urteilen nach widersprechenden nachträglichen Kommissionsentscheidungen verneinen müssen.

Das deutsche Recht kann die Vorgaben des EuGH aus der *Masterfoods*-Entscheidung nicht erfüllen. Eine Durchbrechung der Rechtskraft ist nach den deutschen Regelungen nicht möglich. *De lege ferenda* besteht dann theoretisch das Bedürfnis einen entsprechenden Wiederaufnahmegrund zu entwickeln. Konkrete Beispielsfälle aus der deutschen Rechtsprechung sind bisher jedenfalls nicht bekannt.

---

682 *Braun*, in: MüKo, ZPO, Vorbem. §§ 578 ff. Rn. 11 ff.

683 *Braun*, in: MüKo, ZPO, Vorbem. §§ 578 ff. Rn. 13.

684 *Sack/Fischinger*, in: *Staudinger*, BGB, § 138 Rn. 14 ff.

685 *Germelmann,* Die Rechtskraft von Gerichtsentscheidungen in der Europäischen Union, S. 287.

686 *Wagner,* in: MüKo, BGB, § 826 Rn. 179.

(4) Maßnahmen zur Wiedergutmachung

Geeignete Wiedergutmachungsmaßnahmen könnten die einzelstaatlichen Gerichte jedoch auf anderem Wege treffen. Die Entwicklung eines außerordentlichen Rechtsbehelfs in Anlehnung an eine Anhörungsrüge gemäß § 321 a ZPO ist angesichts der Konzeption der deutschen Rechtskraftdoktrin, nach der Durchbrechungsmöglichkeiten positivrechtlich normiert werden, zwar abzulehnen.[687] Der Mitgliedstaat kann seinen unionsrechtlichen Verpflichtungen zur Beseitigung des nachträglichen Konflikts zwischen der Kommissionsentscheidung und einem rechtskräftigen staatlichen Urteil aber nachkommen, wenn es in einem Staatshaftungsprozess die Folgen eines unionsrechtswidrigen, rechtskräftigen innerstaatlichen Urteils durch Gewährung von Schadensersatz korrigiert.[688] Der durch den Staatshaftungsprozess gewährte Schutz für die Parteien des staatlichen Urteils entspricht zwar im Umfang nicht dem Schutz eines Wiederaufnahmeverfahrens, ist aber zumindest vergleichbar.

Droht einer Partei zudem die Vollstreckung aus dem nationalen Urteil, steht ihr aufgrund der bindenden Wirkung der Kommissionsentscheidung nach deutschem Recht gemäß § 767 ZPO die Vollstreckungsabwehrklage zu bzw. kann sie nach erfolgter Vollstreckung die Leistung nach Bereicherungsrecht heraus verlangen.[689] Die Vollstreckungsabwehrklage würde allerdings nur Situationen erfassen, in denen das einzelstaatliche Gericht einem zivilrechtlichen Anspruch stattgegeben hat, diesen jedoch bei richtiger Anwendung des Europäischen Wettbewerbsrechts hätte abweisen müssen.[690] Die bindende Kommissionsentscheidung verändert den titulierten Anspruch inhaltlich und ist ein Einwand gegen die Zwangsvollstreckung im Rahmen der Vollstreckungsabwehrklage. Rechtsfolge der Vollstreckungsabwehrklage ist, dass die Vollstreckbarkeit des Titels beseitigt wird. Zugleich kann Klage auf Herausgabe des Titels gemäß § 371 BGB analog erhoben werden, damit keine Möglichkeit mehr zur Vollstreckung aus dem Urteil besteht.[691] Aufgrund der nachträglichen inhaltlichen Sachverhaltsänderung steht die Rechtskraft eines klageabweisenden Urteils einer erneuten Klage nicht entgegen.[692] Wenn es aufgrund des

---

687 *Germelmann,* Die Rechtskraft von Gerichtsentscheidungen in der Europäischen Union, S. 288 f.; *Schmahl/Köber,* EuZW 2010, 927, 932.

688 *Schmahl/Köber,* EuZW 2010, 927, 932. Siehe zur Staatshaftung aufgrund eines nationalen Urteils: EuGH v. 30.9.2003, C-224/01 – *Köbler; Krieger,* JuS 2004, S. 855 ff.; *Wolf,* WM 2005, S. 1345 ff.

689 *Bornkamm,* in: Schwerpunkte des Kartellrechts 1992/1993, RIW-Schriftenreihe Heft 158, S. 51, 60; vgl. zum alten Recht vor der Reform auch *Bartels,* ZfRV 2002, 83, 93.

690 *Holm-Hadulla,* Private Kartellrechtsdurchsetzung unter der VO Nr. 1/2003, S. 124.

691 *Lackmann,* in: *Musielak (Hrsg.),* ZPO, § 767 Rn. 46; *Preuß,* in: BeckOK, ZPO, § 767 Rn. 73.

692 *Bornkamm,* in: Schwerpunkte des Kartellrechts 1992/1993, RIW-Schriftenreihe Heft 158, S. 51, 59.

nationalen Urteils zu Zahlungen und Lieferungen gekommen ist, müsste nach den Vorschriften des Bereicherungsrechts in §§ 812 ff. BGB rückabgewickelt werden.[693]

b) Zwischenergebnis

Im Ergebnis kann daher das rechtskräftige Urteil nachträglich nach den deutschen Vorschriften nicht beseitigt werden. Allerdings sind andere Maßnahmen zur Wiedergutmachung denkbar.

3. Auswirkungen für laufende Verfahren und nicht-rechtskräftige Urteile

Zur Vollständigkeit soll hier ebenfalls kurz dargestellt werden, welche Auswirkung die Einleitung eines Kartellverfahrens der Kommission auf laufende Verfahren und nicht rechtskräftige Urteile hat. Dies soll hier in diesem Zusammenhang erläutert werden, da die fehlende Bindungswirkung von Urteilen für die Kommission auch Auswirkungen auf noch nicht rechtskräftige Urteile der einzelstaatlichen Gerichte hat.

a) Laufende Verfahren

Wenn die Kommission ein Kartellverwaltungsverfahren einleitet, dessen zu überprüfende Vereinbarung oder Verhaltensweise aktuell Gegenstand eines einzelstaatlichen Gerichtsverfahren sind, ist das einzelstaatliche Gericht dazu verpflichtet, keine der beabsichtigenden Kommissionsentscheidung zuwiderlaufenden Entscheidung zu treffen. Insoweit gilt Art. 16 Abs. 1 Satz 2 VO 1/2003 und das einzelstaatliche Gerichte sollte die Aussetzung ihres Verfahrens gemäß Art. 16 Abs. 1 Satz 3 VO 1/2003 prüfen.[694]

b) Nicht-rechtskräftige Urteile

Sofern die Urteile der einzelstaatlichen Gerichte noch nicht rechtskräftig sind, kann nichts anderes geltend, als dass Art. 16 Abs. 1 Satz 2 VO 1/2003 auch in diesem Fall anwendbar ist. Art. 16 Abs. 1 Satz 2 VO 1/2003 verpflichtet die einzelstaatlichen Gerichte während des gesamten Instanzenzugs, da die einzelstaatlichen Verfahren erst mit Ablauf der Rechtsmittelfristen abgeschlossen sind. Bis dahin sind die einzelstaatlichen Gerichte verpflichtet, keine der Kommissionsentscheidung zuwiderlaufende Entscheidung zu fällen.

---

693 *Bartels*, ZfRV 2002, 83, 93; *Canenbley/Klingbeil*, in: *Braakmann (Hrsg.)*, Die Anwendung des Artikel 85 und 86 des EG-Vertrages durch die Gerichte der Mitgliedstaaten, S. 209; *Ebenroth/Birk*, EWS-Beilage2/1996, 1, 6 f.; *Esser-Wellié*, WuW 1995, 457, 470; a.A. wohl *Bauer/Weyer*, in: FK, Art. 81, Zivilrechtsfolgen Rn. 211, nach dem bei einem Widerspruch der feststellenden Entscheidungen der Kommission die Rechtskraft zivilrechtlicher Urteile nicht berührt werden soll.

694 Siehe oben § 5.A.2.b).

Sofern die Parteien dann innerhalb der Rechtsmittelfristen nach den Vorschriften der jeweiligen nationalen Rechtsordnungen ein Rechtsmittel einlegen, ist das Rechtsmittelgericht an Art. 16 Abs. 1 Satz 2 VO 2003 gebunden und sollte die Aussetzung seines Verfahrens gemäß Art. 16 Abs. 1 Satz 3 VO 1/2003 prüfen.

II. Schiedssprüche

Wenn schon keine Bindung der Kommission an Entscheidungen der nationalen Gerichte besteht, kann auch ein vorangegangener Schiedsspruch keinerlei Bindungswirkung entfalten. Dies würde jedweder Grundlage des Schiedsgerichts als privates Entscheidungsgremium widersprechen. Ein Schiedsspruch kann die Kommission in ihrer Entscheidung nicht binden.

Komninos ist der Ansicht, dass wenngleich die Kommission rechtlich nicht gehindert wäre, jederzeit gegen eine bestimmte wettbewerbsbeschränkende Absprache vorzugehen, obwohl das Schiedsgericht darüber schon entschieden hat,[695] sie dies tatsächlich aber wohl nur in seltenen Ausnahmenfällen tun wird.[696] Nach *Eilmannsberger* wird ein entsprechend starkes öffentliches Interesse an einem Vorgehen nur dann vorliegen, wenn der Schiedsspruch das Kartell- oder Missbrauchsverbot zur Gänze missachtet. Ansonsten werde die Kommission aber wohl Zurückhaltung üben.[697] Dies ist nicht nachvollziehbar, da die Kommission – wenn sie schon bei den staatlichen Gerichten auf deren Urteile keine Rücksicht nimmt – dies auch nicht bei den Schiedsgerichten tun wird.

Sobald der Schiedsspruch erlassen ist, kommt eine Aufhebung oder ein Angriff des Schiedsspruchs im Anerkennungs- und Vollstreckungsverfahren wegen einer entgegenstehenden Kommissionsentscheidungen nach nationalen Grundsätzen in Betracht (ZPO, EuGVVO). Bei einer entgegenstehenden Kommissionsentscheidung würde die Vollstreckung des Schiedsspruchs gegen Art. 101 Abs. 3 AEUV verstoßen und der Schiedsspruch könnte im Rahmen der ordre public-Kontrolle auch im Aufhebungs- bzw. Vollstreckungsverfahren nachträglich angegriffen werden. Insoweit könnte der schon ergangene Schiedsspruch leichter korrigiert werden als das staatliche rechtskräftige Urteil, falls eine entgegenstehende Kommissionsentscheidung im Nachhinein ergehen sollte.

III. Ergebnis

Die Kommission ist nicht an vorangegangene Urteile und Entscheidungen der nationalen Zivilgerichte sowie Schiedsgerichte gebunden. Sofern die Kommission eine Entscheidung erlassen hat, die einem rechtskräftigen Urteil eines staatlichen Gerichts widerspricht, könnte die Rechtskraft dieses Urteil im deutschen Recht mit den *de lege lata* zur Verfügung stehenden Rechtsbehelfen zur Durchbrechung

695 *Bensaude*, J. Int. Arb. 22 (2005), 239, 244.
696 *Komninos*, World Comp. 2001, 211, 233.
697 *Eilmannsberger*, SchiedsVZ 2006, 5, 17.

der Rechtskraft nicht beseitigt werden. Denkbar sind jedoch andere Maßnahmen zur Wiedergutmachung, z.B. im Wege der Zwangsvollstreckung oder in einem Staatshaftungsprozess.

C. Bindungswirkung von einzelstaatlichen Urteilen und Schiedssprüchen

Das System der parallelen Zuständigkeiten im Europäischen Wettbewerbsrecht lässt parallele Verfahren von verschiedenen einzelstaatlichen Gerichten grundsätzlich zu. Insbesondere in Betracht kommen hier kartellrechtliche Feststellungsurteile, aber vereinzelt wohl auch Leistungsurteile, die unter Verstoß von Art. 27 EuGVVO a.F. ergangen sind. Daher stellt sich die Frage, ob und wie einzelstaatliche Gerichte an Gerichtsentscheidungen aus anderen Mitgliedstaaten gebunden sind (hierzu unter I.).

Da auch Schiedsgerichte das Europäische Wettbewerbsrecht in seiner Gesamtheit (Art. 101 Abs. 1, 2 und 3 sowie Art. 102 AEUV) anwenden können, stellt sich die Problematik, inwiefern die staatlichen Gerichte an Entscheidungen von Schiedsgerichten gebunden sind (hierzu unter II.). Das Schiedsgericht ist nämlich seinerseits bei seiner Entscheidung an frühere Entscheidungen staatlicher Gerichte in derselben Sache zwischen denselben Parteien gebunden.[698]

I. Bindung der Gerichte an Entscheidungen anderer nationaler Zivilgerichte

Da die Anwendung des Europäischen Wettbewerbsrechts immer einen grenzüberschreitenden Bezug fordert, könnten sich Zivilgerichte unterschiedlicher Mitgliedstaaten mit der Streitsache befassen. Insoweit ist fraglich, inwieweit Zivilgerichte an Entscheidungen anderer mitgliedstaatlicher Zivilgerichte gebunden sind. Dies richtet sich nach der EuGVVO.

Grundsätzlich gilt: Ergehen zwei Gerichtsurteile zwischen den gleichen Parteien und dem gleichen Streitgegenstand, geht das ältere Urteil vor.[699] Die Bindung eines ausländischen Urteils kann allerdings nur über eine Anerkennung vollzogen werden. Die VO 1/2003 enthält diesbezüglich keine Regelung. Ob und inwieweit ausländische Urteile anerkannt werden, liegt im Ermessen des nationalen Gesetzgebers, der die Anerkennung nach politischen Erwägungen, Handels- und Verkehrsbedürfnissen zulassen oder nicht zulassen kann.[700] Es besteht keine generelle völkerrechtliche Pflicht ausländische Urteile zuzulassen.[701] Auf europäischer Ebene

---

698 *Schütze*, Schiedsgericht und Schiedsverfahren, Rn. 433.

699 BGH NJW 1981, 1517, 1518; *Gottwald*, in: MüKo, ZPO, § 322 Rn. 65; *Musielak*, in: *Musielak (Hrsg.)*, ZPO, § 322 Rn. 15.

700 *Nagel/Gottwald*, § 15 Rn. 2.

701 *Gottwald*, in: MüKo, ZPO, § 328 Rn. 1.

sehen die alte[702] und die neue EuGVVO, die EuVTVO,[703] die EheGVO II[704] und für konkursrechtliche Entscheidungen die EuInsVO[705] ein vereinfachtes Anerkennungs- und Vollstreckungsverfahren vor, welches für alle Urteile von Zivilgerichten anderer Mitgliedstaaten gilt.[706]

Nach Art. 33 Abs. 1 EuGVVO a.F. werden die Entscheidungen, die in einem Mitgliedstaat ergangen sind, grundsätzlich ipso iure, d.h. ohne besonderes Verfahren automatisch anerkannt. Mit der Anerkennung erstreckt sich die Wirkung der Entscheidung aus einem Mitgliedstaat auf das Inland. Die Anerkennung erstreckt sich auf alle prozessualen Entscheidungswirkungen, d.h. die materielle Rechtskraft,[707] die Präklusionswirkung, die Gestaltungswirkung und prozessuale Drittwirkung wie Interventions- und Streitverkündungswirkung.[708] In diesem Umfang hat die Entscheidung eines anderen Mitgliedstaats Wirkung in Anerkennungsstaat und steht einer neuen Entscheidung eines Gerichts entgegen.

---

702 Derzeit noch Verordnung (EG) Nr. 44/2001 des Rates über die gerichtliche Zuständigkeit und die Anerkennung und Vollstreckung von Entscheidungen in Zivil- und Handelssachen vom 22. Dezember 2000, ABl. (EG) 2001, L-12/1; *Gebauer*, in: *Gebauer/Wiedmann (Hrsg.)*, Zivilrecht unter europäischem Einfluss, Kap. 26; *Gottwald*, in: MüKo, ZPO, EuGVVO a.F., Art. 1 Rn. 1 ff.; *Kohler*, in: FS Geimer, S. 461 ff.; *Micklitz/Rott*, EuZW 2001, 325 ff.; *Pontier/Burg*, EU Principles on Jurisdiction and Recognition of Judgments in Civil and Commercial Matters, 2004.

703 Verordnung (EG) Nr. 805/2004 des Europäischen Parlaments und des Rates zur Einführung eines europäischen Vollstreckungstitels für unbestrittene Forderungen vom 21.04.2001 (ABl. (EG) 2004, L-143/15), vgl. dazu auch *Gottwald*, in: MüKo, ZPO, § 328 Rn. 18; *Jahn*, NJW 2007, 2890 ff.; *Kropholler*, EUZPR, S. 556 ff.; *Phillip*, EuZW 2007, 164; *Wagner*, IPRax 2005, 189 ff.

704 Verordnung (EG) Nr. 2201/2003 des Rates über die Zuständigkeit und die Anerkennung und Vollstreckung von Entscheidungen in Ehesachen und in Verfahren betreffend die elterliche Verantwortung und zur Aufhebung der Verordnung (EG) Nr. 1347/ 2000 vom 27.11.2003 (ABl (EG) 2003, L-338/1); vgl. dazu auch *Frank*, in: *Gebauer/Wiedmann (Hrsg.)*, Zivilrecht unter europäischem Einfluss, Kap. 27; *Martiny*, FPR 2008, 187 ff.

705 Verordnung (EG) Nr. 1346/2000 des Rates über Insolvenzverfahren vom 29.5.2000 (ABl. (EG) 2000, L-160/1); vgl. dazu auch *Haubold*, in: *Gebauer/Wiedmann (Hrsg.)*, Zivilrecht unter europäischem Einfluss, Kap. 30; *Kindler*, in: MüKo, BGB, B. Europäisches Internationales Insolvenzrecht; *Oberhammer*, KTS 2009, 27 ff.; *Paulus*, NZI 2008, 1 ff.; *Reinhardt*, in: MüKo, InsO, EGInsO, vor Art. 102 Rn. 1 ff.; *ders.*, NZI 2009, 201 ff.

706 Neben diesen vier großen Verordnungen existieren zahllose andere Verordnungen, aber auch multi- sowie bilaterale Verträge, die die Anerkennung regeln, vgl. dazu noch zur alten EuGVVO die Übersicht bei *Gottwald*, in: MüKo, ZPO, § 328 Rn. 15 ff.

707 Der Umfang der Rechtskraft bestimmt sich nach den allgemeinen Regeln nach der Rechtkraft im Urteilsstaat: siehe dazu *Stadler*, in: *Musielak*, ZPO, § 328 Rn. 36 m.w.Nachw.

708 *Voit*, in: *Musielak*, ZPO, Art. 33 EuGVVO a.F., Rn. 2 m.w.Nachw.

In Art. 33 Abs. 2 EuGVVO a.F. stellt die Verordnung ein selbständiges Feststellungsverfahren über die Anerkennung zur Verfügung, falls es Streit über die Frage der Anerkennung gibt. Die Anerkennung nach der EuGVVO a.F. ist grundsätzlich nur dann zu versagen, wenn ein Versagungsgrund vorliegt. Die Versagungsgründe sind in Art. 34 und 35 EuGVVO a.F. abschließend aufgezählt.

Relevant werden könnte bei den wettbewerbsrechtlichen Urteilen insbesondere Art. 34 Nr. 3 EuGVVO a.F., der einen Versagungsgrund für die Anerkennung von kollidierenden Entscheidungen begründet. Sofern die Entscheidung aus dem anderen Mitgliedstaat im Europäischen Wettbewerbsrecht eine abweichende Entscheidung zu einer Entscheidung im Anerkennungsstaat trifft, wird der ausländischen Entscheidung die Anerkennung – zumindest vorerst – versagt. Die EuGVVO a.F. gibt der inländischen Entscheidung unabhängig von der zeitlichen Reihenfolge Vorrang, d.h. auch wenn die inländische Entscheidung unter Verstoß gegen die ausländische Rechtshängigkeit oder Rechtskraft ergangen ist.[709] Letzteres wird allerdings durch Art. 27 ff. EuGVVO a.F. regelmäßig verhindert werden. Sollte ein Urteil trotz Art. 27 ff. EuGVVO a.F. unter Verstoß gegen die ausländische Rechtshängigkeit oder Rechtskraft ergangen sein, wird die ausländische Entscheidung erst anerkannt, wenn spätere Inlandsentscheidung mit der Restitutionsklage beseitigt wurde. Der erforderliche Restitutionsgrund (§ 580 Abs. 1 Nr. 7 lit. b ZPO) liegt in einem solchen Fall vor.[710]

Die neue EuGVVO (Verordnung (EG) Nr. 1215/2012) enthält zwar gegenüber der alten Verordnung wesentliche Neuerungen. Im Bereich der Anerkennung von mitgliedstaatlichen Entscheidung haben sich keine wesentlichen Änderungen ergeben. Die Anerkennung von mitgliedstaatlichen Entscheidungen erfolgt weiterhin ipso iure gemäß Art. 36. Nach Art. 45 Abs. 1 lit. c) wird weiterhin der inländischen Entscheidung den Vorzug gegeben, sodass auch hier die Anerkennung des anderen mitgliedstaatlichen Urteils versagt wird. Da Art. 45 Abs. 1 lit. c) VO 1215/2012 und Art. Art. 34 Nr. 3 VO 44/2001 nahezu wortgleich sind, kann man davon ausgehen, dass diese auch gleich ausgelegt werden und sich diesbezüglich keine Änderungen ergeben werden.

Subsidiär sieht das deutsche Recht in §§ 328, 722, 723 ZPO die Möglichkeit einer Anerkennung der Urteile anderer Zivilgerichte vor.[711] Allerdings findet diese Vorschrift wegen des Vorrangs des Europarechts nur noch für Urteile anderer Staaten außerhalb der Union Anwendung, sodass diese hier nicht weiter relevant sind.[712]

709 Noch zur alten EuGVVO: *Gottwald*, in: MüKo, ZPO, Art. 34 EuGVVO a.F., Rn. 48; *Stadler*, in: *Musielak*, ZPO, Art. 34 VO (EG) 44/2001 a.F., Rn. 11.

710 Noch zur alten EuGVVO: *Gottwald*, in: MüKo, ZPO, Art. 34 EuGVVO, Rn. 48.

711 *Gottwald*, in: MüKo, ZPO, § 328 Rn. 1; *Nagel/Gottwald*, § 12 Rn. 104; *Roth*, in: *Stein/Jonas (Hrsg.)*, ZPO, § 328 Rn. 2; *Stadler*, in: *Musielak (Hrsg.)*, ZPO, § 328 Rn. 1 ff.

712 *Gottwald*, in: MüKo, § 328 Rn. 15; *Stadler*, in: *Musielak (Hrsg.)*, ZPO, § 328 Rn. 3.

II. Bindung der einzelstaatlichen Gerichte an Schiedssprüche

Zu betrachten sind ferner die Bindungswirkungen von Schiedssprüchen für die einzelstaatlichen Gerichte. Wegen § 1032 ZPO sollten zwar parallele Verfahren von einzelstaatlichen Gerichten und Schiedsgerichten ausgeschlossen sein, da die staatliche Gerichte bei Vorliegen einer Schiedsvereinbarung als unzulässig abweisen müssen. Gleichwohl könnten Verfahren unter Verstoß gegen § 1032 ZPO eingeleitet worden sein, weshalb grundsätzlich – als Überblick – die Bindungswirkung von Schiedssprüchen für die staatlichen Gerichte zu betrachten sind.

Bei der Schaffung des UNCITRAL-Modellgesetzes verband man mit dem Begriff der Verbindlichkeit Rechtskraftvorstellungen.[713] Die Verfasser des Modellgesetzes wollten die Begriffe der „materiellen Rechtskraft" oder der „*res judicata*" vermeiden, da diese Begriffe nach Einschätzung der Kommission zu komplexe Fragen aufwarfen und die diesbezüglichen Rechtsvorstellungen in den einzelnen Staaten zu unterschiedlich waren, um hier zu einer Vereinheitlichung kommen zu können.[714] Es sei vielmehr Sache des nationalen Gesetzgebers, die Wirkung eines Schiedsspruchs im Einzelnen, insbesondere seiner Rechtskraftwirkungen, auszugestalten.[715] Die EuGVVO a.F. enthält zu der Bindungswirkung von Schiedssprüchen keine Regelungen. Auch die reformierte EuGVVO n.F. (Verordnung (EG) Nr. 1215/2012) weist eine solche Regelung nicht auf. Deshalb richtet sich die Bindungswirkung von Schiedsurteilen für staatliche Gerichte nach dem nationalen Recht.

1. *Bindungswirkung inländischer Schiedssprüche*

Vor allem in den Common Law-Ländern gilt das Prinzip der *res judicata.*[716] Nach dem Prinzip der *res judicata* ist eine frühere Entscheidung eines Gerichts in den Verfahren endgültig, die denselben Gegenstand und die gleichen Parteien betreffen. Diese Entscheidung ist für nachfolgende Prozesse bindend.[717] Das Prinzip der *res judicata* ist direkt auf die Schiedsgerichtsbarkeit anwendbar. In den meisten Ländern ist der *res judicata*-Effekt eines Schiedsspruchs ausdrücklich geregelt: in Frankreich

---

713 UN-Doc. A/CN.9/WG.II/WP.50, Rn. 27; UN-Doc. A/CN.9/SR.328, Rn. 53; UN-Doc. A/CN.9/SR.329, Rn. 6; abgedruckt bei *Holtzmann/Neuhaus*, Guide, S. 1029, 860 und 861.

714 UN-Doc. A/40/17, Rn. 259, abgedruckt bei *Holtzmann/Neuhaus*, Guide, S. 865; *Granzow*, UNCITRAL-ModellG, S. 185; *Solomon,* Die Verbindlichkeit von Schiedssprüchen in der internationalen privaten Schiedsgerichtsbarkeit, S. 213 f.; *Zerbe,* Die Reform des dt. Schiedsverfahrensrecht, S. 242.

715 *Granzow*, UNCITRAL-ModellG, S. 185; *Calavros,* UNCITRAL-ModellG, S. 170 ff.; *Hußlein-Stich,* UNCITRAL-ModellG, S. 173; UN-Doc. A/40/17, Rn. 313, abgedruckt bei *Holtzmann/Neuhaus*, Guide, S. 1051.

716 Siehe dazu *Barnett, Res judicata*, Estoppel and Foreign Judgements, 2001; *de Ly/Sheppard,* Arb. Int. 25 (2009), 35 ff.; *Söderlund,* J. Int. Arb. 22 (2005), 301 ff.; *Spencer Bower/Turner/Handley,* The Doctrine of Res Judicata, 1996.

717 *Cremades/Madalena,* Arb. Int. 24 (2008), 507, 519.

(Art. 1476, 1500 FCPC), in Belgien (Art. 1703 belgZPO), in Deutschland (§ 1055 ZPO), in den Niederlanden (Art. 1059 Rv) und in Italien (Art. 829.8 CCP).[718] Die staatlichen Gerichte müssen grundsätzlich eine frühere Entscheidung eines Schiedsgerichts nach den Prinzipien der *res judicata* anerkennen.[719]

a) Die Qualifikation als „inländischer Schiedsspruch"

Fraglich ist, wann ein Schiedsspruch als „inländischer Schiedsspruch" zu qualifizieren ist. Dabei wird im Folgenden zur Erläuterung lediglich dargestellt, wie die Qualifizierung eines Schiedsspruchs nach deutschem Recht erfolgt. Auf andere Rechtsordnungen soll hier nicht eingegangen werden.

Früher erfolgte die Einordnung als in- oder ausländischer Schiedsspruch in der Regel nach der Verfahrenstheorie:[720] Danach war ein ausländischer Schiedsspruch ein Schiedsspruch, der – rein effektiv – nach ausländischem Schiedsverfahrenser-gangen war. Dies umfasste auch die Fälle, in denen einem (deutschen) Schiedsgericht sonst jegliche Auslandsberührung mangelte.

Die Einführung des § 1025 Abs. 1 i.V.m. § 1043 Abs. 1 ZPO und der Wechsel zum Territorialitätsprinzip macht die Verfahrenstheorie allerdings obsolet. Bei einem inländischen Schiedsort gilt nunmehr zwingend auch inländisches Schiedsrecht. Daher sind alle Schiedssprüche, die einen inländischen Schiedsort haben „inländische Schiedssprüche".[721]

b) Die deutsche Regelung

Nach § 1055 ZPO bekommt der inländische Schiedsspruch eine partiell urteilsgleiche Wirkung, mit Ausnahme der Vollstreckbarkeit.[722] Diese richtet sich im deutschen Recht nach § 1060 ZPO.[723]

---

718 *Cremades/Madalena,* Arb. Int. 24 (2008), 507, 520; *Hanotiau,* Arbitrations, S. 246 f.

719 Siehe ausführlich zu den Einzelheiten: *Cremades/Madalena,* Arb. Int. 24 (2008), 507, 519 ff.

720 BGH NJW 1956, 1838; BGH NJW 1984, 2763, 2764; BGH NJW-RR 2001, 1059 Rn. 10 – aus der Lit. dazu beispielhaft etwa: *Habscheid* JZ 1957, 27 f., ZZP 70 (1957) 25, 36 und KTS 1964, 146, 147 ff.; *Böhm* ZfRV 1968, 262, 281 ff.

721 Münch, in: MüKo, ZPO, § 1061 Rn. 7.

722 *Baumbach/Lauterbach/Albers/Hartmann,* ZPO, § 1055 Rn. 1; *Münch,* in: MüKo, ZPO, § 1055 Rn. 1. Vgl. auch *Baur,* in: FS Fasching, S. 81 ff.; *Lindbacher,* KTS 1966, 153 ff.; *Loritz,* ZZP 105 (1992), 1; *Schütze,* in: FS Glossner, 1994, S. 333 ff.; *ders.,* J. Int. Arb. 11 (1994) 3, 69 ff.; *Schwab,* in: FS Gaul, 1997, S. 729 ff.

723 Vgl. *Münch,* in: MüKo, ZPO, § 1060 Rn. 1 ff.; *Schütze,* Schiedsgericht und Schiedsverfahren, Rn. 505 ff.; *Schütze/Kratzsch,* in: *Torggler (Hrsg.),* Praxishandbuch Schiedsgerichtsbarkeit, Kap. I., Rn. 69; *Voit,* in: *Musielak (Hrsg.),* ZPO, § 1060 Rn. 1 ff. Ähnlich ist in die Situation in Schweden: § 54 LSF, *Söderlund,* in: *Trunk/Nuutila/Nekrošius,* Schiedsgerichtsbarkeit, S. 77, 78. In Frankreich wird der Schiedsspruch mit Erlass zwar materiell rechtskräftig (Art. 1476 NCPC), benötigt zur Vollstreckung jedoch noch das Exequaturverfahren, *Boisséson,* Le droit français

Ein verbindlicher Schiedsspruch liegt vor, wenn die Voraussetzungen des § 1054 ZPO erfüllt sind, d.h. der Schiedsspruch entsprechend dieser Vorschrift erlassen und an die Parteien übersandt wurde.[724] Die formelle Rechtskraft tritt mit dem Wirksamwerden der Entscheidung des Schiedsgerichts ein, die das schiedsrichterliche Verfahren beendet.[725] Gleichzeitig mit der formellen Rechtskraft wird der Schiedsspruch auch materiell rechtskräftig.[726] Für staatliche Zivilgerichte ist der inländische Schiedsspruch dann innerhalb der Grenzen der Rechtskraft bindend. Sie dürfen beim gleichen Streitgegenstand und zwischen den gleichen Parteien keine Entscheidung mehr fällen. Die materielle Rechtskraft des Schiedsspruchs ist aber nicht von Amts wegen zu prüfen, sondern nur auf Einrede.[727] Der Schiedsspruch stellt keinen Hoheitsakt dar, so dass das öffentliche Interesse seine Berücksichtigung nicht verlangt.[728]

c) Die englische, walisische und nordirische sowie die französische Regelung

Im englischen, walisischen und nordirischen Recht wird zwischen *„action on the award"* und der *„summary method"* unterschieden. Ersteres Verfahren ist jedoch zeitaufwendig und kostenintensiv, sodass diese Methode kaum genutzt wird. Bei der *„summary method"* wird der Schiedsspruch mit Erlaubnis des staatlichen Gerichts auf die gleiche Weise wie ein staatliches Urteil vollstreckt, Sect. 66 AA 1996.[729]

Im französischen Recht richtet sich die Anerkennung und Vollstreckung von Schiedssprüchen nach Art. 1498–1500 des CCP. Die französischen Regelungen

---

de l'arbitrage, No. 401; *Robert,* Arbitrage, Rn. 214 ff.; *von Bernuth,* Doppelkontrolle, S. 101. In Österreich ist ein inländischer Schiedsspruch automatisch vollstreckbar, da ihm durch § 607 öZPO die Wirkung eines rechtskräftigen gerichtlichen Urteils zukommt, *Schütze/Kratzsch,* in: *Torggler (Hrsg.),* Praxishandbuch Schiedsgerichtsbarkeit, Kap. I, Rn. 76. In Spanien kann der Schiedsspruch vollstreckt werden, wenn er rechtskräftig wird, Art. 46.2 und Art. 46.1 LA, vgl. dazu auch *Böcker,* SchiedsVZ 2003, 170, 175.

724 *Baumbach/Lauterbach/Albers/Hartmann,* ZPO, § 1055 Rn. 2; *Solomon,* Die Verbindlichkeit von Schiedssprüchen in der internationalen privaten Schiedsgerichtsbarkeit, S. 218.

725 *Münch,* in: MüKo, ZPO, § 1055 Rn. 3.

726 Materielle Rechtskraft kommt jedoch nur in Frage, wenn keine Zwischenentscheidung vorliegt, sondern ein Schiedspruch mit formeller Rechtskraft, *Baumbach/Lauterbach/Albers/Hartmann,* ZPO, § 1055 Rn. 3; *Gaul,* in: FS Sandrock, S. 285, 326; *Loritz,* ZZP 105 (1992), 1, 2 ff. Vgl. zu den Grenzen materieller Rechtskraft beim Schiedsspruch: *Münch,* in: MüKo, ZPO, § 1055 Rn. 20 ff.

727 Regierungsbegründung, BT-Drucks. 13/5274 S. 56 f.; *Lachmann,* Handbuch Schiedsgerichtspraxis, Rn. 1785; *Münch,* in: MüKo, ZPO, § 1055 Rn. 9; *Schlosser,* in: *Stein/Jonas (Hrsg.),* § 1055 Rn. 5; *Schreiber,* in: FS Schütze, S. 807, 818 f.; *Triebel/Coenen* BB-Beilage 2003, Nr. 5, 2, 6 f.; a.A. *Voit,* in: *Musielak (Hrsg.),* ZPO, § 1055 Rn. 5.

728 BGH NJW 1958, 950; *Schreiber,* in: FS Schütze, S. 807, 817.

729 *Maxwell,* in: *Weigand (Hrsg.),* Practitioner's Handbook, Part 4, Rn. B.223 f. u. 261.

wenden sich sowohl an inländische und ausländische Schiedssprüche, es bedarf jedoch in beiden Fällen eines Anerkennungsverfahrens.[730] In beiden Fällen ist der inländische Schiedsspruch für die staatlichen Gerichte bindend und die Gerichte dürfen innerhalb der Grenzen der Rechtskraft keine Entscheidung mehr fällen.

2. Bindungswirkung ausländischer Schiedssprüche

Aber auch ausländische Schiedssprüche sind für die staatlichen Gerichte unter gewissen Voraussetzungen bindend. Verschiedene multi- und bilaterale Anerkennungs- und Vollstreckungsübereinkommen regeln die Voraussetzungen für die Anerkennung und Vollstreckung von Schiedssprüchen.[731] Das wichtigste Übereinkommen dazu ist weltweit das UN-Übereinkommen. Nach deutschem autonomem Recht ist festgelegt, dass sich die Anerkennung ausländischer Schiedssprüche nach dem UN-Übereinkommen richtet, § 1061 Abs. 1 ZPO.[732] Im englischen, walisischen und nordirischen Recht wird in Art. 103 (1) AA 1996 zwar nicht ausdrücklich auf das UN-Übereinkommen hingewiesen, die Gründe der Zurückweisung eines Schiedsspruchs sind jedoch fast identisch mit dem UN-Übereinkommen.[733]

Die Anerkennung und Vollstreckung erfolgt nach den Regelungen des UN-Übereinkommens. Die Anerkennung und Vollstreckung kann auch beim UN-Übereinkommen unter bestimmten Voraussetzungen (Art. V) untersagt werden. Nach der Anerkennung und Vollstreckung kann der ausländische Schiedsspruch vollstreckt werden und wirkt für andere gerichtliche Verfahren bindend.[734]

III. Ergebnis

Eine Bindung an Entscheidungen anderer mitgliedstaatlicher Zivilgerichte besteht grundsätzlich nur, wenn die Urteile aufgrund der jeweiligen europäischen Verordnungen, den bi- und multilateralen Verträgen oder dem nationalen Recht anerkannt worden sind. Für die hier fraglichen gerichtlichen Entscheidungen im Rahmen des Europäischen Wettbewerbsrechts richtet sich die Anerkennung nach den Vorschriften der EuGVVO. Danach werden Urteile von Gerichten anderer Mitgliedstaaten grundsätzlich anerkannt, sofern keine Versagungsgründe vorliegen.

---

730 *Gaillard/Edelstein,* in: *Weigand (Hrsg.),* Practitioner's Handbook, Part 4, Rn. C.188.

731 Vgl. die Übersicht bei *Steindl,* in *Torggler (Hrsg.),* Praxishandbuch Schiedsgerichtsbarkeit, Kap. K., Rn. 3 ff. sowie *Gessner,* Anerkennung und Vollstreckung von Schiedssprüchen in den USA und Deutschland, S. 93 ff.

732 *Kühn,* SchiedsVZ 2009, 53 ff.; *Münch,* in: MüKo, ZPO, § 1061 Rn. 1 ff.; *Nagel/Gottwald,* § 18 Rn. 183 ff.; *Voit,* in: *Musielak (Hrsg.),* ZPO, § 1061 Rn. 1 ff. In Österreich ist das Vollstreckbarerklärungsverfahren in § 614 öZPO geregelt, *Schütze/Kratzsch,* in: *Torggler (Hrsg.),* Praxishandbuch Schiedsgerichtsbarkeit, Kap. I Rn. 78.

733 *Liebscher,* The Healthy Award, S. 385.

734 *Münch,* in: MüKo, ZPO, § 1061 Rn. 1 -3; *Voit,* in: *Musielak (Hrsg.),* ZPO, § 1061 Rn. 1–2.

Die Bindungswirkung von Schiedssprüchen für die einzelstaatlichen Gerichte richtet sich jeweils nach dem nationalen Recht. Inländischen Schiedssprüchen kommen nach § 1055 ZPO – mit Ausnahme der Vollstreckbarkeit – die gleichen Wirkungen zu wie ein gerichtliches Urteil. Ausländischen Schiedssprüchen kommt dann Bindungswirkung zu, wenn sie gemäß § 1061 ZPO i.V.m. UN-Übereinkommen anerkannt und für vollstreckbar erklärt wurden.

D. Ergebnis des 5. Paragraphen

Zusammenfassend lassen sich bei der Problematik der einheitlichen Anwendung des Europäischen Wettbewerbsrechts folgende Ergebnisse abschließend festhalten: Die einzelstaatlichen Gerichte sind gemäß Art. 16 Abs. 1 Satz 1 VO 1/2003 an die ergangenen Entscheidungen der Kommission gebunden. Von der Bindungswirkung umfasst sind Entscheidungen der Kommission nach Art. 7, 8, 10 und 29 VO 1/2003. Sie sind verpflichtet, keine Urteile zu erlassen, die Entscheidungen widersprechen, die die Kommission zu erlassen beabsichtigt, Art. 16 Abs. 1 Satz 2 VO 1/2003. In diesem Fall können und sollten die einzelstaatlichen Gerichte prüfen, ob sie ihr Verfahren bis zur Kommissionsentscheidung aussetzen, Art. 16 Abs. 1 S. 3 VO 1/2003. Die Aussetzung des einzelstaatlichen Verfahrens steht jedoch im Ermessen der Gerichte.

Art. 16 Abs. 1 VO 1/2003 ist für die Schiedsgerichte nur mittelbar anwendbar. Mittelbare Anwendbarkeit bedeutet eine Selbstverpflichtung der Schiedsgerichte, im Hinblick auf die Schaffung eines vollstreckbaren Schiedsspruchs von den Kommissionsentscheidungen nicht abzuweichen. Daher sollten die Schiedsgerichte ernsthaft prüfen, ob sie im Falle von beabsichtigen Kommissionsentscheidung nicht auch das Schiedsverfahren aussetzen sollten. Dies geht jedenfalls aber nur mit Zustimmung der Schiedsparteien.

Die Kommission ist grundsätzlich weder an vorangegangene Urteile nationaler Zivilgerichte und Schiedsgerichte noch an Entscheidungen der nationalen Wettbewerbsbehörden gebunden. Erlässt die Kommission eine Entscheidung, die einem schon ergangenen nationalen staatlichen Urteil oder Schiedsspruch widerspricht, müssen nach nationalem Recht geeignete Maßnahmen – inklusive Maßnahmen der Wiedergutmachung – vorgenommen werden, um den Konflikt zwischen dem nationalen staatlichen Urteil oder dem Schiedsspruch mit der Kommissionsentscheidung nachträglich zu beseitigen und im Ergebnis das Urteil oder den Schiedsspruch der Entscheidung der Kommission inhaltlich anzupassen. Sofern das Urteil schon rechtskräftig ist, könnte die Rechtskraft dieses Urteil im deutschen Recht mit den *de lege lata* zur Verfügung stehenden Rechtsbehelfen zur Durchbrechung der Rechtskraft nicht beseitigt werden. Denkbar wären jedoch andere Maßnahmen der Wiedergutmachung, z.B. Rechtsbehelfe der Zwangsvollstreckung oder ein Staatshaftungsprozess. Der schon ergangene Schiedsspruch könnte ferner im Wege des Anerkennungs- und Vollstreckungsverfahrens angegriffen werden.

Eine Bindung an Entscheidungen anderer mitgliedstaatlicher Zivilgerichte besteht grundsätzlich nur, wenn die Urteile aufgrund der jeweiligen europäischen Verordnungen, den bi- und multilateralen Verträgen oder dem nationalen Recht anerkannt wurden. Die Bindungswirkung von Schiedssprüchen für die einzelstaatlichen Gerichte richtet sich jeweils nach dem nationalen Recht. Inländischen Schiedssprüchen kommen nach § 1055 ZPO – mit Ausnahme der Vollstreckbarkeit – die gleichen Wirkungen zu wie in einem gerichtlichen Urteil.

§ 6 Zusammenarbeit zwischen der Kommission und den einzelstaatlichen Gerichten bzw. Schiedsgerichten

A. Problematik

Die durch die VO 1/2003 eingeführte dezentrale Anwendung des Kartellrechts und das damit einhergehende System der parallelen Zuständigkeiten birgt das Risiko der nicht einheitlichen Anwendung des Europäischen Wettbewerbsrechts. Erwägungsgrund Nr. 21 der VO 1/2003 stellt dazu fest, dass die einheitliche Anwendung der Wettbewerbsregeln eine Zusammenarbeit zwischen den Gerichten der Mitgliedstaaten und der Kommission erfordert. Zur Durchsetzung der einheitlichen Anwendung wurde vor allem das Verbot entgegenstehender Entscheidung in Art. 16 VO 1/2003 geschaffen, welches schon Thema des vorangegangenen Paragraphen war. Aber nicht nur widersprüchliche Entscheidungen gefährden die einheitliche Anwendung des Kartellrechts, sondern auch unterschiedlich durchgeführte Verfahren. Beispielsweise könnten die unterschiedlichen Möglichkeiten der Kommission und der Gerichte zur Informationsbeschaffung nicht nur zu einer unterschiedlichen Anwendung des Kartellrechts führen, sondern ebenso eine effektive private Kartellrechtsdurchsetzung erheblich erschweren. Um diesem Risiko vorzubeugen, hat die Kommission in Kapitel IV der Verordnung in den Art. 11 ff. ein System der Zusammenarbeit geschaffen. Unterstützt wird dieses System durch die begleitenden Leitlinien der Kommission über die Zusammenarbeit zwischen der Kommission und den Gerichten[735] und zwischen der Kommission und dem Netzwerk der Wettbewerbsbehörden.[736]

Das Kooperationssystem richtet sich direkt an die nationalen Gerichte und die Wettbewerbsbehörden. Auf die Zusammenarbeit der Kommission und der nationalen Wettbewerbsbehörden wird mangels Relevanz für die Aufgabenstellung dieser Arbeit nicht eingegangen. Zunächst werden die im System der Zusammenarbeit zwischen der Kommission und den nationalen Gerichten enthaltenen beiderseitigen Informationspflichten (B.I.) und die Möglichkeit zur Abgabe von Stellungnahmen durch die Kommission und ihre Teilnahme am staatlichen Verfahren (B.II.) untersucht. Der Schwerpunkt der Untersuchung soll aber – entsprechend der Zielsetzung der Arbeit – auf der Darstellung des Systems der Zusammenarbeit zwischen der Kommission und den Schiedsgerichten liegen. Den Ausgangspunkt stellt die Prüfung dar, ob das Kooperationssystem der VO 1/2003 und die dazugehörigen

735 ABl. (EG) 2004, C-101/54; die Bekanntmachung erläutert zusammengefasst die für die Anwendung der Art. 101 und 102 AEUV durch die nationalen Gerichte der Mitgliedstaaten wesentlichen Vorgaben der Verordnung.

736 ABl. (EG) 2004, C-101/43.

Leitlinien auch auf die Schiedsgerichtsbarkeit Anwendung finden (C.II.1.) oder ob die Zusammenarbeit losgelöst von der VO 1/2003 erfolgen muss und kann (C.II.2.). Zum Schluss werden die ICC Draft Best Practice Note und die darin enthaltenden Vorschläge über die Zusammenarbeit der Kommission mit den Schiedsgerichten betrachtet (C.II.3.), bevor ein eigener Vorschlag für eine alternative Zusammenarbeit ausgearbeitet wird (C.II.4.).

B. Zusammenarbeit von Kommission und nationalen Gerichten

Vor der Modernisierung wurde mangels ausdrücklicher Regelungen in der VO 17/62 als rechtliche Grundlage für die Zusammenarbeit Art. 10 EWGV (heute Art. 4 Abs. 3 EUV) herangezogen. Aus diesem wurde eine Verpflichtung zur loyalen Zusammenarbeit zwischen den Unionsorganen und den Gerichten der Mitgliedstaaten abgeleitet.[737] Die Grundsätze der Zusammenarbeit zwischen der Kommission und den nationalen Gerichten waren bislang in der Bekanntmachung von 1993 über die Zusammenarbeit zwischen der Kommission und den Gerichten der Mitgliedstaaten[738] festgelegt.[739] Nunmehr ist das System der loyalen Zusammenarbeit in Art. 4 Abs. 3 EUV geregelt.[740] Durch die VO 1/2003 sind die wesentlichen Mechanismen für die Zusammenarbeit zwischen der Kommission und den einzelstaatlichen Gerichten in Art. 15 sekundärrechtlich festgehalten. Ziel der Vorschrift des Art. 15 VO 1/2003 ist es, die einheitliche Anwendung der Wettbewerbsregeln durch die nationalen Gerichte zu fördern.[741] In der Vorschrift selbst ist das Ziel der Wahrung der Kohärenz der Kartellrechtsanwendung kodifiziert (Art. 15 Abs. 3 Satz 3 VO 1/2003). Daneben dient die Vorschrift der Förderung der privaten Kartellrechtsdurchsetzung durch Informationsübermittlung von der Kommission an die nationalen Gerichte.[742] Art. 15

737 Vgl. Nachweise bei *Zuber*, EG-Kommission, S. 104; vgl. dazu die Rspr. des EuGH in Sachen *Zwartfeld* (Urteil v. 13.7.1990, Rs. C-2/88 Imm., Rn. 18), *Delimitis* (Urteil v. 28.2.1991, Rs. C-234/89, Rn. 53) und *First und Franex* (Urteil v. 26.11.2002, Rs. C-275/00, Rn. 49); vgl. zu den Versuchen, eine andere rechtliche Grundlage für die Zusammenarbeit zu finden: *Brown/Hardiman*, ECLR 2004, 299, 301; *Metzlaff*, EWS 1994, 373, 378; *Pietrek*, RIW 1990, 611, 617.

738 ABl. (EG) 1993, C-39/6.

739 *Klees*, Europäisches Kartellverfahrensrecht, § 8 Rn. 38; nach *Riley*, ECLR 2003, 657, 665 war die Bekanntmachung in der Praxis kein Erfolg.

740 *Von Bogandy/Schill*, in: *Grabitz/Hilf (Hrsg.)*, EUV/AEUV, Art. 4 EUV Rn. 47; *Schwarze*, EuR 2009, 9, 21.

741 Weißbuch über die Modernisierung der Wettbewerbsregeln, ABl. (EG) 1999, C-132/01, Rn. 105. Siehe dazu auch EuGH v. 11.6.2009, Rs. C-429/07, Rn. 21 – *X BV; Whish*, Competition Law, S. 296.

742 *Klees*, Europäisches Kartellverfahrensrecht, § 8 Rn. 41 f. Die Kommission wünscht sich seit langem eine Verstärkung der privaten Durchsetzung des Kartellrechts vor mitgliedstaatlichen Gerichten, *Weitbrecht/Mühle*, EuZW 2008, 551.

ist ein „Scharnier" zwischen der Kartellrechtsanwendung der nationalen Gerichte und der Wettbewerbsbehörden.[743]

I. Gegenseitige Information nach Art. 15 VO 1/2003

Ein System der Zusammenarbeit kann grundsätzlich nur funktionieren, wenn die beteiligten Akteure ihre vorhandenen Informationen miteinander teilen. Art. 15 VO 1/2003 legt daher für die Kommission und die nationalen Gerichte gegenseitige Informationspflichten fest.

1. Zusammenarbeit aus Initiative des Gerichts, Art. 15 Abs. 1 VO 1/2003

Zum Ausgleich von Informationsdefiziten sieht Art. 15 Abs. 1 VO 1/2003 vor, dass die Gerichte der Mitgliedstaaten auf eigene Initiative die Kommission um Übermittlung von Informationen oder um Stellungnahmen bitten können. Dabei ist die Kommission aber nicht dazu verpflichtet, für die nationalen Gerichte ermittelnd tätig zu werden, sondern sie muss nur Informationen weitergeben, über die sie verfügt.[744]

Die Zusammenarbeit nach Art. 15 Abs. 1 VO 1/2003 ist als „Fragerecht" ausgestaltet. Dem Wortlaut des Art. 15 Abs. 1 VO 1/2003 selbst ist aber nicht zu entnehmen, ob sich das Fragerecht zu einem Anspruch der Gerichte verdichtet und damit die Kommission zur Informationsweitergabe verpflichtet ist bzw. wo die Grenzen dieses Anspruchs verlaufen. Die Verpflichtung der Kommission resultiert vielmehr aus dem Grundsatz der loyalen Zusammenarbeit nach Art. 4 Abs. 3 EUV. Die Kommission ist danach grundsätzlich zur Weitergabe der Informationen an die einzelstaatlichen Gerichte verpflichtet.[745] Insofern besteht auf Seiten der Kommission eine grundsätzliche Kooperationspflicht zur Übermittlung von Informationen und zur Abgabe von Stellungnahmen.[746]

Der Begriff „Information" muss weit ausgelegt werden. Er umfasst nicht nur allgemeine Marktstudien, sondern auch Dokumente aus der Verfahrensakte, z.B. Beweismittel für den Nachweis der Zuwiderhandlung oder Informationen, die die Kommission aufgrund von Art. 12 VO 1/2003 durch den Austausch mit einer anderen nationalen Wettbewerbsbehörde bekommen hat.[747] Insbesondere werden die

---

743 *Nothdurft*, in: MüKo, KartellR, VO 1/2003, Art. 15 Rn. 1.

744 Art. 15 Abs. 1: „die sich in ihrem Besitz befinden". *Blanco*, EC Competition Procedure, Rn. 2.33; *Schwarze/Weitbrecht*, § 11 Rn. 46; *Zuber*, in: *Loewenheim/Meessen/Riesenkampff (Hrsg.)*, KartellR, VerfVO, Art. 15 Rn. 11.

745 *Sura*, in: *Langen/Bunte (Hrsg.)*, VO 1/2003, Art. 15 Rn. 5; vgl. zur Reichweite der Rspr. *Brown/Hardimann*, ECLR 2004, 299 ff.; siehe auch *Komninos*, EC Private Antitrust Enforcement, S. 95; *O'Neill/Sanders*, UK Competition Procedure, Rn. 8.135.

746 *Nothdurft*, in: MüKo, KartellR, VO 1/2003, Art. 15 Rn. 10 m.w.Nachw.

747 *Klees*, Europäisches Kartellverfahrensrecht, § 8 Rn. 52; *Zuber*, in: *Loewenheim/Meessen/Riesenkampff (Hrsg.)*, KartellR, VerfVO, Art. 15 Rn. 11; vgl. auch EuG v. 18.9.1996, Rs. T-353/94, Rn. 84 ff. – *Postbank*; *Zuber*, EG-Kommission, S. 125.

nationalen Gerichte solche Informationen erbitten, die es ihnen ermöglichen, festzustellen, ob die Kommission in diesem Fall ein Verfahren eingeleitet bzw. Stellung bezogen hat. Für die Befolgung der Kohärenzregel des Art. 16 VO 1/2003 ist dies unerlässlich.[748] Die Bekanntmachung der Kommission über die Zusammenarbeit mit einzelstaatlichen Gerichten enthält Regelungen über das Verfahren des Informationsaustausches, insbesondere auch Fristen, innerhalb derer die Kommission auf eine Anfrage eines Gerichtes reagiert haben muss.[749]

Die einzelstaatlichen Gerichte können die so erhaltenen Informationen in ihrem Zivilverfahren verwenden. Die Übermittlungspflicht findet jedoch ihre Grenzen bei der Weitergabe von Berufs- und Geschäftsgeheimnissen. Bittet ein einzelstaatliches Gericht die Kommission um die Weitergabe von vertraulichen Informationen oder Geschäftsgeheimnissen, entsteht ein Konflikt zwischen der Verpflichtung zur loyalen Zusammenarbeit und der Garantie aus Art. 339 AEUV.[750] Nach Ansicht des Gerichtshofs in seiner *Postbank*-Entscheidung ist die Wahrung der Geschäftsgeheimnisse grundsätzlich Aufgabe des einzelstaatlichen Gerichts. Die Kommission dürfe daher auch Geschäftsgeheimnisse enthaltende Unterlagen weitergeben, müsse aber auch zur Wahrung der Garantie des Art. 339 AEUV erforderlichen „Vorkehrungen" treffen.[751] Die VO 1/2003 bestimmt nunmehr in ihrem Art. 28 in Übereinstimmung mit dieser Rechtsprechung, dass die Tätigkeit der Kommission nach Art. 15 vom Schutz der Berufsgeheimnisse ausgenommen wird. Es ist aber zweifelhaft, ob die nationalen Gerichte diese von der Kommission weitergegebenen Informationen schützen können.[752] Die Gewährleistung des Geheimschutzes von Informationen, die Gewährleistung von rechtlichem Gehör und die Pflicht zur Öffentlichkeit der Gerichtsverhandlungen werden nach vielen nationalen Prozessordnungen schwer miteinander zu vereinbaren sein. Im deutschen Zivil- und Verwaltungsverfahrensrecht gibt es – mit Ausnahme des in diesem Fall nicht anwendbaren *in camera*-Verfahren des § 99 VwGO – kein „Geheimverfahren". Die Verhandlungen vor den deutschen Gerichten sind öffentlich und der Grundsatz des rechtlichen Gehörs gebietet die Offenlegung aller dem Rechtsstreit zugrunde liegenden Tatsachen, also auch etwaiger Geschäftsgeheimnisse. Die Praxis behilft sich zwar zum Schutz von Geschäftsgeheimnissen bei unselbstständigen Auskunftsansprüchen zur Durchsetzung von Unterlassungs- und Schadensersatzansprüchen nach § 242 BGB durch einen sog. „Wirtschaftsprüfervorbehalt", nach dem der Verletze nur einem zur

---

748 Vgl. zu Art. 16 VO 1/2003 die Ausführungen in § 4. *Schnelle/Bartosch/Hübner*, VO 1/2003, S. 88.

749 Bekanntmachung über die Zusammenarbeit mit nationalen Gerichten, ABl. (EG) 2004, C 101/54, Rn. 22, 28; *Komninos*, EC Private Antitrust Enforcement, S. 95.

750 *Nothdurft*, in: MüKo, KartellR, VO 1/2003, Art. 15 Rn. 14.

751 EuG v. 18.9.1996, Rs. T-353/94, Rn. 89 – *Postbank*.

752 So auch *Zuber*, in: *Loewenheim/Meessen/Riesenkampff (Hrsg.)*, VO 1/2003, Art. 15 Rn. 11.

Verschwiegenheit verpflichteten Sachverständigen Auskunft erteilen muss.[753] Ein Schutz von geheimen Informationen, wie sich ihn die Kommission und der EuGH im Rahmen von Art. 15 Abs. 1 VO 1/2003 vorstellt, wird dadurch gleichwohl nicht erreicht. Das englische Prozessrecht sieht dagegen beim Competition Appeal Tribunal nach den Competition Appeal Tribunal Rules (CAT Rules) 53 (1) vor, dass eine Partei des Rechtsstreits beantragen kann, dass Informationen vertraulich behandelt werden.[754] Da die Kommission aber keine Partei des Rechtsstreits ist, wird die Wahrung der Geschäftsgeheimnisse ohne Änderung dieser Regel auch vor englischen Wettbewerbsgerichten nicht möglich sein.

Die nationalen Gerichte sind zudem keine Normadressaten von Art. 339 AEUV und können sich auf den Vorrang dieser Norm gegenüber den nationalen Verfahrensrechten nicht berufen.[755] Deshalb bestimmt die Bekanntmachung über die Zusammenarbeit vor der Herausgabe vertraulicher Informationen, dass die Kommission beim jeweiligen Gericht anfragen muss, ob dieses den Schutz vertraulicher Informationen gewährleisten kann und wird. Ansonsten kann sie richtigerweise die Herausgabe der Informationen verweigern.[756]

2. *Zusammenarbeit auf Initiative der Behörden, Art. 15 Abs. 2 VO 1/2003*

Nach Art. 15 Abs. 2 VO 1/2003 sind die Mitgliedstaaten dazu verpflichtet, der Kommission eine Kopie jedes einzelstaatlichen Urteils zukommen zu lassen, welches die Anwendung von Art. 101 und 102 AEUV zum Gegenstand hat. Sinn und Zweck der Vorschrift ist, dass die Kommission von den Fällen Kenntnis erlangt, eine Stellungnahme abgeben[757] und gegebenenfalls auf eine Korrektur des Urteils wegen Art. 16 VO 1/2003 hinweisen kann.[758] „Urteile" i.S.d. Abs. 2 ist nicht als Urteile im technischen Sinn zu verstehen. Damit sind vielmehr sämtliche Entscheidungen gemeint, d.h. Entscheidungen, die Ausführungen zur Anwendung von Art. 101 und 102 AEUV, einschließlich vorläufiger Teil- und Nebenentscheidungen.[759] Fraglich

---

753 *Emmerich,* Unlauterer Wettbewerb, § 23 Rn. 26 m.w.Nachw.; *Looschelders/Olzen,* in: *Staudinger,* BGB, § 242 Rn. 1017.

754 *Cumming/Spitz/Janal,* Civil Procedure used for Enforcement of EC Competition Law, S. 102 ff.

755 *Nothdurft,* in: MüKo, KartellR, VO 1/2003, Art. 15 Rn. 14.

756 Vgl. die Bekanntmachung über die Zusammenarbeit mit nationalen Gerichten, ABl. (EG) 2004, C-101/54, Rn. 25; *Klees,* Europäisches Kartellverfahrensrecht, § 8 Rn. 54; *Komninos,* EC Private Antitrust Enforcement, S. 100; *Schnelle/Bartosch/Hübner,* VO 1/2003, S. 88.

757 Bekanntmachung über die Zusammenarbeit mit nationalen Gerichten, ABl. (EG) 2004, C-101/54, Rn. 37; *Schnelle/Bartosch/Hübner,* VO 1/2003, S. 90.

758 *Ritter,* in: *Immenga/Mestmäcker (Hrsg.),* VO 1/2003, Art. 15 Rn. 12; *Schwarze/Weitbrecht,* § 11 Rn. 49. Siehe zur Problematik der Korrektur und die Durchbrechung der Rechtskraft von Urteilen staatlicher Gerichte im Rahmen von Art. 16 VO 1/2003 und die Umsetzung im deutschen Recht ausführlich § 5 A.I.

759 *Nothdurft,* in: MüKo, KartellR, VO 1/2003, Art. 15 Rn. 32.

ist allerdings, ob dies nur für letztinstanzliche Urteile gilt. Obwohl in der Literatur vertreten wird, dass diese Verpflichtung aus Art. 15 Abs. 2 VO 1/2003 nur für letztinstanzliche Urteile gilt, weil die Norm nicht auf instanzliche Urteile angelegt sei,[760] ist vom Wortlaut des Art. 15 Abs. 2 Satz 1 VO 1/2003 („jedes Urteil") eindeutig, dass sich diese Verpflichtung auch auf instanzliche Urteile bezieht.[761] Auch aus der Bekanntmachung der Zusammenarbeit mit den Gerichten ergibt sich ausdrücklich, dass eine Vorlage einer Stellungnahme erfolgen kann, wenn eine der Parteien ein Rechtsmittel eingelegt hat.[762]

Art. 15 VO 1/2003 wird im deutschen Recht durch § 90 a GWB konkretisiert und ergänzt. Diese Vorschrift regelt ausschließlich das Verhältnis zwischen den deutschen Gerichten und der Kommission. Die Befugnisse der deutschen Kartellbehörden bei gerichtlichen Verfahren sind abschließend in § 90 GWB geregelt.

Adressaten der Übermittlungspflicht aus Art. 15 Abs. 2 VO 1/2003 sind die Mitgliedstaaten.[763] In der Verordnung ist nicht geregelt, welche nationale Stelle für die Übermittlung zuständig ist. Im deutschen Recht konkretisiert § 90 a Abs. 1 GWB die Übermittlungspflicht insoweit, dass die Übermittlung über das Bundeskartellamt stattzufinden hat.[764] Auch in anderen Mitgliedstaaten werden die nationalen Kartellbehörden diese Aufgabe übernehmen.[765] Die Kommission veröffentlicht die Urteile im Internet. Bis August 2017 sind 78 Urteile nationaler Gerichte[766] eingegangen. Die Übermittlungspflicht der einzelstaatlichen Gerichte ist ein weiteres Instrument der Verordnung, um die kohärente Wettbewerbsrechtsanwendung zu gewährleisten.

II. Rolle der Kommission im staatlichen Gerichtsverfahren

Um die Kohärenz der Kartellrechtsanwendung zu gewährleisten, muss die Kommission am staatlichen Gerichtsverfahren teilnehmen. Art. 15 VO 1/2003 bietet dafür zwei Möglichkeiten: zum einen in Form einer Stellungnahme der Kommission auf Ersuchen eines nationalen Gerichts und zum anderen das Auftreten der Kommission als *amicus curiae* im staatlichen Gerichtsverfahren.

---

760 *Nothdurft*, in: MüKo, KartellR, VO 1/2003, Art. 15 Rn. 32.

761 *Komninos*, EC Private Antitrust Law, S. 104; *Krajewski/Rösslein*, in: *Grabitz/Hilf-Nettesheim (Hrsg.)*, EUV/AEUV, Art. 15 AEUV Rn. 9.

762 Bekanntmachung Zusammenarbeit mit nationalen Gerichten, Rn. 37.

763 *Komninos*, EC Private Antitrust Enforcement, S. 102.

764 *Bechtold*, in: *Bechtold (Hrsg.)*, GWB, § 90 a Rn. 2; *Klees*, Europäisches Kartellverfahrensrecht, § 8 Rn. 84; *Zuber*, in: *Loewenheim/Meesen/Riesenkampff (Hrsg.)*, GWB, § 90 a Rn. 5.

765 *Nothdurft*, in: MüKo, KartellR, VO 1/2003, Art. 15 Rn. 33; *Sura*, in: *Langen/Bunte (Hrsg.)*, VO 1/2003, Art. 15 Rn. 16.

766 Abrufbar unter: http://ec.europa.eu/competition/elojade/antitrust/nationalcourts.

1. Stellungnahmen der Kommission

Die Kommission ist nach Art. 15 Abs. 1 der VO 1/2003 auf Wunsch der nationalen Gerichte dazu verpflichtet, Stellungnahmen zur rechtlichen Bewertung eines Falles abzugeben, die die Anwendung des Europäischen Wettbewerbs betreffen. Gegenstand der Stellungnahmen können wirtschaftliche, sachliche und rechtliche Aspekte sein.[767] Die Gerichte wollen nicht nur von der Faktenkenntnis der Kommission profitieren, sondern auch Informationen, wie die Kommission bestimmte Aspekte des zur Entscheidung stehenden Sachverhalts bewertet. Im Prinzip begehren die nationalen Gerichte ein „Rechtsgutachten" von der Kommission.[768] Bisher wurden bis einschließlich 2010 mehr als 83 Anfragen nationaler Gerichte für Stellungnahmen durch die Kommission bekannt.[769] Ob danach weitere Anfragen gestellt wurde, ist aus den Wettbewerbsrichten 2011–2013 oder auch sonst auf der Internetseite der Generaldirektion Wettbewerb nicht ersichtlich. Seit Inkrafttreten der Verordnung hat die Kommission nach Art. 15 Abs. 1 VO 1/2003 28 Stellungnahmen abgegeben.[770] Die Stellungnahmen der Kommission sind für die nationalen Gerichte aufgrund ihrer richterlichen Unabhängigkeit nicht bindend,[771] denn sie sind keine Entscheidungen der Kommission i.S.v. Art. 16 der VO 1/2003. Die Kommission erwartet aber, dass sich das Gericht mit ihrer Stellungnahme nach den einschlägigen innerstaatlichen Verfahrensvorschriften befasst.[772] Der Inhalt einer derartigen Stellungnahme reduziert sich auf die Auslegung der unionsrechtlichen Wettbewerbsregeln, ohne der Entscheidung des nationalen Gerichts vorgreifen zu wollen oder zu können.[773] Ein Konflikt mit der richterlichen Unabhängigkeit ist nicht zu befürchten, wenn sich die *amicus curiae*-Tätigkeit der Kommission an die Grenzen des Art. 15 VO 1/2003 hält.[774]

---

767 Bekanntmachung über die Zusammenarbeit mit nationalen Gerichten, ABl. (EG) 2004, C-101/54, Rn. 27; vgl. auch *Nothdurft*, in: MüKo, KartellR, VO 1/2003, Art. 15 Rn. 18.

768 *Hirsch*, ZWeR 2003, 233, 241; *Klees*, Europäisches Kartellverfahrensrecht, § 8 Rn. 56.

769 24. WB 1994, Rn. 48–51; 25. WB 1995, Rn. 93; 26. WB 1996, Rn. 31 f.; 27. WB 1997, S. 335 f.; 28. WB 1998, S. 392 f.; 29. WB 1999, S. 405; 30. WB 2000, S. 382 f.; 31. WB 2001, S. 408 f.; 32. WB 2002, S. 369 f.; 33. WB 2003, S. 333; 34. WB 2004, Rn. 112; 35. WB 2005, Rn. 219; 36. WB 2006, Rn. 70; 36. WB 2007, Rn. 90; 37. WB 2008, Rn. 115; 38. WB 2009, Rn. 162; 39. WB 2010, Rn. 147. WB abrufbar unter: http://ec.europa.eu/competition/publications/annual_report/index.html.

770 http://ec.europa.eu/competition/court/antitrust_requests.html.

771 Bekanntmachung über die Zusammenarbeit mit nationalen Gerichten, ABl. (EG) 2004, C-101/54, Rn. 29; *Schnelle/Bartosch/Hübner*, VO 1/2003, S. 87.

772 Bekanntmachung über die Zusammenarbeit mit nationalen Gerichten, ABl. (EG) 2004, C-101/54, Rn. 30.

773 *Ritter*, in: *Immenga/Mestmäcker (Hrsg.)*, VO 1/2003, Art. 15 Rn. 10.

774 So wohl auch *Jaeger*, WuW 2000, 1062, 1070. Einige Mitgliedstaaten äußerten im Rahmen des Weißbuches zur VO 1/2003 Bedenken hinsichtlich der Vereinbarkeit mit der richterlichen Unabhängigkeit, siehe *Kommission*, Summary of the observations of the White Paper, S. 15.

2. *Stellungnahme und Vorabentscheidungsverfahren*

Bedenken könnten sich hinsichtlich der Vereinbarkeit der Stellungnahmen der Kommission nach Art. 15 Abs. 2 VO 1/2003 mit dem Vorabentscheidungsverfahren nach Art. 267 AEUV vor dem EuGH ergeben. Gegenstand der Stellungnahmen kann unter anderem die rechtliche Perspektive der Kommission sein, um Ungleichheiten zwischen der eigenen und der fremdem Kartellrechtsanwendung durch das einzelstaatliche Gericht vorzubeugen. Der Gegenstand einer Stellungnahme und der eines Vorabentscheidungsverfahren könnte unter Umständen identisch sein.

Problematisch ist dabei, inwieweit die Kommission überhaupt Europäisches Recht interpretieren kann. Grundsätzlich hat diese Kompetenz nur der EuGH.[775] Allerdings kann die Kommission als rechtlicher oder wirtschaftlicher Berater tätig sein. Dies steht ihr schon aus dem Grund zu, dass sie als oberste Wettbewerbsbehörde die größte Kompetenz in der Anwendung der europarechtlichen Wettbewerbsvorschriften hat.[776]

Der Anwendungsbereich des Vorabentscheidungsverfahrens bleibt grundsätzlich neben einer Stellungnahme der Kommission unberührt.[777] Den nationalen Gerichten ist es zu keinem Zeitpunkt verwehrt, bei Unsicherheiten über die Richtigkeit der Anwendung des europäischen Wettbewerbsrechts durch die Kommission die Frage dem EuGH zur Vorabentscheidung vorzulegen. Deshalb ist eine Stellungnahme nach Art. 15 Abs. 1 und 3 Unterabs. 1 VO 1/2003 als alternatives Instrument sinnvoll,[778] v.a. wenn man die lange Verfahrensdauer eines Vorabentscheidungsverfahrens bedenkt. Die nationalen Gerichte erlangen durch eine Stellungnahme keine Nachteile, da diese weder für sie bindend ist, noch ihnen die Möglichkeit des Vorabentscheidungsverfahrens genommen wird. *Zuber*[779] bezeichnet die Stellungnahme nach Art. 15 VO 1/2003 sogar als „kleines Vorabentscheidungsverfahren".

Der EuGH selbst hat die Tätigkeit der Kommission als rechtliche Beraterin im nationalen Verfahren bisher nicht kritisiert. Schon in seiner Entscheidung *Niederlande/Van der Wal/Kommission* zur Vorgängerverordnung 17/62 sagt er ausdrücklich:[780]

---

775 *Schroeder,* JuS 2004, 180, 181; siehe dazu auch *Groh,* EuZW 2002, 460, 461 ff.

776 *Zuber,* in: *Loewenheim/Meessen/Riesenkampff (Hrsg.),* KartellR, VerfVO, Art. 15 Rn. 15.

777 Bekanntmachung über die Zusammenarbeit mit staatlichen Gerichten, ABl. (EG) 2001, C- 101/04, Rn. 27; *Hilbig,* Das gemeinschaftsrechtliche Kartellverbot im internationalen Handelsschiedsverfahren, S. 166.

778 *Klees,* Europäisches Kartellverfahrensrecht, § 8 Rn. 59; *Schwarze/Weitbrecht,* § 11 Rn. 48.

779 *Zuber,* in: *Loewenheim/Meessen/Riesenkampff (Hrsg.),* KartellR, VerfVO, Art. 15 Rn. 15.

780 EuGH, Urteil vom 11.1.2000, verb. Rs. C-174/98 P und C-189/98 P, Rn. 22 – *Niederlande/Van der Wal/Kommission.*

„Außerdem können sie nach Nummer 38 der Bekanntmachung die Kommission zu Rechtsfragen konsultieren, falls ihnen die Anwendung der Artikel 85 und 86 EG-Vertrag besondere Schwierigkeiten bereitet."

Soweit ersichtlich hat die Kommission bisher ihre Stellungnahmen vorsichtig formuliert und gegebenenfalls eine Vorlage nach Art. 267 AEUV in einem Verfahren angeregt,[781] nämlich vor den französischen Cours d'appel, sodass eine Vermischung der Stellungnahmen der Kommission und dem Vorabentscheidungsverfahren vor dem EuGH nicht zu befürchten ist.

3. *Kommission als* amicus curiae

Die Kommission kann nicht nur Stellungnahmen abgeben, wenn sie von den einzelstaatlichen Gerichten dazu aufgefordert wird. Art. 15 Abs. 3 der VO 1/2003 gibt der Kommission darüber hinaus die Möglichkeit, aus eigener Initiative, als *amicus curiae*, im nationalen Gerichtsverfahren tätig zu werden, wenn es die kohärente Anwendung der Art. 101 und 102 AEUV erfordert.[782] Im Jahre 2006 trat die Kommission zum ersten Mal als *amicus curiae* aus eigener Initiative nach Art. 15 Abs. 3 VO 1/2003 in einem Verfahren vor dem französischen Appelationsgerichtshof auf.[783] In den Jahren 2007–2010 folgten sechs weitere *amicus curiae*-Tätigkeiten der Kommission vor einzelstaatlichen Gerichten: drei vor den niederländischen, jeweils eine vor dem französischen, irischen und slowakischen Obersten Gericht.[784]

Primär ist die Kompetenz zur Abgabe von Stellungnahmen nach der Regelungssystematik des Art. 15 Abs. 3 der VO 1/2003 den nationalen Wettbewerbsbehörden zugewiesen. Allerdings begründet die Regelung für die nationalen Wettbewerbsbehörden weder eine Berechtigung, sich an Gerichtsverfahren anderer Mitgliedstaaten zu beteiligen, noch eine Verpflichtung, Anfragen anderer einzelstaatlicher Gerichte zu beantworten. Die entsprechende deutsche Regelung des § 90 Abs. 2 GWB ermöglichte den deutschen Kartellbehörden schon vor Inkrafttreten der VO 1/2003 eine Beteiligung am Gerichtsverfahren. Das Bundeskartellamt gebraucht diese Befugnis

---

781 Siehe Nachweise bei *Zuber*, in: *Loewenheim/Meessen/Riesenkampff (Hrsg.)*, KartellR, VerfVO, Art. 15 Rn. 15 f.

782 Bekanntmachung über die Zusammenarbeit mit nationalen Gerichten, ABl. (EG) 2003, C-101/54, Rn. 17. Die Einreichung eines *amicus curiae briefs* ist international weit verbreitet: im US-Recht (vgl. dazu Rule 37 des U.S. Supreme Court Acts 1981; *Carp/Stidham*, The Federal Courts, S. 211; *Nordlander*, ECLR 2004, 646, 651 ff.; *Völker*, in: *Immenga/Mestmäcker (Hrsg.)*, Int.WbR, B., Rn. 17); im US-Kartellrecht (*McCurdy*, ECLR 2004, 509, 512 f.; *Zuber*, EG-Kommission, S. 96 ff.); vgl. auch *Cooke*, General Report, in: *Cahill/Cooke (Hrsg.)*, The Modernisation of EU Competition Law Enforcement in the EU, S. 657; *Zimmer*, in: FS Immenga, 475, 476 (Fn. 10).

783 36. WB 2006, Rn. 72.

784 37. WB 2007, Rn. 92; 38. WB 2008, Rn. 115; 39. WB 2009, Rn. 162; 40. WB 2010, Rn. 147.

durch Abgabe einer mündlichen Stellungnahme bei nahezu jeder Revisionssache vor dem Bundesgerichtshof.[785] Aus Gründen der Vereinfachung und zur Vermeidung von Wiederholungen geht die Arbeit im Folgenden nur auf die *amicus curiae*-Tätigkeit der Kommission ein. Für die nationalen Wettbewerbsbehörden gelten die Ausführungen entsprechend.

a) Die Figur des amicus curiae

Der *amicus curiae* (lat.: Freund des Gerichts) bezeichnet im Allgemeinen eine Person oder eine Organisation, die sich an einem Gerichtsverfahren beteiligt, ohne selbst Partei zu sein. Häufig ist der *amicus* jemand, dessen Interessen indirekt durch den Rechtsstreit oder die Entscheidung betroffen sein könnten. Man könnte ihn auch als sachverständigen Berater bezeichnen.[786] Der Unterschied zwischen dem *amicus* und einer Partei ist, dass für Letztere das Urteil direkt wirkt.[787] Bekannt ist die Figur vor allem im angelsächsischen Rechtssystem.[788] Sie hat ihren Ursprung aber im römischen Recht. Schon im 9. Jahrhundert wurde die Figur in das britische Rechtssystem integriert, nach und nach auch in die meisten Systeme des Common Law. Auch im internationalen Recht fand die Figur des *amicus curiae* Eingang, zuerst vor allem im Bereich der Menschenrechte[789] und der WTO (Art. V (2) WTO-Abkommen).[790] Später übernahmen einige Rechtsordnungen diese Figur. Dem deutschen Zivil- und

---

785 *Nothdurft,* in: MüKo, KartellR, § 90 GWB Rn. 7; *Langen/Bunte (Hrsg.),* GWB, § 90 Rn. 8; *Hirsch,* Rede zum Festakt 50 Jahre Bundeskartellamt, S. 4.

786 Vgl. dazu *McKeever,* The United States Supreme Court, S. 83; *Perry Jr.,* Deciding to Decide, S. 49, 120 m.w.Nachw.; The New Encyclopædia Britannica, Volume 1, 15. Auflage, S. 340; http://www.techlawjournal.com/glossary/legal/amicus.htm; vgl. auch zum *amicus curiae brief*: *Krislov,* Yale L. Rev. 72 (1962–63), 694 ff.; *Schultz,* Encyclopedia of the Supreme Court, S. 55.

787 *Landolt,* Modernised EC Competition Law in International Arbitration, Rn. 8–88.

788 Beim U.S. Supreme Court hat die Figur des *amicus curiae* große Bedeutung: *Beckwith/Sobernheim,* Fordham L. Rev. 17 (1948), 38 ff.; *Fiss,* 93 Harv. L. Rev. 1 (1979–1980), 1, 26; *O'Conner/Epstein,* L. Soc. Rev. 16 (1981/1982), 311 ff.

789 Vgl. dazu *de Aragão,* Strategien zur Durchsetzung der völkerrechtlichen Verpflichtung zur Strafverfolgung der Folter am Beispiel Brasiliens, S. 323 f. und Fn. 982.

790 *Hundsdorfer,* AG-Handel/Forum Umwelt und Entwicklung, Keine Sicherheit mehr für das Safety Protokoll, S. 7; abrufbar unter: http://www.forum-ue.de/fileadmin/userupload/positionspapiere/aghandel_2006_ecbiotech.pdf; *Vedder/Lorenzmeier,* in: *Grabitz/Hilf/Nettesheim (Hrsg.),* Art. 133 EGV Rn. 149; *von Bogdandy/Venzke,* ZaöRV, 2010, 1, 33. Zur Diskussion um *Amicus Briefs* in der WTO-Streitschlichtung: Forum Umwelt und Entwicklung, EED & Greenpeace: Schieflage mit System: Das Streitschlichtungsverfahren der Welthandelsorganisation (WTO), Bonn 2005, S. 43 ff.; abrufbar unter: http://www.forum-ue.de/fileadmin/userupload/publikationen/aghan_2005_ streitschlichtung.pdf.

Verwaltungsprozessrecht ist diese Figur fremd und mit der bestehenden Beiladung bzw. Nebenintervention oder Streitgenossenschaft nicht vergleichbar.[791]

b) *Einordnung der Kommission als amicus curiae*

Es ist zunächst fraglich, ob man die Kommission im Kooperationssystem überhaupt als *amicus curiae* ansehen kann. Der *amicus curiae* beschränkt seine gerichtliche Intervention auf die Mitteilung seiner Meinung über die Anwendung von Recht in einem bestimmten Einzelfall. Grundsätzlich empfiehlt der *amicus* eine bestimmte Interpretation des Rechts in Übereinstimmung mit einem bestimmten Interesse. Auch wenn die einzelstaatlichen Gerichte nicht daran gebunden sind, hat die Kommission in der korrekten Anwendung des Wettbewerbsrechts eine einzigartige Fachkenntnis. Die Kommission scheint auf den ersten Blick mehr eine Art Sachverständiger zu sein als ein *amicus*. Allerdings kann die Kommission aus eigener Initiative an dem Verfahren teilhaben, wenn die Anwendung des Europäischen Wettbewerbsrechts es gebietet, Art. 15 Abs. 3 Unterabs. 1 VO 1/2003. Sachverständige haben normalerweise eine solche Macht nicht. Die Kommission agiert also nicht als typischer Sachverständiger,[792] da die Kommission insbesondere auch ihre rechtliche Einschätzung zu der Anwendung von Art. 101 und Art. 102 AEUV abgibt. Zu bedenken ist, dass die Figur des *amicus curiae* vor allem in Common-Law-Systemen auftritt, die ein völlig anderes Verständnis des Rechtssystems mit eigenen Rechtsfiguren haben.[793] Man muss den Begriff des *amicus curiae* aus diesem Grund im Europäischen Recht anders verstehen, d.h. eine eigene Figur schaffen, etwa ein *amicus curiae sui generis,* ein neuer europarechtlicher *amicus curiae.* Die Kommission ist in Form eines europarechtlichen *amicus curiae* im Kooperationssystem der VO 1/2003 eine Art sachverständiger Berater, der jedoch mit dem Recht ausgestattet ist, im Verfahren zu intervenieren und nicht nur eine tatsächliche, sondern auch eine rechtliche Bewertung des Falles abzugeben.

c) *Der europarechtliche amicus curiae im Kooperationssystem der VO 1/2003*

Im Kooperationssystem der VO 1/2003 wird zwischen schriftlichen und mündlichen Stellungnahmen unterschieden. Ersteres kann die Kommission aus eigener Initiative übermitteln (Art. 15 Abs. 3 Unterabs. 1 Satz 1), bei letzteren geht dies nur mit Erlaubnis des betroffenen Gerichts (Art. 15 Abs. 3 Unterabs. 1 Satz 2). Beschränkt ist diese Befugnis dadurch, dass eine Stellungnahme zur kohärenten Anwendung des unionsrechtlichen Wettbewerbs erforderlich sein muss.[794] Zum ersten Mal hat

---

791 Im deutschen Zivilprozessrecht gibt es nur amtliche Auskünfte, vgl. dazu *Zuber,* Die EG-Kommission als amicus curiae, S. 94 ff.

792 *Landolt,* Modernised EC Competition Law in International Arbitration, Rn. 8–89.

793 Z.B. das Recht der Equity, d.h. das Billigkeitsrecht in Ergänzung zum Common Law, vgl. dazu schon *Adams,* The doctrine of equity, London 1850.

794 *Ritter,* in: *Immenga/Mestmäcker (Hrsg.),* VO 1/2003, Art. 15 Rn. 14; *Schwarze/Weitbrecht,* § 11 Rn. 52.

die Kommission von seiner *amicus curiae*-Tätigkeit im Jahre 2006 bei einem Verfahren vor einem französischen Appelationsgerichtshof Gebrauch gemacht.[795] Tätig wird die Kommission, wenn sie darüber informiert wird, dass die Gefahr eines Konfliktes mit einer Kommissionsentscheidung oder divergierende Entscheidungen einzelstaatlicher Gerichte drohen.[796] Diese *amicus curiae*-Tätigkeit ergänzt das Vorabentscheidungsverfahren nach Art. 267 AEUV.[797]

In ihrer Funktion als *amicus curiae* darf die Kommission lediglich zur Unterstützung des Gerichts arbeiten, aber nicht der Parteien. Insbesondere darf die Kommission in ihrer *amicus curiae*-Funktion keine der beteiligten Parteien anhören.[798] Sie soll vielmehr eine objektive, neutrale und unabhängige wirtschaftliche Expertin sein.[799] Bedenken gegen die Funktion als *amicus curiae* wurden in vielerlei Hinsicht diskutiert.[800] Allerdings sind die Sorgen unbegründet, da die nationalen Gerichte nicht an die Stellungnahmen der Kommission gebunden sind und Herren des Verfahrens bleiben, bis die Kommission ihrerseits ein Verfahren einleitet.[801] In praktischer Hinsicht gab es die Mutmaßungen[802], dass die Stellungnahmen der Kommission von den nationalen Richtern einfach übernommen werden, ohne dass die Parteien die Gelegenheit hatten, sich mit der Stellungnahme auseinander zu setzen. Die Stellungnahmen der Kommission nach Art. 15 Abs. 3 Unterabs. 1 VO 1/2003 gehören zum Verfahrensstoff, sodass die nationalen Richter die Stellungnahmen nicht ohne weiteres übernehmen können. Sie müssen vielmehr den Parteien die Möglichkeit geben, die Stellungnahme zu lesen und eine Erwiderung abzugeben, um den Grundsatz des rechtlichen Gehörs nicht zu verletzen. Die Auseinandersetzung der Parteien mit der Stellungnahme widerspricht auch nicht dem Verbot, dass die Kommission nicht für die Parteien tätig werden darf. Die Kommission wird weiterhin ausschließlich für die Gerichte tätig. Die Einbeziehung der Parteien erfolgt lediglich auf mitgliedstaatlicher Ebene nach den Erfordernissen des jeweiligen nationalen Prozessrechtes.

---

795 Vgl. dazu 36. WB 2006, Rn. 72. Seitdem übermittelt die Kommission mehrere Stellungnahmen im Jahr, siehe WB 2007–2010.

796 Bekanntmachung über die Zusammenarbeit mit nationalen Gerichten, ABl. (EG) 2003, C-101/54, Rn. 31–35.

797 So auch *Komninos*, EC Private Antitrust Enforcement, S. 105; *Lenarts/Gerard*, World Comp. 2004, 313, 333; *Pace*, European Antitrust Law, S. 329.

798 *Blanco*, EC Competition Procedure, Rn. 2.33.; *Schnelle/Bartosch/Hübner*, VO 1/2003, S. 87; *Wils*, Community Report, in: *Cahill/Cooke (Hrsg.)*, The Modernisation of EU Competition Law Enforcement in the EU, S. 697 Rn. 97.

799 Bekanntmachung über die Zusammenarbeit mit nationalen Gerichten, ABl. (EG) 2004, C-101/54, Rn. 19; *Komninos*, EC Private Antitrust Enforcement, S. 106.

800 *Cooke*, in: *Ehlermann/Atanasiu (Hrsg.)*, European Competition Law Annual 2000, S. 551, 557 f.; *Komninos*, in: *Ehlermann/Atanasiu (Hrsg.)*, European Competition Law Annual 2001, S. 363, 379 ff.; *Lenarts/Gerard*, World Comp. 2004, 313, 333 ff.; *Zuber*, EG-Kommission, S. 104 ff.

801 *Sura*, in: *Langen/Bunte (Hrsg.)*, VO 1/2003, Art. 15 Rn. 15; *Wainwright* und *Spiritus-Dassesse*, wiederggb. bei *Hamer*, EWS 2003, 415, 418.

802 *Komninos*, EC Private Antitrust Enforcement, S. 106.

Die nationalen Kartellbehörden können ebenfalls als *amicus curiae* in einem nationalen Verfahren tätig werden (Art. 15 Abs. 3 Unterabs. 1 Satz 1 und 2). Allerdings wird nicht verlangt, dass die kohärente Anwendung des EG-Wettbewerbsrechts erforderlich ist. Primär können nach dem Aufbau des Systems der Zusammenarbeit die nationalen Wettbewerbsbehörden, sekundär die Kommission tätig werden.

Die Kommission kann sich nach Art. 15 Abs. 3 Unterabs. 2 VO 1/2003 umfassend über den Rechtsstreit informieren, wenn sie beabsichtigt, eine Stellungnahme in dem Verfahren abzugeben. Nach Art. 15 Abs. 3 Unterabs. 2 VO 1/2003 müssen die einzelstaatlichen Gerichte auf Ersuchen der nationalen Wettbewerbsbehörden und der Kommission alle zur Beurteilung des Falles notwendigen Schriftstücke, insbesondere Urteile, übermitteln oder für deren Übermittlung sorgen.[803] Diese Pflicht der einzelstaatlichen Gerichte muss im Zusammenhang mit ihrer Pflicht der Urteilsübermittlung aus Art. 15 Abs. 2 VO 1/2003 gesehen werden, denn die beiden Vorschriften vervollständigen sich gegenseitig. In einer Vielzahl der Fälle wird die Kommission nur noch in der 2. Instanz tätig werden, nachdem sie durch den Mechanismus aus Art. 15 Abs. 2 und 3 Unterabs. 2 VO 1/2003 auf die Probleme im nationalen Verfahren aufmerksam gemacht wurde.[804]

Nach Art. 15 Abs. 4 können die Mitgliedstaaten den nationalen Wettbewerbsbehörden weiter gehende Rechte zur Stellungnahme verleihen.[805] Im deutschen Recht gibt es schon seit Jahren die Beteiligung des Bundeskartellamtes an den Verfahren der deutschen Kartellgerichte nach § 90 GWB.[806] Nunmehr ist auch die Beteiligung der Kommission im nationalen Recht geregelt. Nach Einführung der VO 1/2003 wurde durch die 7. GWB-Novelle 2005 die Art. 15 VO 1/2003 teilweise übererfüllende Regelung des § 90 a GWB erlassen. Die Befugnisse der Kommission wurden entsprechend den Befugnissen des BKartA aus § 90 GWB erweitert und das konkrete Kooperationsverfahren festgelegt. Die Kommission besitzt ein uneingeschränktes Initiativrecht. § 90 a Abs. 2 Satz 1 GWB verzichtet dabei auf das Erfordernis der kohärenten Anwendung des Wettbewerbsrechts aus Art. 15 Abs. 3 Unterabs. 1 VO 1/2003. Darüber hinaus kann die Kommission nach § 90 a Abs. 2 Satz 4 GWB jederzeit mündliche Stellungnahmen ohne die Erlaubnis des nationalen Gerichts abgeben.[807]

---

803 *Klees*, Europäisches Kartellverfahrensrecht, § 8 Rn. 89 ff.; *Sura*, in: *Langen/Bunte (Hrsg.)*, VO 1/2003, Art. 15 Rn. 13; *Zuber*, in: *Loewenheim/Meessen/Riesenkampff (Hrsg.)*, KartellR, VerfVO, Art. 15 Rn. 17.

804 *Komninos*, EC Private Antitrust Enforcement, S. 108.

805 *Pace*, European Antitrust Law, S. 332 f.; *Schwarze/Weitbrecht*, § 11 Rn. 53; *Sura*, in: *Langen/Bunte (Hrsg.)*, VO 1/2003, Art. 15 Rn. 14.

806 Weißbuch über die Modernisierung der Wettbewerbsvorschriften, ABl. (EG) 1999, C-132/1, Rn. 107; *Nothdurft*, in: MüKo, KartellR, VO 1/2003, Art. 15 Rn. 28; zur Praxis vgl. *Zuber*, EG-Kommission, S. 99 ff. m.w.Nachw.

807 Siehe dazu eingehender *Pfeiffer*, in: MüKo, KartellR, § 90 a GWB Rn. 6.

III. Verfahren

Das Erfragen von Informationen und das Einholen von Stellungnahmen kann das nationale Verfahren verzögern. Oftmals setzen die einzelstaatlichen Gerichte das Verfahren bis zur Abgabe der Stellungnahme durch die Kommission aus.[808] Allerdings wäre dieses System des Informationsaustausches wenig sinnvoll, wenn die Verzögerung ein gewisses Ausmaß überschreitet. Sonst könnten die einzelstaatlichen Gerichte – zumindest wenn es ausschließlich um Rechts- und nicht um Tatsachenfragen geht – auch ein Vorabentscheidungsverfahren nach Art. 267 AEUV anstrengen, obwohl vor dem EuGH die Verfahrensdauer erheblich höher liegt.[809] Die Verfahrensdauer bei Erfragen von Informationen und Einholen von Stellungnahmen müsste daher kürzer sein.[810] Schon die Bekanntmachung von 1993 zielte in diese Richtung. Allerdings dauerte das Verfahren immer noch durchschnittlich acht Monate.[811] In der neuen Bekanntmachung über die Zusammenarbeit mit den nationalen Gerichten ist eine strikte Fristsetzung nicht erfolgt. Dort heißt es nur, dass die Kommission sich um die erbetenen Informationen innerhalb eines Monats und die Stellungnahmen innerhalb von vier Monaten bemüht.[812] Zu einer Verzögerung kann es jedoch noch aufgrund Unvollständigkeit der Auskünfte durch das einzelstaatliche Gericht kommen.[813] Insoweit sollten die einzelstaatlichen Gerichte sich bemühen, ihr Anfragen vollständig auszuarbeiten, da die Fristen für die Kommission unverbindlich sind und ein Überschreiten an keinerlei Sanktionen geknüpft ist.[814] Auch sollte sich die Kommission bemühen, die Verfahrensdauer bei Art. 15 VO 1/2003 möglichst kurz zu halten, damit die Stellungnahme eine sinnvolle und schnelle Alternative zum Vorabentscheidungsverfahren nach Art. 267 AEUV wird.

IV. Ergebnis

In dem Informationsaustauschsystem zwischen der Kommission und den einzelstaatlichen Gerichten sind für die einheitliche Anwendung der Europäischen

---

808 *Komninos*, EC Private Antitrust Enforcement, S. 97.

809 Siehe dazu schon Fn. 436. Im Jahr 2005 betrug die durchschnittliche Verfahrensdauer bei Vorabentscheidungsverfahren 20,4 Monate, im Jahr 2010 ist mit 16,1 Monaten immerhin ein leichter Rückgang zu beobachten; vgl. die Rechtsprechungsstatistiken des Gerichtshofs, abrufbar unter: http://curia.europa.eu/jcms/jcms/Jo2_7041/; vgl. auch *Füßer/Höher*, EuR 2001, 784, 785 Fn. 5; *Groh*, EuZW 2002, 460, 462; *Kühn*, EuZW 2008, 263, 264.

810 *Kerse*, EC Antitrust Procedure, Rn. 10.14.

811 *Zuber*, EG-Kommission, S. 113.

812 Bekanntmachung über die Zusammenarbeit mit nationalen Gerichten, ABl. (EG) 2004, C-101/54, Rn. 22, 28; vgl. auch *Komninos*, EC Private Antitrust Enforcement, S. 96.

813 Bekanntmachung über die Zusammenarbeit mit nationalen Gerichten, ABl. (EG) 2004, C-101/54, Rn. 22, 27.

814 *Klees*, Europäisches Kartellverfahrensrecht, § 8 Rn. 74.

Wettbewerbsregeln unterschiedlichste Instrumente geschaffen worden. Die Kommission kann zum einen auf Ersuchen der einzelstaatlichen Gerichte nach Art. 15 Abs. 1 VO 1/2003 und zum anderen aus eigener Initiative nach Abs. 3 Unterabs. 1 als *amicus curiae* im nationalen Verfahren Stellungnahmen abgeben, sofern die kohärente Anwendung des Europäischen Wettbewerbsrechts es erfordert. Zudem kann sie auf Ersuchen der nationalen Gerichte nach Art. 15 Abs. 1 VO 1/2003 Informationen übermitteln. Die Stellungnahmen der Kommission haben für die einzelstaatlichen Gerichte keine Bindungswirkung. In ihrer Funktion als ein europarechtlicher *amicus curiae* wird die Kommission zu einer neutralen, objektiven und unabhängigen Expertin für das nationale Gericht. Im Rahmen der Stellungnahmen kann die Kommission ihre Meinung sowohl über rechtliche als auch über wirtschaftliche Aspekte abgeben. Da die Stellungnahmen der Kommission weder für die nationalen Gerichte bindend sind noch ihnen dadurch die Möglichkeit des Vorabentscheidungsverfahrens nach Art. 267 AEUV genommen wird, stellen diese – zumindest wenn es um bloße Rechts- und nicht um Tatsachenfragen geht – eine sinnvolle Alternative zum oftmals langwierigen Vorabentscheidungsverfahren dar.

Die Mitgliedstaaten sind nach Art. 15 Abs. 2 VO 1/2003 verpflichtet, die ergangenen Urteile der nationalen Gerichte, die die Anwendung von Art. 101 und 102 AEUV betreffen, der Kommission zu übermitteln. Die nationalen Gerichte müssen der Kommission die notwendigen Informationen zukommen lassen (Art. 15 Abs. 3 Unterabs. 2), damit diese in ihrer *amicus curiae*-Funktion die Stellungnahmen vorbereiten können.

C. Zusammenarbeit von Schiedsgerichten und Kommission, Art. 6, 15 VO 1/2003

I. Problemstellung

Schiedsgerichtliche Streitigkeiten durchlaufen grundsätzlich ein zweistufiges System[815], wenn diese nicht freiwillig erfüllt werden: das Schiedsverfahren und das staatliche Anerkennungs- und Vollstreckungsverfahren.[816] In der ersten Stufe erlassen die Schiedsrichter ihren Schiedsspruch. Bei ihrer Entscheidungsfindung sind sie an Art. 4 Abs. 3 EUV[817] grundsätzlich nicht gebunden. Entscheidungen der Kommission i.S.v. Art. 16 VO 1/2003 sind nur mittelbar für die Schiedsgerichte bindend.[818]

Die einzelstaatlichen Gerichte überprüfen in der zweiten Stufe auf Bestreben der Parteien im Rahmen des Exequaturverfahrens die Schiedssprüche anhand der vom EuGH festgelegten Kriterien in *Eco Swiss*. Im Gegensatz zu den Schiedsgerichten in der ersten Stufe, müssen die einzelstaatlichen Gerichte bei der Überprüfung des

815 *Nazzini*, EBLR 2008, 89, 103; *Remien*, in: FS Kropholler, S. 869, 871.
816 Siehe dazu schon § 2 A.I.5.
817 Vgl. dazu schon § 3 A.II.
818 Siehe dazu schon § 5 A.II.

Schiedsspruchs sowohl das anwendbare materielle Recht als auch bindende Entscheidungen anderer Autoritäten als Folge des parallelen Zuständigkeitssystems des Europäischen Wettbewerbsrechts beachten. Sie dürfen nach Art. 16 VO 1/2003 kein Anerkennungs- und Vollstreckungsurteil treffen, das einer Entscheidung der Kommission zuwiderläuft.[819] Art. 15 VO 1/2003 sieht im Kooperationssystem der VO 1/2003 verschiedene Maßnahmen zwischen den einzelstaatlichen Gerichten und der Kommission vor (Informationspflichten, Kommission als *amicus curiae*, etc.).[820] Daher muss ein System geschaffen werden, dass es den Schiedsrichtern erlaubt, die Zusammenarbeit mit den Wettbewerbsbehörden während des Schiedsverfahrens in Anspruch zu nehmen. Die Zwischenschaltung der einzelstaatlichen Gerichte sollte grundsätzlich beim Schiedsverfahren auf bestimmte Ausnahmefälle beschränkt werden.[821] *Nazzini*[822] möchte dies durch Hinzufügen einer dritten Stufe erreichen. Die dritte Stufe soll durch ein System der Zusammenarbeit zwischen der Kommission und den Schiedsgerichten das Zentrum des Streitbeilegungsprozesses wieder zur Parteiautonomie und damit auch zur Schiedsgerichtsbarkeit zurückverlegen.

II. Position der Schiedsgerichte

Realisierbar ist ein solches „dreistufiges System" aber nur dann, wenn die Schiedsgerichte Teil des Kooperationssystems der VO 1/2003 sind bzw. alternativ mit der Kommission zusammenarbeiten.

1. Schiedsgerichte als Teil des Kooperationssystems der VO 1/2003

a) Der Wortlaut des Art. 15 VO 1/2003 und die Bekanntmachung über die Zusammenarbeit

Nach dem Wortlaut des Art. 15 VO 1/2003 wendet sich das Kooperationssystem wie die restliche VO 1/2003 an die „Gerichte der Mitgliedstaaten". Eine nähere Definition der Gerichte findet sich in Art. 15 VO 1/2003 nicht. Die Berechtigung zur Teilnahme am Kooperationssystem nach Art. 15 VO 1/2003 leitet sich grundsätzlich aus der Kooperationspflicht des Art. 4 Abs. 3 EUV ab.[823] Gerichte im Sinne von Art. 15 VO 1/2003 sind nach Ansicht der Kommission alle Gerichte, die Art. 101 und 102 AEUV anwenden und nach Art. 267 AEUV vorlageberechtigt sind.[824] Die Schiedsgerichte sind weder „Gerichte der Mitgliedstaaten" im Sinne der

---

819 Siehe § 5 A.II.2.
820 Siehe dazu schon oben § 6 B.
821 Siehe dazu ausführlich § 4 A.I.
822 *Nazzini*, EBLR 2008, 89, 104.
823 *Liebscher*, Int. A.L.R. 2003, 84, 92; *Komninos*, World Comp. 2001, 211, 228; *Ritter*, in: *Immenga/Mestmäcker (Hrsg.)*, VO 1/2003, Art. 15 Rn. 1; *Sura*, in: *Langen/Bunte (Hrsg.)*, VO 1/2003, Art. 15 Rn. 5.
824 *Nothdurft*, in: MüKo, KartellR, VO 1/2003, Art. 15 Rn. 5. Vgl. zur Definition des Gerichts § 3 A.II.

VO 1/2003 noch sind sie nach Ansicht des EuGH in seiner *Nordsee*-Entscheidung nach Art. 267 AEUV zur Vorabentscheidung unmittelbar vorlageberechtigt, sondern können nur über die einzelstaatlichen Gerichte indirekt vorlegen (*Goldene Brücke*).[825] Folglich sind die Schiedsgerichte auch nicht Teil des Kooperationssystems in der VO 1/2003.

Vor der Reform war höchst umstritten, ob auch auf die Schiedsgerichte die Mitteilung der Kommission über die Anwendung von Art. 102 und 102 AEUV anwendbar ist.[826] Die neue Bekanntmachung über die Zusammenarbeit mit den einzelstaatlichen Gerichten beantwortet diese Frage durch die Anknüpfung an das Vorabentscheidungsverfahren nach Art. 267 AEUV, was den Schiedsgerichten nach der EuGH-Rechtsprechung aber nicht möglich ist. Folglich ist die Bekanntmachung auf die Schiedsgerichte nicht anwendbar.[827]

Man könnte jedoch über eine analoge Anwendung der Bekanntmachung nachdenken.[828] Die Interessenlage der Schiedsgerichte und der einzelstaatlichen Gerichte ist vergleichbar. Beide wenden Europäisches Wettbewerbsrecht an und benötigen für dessen Anwendung zusätzliche Erläuterungen. Fraglich erscheint jedoch eine planwidrige Regelungslücke, die eine Analogie rechtfertigen würde. Die Planwidrigkeit ergibt sich nicht schon daraus, dass die Kommission den Schiedsgerichten nicht ablehnend gegenübersteht.[829] Vielmehr hat die Kommission absichtlich die Schiedsgerichte nicht mit in die Bekanntmachung aufgenommen, um eine Diskrepanz mit der VO 1/2003 zu vermeiden.[830] Eine analoge Anwendung der Bekanntmachung scheidet mangels Planwidrigkeit der Regelungslücke aus.

Es mangelt daher an einem geregelten Informationsaustausch zwischen der Kommission und den Schiedsgerichten.[831] Es besteht weder eine formale Verpflichtung

---

825 EuGH v. 23. März 1982, Rs. 102/81, Rn. 15 – *Nordsee.* Vergleiche dazu schon ausführlich § 4 A.I.1.

826 Dgg. *Idot*, RDAI/IBLJ 1996, 561, 572 f.; *Hanotiau*, in: *Briner (Hrsg.)*, L'arbitrage et le Droit Européen, 1997, 31, 53 f.; dafür *Dalhuisen*, Arb. Int. 1995, 151, 162; *Komninos*, in: *Ehlermann/Atanasiu (Hrsg.)*, European Competition Law Annual 2001, S. 363, 381.

827 *Abdelgawad*, Rev. Arb. 2004, 253, 265; *Bechtold/Bosch/Brinker/Hirsbrunner*, EU-KartellR, VO 1/2003, Art. 15 Rn. 9; *Brozolo*, Int. A.L.R. 2004, 23, 33; *Hilbig*, Das gemeinschaftrechtliche Kartellverbot im internationalen Handelsschiedsverfahren, S. 166; *Komninos*, in: *Ehlermann/Atanasiu (Hrsg.)*, European Competition Law Annual 2001, S. 363, 380; *Pinsolle*, Int. A.L.R. 2004, 14, 22; *Wils*, Community Report, in: *Cahill/Cooke (Hrsg.)*, The Modernisation of EU Competition Law Enforcement in the EU, S. 661, 698 Rn. 99.

828 So auch *Komninos*, in: *Ehlermann/Atanasiu (Hrsg.)*, European Competition Law Annual 2001, S. 363, 381; *Slot*, LIEI 1996, 101, 112.

829 Siehe unten § 6 C.II.1.b)bb).

830 Siehe dazu oben § 3 B.II.2.

831 *Schmidt*, BB 2006, 1397, 1403; *ders.*, in: *Immenga/Mestmäcker (Hrsg.)*, Anh. 3 VO 1/2003, VI. Schiedsverfahren, Rn. 69.

der Kommission, den Schiedsgerichten zu helfen, noch müssen die Schiedsgerichte die Unterstützung der Kommission annehmen.[832]

b) Die Ansicht der Kommission

aa) Ausdrückliche Äußerungen der Kommission

Zwar hat die Kommission die Schiedsfähigkeit kartellrechtlicher Entscheidungen zumindest implizit anerkannt,[833] allerdings hat sie sich offiziell zur Position der Schiedsgerichte in der VO 1/2003 nicht geäußert.[834] Im Hinblick auf die Tätigkeit als *amicus curiae* sieht sich die Kommission selbst in der Position der Beraterin, die ihre Meinung bei der Anwendung von Europäischen Wettbewerbsrecht bezogen auf einen Einzelfall abgibt. Dabei muss die Kommission ihre Neutralität und Objektivität bewahren.[835] Die Kommission sieht ihre Rolle in der Repräsentation der öffentlichen Interessen[836] und nicht der streitenden Parteien, weshalb sie auch in dem einzelstaatlichen Verfahren mündlich Stellung nehmen kann, Art. 15 Abs. 3 Unterabs. 1 S. 3 VO 1/2003.

Man könnte wie bei der Frage der unmittelbaren Anwendbarkeit nach Art. 101 Abs. 3 AEUV spekulieren, warum die Kommission auch im Kooperationssystem der VO 1/2003 nicht auf die Schiedsgerichte eingegangen ist. Sie könnte die Schiedsgerichte schlichtweg vergessen haben oder die Nichtnennung könnte eine taktische Entscheidung sein. Hinsichtlich des Problems der direkten Anwendbarkeit des Art. 101 Abs. 3 AEUV hindert die Nichtnennung der Schiedsgerichte die unmittelbare Anwendbarkeit durch das Schiedsgericht nicht. Die Nichtnennung der Schiedsgerichte in Art. 15 VO 1/2003 wird auch die Zusammenarbeit zwischen der Kommission und den Schiedsgerichten nicht verhindern. Eine offizielle Zusammenarbeit mit den Schiedsgerichten im Kooperationssystem der VO 1/2003 besteht nicht.

bb) Inoffizielle Äußerungen der Kommission

Obwohl sich die Kommission bisher nicht offiziell zur Zusammenarbeit mit den Schiedsgerichten geäußert hat, gibt es laut einigen Autoren in der schiedsgerichtlichen Literatur viele Hinweise, dass die Kommission einer möglichen

---

832 *Idot,* in: *Ehlermann/Atanasiu (Hrsg.),* European Competition Law Annual 2001, S. 307, 317 f.; *Komninos,* in: *Ehlermann/Atanasiu (Hrsg.),* European Competition Law Annual 2001, S. 363, 380; *ders.,* World Comp. 2001, 211, 228; *Shelkoplyas,* The Application of EC Law in Arbitration Proceedings, S. 423.

833 Vgl. dazu schon § 2 B.I.

834 Vgl. dazu ausführlich § 3 B.I.3.b).

835 Bekanntmachung über die Zusammenarbeit mit nationalen Gerichten, ABl. (EG) 2004, C-101/54, Rn. 19.

836 In Rn. 19 der Bekanntmachung über die Zusammenarbeit mit nationalen Gerichte, ABl. (EG) 2004, C-101/54, heißt es weiter, dass die Unterstützung einzelstaatlicher Gerichte unter die Pflicht der Kommission fällt, das öffentliche Interesse zu wahren.

Zusammenarbeit mit den Schiedsgerichten gleichwohl offen gegenüber steht.[837] Konkrete Beispiele nennen diese Autoren indes nicht. Sie alle verweisen vielmehr auf eine Äußerung in einer Forumsdiskussion, nach der die Kommission unter der Bekanntmachung von 1993 über die Zusammenarbeit zwischen der Kommission und den Gerichten der Mitgliedstaaten[838] die Schiedsgerichte in Einzelfällen wie einzelstaatliche Gerichte behandelt haben soll.[839] Dort werden aber ebenfalls keine konkreten Beispiele gegeben.

In einem Beitrag eines französischen Autors findet sich schließlich ein Beispiel.[840] Schon vor Erlass der Bekanntmachung 1993 soll die Kommission ihre Unterstützung als *amicus curiae* in einem Schiedsverfahren angeboten haben, da eine der Schiedsparteien der Kommission mit einer Schadensersatzklage drohte. Dies zeigt, dass die Kommission grundsätzlich dazu bereit ist – auch ohne Eingliederung der Schiedsgerichte in das Kooperationssystem der VO 1/2003 – als *amicus curiae* im Schiedsverfahren tätig zu werden. Einen Nachweis für dieses Verfahren erbringt der Autor nicht. Dies ist deshalb schade, weil es auch hier interessant gewesen wäre zu erfahren, auf welche Norm die Partei den angeblichen Schadensersatzanspruch gegen die Kommission gestützt hatte.

Im Jahre 2004 berichtete ein Rechtsanwalt aus München über einen nicht veröffentlichten ICC-Fall zwischen einer portugiesischen Verkäufergruppe und einem aus verschiedenen Gesellschaften und Banken bestehenden Käuferkonsortium, in dem Beamte der Kommission – offenbar mit ausdrücklicher Genehmigung der Behörde – vor einem Schiedsgericht als Sachverständige zu einer Frage der Beurteilung des relevanten Marktes aufgetreten sind.[841]

Im Wettbewerbsbericht der Kommission aus dem Jahr 1996 findet sich der Hinweis, dass die Kommission eine wettbewerbsrechtliche Frage eines spanischen Schiedsgerichts beantwortet.[842] Bis einschließlich 2013 ist aus den Wettbewerbsberichten der Kommission nicht ersichtlich, dass die Kommission weitere Anfragen von Schiedsgerichten beantwortet hat. Unklar bleibt indes nach den jährlichen

837 *Brozolo,* Riv. dell' Arbitrato 1999, 665, 676; *de Gryse,* in: Jura Vigilantibus, S. 89, 114; *Demgetiotis,* J. Int. Arb. 25 (2008), 365, 389; *Komninos,* in: *Ehlermann/Atanasiu (Hrsg.),* European Competition Law Annual 2001, S. 363, 381; *ders.,* World Comp. 2001, 211, 229; *Temple-Lang,* wiederggb. bei Panel Discussion, in: *Hawk (Hrsg.),* International Antitrust Law and Policy 1994, S. 415, 418.

838 Bekanntmachung über die Zusammenarbeit zwischen der Kommission und den Gerichten der Mitgliedstaaten bei der Anwendung desArtikel 85 und 86 EWG-Vertrages, ABl. (EG) 1993, C-39/05.

839 *Temple-Lang,* wiederggb. bei Panel Discussion, in: *Hawk (Hrsg.),* International Antitrust Law and Policy 1994, S. 415, 418 (nunmehr als Anwalt, damals noch als Vertreter der Generaldirektion Wettbewerb).

840 *Simont,* RDAI/IBLJ 1998, 547, 551.

841 *Sachs,* SchiedsVZ 2004, 123, 128.

842 26. WB 1996, S. 375.

Wettbewerbsberichten, ob die Kommission entweder gestellte Fragen von Schiedsgerichten absichtlich nicht beantwortet oder keine erhalten hat.

Einige Vertreter der Kommission haben sich über die Haltung der Kommission für eine Zusammenarbeit mit den Schiedsgerichten geäußert. *Gauer* hat schon im Jahr 2002 angedeutet, dass, obwohl die Kommission keine Verpflichtung gegenüber den Schiedsgerichten und keine Befugnis zur Weitergabe von Informationen habe, sie einer Zusammenarbeit mit den Schiedsgerichten aber offen gegenüberstehe.[843] Auch einer der beiden damaligen Anhörungsbeauftragten[844] *Wils* erklärte im Jahr 2004 ausdrücklich, dass zwar die Kommission den Schiedsgerichten aus der VO 1/2003 nicht verpflichtet sei:

> *„Die Kommission wäre nicht daran gehindert, auch den Schiedsgerichten Unterstützung zu gewähren, wenn sie Anträge auf eine solche Unterstützung erhalten würde und wenn dies nicht übermäßig ihre Prioritäten zur Durchsetzung [des Wettbewerbsrechts, Anm. der Verfasserin] beinträchtigen würde."*[845]

Auch gegenüber der Verfasserin bestätigte ein Mitarbeiter der Kommission im Januar 2012 telefonisch, dass die Kommission auf informeller Ebene bereit sei, Anfragen von Schiedsgerichten zu beantworten. Der Kommission sei die Problematik der Anwendung des Europäischen Wettbewerbsrechts im Schiedsverfahren bekannt. Sie würde sich bei einer Anfrage eines Schiedsgerichts fragen, ob eine Beschäftigung mit der kartellrechtlichen Frage aus dem Schiedsverfahren für die Kommission sinnvoll sei. Sinnvoll sei dies für die Kommission dann, wenn die öffentlichen Interessen und die einheitliche Anwendung des Europäischen Wettbewerbsrechts es erforderten. In einem solchen Fall würde die Kommission mit den Schiedsgerichten informell zusammenarbeiten.

Eine Zusammenarbeit der Kommission mit den Schiedsgerichten ist insoweit auch notwendig, da das Erreichen der Ziele der einheitlichen Anwendung und eine effektive Durchsetzbarkeit des Europäischen Wettbewerbsrechts nicht möglich ist, wenn die Kommission die Schiedsgerichte aus dem Kooperationssystem ausschließt. Nach Art. 105 AEUV muss die Kommission auf die Verwirklichung der in den Art. 101 und 102 AEUV niedergelegten Grundsätze achten. Die Befolgung dieser

---

843 *Gauer,* mdl. Äußerung wiederggb. von *Train,* Rev. Arb. 2002, 1069, 1072.

844 Der Anhörungsbeauftragte ist eine Beamtenposition bei der Kommission im Bereich des Wettbewerbsrechts, die 1982 geschaffen wurde. Seine Hauptaufgabe ist die Gewährung der Anhörungsrechte innerhalb der Wettbewerbsverfahren auf der EU-Ebene. Siehe dazu die Webseite der Anhörungsbeauftragten der Kommission unter http://ec.europa.eu/competition/hearing_officers/index_en.html.

845 Im Original: „Nothing would however prevent the Commission from also providing assistance to arbitration tribunals, if it were to receive requests for such assistance and if this would not unduly interfere with its enforcement priorities", *Wouter Wils,* Community Report, in: FIDE 2004 National Reports, S. 661, 698 Rn. 99 (damals noch im Rechtsdienst der Kommission, später Anhörungsbeauftragter der Kommission).

Grundsätze beinhaltet auch die Unterstützung der Gerichte bei der Durchsetzung des Europäischen Wettbewerbsrechts. Da die Schiedsgerichte Europäisches Wettbewerbsrecht in der Praxis anwenden, kann die Kommission für die einheitliche Anwendung der Wettbewerbsregeln eine Zusammenarbeit mit den Schiedsgerichten nicht grundsätzlich ablehnen.[846]

c) Überprüfung im Anerkennungs- und Vollstreckungsverfahren

Art. 15 VO 1/2003 und die Bekanntmachung über die Zusammenarbeit mit nationalen Gerichten sind als Teil des Europäischen Wettbewerbsrechts auch in den Fällen anwendbar, in denen die einzelstaatlichen Gerichte im Anerkennungs- und Vollstreckungsverfahren den Schiedsspruch überprüfen. Daher könnten die Wettbewerbsbehörden auch erst im staatlichen Exequaturverfahren als *amicus curiae* auftreten. Auf diese Weise kann sich die Unterstützung der Wettbewerbsbehörden auf die Anerkennung und die Vollstreckung des Schiedsspruchs auswirken. Daher könnte man sich fragen, ob überhaupt eine Zusammenarbeit zwischen der Kommission (bzw. den Wettbewerbsbehörden) und den Schiedsgerichten erfolgen muss oder ob eine Zusammenarbeit zwischen der Kommission und den einzelstaatlichen Gerichten im Anerkennungs- und Vollstreckungsverfahren nicht ausreichend ist. Dadurch entsteht jedoch das Risiko, dass sich der Disput von der Schiedsgerichtsbarkeit zu den einzelstaatlichen Gerichten verlagert. Das Exequaturverfahren vor den einzelstaatlichen Gerichten ist keine Tatsacheninstanz. Findet die Zusammenarbeit dann erst im Exequaturverfahren statt, kann auch erst dort die Stellungnahme der Kommission berücksichtigt werden. Dann ist aber durchaus denkbar, dass die Stellungnahme eine andere Subsumtion des Europäischen Wettbewerbsrechts erfordern kann, der Schiedsspruch unter Umständen falsch ist und damit nicht vollstreckbar sein kann. Darüber hinaus ist nicht sicher gestellt, dass es überhaupt zu einem Exequaturverfahren kommt. Denn viele Schiedssprüche werden von den Parteien freiwillig erfüllt und ein Vollstreckungstitel wird nicht gebraucht. Eine Zusammenarbeit zwischen der Kommission und den Schiedsgerichten – und damit auch eine Verbesserung der einheitlichen Anwendung des Europäischen Wettbewerbsrechts – ist dadurch nicht umfassend sichergestellt. Daher muss die Zusammenarbeit schon auf der Ebene der Schiedsgerichte erfolgen.

d) Zwischenergebnis

Zusammenfassend lässt sich festhalten, dass die Schiedsgerichte nicht Teil des Kooperationssystems der VO 1/2003 sind und daher eine Zusammenarbeit mit der Kommission und den Schiedsgerichten offiziell nicht erfolgt.

---

846 Siehe auch *Landolt,* Modernised EC Competition Law in International Arbitration, Rn. 8–90.

2. *Die alternative Zusammenarbeit*

Fraglich ist, ob man eine alternative Zusammenarbeit schaffen kann, die die schwierige Balance zwischen den Bedürfnissen des Wettbewerbsrechts und den Besonderheiten der Schiedsgerichtsbarkeit zufriedenstellend umsetzt.

a) *Informeller Informationsaustausch*

Die schiedsgerichtliche Literatur befürwortet eine informelle Austauschpraxis zwischen der Kommission und den Schiedsgerichten.[847] Die Kooperationspflicht des Art. 4 Abs. 3 EUV verpflichte zwar die Schiedsgerichte zu keinem Informationsaustausch, schließe aber auch ein informelles System nicht aus.[848]

Schiedsgerichte sollten nicht nur bei der Frage der Auslegung des Unionsrechts in der Lage sein, eine informelle Konsultation bzw. Rat von der Kommission anzufordern, sondern auch bei der Verwertung ökonomischer und sachbezogener Daten, die bei der Anwendung des Wettbewerbsrechts erforderlich sind.[849] Es gab Bedenken, dass die Kommission in Anlehnung an die Rechtsprechung zu Art. 267 AEUV den Schiedsgerichten die Unterstützung versagt. Im Ergebnis sei dies aber nicht zu befürchten, da die Kommission ausdrücklich festgestellt habe, dass die Verfahren nach Art. 267 AEUV zum EuGH und Art. 15 Abs. 3 VO 1/2003 zur Kommission eigenständige Verfahren sind.[850]

Eine ablehnende Haltung der Kommission gegenüber einer informellen Austauschpraxis widerspräche nicht nur der in den Mitgliedstaaten etablierten Sichtweise der Schiedsgerichtsbarkeit als alternatives gerichtliches Forum, sondern behinderte zeitgleich die Intention der Kommission zur verstärkten privaten Kartellrechtsdurchsetzung. Der Kommission wurde die zentrale Rolle in der Durchsetzung des Wettbewerbsrechts im AEUV zugedacht. Verweigerte die Kommission auch einen informellen Austausch, schwächte sie ihre Position als zentrales Element. Überdies könnten die Schiedsgerichte eher versucht sein, einer wettbewerbsrechtlichen Frage auszuweichen, als diese falsch zu beantworten und die Vollstreckbarkeit des

---

847 *Blessing*, EG / U.S. Kartellrecht in internationalen Schiedsverfahren, S. 62; *Brozolo*, Int. A.L.R. 2004, 23, 34; *Eilmannsberger*, SchiedsVZ 2006, 5, 12; *Komninos*, World Comp. 2001, 211, 228; *Shelkoplyas*, The Application of EC Law in Arbitration Proceedings, S. 423; *Thalhammer*, wbl 2005, 62, 69; a.A. *Hermanns/Brück*, SchiedsVZ 2004, 137, 140; *Van Houtte*, ASA Bull. 2005, 431, 446, nach dem sich die Schiedsgerichte für den Erhalt der notwendigen Informationen der staatlichen Gerichte bedienen sollen.

848 *Schmidt*, BB 2006, 1397, 1403.

849 Nach *Shelkoplyas*, The Application of EC Law in Arbitration Proceedings, S. 423 f., ist dieses Argument v.a. dann überzeugend, wenn man als Analogie die Beziehung zwischen der Kommission und den staatlichen Gerichten betrachtet.

850 Siehe dazu schon § 5 B.II.3.

Schiedsspruchs zu riskieren.[851] Aber auch die Nichtbeantwortung der wettbewerbsrechtlichen Frage könnte eine mangelnde Vollstreckbarkeit des Schiedsspruchs zur Folge haben. Die richtige – und dazu zählt auch die erfolgte – Anwendung des Europäischen Wettbewerbsrechts wird in der zweiten Stufe im Anerkennungs- und Vollstreckungsverfahren stets als *ordre public*-Vorbehalt geprüft.[852] Die Kommission lehnt eine alternative Zusammenarbeit mit den Schiedsgerichten nicht grundsätzlich ab.[853] Schon aus diesem Grund besteht das Bedürfnis für eine alternative Zusammenarbeit zwischen der Kommission und den Schiedsgerichten zur einheitlichen Anwendung des Europäischen Wettbewerbsrechts.

Im Schiedsverfahren mit wettbewerbsrechtlichen Problemen können die Schiedsrichter zwischen zwei Möglichkeiten wählen: Entweder sie erlassen einen Schiedsspruch, ohne die Meinung der Wettbewerbsbehörden, insbesondere der Kommission, zu kennen und riskieren, dass der Schiedsspruch im staatlichen Exequaturverfahren nicht anerkannt wird. Oder sie versuchen in Zusammenarbeit mit den nationalen Wettbewerbsbehörden und der Kommission, eine durchsetzbare Entscheidung zu finden. Schiedsgerichte mit Sitz in der EU sollten deshalb die Kommission oder die nationalen Wettbewerbsbehörden dazu einladen können, ihre Meinungen über ein spezielles wettbewerbsrechtliches Problem in Form eines *amicus curiae* im Schiedsverfahren zu äußern.

aa) Handeln der Wettbewerbsbehörden als amicus curiae

(1) Der amicus curiae im Schiedsverfahren

(a) Der schiedsgerichtliche amicus curiae

Die Einordnung eines *amicus curiae* im Schiedsverfahren fällt schwer. Schon im staatlichen Verfahren ist die Einordnung der Kommission als *amicus* problematisch.

Die Kommission wird auch im Schiedsverfahren eine Art sachverständiger Berater sein, der seine Expertenmeinung über die korrekte Anwendung des Europäischen Wettbewerbsrechts mitteilt. Allerdings unterscheidet sich der *amicus curiae* im Schiedsverfahren und im staatlichen Verfahren in einem wesentlichen Punkt: Da die Schiedsgerichte nicht Teil des Kooperationssystems sind, kann die Kommission auch nicht aus eigener Initiative nach Art. 15 Abs. 3 VO 1/2003 im Schiedsverfahren intervenieren.[854] Die Kommission hat lediglich die Möglichkeit, ein Kartellverwaltungsverfahren einzuleiten. Ein Versuch der Kommission, aus eigener Initiative im Schiedsverfahren zu intervenieren, wird in der Praxis schon daran scheitern, dass die Kommission von dem geheimen Schiedsverfahren in der Regel

---

851 *Komninos*, in: *Ehlermann/Atanasiu (Hrsg.)*, European Competition Law Annual 2001, S. 363, 380 f.; *ders.*, World Comp. 2001, 211, 228.

852 Siehe dazu schon ausführlich § 2 B.II.

853 Siehe dazu § 6 C.II.1.b)bb).

854 So auch *Landolt*, Modernised EC Competition Law in International Arbitration, Rn. 8–89.

keine Kenntnis hat.[855] Dem Eingriff fehlt zudem seine Legitimation. Die Parteiautonomie und die Vertraulichkeit des Verfahrens würden eine solche Intervention ohne die Zustimmung der Parteien niemals gestatten. Kennt die Kommission die Existenz des Schiedsverfahrens, ist fraglich, ob sie überhaupt aus eigener Initiative im Schiedsverfahren als *amicus curiae* eingreifen würde. Denn die ohnehin arbeitsmäßig stark belastete Kommission müsste wie auch im staatlichen Verfahren einen *amicus curiae*-Schriftsatz fertigen und Personal und Sachmittel stellen. Die Kosten dafür müsste sie selbst tragen, da die Kosten im öffentlichen Interesse entstünden. Zwar entstehen diese Kosten und der Aufwand der Kommission im staatlichen Verfahren gleichermaßen. Die Kommission wird jedoch nur dann – ohne gesetzliche Grundlage – im privaten Schiedsverfahren als amicus curiae intervenieren, wenn sie ein besonderes öffentliches Interesse an einer Intervention im Schiedsverfahren hat, d.h. der Verstoß gegen die einheitliche Anwendung des Wettbewerbsrechts durch das Schiedsverfahren müsste offensichtlich und schwerwiegend sein. Jedoch wird sie in der Regel nicht aus eigener Initiative eine *amicus curiae*-Stellungnahme in das Schiedsverfahren entsenden, da ihr die dafür notwendigen Informationen über das Schiedsverfahren fehlen.

Im Ergebnis kann daher der *amicus curiae* im Schiedsverfahren nicht in die bestehenden Kategorien eingeordnet werden. Er wird daher als schiedsgerichtlicher *amicus curiae* eine eigene Kategorie erhalten müssen.

(b) Die Wahrscheinlichkeit des Auftretens des amicus curiae

Die zentrale Frage ist zwar, ob und wie die Kommission von den Parteien oder dem Schiedsgericht zu einer *amicus curiae*-Tätigkeit aufgefordert werden kann. Interessant ist darüber hinaus aber, wie hoch die Wahrscheinlichkeit ist, dass die Schiedsgerichte auch tatsächlich von dieser Möglichkeit Gebrauch machen werden. Die Autoren in der schiedsgerichtlichen Literatur beurteilen diese Frage sehr uneinheitlich.

Die Schiedsgerichte haben anders als die einzelstaatlichen Gerichte neben der Verpflichtung, eine Entscheidung zu treffen, noch weitere Faktoren zu berücksichtigen. Die Faktoren Vertraulichkeit des Verfahrens, Vermeidung unnötiger Verspätungen und Kosten beeinflussen die Entscheidung der Schiedsrichter, ob sie die Kommission zu Hilfe bitten. Vor allem das wichtige Vertraulichkeitsargument lässt einige Stimmen daran zweifeln, ob die Schiedsgerichte überhaupt mit der Kommission zusammenarbeiten sollten.[856] *Shelkoplyas* zweifelt sogar an, dass die Kommission die Interessen der Schiedsgerichtsbarkeit bei ihrer Tätigkeit als *amicus*

---

855 *Brozolo,* Int. A.L.R. 2004, 23, 33 f.; *Hilbig,* Das gemeinschaftsrechtliche Kartellverbot im internationalen Handelsschiedsverfahren, S. 168.

856 *Derains,* Gaz. Pal. 2003, 1520, 1521, Rn. 9; *Goffin,* 67 Revue de Droit International et de Droit Comparé, 315, 333 f.; *Hilbig,* Das gemeinschaftsrechtliche Kartellverbot im internationalen Handelsschiedsverfahren, S. 167; *Komninos,* in: *Ehlermann/ Atanasiu (Hrsg.),* European Competition Law Annual 2001, S. 363, 381; *van Houtte,*

curiae berücksichtigen wird.[857] Bei der Frage der Zusammenarbeit müsse man stets bedenken, dass die Parteien gerade aus Gründen der Vertraulichkeit des Verfahrens den Weg der Schiedsgerichtsbarkeit wählen. Vereinzelt wird daher vorgeschlagen, dass das Verfahren an die Charakteristika des Schiedsverfahrens anzupassen sei. Zum Beispiel wird die Zustimmung der Parteien als Voraussetzung für die Einbeziehung der Kommission gefordert.[858] Auch wird vertreten, dass die Schiedsgerichte die Wettbewerbsbehörden nur dann als *amicus curiae* zum Verfahren bitten dürfen, wenn die Nichtigkeit des Urteils drohe[859] oder es sich um eine Rechtsfrage von allgemeinem Interesse handele.[860] Die Beteiligung der Kommission soll lediglich *ultima ratio* sein.

Die Kommission ist in erster Linie die Hauptanwenderin des Europäischen Wettbewerbsrechts. Dies hat nach Ansicht einiger Autoren für das Schiedsverfahren zwei Konsequenzen: Erstens: Die Anfrage eines Schiedsgerichts könne dazu führen, dass die Kommission sich verpflichtet sieht, eigene Ermittlungen zu einem Zweck einzuleiten, der von der Beilegung von Rechtsstreitigkeiten weit entfernt ist. Nur einige Schiedsrichter seien auf das Risiko eines kartellrechtlichen Verwaltungsverfahrens vorbereitet. Zweitens sei es nicht verwunderlich, wenn die Stellungnahmen der Kommission auf Anfrage des Schiedsgerichts ihre Aufgabe als oberste Kartellbehörde zur Durchsetzung des EG-Wettbewerbsrechts widerspiegeln.[861] Konsequenterweise sollten die Schiedsrichter die Kommission nur in den Punkten um Hilfe bitten, die der Kommission schon bekannt sind oder ihre Anfragen allgemein formulieren.[862]

Ausgehend von den Zweifeln einiger einzelstaatlicher Gerichte[863] können sich andere Autoren einen Enthusiasmus der Schiedsrichter in dieser Hinsicht kaum vorstellen.[864] Daher ist auch die Skepsis und die Zurückhaltung einiger Autoren[865]

EBLR 2008, 63, 73; *ders.*, mdl. Äußerung wiederggv. von *Train,* Rev. Arb. 2002, 1069, 1072 f.

857 *Shelkoplyas,* The Application of EC Law in Arbitration Proceedings, S. 424.

858 *Hilbig,* Das gemeinschaftsrechtliche Kartellverbot im internationalen Handelsschiedsverfahren, S. 167; ablehnend *Abdelgawad,* Rev. Arb. 2004, 253, 269 f.

859 *Nazzini,* EBLR 2008, 89, 105.

860 *Abdelgawad,* Rev. Arb. 2002, 1069, 1073.

861 *Nazzini,* EBLR 2008, 89, 107 f.; *Shelkoplyas,* The Application of EC Law in Arbitration Proceedings, S. 424; *van Houtte,* EBLR 2008, 63, 73.

862 *Van Houtte,* EBLR 2008, 63, 73.

863 Nach *Zuber,* Die EG-Kommission als *amicus curiae,* S. 130, ist es möglich, dass bei höheren Gerichten Vorbehalte bestehen.

864 *Idot,* in: *Ehlermann/Atanasiu (Hrsg.),* European Competition Law Annual 2001, S. 307, 317; *Komninos,* in: *Ehlermann/Atanasiu (Hrsg.),* European Competition Law Annual 2001, S. 363, 381 f.; *Shelkoplyas,* The Application of EC Law in Arbitration Proceedings, S. 425.

865 *Brulard/Quintin,* J. Int. Arb. 18 (2001), 533, 541; *Idot,* in: *Ehlermann/Atanasiu (Hrsg.),* European Competition Law Annual 2001, S. 307, 318; *Komninos,* World Comp. 2001, 211, 229; *Nazzini,* EBLR 2008, 89, 107 f.; *Shelkoplyas,* The Application of EC Law in Arbitration Proceedings, S. 423 ff.; *Simont,* RDAI/IBLJ 1998, 547, 550;

hinsichtlich der wirklichen Effizienz und Nützlichkeit der Zusammenarbeit zwischen Schiedsgerichten und der Kommission durchaus verständlich.

Eine Zusammenarbeit der Kommission mit den Schiedsgerichten erscheint daher zunächst als unwahrscheinlich. Die eventuellen Folgen der Zusammenarbeit, z.B. die Einleitung eines kartellrechtlichen Verwaltungsverfahrens, haben eher eine abschreckende Wirkung. Die Schiedsgerichte müssen bei dieser Frage allerdings zwei wesentliche Aspekte beachten. Das Auftreten der Kommission als *amicus curiae* bringt zum einen unbestritten Vorteile für das Schiedsverfahren. Die Hilfe der Kommission basiert auf Informationen, die sich in ihrem Besitz befinden und die den Schiedsgerichten unter Umständen nicht bekannt bzw. nicht zugänglich sind. Solche Informationen können für die Schiedsgerichte in Fällen hilfreich sein, in denen eine umfassende Beurteilung der Wettbewerbsbedingungen der betroffenen Märkte notwendig ist. Ihr Einschalten schafft eine nähere Verbindung der Kommission zu dem Verfahren, die es erlaubt, die Beurteilung des spezifischen Problems des Falles vorzubringen.

Die Schiedsgerichte dürfen zum anderen in ihren Überlegungen nicht die Fachkenntnis der Kommission im Bereich des Wettbewerbsrechts unterschätzen.[866] Zwar kann das Schiedsgericht durch die Ernennung von Experten als Schiedsrichter über eine hervorragende fachliche Expertise verfügen und hilfsweise Sachverständige im Schiedsverfahren anhören. Dies kann aber nicht die Fachkenntnis der Kommission ersetzen. Nicht nur die Kommission, sondern auch die Schiedsgerichte selbst müssten den Besonderheiten des Schiedsrechts Rechnung tragen. Die Hauptaufgabe der Schiedsgerichte bestehe darin, ein durchsetzbares Urteil zu schaffen. Zur Erfüllung ihrer Aufgabe müssten nach vielen Schiedsgerichtsordnungen die Schiedsgerichte alle möglichen Anstrengungen unternehmen.[867] Den Schiedsrichtern selbst wurden viele Befugnisse zur Ernennung von Sachverständigen[868] und Erlass von gerichtlichen Anordnungen[869] gegeben. Viele Regeln der Internationalen

---

van Houtte, EBLR 2008, 63, 73; a.A. *Rowley*, wiederggb. von *Nisser*, EBLR 2008, 115, 117.

866 Die Kommission hat die beste Position, wenn es um Entscheidungen geht, die das Gemeinschaftsinteresse betreffen und eine gemeinschaftliche Entscheidung gebraucht wird, *Calvani*, ECLR 2003, 415, 422.

867 Art. 35 ICC Rules of Arbitration; Art. 32.2 London Court of International Arbitration Rules (LCIA Rules).

868 Art. 26 UNCITRAL Model Law; Art. R-23 American Arbitration Association (AAA) International Commercial Arbitration Rules; Art. 20 Abs. 3–4 ICC Rules of Arbitration; Art. 21 LCIA International Arbitration Rules; Art. 27 UNCITRAL Arbitration Rule (vgl. dazu *Bredow/Mulder*, in: FS Briner, S. 143; *Neuteufel*, in: *Kronke/Melis/Schnyder (Hrsg.)*, Hdb. Int. WirtschaftsR, Teil O Rn. 209 ff.); § 27 Deutsche Institution für Schiedsgerichtsbarkeit (DIS)-Schiedsgerichtsordnung 1998.

869 Art. 19 Abs. 2 des UNCITRAL Model Law; Art. 15 ICC Rules of Arbitration; Art. 14 LCIA Rules; Art. 15 UNCITRAL Arbitration Rules; § 24 DIS-Schiedsgerichtsordnung 1998.

Schiedsgerichtsbarkeit betonen, dass die Parteien und die Schiedsrichter weite Befugnisse in der Gestaltung des Verfahrens haben, um die bestmögliche Lösung für den Disput zu finden. Die einzigen Grenzen der Parteiautonomie und der Entscheidungsfreiheit der Schiedsrichter seien die Prinzipien der Rechtsstaatlichkeit und der zwingenden Verfahrensregeln der *lex arbitri*.[870]

Vermeiden die Schiedsgerichte aufgrund praktischer Schwierigkeiten eine Zusammenarbeit mit der Kommission, vernachlässigen sie gleichzeitig ihre Pflichten. Befürchtungen der Schiedsrichter, dass die Kommission durch die Zusammenarbeit die Notwendigkeit sehe, in dem Fall ein Kartellverwaltungsverfahren zu eröffnen, sind zwar durchaus berechtigt. Bei einer Abwägung der widerstreitenden Interessen überwiegt jedoch das Interesse der Schiedsrichter, ein durchsetzbares Urteil zu schaffen, gegenüber der Gefahr einer Einleitung eines Kartellverwaltungsverfahrens durch die Kommission. Die Schiedsgerichte dürfen aufgrund von Befürchtungen nicht riskieren, dass ihre Entscheidung gegen das Wettbewerbsrecht verstößt. Auch das Argument, dass nur bei drohender mangelnder Vollstreckbarkeit des Schiedsspruchs eine *amicus curiae*-Tätigkeit der Wettbewerbsbehörden erlaubt sein soll, greift nicht, denn die Einschaltung der Kommission durch die Schiedsgerichte bei drohender mangelnder Vollstreckbarkeit des Schiedsspruchs ist notwendig. Eine umfassende Erfüllung seiner Pflichten kann das Schiedsgericht nur dann gewährleisten, wenn es unbeschränkte Handlungsmöglichkeiten in der Zusammenarbeit mit den Wettbewerbsbehörden, insbesondere der Kommission, hat. Die Zusammenarbeit der Schiedsgerichte mit der Kommission ist wünschenswert und notwendig. Letzten Endes liegt die Entscheidung darüber aber bei den Schiedsrichtern.

(c) Die Aufforderung des amicus curiae

(aa) Die Möglichkeiten der Aufforderung

Das Auftreten der Kommission im Schiedsverfahren als *amicus curiae* könnte zunächst auf zwei verschiedenen Wegen erfolgen.[871] Erstens könnten aufgrund von Parteivereinbarungen die Parteien selbst an die Kommission oder die nationale Wettbewerbsbehörde herantreten und eine Einladung zum Schiedsverfahren aussprechen. Zweitens könnten die Parteien auch das Schiedsgericht dazu auffordern, den Kontakt zu den Wettbewerbsbehörden herzustellen. Der erste Weg ist unwahrscheinlich, da die Kommission im Kooperationssystem der VO 1/2003 jedoch nur für die Gerichte und nicht für die Parteien tätig wird, wird sie eine Anfrage einer

---

870 So auch *Nazzini*, EBLR 2008, 89, 105; vgl. zur *lex loci arbitri: Goode*, Arb. Int. 2001, 19 ff.; *ders.*, in: *Rose*, lex mercatoria, S. 245 ff.; *Horn*, SchiedsVZ 2008, 209, 211; *Schroeder*, SchiedsVZ 2004, 26, 29 f.

871 Vgl. ausführlich zur Möglichkeit Sachverständige zum Schiedsverfahren einzuladen, *van Houtte*, Party Appointed Experts and Tribunal-Appointed Experts, in: Arbitral Procedure at the Dawn of the New Millennium, Reports of the International Colloquium of CEPANI October 15, 2004, S. 133 ff.

Schiedspartei nicht beachten. Die Schiedsparteien müssten entsprechend dem zweiten Weg das Schiedsgericht zu einer Anfrage auffordern.

Aber auch das Schiedsgericht selbst könnte in einem dritten Weg erwägen, die Kommission oder die nationalen Wettbewerbsbehörden von dem Verfahren zu unterrichten und zur Mitarbeit einzuladen.[872] Die Schiedsrichter müssen jedoch sehr bedacht vorgehen, insbesondere aufgrund der Vertraulichkeit[873] des Schiedsverfahrens. Aus diesem Grund wollen manche den Schiedsgerichten die Möglichkeit gänzlich versagen, die Kommission als *amicus curiae* zu bestellen. Die Parteien haben aus guten Gründen ihren Disput der Schiedsgerichtsbarkeit unterstellt, so dass sich damit auch nur das Schiedsgericht beschäftigen soll.[874] Eine Anrufung durch die Schiedsrichter solle nach anderer Ansicht jedoch möglich sein, wenn die Kommission auf das Problem schon durch eine Beschwerde der Parteien aufmerksam gemacht wurde.[875] In jedem Fall sei aber eine Beratung mit den Parteien ratsam.[876] Die Brisanz dieser Problematik wird entschärft, wenn man die Zustimmung der Parteien als zwingende Voraussetzung für die *amicus curiae*-Tätigkeit im Schiedsverfahren fordert. Ein Handeln der Schiedsgerichte ohne Zustimmung der Parteien scheidet schon aus Gründen der Privatautonomie aus. Das Zustimmungserfordernis der Parteien schützt zudem die Vertraulichkeit des Schiedsverfahrens. Ausgehend von den Bedürfnissen der Schiedsgerichtsbarkeit ist eine Zustimmung unabdingbar. Problematisch ist allerdings, ob sich ein Zustimmungserfordernis mit den Interessen des Europäischen Wettbewerbsrecht vereinbaren lässt. Grundsätzlich ist das Europäische Wettbewerbsrecht von der Wahrung des öffentlichen Interesses geprägt. Der Kommission sind aus diesem Grund erhebliche Kompetenzen bei der Durchsetzung des Wettbewerbsrechts übertragen worden. Ein Zustimmungserfordernis der Schiedsparteien würde verhindern, dass die Kommission aus eigener Initiative im Schiedsverfahren intervenieren darf. Da die Kommission an einem Eingreifen im Schiedsverfahren aus eigener Initiative in der Regel kein Interesse hat,[877] überwiegt das Bedürfnis einer Zustimmung.

Fraglich ist, ob die Schiedsrichter – wenn sie eine *amicus curiae*-Anfrage an die Kommission stellen – persönlich haftbar sind, wenn durch eine Anrufung der

---

872 *Nazzini*, EBLR 2008, 89, 106; nach *Brozolo*, Int.A.L.R. 2004, 23, 34 erfolgt eine Anrufung nur auf Initiative des Schiedsgerichts und mit Zustimmung der Parteien.

873 Siehe oben § 2 A.I.4.

874 *Goffin*, 67 Revue de Droit International et de Droit Comparé, 315, 333 f.; *Komninos*, in: *Ehlermann/Atanasiu (Hrsg.)*, European Competition Law Annual 2001, S. 363, 381.

875 *Komninos*, in: *Ehlermann/Atanasiu (Hrsg.)*, European Competition Law Annual 2001, S. 363, 382; a.A. *Simont*, RDAI/IBLJ 1998, 547, 550, der auch in einem solchen Fall die Zustimmung der Parteien als nötig erachtet.

876 *Blessing*, Introduction to Arbitration – Swiss and International Perspective, Rn. 737; *Komninos*, in: *Ehlermann/Atanasiu (Hrsg.)*, European Competition Law Annual 2001, S. 363, 382.

877 Siehe dazu schon ausführlich § 6 C.II.2.a)aa)(1)(a).

Kommission ihre Aufmerksamkeit auf das Verfahren gelenkt wird und den Parteien Geldbußen auferlegt werden.[878] Theoretisch denkbar wäre dies jedoch nur dann, wenn die Schiedsrichter auf eigene Initiative die Parteien Untersuchungen aussetzen können, die eventuell die Auferlegung von Geldbußen zur Folge haben.[879] Dann müsste man sich in der Folge auch fragen, ob das Interesse an einem durchsetzbaren Schiedsspruch gegenüber einer Geldbuße aus dem Kartellverwaltungsverfahren überwiegt.[880] Angesichts der teilweise hohen Geldbußen, die die Kommission in Kartellverwaltungsverfahren verhängt, muss im Ergebnis diese Interessenabwägung zu Lasten des durchsetzbaren Schiedsspruchs umgehen. Die Frage der persönlichen Haftbarkeit der Schiedsrichter stellt sich allerdings nicht, wenn die Schiedsgerichte die Kommission nur mit Zustimmung der Parteien anrufen können. Wenn die Kommission in diesem Fall trotzdem ein Kartellverwaltungsverfahren einleitet, haben jedenfalls die Schiedsrichter keine ihre Pflichten verletzt und eine persönliche Haftung scheidet aus.

Die Schiedsgerichte können aufgrund ihrer Pflicht zum Erlass einer durchsetzbaren Entscheidung die Kommission mit Zustimmung der Parteien oder auf deren Hinwirken als *amicus curiae* anrufen.

(bb) Tätigwerden der Kommission

Im Verfahren vor einzelstaatlichen Gerichten ergibt sich die Verpflichtung der Kommission, auf deren Anfragen zu antworten, nicht aus Art. 15 VO 1/2003, sondern aus der Rechtsprechung des EuGH und des EuG zur Pflicht der loyalen Zusammenarbeit nach Art. 4 Abs. 3 EUV.[881] Diese Grundlage ist für die Schiedsgerichte ausgeschlossen, da Art. 4 Abs. 3 EUV nicht auf die Schiedsgerichtsbarkeit anwendbar ist.[882] Es besteht keine gesetzliche Verpflichtung der Kommission, auf die Anfragen der Schiedsgerichte einzugehen. Es handelt sich von vornherein nur um eine informelle Unterstützung. Obwohl eine *amicus curiae*-Tätigkeit auf eine Anfrage eines Schiedsgerichtes hin für die Kommission eine zusätzliche Arbeitsbelastung bedeutet, sollte sie die Zurückweisung einer solchen Anfrage gründlich überdenken. Die Kommission ist Hüterin des AEUV und damit auch für die Durchsetzung des Europäischen Wettbewerbsrechts verantwortlich. Die Reform der VO 1/2003 wurde neben der Förderung der privaten Kartellrechtsdurchsetzung vor allem

---

878 So *Simont*, RDAI/IBLJ 1998, 547, 550; *Komninos,* World Comp. 2001, 211, 229.

879 *Simont*, RDAI/IBLJ 1998, 547, 550. Siehe auch *Karrer,* in: *Torggler (Hrsg.),* Praxishandbuch Schiedsgerichtsbarkeit, Rn. E.91 sowie *ders.*, in: The Leading Arbitrators Guide to International Arbitration, S. 607: „Das ist ein Thema für furchtvolle Leute. Wer aber ehr- und redlich ist, sollte sich keine Sorgen machen."

880 Für *Karrer,* in: *Torggler (Hrsg.),* Praxishandbuch Schiedsgerichtsbarkeit, Rn. E. 90, überwiegt das Interesse an der Geldbuße; ebenso *ders.,* in: FS Briner, S. 429 ff.

881 *Nothdurft,* in: MüKo, KartellR, VO 1/2003, Art. 15 Rn. 10; *Zuber,* in: *Loewenheim/ Meessen/Riesenkampff (Hrsg.),* KartellR, VerfVO, Art. 15 Rn. 27.

882 Vgl. dazu schon § 3 A.II.

aus Gründen der einheitlichen Anwendung des Europäischen Wettbewerbsrechts durchgeführt. Die implizite Anerkennung der Schiedsfähigkeit kartellrechtlicher Streitigkeiten[883] lässt den Schluss zu, dass die Kommission den Schiedsgerichten prinzipiell die notwendige Entscheidungskompetenz für kartellrechtliche Entscheidungen zuspricht. In der Tat gibt es einige Fälle in der Vergangenheit, in denen die Kommission den Schiedsgerichten Informationen bereitgestellt hat.[884] Die Schiedsgerichte werden eine Anfrage zur *amicus curiae*-Tätigkeit in der Regel nur stellen, wenn sie ernsthafte Probleme mit der Auslegung und Anwendung des Europäischen Wettbewerbsrechts haben.[885] Die Kommission kann im Hinblick auf ihre Pflicht zur Durchsetzung und einheitlichen Anwendung des Wettbewerbsrechts die Anfrage eines Schiedsgerichts in der Regel nicht abweisen. Man kann zwar von keinem „Muss" der Kommission ausgehen, aber von einem starken „Soll".

(2) Einzelheiten der amicus curiae-Tätigkeit

(a) Wirkung der amicus curiae-Tätigkeit

Die *amicus curiae*-Tätigkeiten der Kommission und der nationalen Wettbewerbsbehörden haben keine Bindungswirkung im nationalen Gerichtsverfahren.[886] Folglich besteht auch im Schiedsverfahren keine Bindungswirkung, zumal die Zusammenarbeit zwischen der Kommission und den Schiedsgerichten nur informell ist.[887] Die *amicus curiae*-Tätigkeit der Kommission ist als Ratschlag für die Schiedsgerichte zu verstehen. Fraglich ist dann, ob eine alternative Zusammenarbeit mit den Wettbewerbsbehörden überhaupt vorteilhaft für das Schiedsverfahren ist. In der schiedsgerichtlichen Literatur wird dazu angemerkt, dass eine informelle Zusammenarbeit nur dann Vorteile für das Schiedsverfahren habe, wenn die Schiedsgerichte sich an die Stellungnahmen der Kommission halten würden. Aber da es nach dieser Ansicht *de jure* und *de facto* keine Bindung der Schiedsgerichte an die *amicus curiae*-Stellungnahmen der Kommission gebe, gebe es auch keine Garantie der Übereinstimmung mit den Ansichten der Kommission.[888] Jedoch ist schon das Bedürfnis für eine derartige Garantie unverständlich, denn auch bei den einzelstaatlichen Gerichten ist nicht garantiert, dass das einzelstaatliche Gericht mit der Ansicht der Kommission übereinstimmt.

Man muss sich vielmehr bei den Schiedsgerichten fragen, ob nicht dort eine Übereinstimmung mit der Kommission im Rahmen einer Selbstbindung der Schiedsgerichte[889] eher anzunehmen ist als bei den einzelstaatlichen Gerichten. Die

883 Vgl. dazu schon § 2 B.I.
884 Siehe dazu ausführlich § 6 C.II.1.b)bb).
885 Siehe dazu § 6 C.II.2.a)aa)(1)(b).
886 Siehe dazu schon § 6 B.II.1.
887 *Nazzini*, Concurrent Proceedings in Competition Law, Rn. 11.39.
888 *Shelkoplyas*, The application of EC Law in international Arbitration proceedings, S. 424.
889 *Nazzini*, EBLR 2008, 89, 105 f.

Kommission verfügt zwar als Wettbewerbsbehörde über ein enormes Fachwissen, jedoch werden auch ihr dabei Fehler unterlaufen. Ansonsten könnten die einzelstaatlichen Gerichte im Kooperationssystem der VO 1/2003 nicht ergänzend zur Zusammenarbeit mit der Kommission Fragen an den EuGH nach Art. 267 AEUV zur Vorabentscheidung stellen. Die Schiedsgerichte können im Gegensatz zu den einzelstaatlichen Gerichten kein direktes Vorabentscheidungsverfahren einleiten, sondern nur über den – oft sehr zeitaufwendigen – Umweg der einzelstaatlichen Gerichte.[890] Die Auslegung durch die Kommission im Rahmen der *amicus*-Tätigkeit hat dadurch für die Entscheidungsfindung der Schiedsgerichte einen hohen Stellenwert. Sie ist der einzige Weg, direkt von einer Institution der Europäischen Union eine Auslegung des Unionsrechts zu erhalten. Die Schiedsrichter sollten zumindest mit Blick auf ihre Verpflichtung, ein durchsetzbares Urteil zu schaffen, die Ratschläge der Kommission eingehend prüfen und nur bei offensichtlicher Unrichtigkeit von der Ansicht der Kommission abweichen. Die Parteien könnten allerdings vereinbaren, dass die *amicus curiae*-Tätigkeit der Kommission bindend sein soll.[891] Die Parteiautonomie im Schiedsverfahren ermöglicht dies den Parteien. Fehlt es an einer solchen ausdrücklichen Vereinbarung der Parteien oder Regelungen in der anwendbaren Schiedsgerichtsordnung, entscheiden die Schiedsrichter über die Kartellrechtsfragen und ob sie der *amicus curiae*-Stellungnahme der Kommission folgen wollen.

Auch die prozessuale Einkleidung der *amicus curiae*-Tätigkeit im Schiedsverfahren bedarf eines näheren Blickes. Regelungen in den Schiedsordnungen finden sich dafür bisher nicht. Denkbar wäre es, die *amicus curiae*-Stellungnahmen der Kommission als Beweis in das Schiedsverfahren einzuführen. Regelungen zur Beweisführung im Schiedsverfahren finden sich in den jeweils anwendbaren Schiedsordnungen (z.B. Art. 24 und 25 UNCITRAL Modellgesetz) bzw. nationalen Prozessrechten (z.B. § 1042 Abs. 4 S. 2 ZPO). Die Parteien können darüber hinaus auch die von der International Bar Association (IBA) ausgearbeitete „Rules on the Taking of Evidence in International Commercial Arbitration" für die Beweiserhebung vereinbaren.[892] Im staatlichen Verfahren bezeichnet der Beweis die Feststellung eines Sachverhalts als Tatsache. Tatsachen sind konkrete, nach Zeit und Raum bestimmte Geschehnisse oder Zustände der Außenwelt und des menschlichen Seelenlebens. Die rechtliche Beurteilung einer Sache ist dem Beweis dagegen nicht zugänglich.[893] Folglich kann die *amicus curiae*-Stellungnahme der Kommission weder als Urkunds- noch als Sachverständigenbeweis in das Schiedsverfahren eingeführt werden, da sie die rechtliche Beurteilung einer kartellrechtlichen Frage enthält.

Die *amicus curiae*-Stellungnahmen der Kommission könnten aber durch die Parteien in das Schiedsverfahren eingeführt werden, indem sie sich den Inhalt als

890 Siehe dazu schon ausführlich § 4 A.I.
891 *Nazzini*, Concurrent Proceedings in Competition Law, Rn. 11.39.
892 Beweis-Regelungen abrufbar unter: http://www.sco.com/scoip/lawsuits/novell/Novell-131-3.pdf.
893 *Bacher*, in: Beck-OK, ZPO, § 84 Rn. 2 ff.

Parteivortrag zu Eigen machen.[894] Zumindest die durch die Stellungnahme der Kommission begünstigte Partei wird dies in der Regel tun. Denkbar wäre auch, dass die Schiedsparteien vereinbaren, dass das Vorbringen der Kommission entgegen verfahrensrechtlichen Standards in der staatlichen Gerichtsbarkeit als Beweis in das Schiedsverfahren eingebracht werden soll. Die Schiedsgerichte sind bei der Beweiserhebung und der Beweiswürdigung nicht im gleichen Maß an strenge Regelungen gebunden wie die einzelstaatlichen Gerichte.[895] Die Verfahrensregelungen der Schiedsverfahren sind aufgrund der Parteiautonomie der Schiedsparteien flexibler und können daher von den Parteien mitbestimmt werden. Letzteres ist wohl die beste Lösung die *amicus curiae*-Stellungnahmen in das Verfahren einzuführen. Die Parteien werden – in der Regel – sich der Einführung der *amicus curiae*-Stellungnahmen in das Verfahren schon deswegen nicht verweigern, weil sie schon ihre Zustimmung zur Einholung der *amicus curiae*-Stellungnahme gegeben haben müssen. Damit man jedoch nicht Gefahr läuft, dass eine der Parteien sich der Einführung der Stellungnahme in das Schiedsverfahren verweigert (u.U. weil sie nachteilig für diese Partei ist), könnte und sollte schon vorab, d.h. zugleich mit der Abgabe der Zustimmung der Einholung, vereinbart werden, dass die *amicus curiae*-Stellungnahme auch tatsächlich in das Verfahren eingeführt wird. Ansonsten würde die Einholung der – unabhängigen – Stellungnahme der Kommission von vornherein sinnlos sein, wenn eine Partei die Einführung in das Schiedsverfahren verhindern kann.

(b) Konkrete Ausgestaltung der amicus curiae-Tätigkeit

(aa) Schriftliche Stellungnahmen oder mündliche Aussagen

Schriftliche Stellungnahmen sollen nach der schiedsgerichtlichen Literatur erlaubt sein.[896] Dem ist zuzustimmen, wenn ein faires Verfahren für die Schiedsparteien dabei in jedem Fall gesichert ist. Dies beinhaltet auch die Möglichkeit, dass die Schiedsparteien sich zu der Stellungnahme der Kommission äußern können. Auch die Vertraulichkeit des Schiedsverfahrens wird nicht beeinträchtigt.

Fraglich ist, ob auch mündliche Stellungnahmen im Schiedsverfahren möglich sein könnten. Im Verfahren vor den staatlichen Gerichten sieht Art. 15 Abs. 3 Unterabs. 1 S. 4 VO 1/2003 mündliche Stellungnahmen der Kommission ausdrücklich vor. Eine mündliche Stellungnahme bedeutet grundsätzlich, dass die Kommission in der Verhandlung anwesend ist. Die Kommission nähme eine Rolle im Verfahren ein, die über bloße schriftliche Stellungnahmen weit hinausgeht.[897] Eine derartige Teilnahme der Kommission am Schiedsverfahren könnte das Schiedsverfahren

---

894 *Nothdurft,* in: MüKo, GWB, § 90 Rn. 10.

895 *Schwab/Walter,* Schiedsgerichtsbarkeit, Kap. 15 Rn. 8.

896 *Landolt,* Modernised EC Competition Law in International Arbitration, Rn. 8–84; *Nazzini,* EBLR 2008, 89, 107; *ders.,* Concurrent Proceedings in Competition Law, Rn. 11.38; *ders.,* ECLR 2004, 153, 160.

897 So *Nazzini,* EBLR 2008, 89, 107.

beeinträchtigten. Daher wird gegen die mündliche Stellungnahme vorgebracht, dass es der Kommission ermöglicht werde, tiefer in das Verfahren einzutauchen und eventuelle Wettbewerbsverstöße festzustellen. Dagegen spreche auch, dass eine mündliche Intervention an Überwachung grenzt und die Kommission dies nur machen wird, wenn die Anwendung des Unionsrechts es verlangt.[898]

Das wichtigste Argument gegen die mündliche Teilnahme der Kommission am Schiedsverfahren ist dessen Vertraulichkeit. Die Kommission kann durch die Teilnahme an der mündlichen Verhandlung Kenntnis von sensiblen, geheimhaltungswürdigen Informationen erhalten. Unproblematisch werden die Fälle sein, in denen die Schiedsparteien eine mündliche Teilnahme ausdrücklich vereinbaren. Fehlt eine solche Vereinbarung, wird eine mündliche Stellungnahme der Kommission aus Gründen der Vertraulichkeit nicht möglich sein. Zudem sind schriftliche Stellungnahmen in der Regel für das Interesse der Kommission und der Schiedsgerichte ausreichend. Die Kommission kann ihre Auffassung mitteilen, die Schiedsgerichte können die Meinung der Kommission zu einem wettbewerbsrechtlichen Problem erfassen. Die Kommission wird selbst an der mündlichen Teilnahme an dem Schiedsverfahren kein Interesse haben. Für die mündliche Teilnahme am Verfahren ist die körperliche Anwesenheit eines Mitarbeiters erforderlich. Angesicht der hohen Arbeitsbelastung der Kommission und der mit der Entsendung in das Schiedsverfahren verbundenen, von ihr zu tragenden Kosten ist eine mündliche Stellungnahme für die Kommission wenig attraktiv. Schriftliche Stellungnahmen sind für die Kommission weniger zeitaufwendig und kostenintensiv.

(bb) Inhalt des amicus curiae-Schriftsatzes

Der Inhalt eines *amicus curiae*-Schriftsatzes bei einem Schiedsgericht wird sich nicht wesentlich von dem bei einem einzelstaatlichen Gericht unterscheiden.[899] Der Schriftsatz wird sachliche Informationen enthalten, z.B. über die Anhängigkeit eines Kartellverwaltungsverfahrens, die Rechtspersönlichkeiten der betroffenen Unternehmen, die Erläuterungen eines rechtlichen Problems aus dem Europäischen Wettbewerbsrecht oder ökonomische Daten wie Statistiken, Charakteristika des betroffenen Marktes und ökonomische Analysen.[900]

(c) Beschränkungen der amicus curiae-Tätigkeit

Fraglich ist, ob im Unionsrecht gesetzliche Beschränkungen der *amicus curiae*-Tätigkeit der Kommission im Schiedsverfahren existieren. Ein Autor in der schiedsgerichtlichen Literatur ist der Ansicht, dass Art. 28 Abs. 2 VO 1/2003 der

898 *Landolt*, Modernised EC Competition Law in International Arbitration, Rn. 8–84.

899 Vgl. grundsätzlich zum Inhalt eines *amicus curiae-briefs*: *Krislov*, Yale L. Rev. 72 (1962–63), 694 ff.; *Schultz*, Encyclopedia of the Supreme Court, S. 55.

900 *Komninos*, World Comp. 2001, 211, 229 f.; *ders.*, in: *Ehlermann/Atanasiu (Hrsg.)*, European Competition Law Annual 2001, S. 363, 382; *Nothdurft*, in: MüKo, KartellR, Art. 15 VO 1/2003, Rn. 18, 31.

Kommission aufgrund des Berufsgeheimnisses verbiete, den Schiedsgerichten anderweitige Informationen außer Meinungen und Beobachtungen zukommen zu lassen.[901] Art. 28 Abs. 1 der VO 1/2003 verbietet der Kommission die Weitergabe von Informationen zu anderen Zwecken. Nach Abs. 2 dürfen die Kommission und die nationalen Wettbewerbsbehörden keine Informationen weitergeben, die unter das Berufsgeheimnis fallen. Das Prinzip des Berufsgeheimnisses hat seinen Ursprung in Art. 339 AEUV. Die Organe der Union dürfen danach Auskünfte, die unter das Berufsgeheimnis fallen, nicht preisgeben. Die Kommission interpretiert Art. 28 VO 1/2003 als Ausnahme zu Art. 339 AEUV. Die Kommission ist der Ansicht, dass in Übereinstimmung mit Art. 339 AEUV die Kommission Informationen an die einzelstaatlichen Gerichte weitergeben darf.[902] Das scheint zunächst die Weitergabe von Informationen an Schiedsgerichte zu verbieten. Zu prüfen ist daher, ob die Kommission das Verbot der Weitergabe von Informationen aus Art. 28 VO 1/2003 an die Schiedsgerichte umgehen kann.

Art. 28 VO 1/2003 enthält einen Vorbehalt, dass das Verbot der Weitergabe von Berufsgeheimnissen nicht für die Weitergabe von Informationen im Kooperationssystem gilt. Da die Schiedsgerichte nicht Teil des Kooperationssystems sind, greift der Vorbehalt nicht ein. Die Pflichten der Kommission im System des Europäischen Wettbewerbsrechts könnten jedoch eine Weitergabe von Informationen an die Schiedsgerichte trotz des Verbotes aus Art. 28 VO 1/2003 erfordern. Hauptaufgabe der Kommission ist in erster Linie die korrekte Anwendung des Europäischen Wettbewerbsrechts. Deshalb verbietet die Auslegung von Art. 4 Abs. 3 EUV in Verbindung mit Art. 339 AEUV der Kommission die Weitergabe von Informationen, die unter das Berufsgeheimnis aus Art. 28 VO 1/2003 fallen, zum Zwecke der Durchsetzung des Europäischen Wettbewerbsrechts nicht absolut.[903] Daher könnte auch die Weiterleitung von Informationen an das Schiedsgericht durch die Kommission zur Wahrung der einheitlichen und korrekten Anwendung des Wettbewerbsrechts möglich sein, auch wenn diese unter das Berufsgeheimnis fallen.[904]

Die Schiedsgerichte müssten dann allerdings wie die einzelstaatlichen Gerichte sicherstellen, dass die vertraulichen Informationen geschützt werden. Die Kommission kann die Weitergabe von Informationen an das einzelstaatliche Gericht verweigern, wenn dieses den Schutz der vertraulichen Informationen und der Geschäftsgeheimnisse nicht gewährleisten kann.[905] Diese Möglichkeit steht der Kommission gegenüber den Schiedsgerichten ebenfalls offen. Das einzelstaatliche

901 *Nazzini,* Concurrent Proceedings in Competition Law, Rn. 11.37, 11.46.
902 *Landolt,* Modernised EC Competition Law in International Arbitration, Rn. 8–99.
903 Bekanntmachung der Zusammenarbeit mit den staatlichen Gerichten, ABl. (EG) 2004, C-101/54, Rn. 24.
904 *Landolt,* Modernised EC Competition Law in International Arbitration, Rn. 8–100.
905 Bekanntmachung der Zusammenarbeit mit den staatlichen Gerichten, ABl. (EG) 2004, C-101/54, Rn. 25.

Gericht kann nach der Bekanntmachung[906] der Kommission versichern, dass es das Berufsgeheimnis schützen werde. Dieses Versprechen können auch die Schiedsgerichte aussprechen. Fraglich ist, ob dieses Versprechen der Schiedsgerichte den gleichen Wert hat. Anders als gegen die einzelstaatlichen Gerichte hat die Kommission gegen die Schiedsgerichte nämlich keine Sanktionsmöglichkeit, falls diese die Vertraulichkeit der Informationen nicht gewährleiste. Gegen die einzelstaatlichen Gerichte (bzw. gegen den Mitgliedstaat, indem das einzelstaatliche Gericht seinen Sitz hat) kann die Kommission gemäß Art. 258 AEUV ein Vertragsverletzungsverfahren (wegen der Verletzung der Pflicht zur loyalen Zusammenarbeit aus Art. 4 Abs. 3 EUV) einleiten. Diese Möglichkeit hat die Kommission bei einem Schiedsgericht nicht. Allerdings können die Schiedsgerichte sensible Informationen auch wesentlich besser schützen als die einzelstaatlichen Gerichte. Ein Schiedsverfahren ist für die Öffentlichkeit im Gegensatz zum staatlichen Verfahren nicht zugänglich[907] und die Schiedssprüche werden kaum – und wenn, dann stark anonymisiert und verkürzt – veröffentlicht. Die Schiedsrichter müssen die ihnen bekannt gewordenen Informationen auch geheim halten, da sie in der Regel durch Vertraulichkeitsvereinbarung in ihren Schiedsrichterverträgen zur Geheimhaltung verpflichtet sind.[908] Die Weitergabe der Informationen an die einzelstaatlichen Gerichte beruht auf dem entgegengebrachten Vertrauen der Kommission an die Wahrung der Vertraulichkeit. Die Kommission sollte den Schiedsgerichten ein solches Vertrauen ebenfalls entgegenbringen.

Sollte die Kommission an der Wahrung der vertraulichen Informationen durch die Schiedsgerichte zweifeln, könnte sie die Bedingung stellen, dass sie nur dann Informationen an das Schiedsgericht weiterleitet, wenn diese nicht an die Parteien weitergegeben werden. Das Problem der Vertraulichkeit stellt sich dann gar nicht. Die Schiedsparteien wären aber in ihrem Recht auf rechtliches Gehör verletzt, wenn sie sich zu den übermittelnden Informationen nicht äußern könnten. Das rechtliche Gehör wäre nur dann nicht verletzt, wenn beide Parteien einer alleinigen Weitergabe an das Schiedsgericht zustimmten.[909] Dass die Schiedsparteien eine solche Zustimmung erteilen würden, ist zu bezweifeln. Allerdings könnten die Schiedsparteien ausdrücklich vereinbaren, dass sie die erhaltenen Informationen der Kommission selbst absolut vertraulich behandeln. Eine solche Vereinbarung könnte das Vertrauen der Kommission in die Schiedsgerichte stärken.

906 Bekanntmachung der Zusammenarbeit mit den staatlichen Gerichten, ABl. (EG) 2004, C-101/54, Rn. 25.

907 So auch *Landolt,* Modernised EC Competition Law in International Arbitration, Rn. 8–100.

908 Voit, in Musielak (Hrsg.), ZPO, § 1035 Rn. 24.

909 Ebenso *Landolt,* Modernised EC Competition Law in International Arbitration, Rn. 8–103.

bb) Informationspflichten der Kommission und der Schiedsgerichte

(1) Informationspflichten der Kommission entsprechend Art. 15 Abs. 1 VO 1/2003

Die Kommission unterliegt mangels Anwendbarkeit der VO 1/2003 den Informationspflichten nach Art. 15 Abs. 1 VO 1/2003 gegenüber den Schiedsgerichten nicht. Ausgehend von dem Wunsch der Kommission zur verstärkten privaten Durchsetzung des Europäischen Wettbewerbsrecht wäre jedoch eine einfache Informationsübermittlung seitens der Kommission in ihrem eigenen Interesse. Eine derartige Informationsübermittlung würde nicht nur den Interessen der Kommission als zentraler Figur im System der Durchsetzung des Europäischen Wettbewerbsrechts dienen. Damit würde ein Europäisches Wettbewerbsrecht geschaffen, welches die Schiedsgerichtsbarkeit anerkennt, ohne deren positive Eigenschaften wie die Vertraulichkeit und Flexibilität zu beeinträchtigen.[910] Daher wird in der schiedsgerichtlichen Literatur vorgeschlagen, dass die Schiedsrichter entsprechend Art. 15 Abs. 1 VO 1/2003 an die Kommission herantreten können und die Kommission dem Informationsbegehren der Schiedsgerichte nachkommt.[911] Da die Kommission einer *amicus curiae*-Tätigkeit im Schiedsverfahren nicht grundsätzlich ablehnend gegenüber steht, wird sie wahrscheinlich im gleichen Maße bereit sein, Informationen zu übermitteln, vor allem da die Übermittlung von Informationen für die Kommission mit einem geringeren Aufwand verbunden ist als die Anfertigung einer schriftlichen Stellungnahme.

(2) Informationspflichten der Schiedsgerichte entsprechend Art. 15 Abs. 2 VO 1/2003

(a) Übermittlungspflicht der Schiedssprüche

Fraglich ist, ob den Schiedsgerichten eine Pflicht obliegt, den Wettbewerbsbehörden Informationen zukommen zu lassen. Zu denken wäre in erster Linie an eine Übermittlungspflicht der Schiedssprüche. Mangels Teilnahme am Kooperationssystem der VO 1/2003 scheidet eine Art. 15 Abs. 2 vergleichbare Übermittlungspflicht für Schiedsgerichte aus. In den Mitgliedstaaten gibt es keine Verfahren, die eine derartige Übermittlungspflicht für Schiedsgerichte vorsehen.

Aber allein schon aus Gründen der Vertraulichkeit des Verfahrens ist eine Übermittlungspflicht der Schiedsgerichte nicht möglich. Eine Mitteilungspflicht der Schiedsgerichte würde nicht nur gegen die ureigensten Charaktereigenschaften der Schiedsgerichtsbarkeit verstoßen. Sie würde, da sie nur für Schiedsgerichte

910 *Demgetiotis*, J. Int. Arb. 25 (2008), 365, 389; *Komninos*, in: *Ehlermann/Atanasiu (Hrsg.)*, European Competition Law Annual 2001, S. 363, 382.

911 *Abdelgawad*, Rev. Arb. 2004, 253, 267; *Gharavi*, Arbitration 1997, 59, 64; *Hilbig*, Das gemeinschaftsrechtliche Kartellverbot im internationalen Handelsschiedsverfahren, S. 166; *Komninos*, World Comp. 2001, 211, 228 f.

innerhalb der Union gelten würde, eine ungerechtfertigte Benachteiligung und einen Wettbewerbsnachteil zur Folge haben.[912]

(b) Übermittlung sonstiger Informationen

In zweiter Linie wäre an die Übermittlung sonstiger Informationen der Schiedsgerichte an die Kommission zu denken. In der schiedsgerichtlichen Literatur wurde angemerkt, dass den Schiedsrichtern eventuell mehr Informationen zur Verfügung stehen als die Kommission und die staatlichen Wettbewerbsbehörden aus eigener Kompetenz erlangen könnten, beispielsweise durch ein *discovery*-Verfahren[913] nach US-amerikanischem Stil. Dementsprechend hätten die Schiedsgerichte auch die Möglichkeit, auf ein Mehr an Informationen zuzugreifen. Deshalb wird vertreten, dass die Schiedsgerichte die so erhaltenen Informationen auch an die Kommission weiterleiten sollten, um ein eventuelles Informationsdefizit auszugleichen.[914] Dies kann jedenfalls nur auf freiwilliger Basis geschehen. Verpflichtet werden könnten die Schiedsgerichte dazu nicht. Die VO 1/2003 enthält eine vergleichbare Verpflichtung nicht einmal für die einzelstaatlichen Gerichte.

(c) Freiwillige Informationsübermittlung

Eine Übermittlung des Schiedsspruchs oder anderer für das Verfahren wichtiger Informationen könnte durch die Schiedsgerichte freiwillig erfolgen. Für eine freiwillige Übermittlung von Schiedssprüchen und Informationen von den Schiedsgerichten an die Kommission spricht, dass sie einer informellen Zusammenarbeit dient. Anhand der Schiedssprüche könnte die Kommission zum einen erkennen, dass die Schiedsgerichte Europäisches Wettbewerbsrecht korrekt anwenden. Zum anderen könnte die alternative Zusammenarbeit ihre Tauglichkeit beweisen und die Kommission zum Erlass einer eigenen Bekanntmachung der Zusammenarbeit mit den Schiedsgerichten bewegen. Die Übermittlung von Schiedssprüchen und Informationen würde die einheitliche Anwendung des Europäischen Wettbewerbsrechts auf Ebene der Schiedsgerichtsbarkeit verbessern. Es wäre ein Vertrauensbeweis an die Kommission.

Gegen eine freiwillige Übermittlung spricht die Gefahr, dass die Schiedsrichter die Vertraulichkeit des Verfahrens und die Parteiautonomie verletzen. Durch die

---

912 *Derains*, Gaz. Pal. 2003, 1520, 1521; *Hilbig*, Das gemeinschaftsrechtliche Kartellverbot im internationalen Handelsschiedsverfahren, S. 167; *van Houtte*, ASA Bull. 2005, 431, 446.

913 Vgl. zum *discovery*-Verfahren: *Dietrich*, GRUR Int. 2006, 389 ff.; *Klinger*, RIW 2007 108 ff.; *Peukert*, GRUR Int. 2004, 889; *von Rosen*, BB 2009, 230, 231 f. Siehe auch zum *Discovery* im Schiedsverfahren: *Hilgard*, SchiedsVZ 2008, 122 ff.; *Kaufmann-Kohler/Bärtsch*, SchiedsVZ 2004, 13 ff.; *Kraayvanger/Richter/Wendler*, SchiedsVZ 2008, 161 ff.

914 *Van Houtte*, ASA Bull. 2005, 431, 445; *Hilbig*, Das gemeinschaftsrechtliche Kartellverbot im internationalen Handelsschiedsverfahren, S. 167 f.

Übermittlung der Schiedssprüche und der Informationen könnte die Kommission auf eventuelle Wettbewerbsverletzungen der Parteien aufmerksam werden. Diese Gefahr ist bedeutend höher als bei einer *amicus curiae*-Tätigkeit, da die Kommission durch die Dokumente einen vertieften Einblick in die Streitigkeit bekommen kann. Die Schiedsgerichte müssten deshalb bei einer freiwilligen Übermittlung die Dokumente sorgfältig auswählen und anonymisieren.[915]

Die Parteien haben sich aus bestimmten Gründen für die Schiedsgerichtsbarkeit entschieden, vor allem weil das Verfahren vertraulich ist und die Parteien es weitgehend bestimmen können. Würden die Schiedsgerichte freiwillig Dokumente und Informationen an die Kommission weiterleiten, könnten die Parteien ihre Rechtsstreitigkeiten auch der ordentlichen Gerichtsbarkeit unterstellen. Eine Übermittlung kommt nur in Betracht, wenn die Schiedsparteien der Übermittlung zustimmen. Für eine solche Zustimmung haben die Schiedsparteien in der Praxis in der Regel keinen Anlass. Im Ergebnis sollten die Schiedsgerichte von einer freiwilligen Übermittlung der Schiedssprüche und sonstiger Informationen absehen.

cc) Veröffentlichung der Schiedssprüche

Vereinzelt[916] wurde angemerkt, dass aus Gründen der Transparenz die Schiedssprüche im Rahmen der Zusammenarbeit veröffentlich werden sollten. Zum einen seien die Fälle Teil der öffentlichen Ordnung, zum anderen könnte dadurch die Schiedsgerichtsbarkeit in den Blick der Öffentlichkeit gerückt und dieser die Möglichkeit gegeben werden, die Durchsetzung des Wettbewerbsrechtes nachzuvollziehen. Für die Schiedsparteien könnte geschäftlich sensibles Material aus der Veröffentlichung heraus gelöscht werden, so dass die Vertraulichkeit des Verfahrens gewahrt bleibe.

Aus Gründen der Transparenz und der Kontrolle der einheitlichen und korrekten Anwendung des Wettbewerbsrechts kann ein Bedürfnis zur Veröffentlichung von Schiedssprüchen nicht verneint werden. Grundsätzlich können die Urteile einzelstaatlicher Gerichte über die Anerkennung und Vollstreckung der Schiedssprüche veröffentlicht werden. Ein Großteil der Schiedssprüche braucht allerdings ein staatliches Anerkennungs- und Vollstreckungsverfahren nicht zu durchlaufen, weil sie von den Parteien freiwillig erfüllt werden.[917] Diese Schiedssprüche werden dann in der Regel nicht veröffentlicht. Manche Schiedsgerichtsordnungen (ICC, DIS) erlauben dagegen die Veröffentlichung. Jedoch hat bisher weder die ICC noch die DIS zur Frage der privatrechtlichen Durchsetzung des Kartellrechts im Schiedsverfahren ein Schiedsurteil veröffentlicht.

Eingehender zu prüfen ist, ob gegen die Veröffentlichung der Schiedssprüche wesentliche Argumente sprechen und diese in einer Interessenabwägung überwiegen. Gegen die Veröffentlichung des Schiedsspruchs spricht die Vertraulichkeit des Schiedsverfahrens. Fraglich ist, ob die Streichung geschäftlich sensiblen Materials

915 So auch *van Houtte*, EBLR 2008, 63, 73.
916 So *Rowley*, wiederggb. bei *Nisser*, EBLR 2008, 115, 117.
917 Siehe dazu schon § 2 A.I.5.

aus der Veröffentlichung für die Wahrung der Vertraulichkeit ausreichend ist. In den Märkten, in denen es zu Kartellverstößen kommt, bewegen sich oft nur wenige Akteure, die kein Interesse daran haben, dass ihre Identität bei Kartellverstößen der Öffentlichkeit preisgegeben wird. Eine Veröffentlichung der Schiedssprüche kann nur unter der Prämisse erfolgen, dass weder Namen noch Hinweise auf die Identität der Parteien und Geschäftsgeheimnisse veröffentlicht werden. Unter Umständen dürfte auch der Tatbestand nicht mit veröffentlicht werden, da dieser durchaus einen Schluss auf die Schiedsparteien zulassen kann. Man muss sich dann aber fragen, ob ein derart „bereinigter" Schiedsspruch überhaupt eine Überprüfung der korrekten Anwendung des Wettbewerbsrechts zulässt. Da die Anwendung des Europäischen Wettbewerbsrechts stets mit der Beurteilung des Marktes und der wirtschaftlichen Überlegenheit eines Marktteilnehmers zusammenhängt, kann ein „bereinigter" Schiedsspruch die korrekte Anwendung des Wettbewerbsrechts für die Öffentlichkeit nicht wiederspiegeln. Urteile einzelstaatlicher Gerichte werden zwar in einigen Mitgliedstaaten, z.B. in Deutschland, auch anonymisiert veröffentlicht. Jedoch erfolgt dort die Anonymisierung nicht in dem Maße, das erforderlich wäre, um die Vertraulichkeit des Schiedsverfahrens zu wahren. Zumindest wäre aus Gründen der Parteiautonomie die Zustimmung der Parteien zur Veröffentlichung zu fordern. Die Zustimmung der Parteien zur Veröffentlichung ist ein zeitgleicher teilweiser Verzicht auf die Vertraulichkeit. Ohne Zustimmung der Parteien spricht die Vertraulichkeit des Schiedsverfahrens gegen die Veröffentlichung der Schiedssprüche.

Praktische Probleme ergeben sich zudem hinsichtlich der Durchführung der Veröffentlichung. Für die Veröffentlichung der Schiedssprüche müsste ein geeignetes Forum geschaffen werden, in dem idealerweise die Schiedssprüche einheitlich, vollständig und frei zugänglich veröffentlicht werden könnten. Möglich wäre eine Veröffentlichung in schiedsrechtlichen Zeitschriften als auch durch die Schiedsgerichtsinstitution (ICC, DIS, etc.). Allerdings wären durch letztere weder die *ad hoc*-Schiedsgerichte umfasst noch wäre eine einheitliche Veröffentlichung der Schiedssprüche durch die Vielzahl von institutionellen Schiedsgerichten gewährleistet. Denkbar wäre auch eine Veröffentlichung der Schiedssprüche auf der Internetseite der Kommission. Die Kommission hätte aufgrund ihrer Verpflichtung zu einheitlichen Durchsetzung des Wettbewerbsrechts ein grundsätzliches Interesse an der Veröffentlichung auf ihrer Internetseite.

Eine freiwillige Veröffentlichung der Schiedssprüche könnte mit Zustimmung der Parteien stets erfolgen, aber die Veröffentlichung bietet weder für die Schiedsrichter noch für die Parteien einen zusätzlichen Anreiz. Im Ergebnis überwiegt – aus Sicht der Schiedsparteien – bei Abwägung der gegenseitigen Interessen die Nichtveröffentlichung der Schiedssprüche. Die Vertraulichkeit des Schiedsverfahrens und die logistische Realisierbarkeit machen eine Veröffentlichung der Schiedssprüche unmöglich.

b) Zusammenfassung

Zusammenfassend lassen sich einige Ergebnisse der obigen Untersuchung abschließend festhalten. Die Schiedsgerichte sind aufgrund Art. 4 Abs. 3 EUV nicht Teil des Kooperationssystems der VO 1/2003 und die Bekanntmachung der Kommission über die Zusammenarbeit mit den einzelstaatlichen Gerichten ist nicht auf die Schiedsgerichtsbarkeit anwendbar. Da trotzdem das Bedürfnis einer Zusammenarbeit besteht, müssen die Schiedsgerichte und die Kommission in einem alternativen System zusammenarbeiten. Obwohl die Kommission gesetzlich nicht zu einer Zusammenarbeit mit den einzelstaatlichen Gerichten verpflichtet ist, steht sie einer Zusammenarbeit nicht grundsätzlich ablehnend gegenüber.[918]

Die Kommission könnte wie bei den einzelstaatlichen Gerichten entsprechend Art. 15 Abs. 3 Unterabs. 1 VO 1/2003 als *amicus curiae* im Schiedsgerichtsverfahren auftreten. Die Form des *amicus* ist als neuer schiedsgerichtlicher *amicus* zu qualifizieren: ein sachverständiger Berater ohne Möglichkeit zur Eigeninitiative (z.B. aus Art. 15 Abs. 3 VO 1/2003).[919] Die Aufforderung der Kommission zur *amicus curiae*-Tätigkeit erfolgt mit Zustimmung oder auf Anweisung der Parteien durch die Schiedsgerichte.[920]

Die *amicus curiae*-Tätigkeit der Kommission ist für die Schiedsgerichte nicht bindend. Ein Abweichen von den Schriftsätzen der Kommission ist im Hinblick auf die Pflicht der Schiedsrichter, ein durchsetzbares Urteil zu schaffen, nur vertretbar, wenn die Kommission offensichtlich unrichtig liegt. Die Tätigkeit der Kommission darf sich nur auf schriftliche Stellungnahmen beschränken. Eine Teilnahme am mündlichen Verfahren ist nur mit Zustimmung der Parteien möglich.[921]

Eine Verpflichtung der Schiedsgerichte zur Übermittlung von Schiedssprüchen und Informationen an die Kommission nach dem Vorbild von Art. 15 Abs. 2 VO 1/2003 besteht nicht. Eine freiwillige Übermittlung von Schiedssprüchen und Informationen könnte mit Zustimmungen der Parteien erfolgen. Im Übrigen sollten die Schiedsgerichte von einer Übermittlung absehen.[922]

3. ICC Draft Best Practice Note

Bisher enthalten – wie aufgezeigt – weder die Schiedsgerichtsordnungen noch das europäische Recht schriftliche Regelungen über die Zusammenarbeit der Schiedsgerichte mit der Kommission bei wettbewerbsrechtlichen Fragen. Eine Arbeitsgruppe der ICC in Paris hat sich dieser Aufgabe angenommen und einen Entwurf über das bewährte Verfahren mit der Kommission als amicus curiae im internationalen Schiedsverfahren veröffentlicht, der jedoch nie verabschiedet wurde. Dieser Entwurf

918 Siehe dazu § 6 C.II.2.a).
919 Siehe dazu § 6 C.II.2.a)aa)(1)(a).
920 Siehe dazu § 6 C.II.2.a)aa)(1)(c).
921 Siehe dazu § 6 C.II.2.a)aa)(2).
922 Siehe dazu § 6 C.II.2.a)bb).

regelt ausschließlich die Zusammenarbeit der Schiedsgerichte und der Kommission im Europäischen Wettbewerbsrecht und ist daher auf andere Rechtsordnungen nicht anwendbar.

a) Allgemeines

Der ICC-Mitteilungsentwurf über das bewährte Verfahren mit der Kommission als *amicus curiae* im internationalen Schiedsverfahren (im folgenden ICC-Entwurf)[923] ist das Resultat der ICC-Arbeitsgruppe über die wettbewerbsrechtliche Schiedsgerichtsbarkeit unter der Leitung von *Dr. Marc Blessing*, einem Experten in der Internationalen Schiedsgerichtsbarkeit, die sich mittlerweile aufgelöst hat. Weitere namenhafte Mitglieder der Arbeitsgruppe waren *Carl Nisser* und *Gorden Blanke*. Der Entwurf zeichnet ein System einer alternativen Zusammenarbeit der Schiedsgerichte mit der Kommission auf. Adressaten dieses Entwurfes sind die Schiedsrichter, die über eine wettbewerbsrechtliche Streitigkeit zu entscheiden haben, und die Kommission.[924] Der Entwurf ist aber auch innerhalb der Arbeitsgruppe auf Kritik gestoßen. So hat *Mourre* kritisiert, dass Modelltexte wie der ICC-Entwurf mit Vorsicht zu benutzen seien, weil sie die Flexibilität des Schiedsverfahrens unterminieren würden und eine Standisierung jedes kleinen Details des Schiedsverfahrens nicht den Bedürfnissen der Schiedsparteien gerecht werden würde.[925]

Der Entwurf ist kein Gesetz und daher nicht bindend. Es ist vielmehr ein Vorschlag der Arbeitsgruppe, wie bei der Anwendung des Europäischen Wettbewerbsrechts verfahren werden soll. Ziffer 6 des Entwurfes stellt ausdrücklich klar, dass durch den Entwurf weder auf Seiten der Schiedsgerichte noch auf Seiten der Kommission Rechte und Pflichten begründet werden.

Die Arbeitsgruppe nahm 2003 ihre Arbeit unter der Prämisse auf, die gerichtlichen, verfahrensrechtlichen und die materiell-rechtlichen Probleme in Schiedsverfahren, die Fragen zu Art. 101 und 102 AEUV umfassen, zu untersuchen, einen Bericht darüber zu verfassen – möglichst in Form einer Notiz oder einer Leitlinie – und Vorschläge für die ICC bezüglich der Verwaltung solcher Fälle zu machen. Der ICC-Entwurf möchte einen Plan für die Kommission für das Zusammenspiel mit den Schiedsrichtern anbieten[926] und dabei der Spezifizität dieser Art der Schiedsgerichtsbarkeit gerecht werden.[927] Der Entwurf ist deshalb in den Fachbegriffen formuliert, die für Leitlinien der Kommission und Bescheide im Bereich des Europäischen Wettbewerbsrechts typisch sind. Der Entwurf wurde der Kommission für

---

923 Der ICC Mitteilungsentwurf über das bewährte Verfahren mit der Kommission als *amicus curiae* im internationalen Schiedsverfahren ist abgedruckt bei *Nisser/Blanke*, EBLR 2008, 198 ff.

924 *Nisser/Blanke,* EBLR 2008, 193 f.

925 *Mourre*, EBLR 2008, 219, 220. Siehe zur Kritik von *Mourre* auch weiter unten.

926 *Bridgeman,* EBLR 2008, 147; *Mourre,* EBLR 2008, 219; *Nisser/Blanke,* EBLR 2008, 193; *dies.*, ECLR 2006, 174.

927 *Blessing,* Arbitrating Antitrust and Merger Control Issues, S. 193.

eine Erörterung schon 2005 übersandt. Bis heute hat die Kommission sich nicht dazu geäußert. Im Jahr 2006 veröffentliche *Gorden Blanke* in einer seiner Publikationen[928] schon teilweise die Handlungsempfehlungen des Entwurfs für die Schiedsgerichte, ohne jedoch auf einen geplanten Entwurf hinzuweisen. Dabei ging er in seiner Veröffentlichung nur auf den Fall der *„Remedy-Related Arbitration"* ein. Im Jahr 2008 wurde der ICC-Entwurf schließlich in seiner heutigen Form von der ICC-Arbeitsgruppe veröffentlicht.

Im Folgenden wird zunächst die allgemeine Aufteilung des Entwurfes erklärt (a), bevor die Voraussetzungen der Zusammenarbeit der Kommission mit den Schiedsgerichten bei der *„Ordinary EC Antitrust Arbitration"* herausgearbeitet (b) und der ICC-Entwurf bewertet wird (c).

b) Die Tätigkeit der Kommission als amicus curiae nach dem ICC-Entwurf

Der ICC-Entwurf legt dar, was aus Sicht der ICC-Arbeitsgruppe als *„best practice"* (bewährtes Verfahren) für die Beteiligung der Kommission im internationalen Schiedsverfahren erscheint. Aufgrund der Parteiautonomie im Schiedsverfahren können die Vorschläge des ICC-Entwurfes aber nur Anwendung finden, wenn die Parteien ihre Zustimmung erteilen. In welcher Form diese Zustimmung erfolgt, ist vom Willen der Parteien abhängig. Die Parteien können die Anwendbarkeit des Entwurfes entweder schon in der Schiedsvereinbarung erklären oder ihre Zustimmung erst während des laufenden Schiedsverfahrens erteilen.

Fraglich ist, ob die Schiedsparteien dem ganzen Entwurf für dessen Anwendbarkeit zustimmen müssen oder ob sie nur die Anwendbarkeit von einigen Regelungen erklären. Da die Schiedsparteien in der Gestaltung des Verfahrensrechts flexibler sind, ist auch denkbar, dass lediglich einige Regelungen des ICC Entwurfs anwendbar erklärt werden. Selbst wenn dies nicht möglich sein sollte, könnten die Schiedsparteien dem ICC-Entwurf entsprechende Regelungen selbst festlegen. Das flexible Verfahren ist gerade einer der Vorteile der Schiedsgerichtsbarkeit.

Der ICC-Entwurf unterscheidet streng zwischen *„Remedy-Related Arbitration"* und *„Ordinary EC Antitrust Arbitration"*. *„Remedy-Related Arbitration"* bezeichnet die Möglichkeit, die Rechte Dritter in Verhaltensabsprachen (sog. *„Arbitration Commitment"*) der Parteien in der Zeit nach einer bindenden Verpflichtungsentscheidung im Rahmen einer Fusionskontrolle der Kommission sicherzustellen.[929] *„Ordinary EC Antitrust Arbitration"* bezeichnet dagegen die Schiedsgerichtsbarkeit, die aus Streitigkeiten über das Europäische Wettbewerbsrecht resultieren, aber weder durch Beschwerde eines Dritten noch auf Initiative der Kommission Gegenstand eines offiziellen Kartellverfahrens der Kommission waren.[930]

928 *Blanke,* The Use and Utility of International Arbitration, S. 164 ff.

929 ICC-Entwurf Ziffer 7. Vgl. dazu auch *Lachmann,* Handbuch der Schiedsgerichtsbarkeit, Rn. 19 ff.

930 ICC-Entwurf Ziffer 8.

Die in dieser Arbeit bisher untersuchte Situation vor einem Schiedsgericht geht davon aus, dass im Vorfeld des Schiedsverfahrens grundsätzlich keine Fusionskontrolle stattgefunden hat. Sie wäre daher unter *„Ordinary EC Antitrust Arbitration"* zu definieren. Da die *„Remedy-Related Arbitration"* durch die zuvor erfolgte Fusionskontrolle eine Sonderkonstellation darstellt und die allgemeine Zielsetzung der Arbeit nur am Rande berührt, wird auf eine ausführliche Auseinandersetzung mit dieser Art der Schiedsgerichtsbarkeit verzichtet. Deshalb soll der Schwerpunkt der Untersuchung hier auf der *„Ordinary EC Antitrust Arbitration"* liegen.

c) Die einzelnen Regelungen des Entwurfs zur „Ordinary EC Antitrust Arbitration"

Im ICC-Entwurf werden bezüglich der *„Ordinary EC Antitrust Arbitration"* verschiedene Handlungsempfehlungen im Rahmen einer Zusammenarbeit sowohl für die Schiedsrichter als auch die Kommission niedergelegt. Dabei werden Regelungen zum Informationsaustausch und der Mitwirkung am Verfahren getroffen.

aa) Definition des amicus curiae

Der ICC-Entwurf gibt in den Ziffern 1 bis 6 zu Beginn einige Definitionen. Interessant ist vor allem die Definition des *amicus curiae.* Nach dem Entwurf umfasst der Begriff sowohl die aktive als auch die passive Beteiligung der Kommission, die Anfragen der Schiedsrichter zur Unterstützung und die Beiträge der Kommission aus eigener Initiative bezüglich der Verteidigung der öffentlichen Interessen des Wettbewerbsrechts. Diese Definition des *amicus curiae*-Konzepts entspricht dem *amicus* im Kooperationssystem der VO 1/2003 und der Leitlinie der Zusammenarbeit mit den einzelstaatlichen Gerichten.[931]

bb) Informationen für die Kommission

In den Ziffern 21 ff. legt der ICC-Entwurf Handlungsempfehlungen für die Weiterleitung von Informationen durch das Schiedsgericht an die Kommission fest. Die Weiterleitung soll unabhängig von einer eventuellen Teilnahme der Kommission im Schiedsverfahren erfolgen.

(1) Informationspflichten

Nach Ziffer 21 des ICC-Entwurfes sollten die Schiedsgerichte die Kommission stets über den Ablauf des Schiedsverfahrens informieren. Das Schiedsgericht soll nach Ziffer 22 Informationen über

(i) das Mandat des Einzelschiedsrichters bzw. die Mandate der Vorsitzenden und beisitzenden Schiedsrichter,

(ii) die Klageschrift,

931 ICC-Entwurf Ziffer 5.

(iii) die Antwort auf die Klageschrift,
(iv) alle Anordnungen des Schiedsgerichts,
(v) der Aufgabenbereich („Terms of Reference") und der verfahrensrechtliche Terminplan,
(vi) alle Eilanträge und
(vii) den Schiedsspruch

an die Kommission übermitteln.

Betrachtet man vergleichsweise die Situation bei den einzelstaatlichen Gerichten unter der VO 1/2003, sind die vorgeschlagenen Handlungsempfehlungen der Schiedsrichter nach dem ICC-Entwurf weitaus umfangreicher.[932] Nach Art. 15 Abs. 2 VO 1/2003 sind die einzelstaatlichen Gerichte lediglich dazu verpflichtet, der Kommission eine Kopie des Urteils zu übermitteln.[933] Im ICC-Entwurf soll nicht nur der Schiedsspruch übermittelt werden, sondern nach Ziffer 22 sogar alle Dokumente des Schiedsverfahrens, wenn die Parteien ausdrücklich zugestimmt haben (Ziffer 23). Dies birgt für die Schiedsparteien eine große Gefahr, da die Kommission durch die Dokumente leichter auf einen Kartellverstoß hingewiesen werden könnte. Sinn und Zweck dieser weitreichenden Übermittlungspflicht ist die Sicherstellung der Überwachung der einheitlichen Anwendung des Kartellrechts. Allerdings ist kein Grund ersichtlich, warum die Schiedsgerichte mehr Dokumente übermitteln sollen als die einzelstaatlichen Gerichte im Kooperationssystem der VO 1/2003. Durch die Übermittlung nur des Schiedsspruches könnte die Kommission die einheitliche Anwendung des Wettbewerbsrechts wie beim staatlichen Urteil überprüfen. Gegen die Übermittlung von Schiedssprüchen sprechen aber gute Argumente.[934] Die Schiedsrichter sollten weder den Schiedsspruch noch die sonstigen Dokumente an die Kommission übermitteln.[935]

(2) Zustimmungserfordernis der Parteien

Erforderlich ist aber die ausdrückliche Zustimmung durch die Schiedsparteien. Eine Weiterleitung der Informationen ohne Zustimmung der Schiedsparteien würde nicht nur der Parteiautonomie widersprechen, sondern auch gegen das Recht der Parteien, sich nicht selbst beschuldigen zu müssen. Fehlt eine ausdrückliche Erlaubnis, könnten die Schiedsrichter auf die Zustimmung der Parteien hinwirken. Ziffer 23 des ICC-Entwurfes schlägt nämlich einen Hinweis des Schiedsgerichts an die Schiedsparteien vor, dass ohne ihre Zustimmung die öffentlichen Interessen der Union gefährdet wären.

---

932 *Mourre*, EBLR 2008, 219, 227, Rn. 20.
933 Vgl. dazu schon § 6 B.I.2.
934 Siehe dazu schon ausführlich § 6 C.II.2.a)bb)(2).
935 Vgl. dazu oben § 6 C.II.2.a)bb)(2)(c).

(3) Weiterleitung an den „Hearing Officer" der Kommission

Wenn die Schiedsparteien der Weiterleitung der Informationen zustimmen, sollte das Schiedsgericht die Informationen an den Anhörungsbeauftragten der Kommission („*Hearing Officer*") weiterleiten. Der Anhörungsbeauftragte ist nach dem ICC-Entwurf angewiesen, die ihm übermittelten Informationen vertraulich zu behandeln und sie nur in dem Fall an die zuständige Stelle in der Generaldirektion Wettbewerb weiterzuleiten, wenn er die Notwendigkeit für ein paralleles Kartellverwaltungsverfahren der Kommission sieht. Im Beschluss des Präsidenten der Europäischen Kommission über die Funktion und das Mandat des Angörungsbeauftragten fehlt allerdings eine entsprechende Vorschrift, die ein solches Vorgehen zulassen würde. Im Gegenteil muss der Anhörungsbeauftrate nach Art. 17 des Beschlusses der Kommision in jedem Fall, in dem er angerufen wird, der Kommission einen Abschlussbericht vorlegen, der sogar im Amtsblatt der Europäischen Union veröffentlicht wird.[936]

Falls die Schiedsparteien der Übermittlung nicht zustimmen, sollten die Kommission und das Schiedsgericht nach Ziffer 23 a.E. des ICC-Entwurfs das Recht der Schiedsparteien respektieren, sich nicht selbst belasten zu müssen und das Schiedsgericht die Übermittlung von Informationen an die Kommission unterlassen.

Der Entwurf macht keine Angaben darüber, ob der Anhörungsbeauftragte der Kommission für die Annahme der schiedsverfahrensrechtlichen Dokumente, deren Durchsicht und Prüfung sowie die eventuelle Weiterleitung an die Generaldirektion Wettbewerb bei der Kommission zur Verfügung stehen würde. Der Anhörungsbeauftragte ist dafür zuständig, dass die Wettbewerbsverfahren nach Art. 101 und 102 AEUV und nach der Fusionskontrollverordnung[937] fair und objektiv verlaufen. Seine Hauptaufgabe ist die Gewährung der Anhörungsrechte innerhalb der Wettbewerbsverfahren auf EU-Ebene. Der Anhörungsbeauftragte organisiert und leitet die mündlichen Anhörungen in Wettbewerbsverfahren und entscheidet in einer Vielzahl von Einzelfragen des Anhörungsverfahrens wie z.B. der Gestaltung der Anhörung und der Akteneinsicht.[938]

Der Anhörungsbeauftragte müsste für die Prüfung der Dokumente über wettbewerbsrechtliches Fachwissen verfügen, um zur Wahrung der Vertraulichkeit nur im Fall einer notwendigen Einleitung eines Kartellverwaltungsverfahrens die Dokumente an die Generaldirektion Wettbewerb weiterleiten zu können. Die beiden zurzeit amtierenden Anhörungsbeauftragten *Joos Stragier* und *Wouter Wils* verfügen

936 Beschluss des Präsidenten der Europäischen Kommission vom 13. Oktober 2011 über die Funktion und Mandat des Anhörungsbeauftragten in bestimmten Wettbewerbsverfahren, ABl. (EG) L-275,29.

937 VO (EG) Nr. 139/2004, ABl. (EG) L-21/1.

938 Siehe *Schröter*, in: *Von der Groeben/Schwarze*, EU-/EG-Vertrag, Art. 83 EG Rn. 45. Webseite des Anhörungsbeauftragten bei der Kommission: http://ec.europa.eu/competition/hearing_officers/index_en.html.

über ein außerordentliches Fachwissen zum Europäischen Wettbewerbsrecht.[939] *Joos Stragier* arbeitete von 1989–1999 bei der Generaldirektion Wettbewerb. Seit 2013 ist er Anhörungsbeauftragter. *Wouter Wils* hat vor seiner Ernennung als Anhörungsbeauftragter im Jahre 2010 zahlreiche Erfahrungen bei der Kommission, dem EuGH und in der Lehre sammeln können. Beide wären grundsätzlich geeignet, die wettbewerbsrechtliche Frage im Schiedsverfahren zu beurteilen. Allerdings müsste die Weiterleitung der Dokumente auch in den Kompetenzbereich der Anhörungsbeauftragten fallen. Zum einen wird der Anhörungsbeauftragte nur tätig, wenn ein offizielles Kommissionsverfahren eingeleitet wurde. Daran fehlt es hier offensichtlich. Zum anderen fallen die Annahme der schiedsverfahrensrechtlichen Dokumente und deren Prüfung nicht in den Aufgabenbereich des Anhörungsbeauftragten. Sein Mandat müsste diesbezüglich erweitert werden. Hätte die Kommission sein Mandat auf die Annahme und Prüfung der schiedsverfahrensrechtlichen Dokumente und der weiteren Aufgaben aus dem ICC-Entwurf erweitern wollen, hätte sie sie bei der durchgeführten Mandatserweiterung des Anhörungsbeauftragten am 17. Oktober 2011 durchgeführt.[940]

cc) Informationsanfrage der Kommission

In Ausnahmefällen könnte die Kommission als oberste Kartellbehörde nach Ziffern 24 und 26 des ICC-Entwurfs bei den Schiedsgerichten beantragen, dass sie die Schiedsverfahren näher überwachen darf. Nach Ziffer 26 des ICC-Entwurfes müsste das Schiedsgericht den Zugang der Kommission zu weiteren Informationen gewähren. Dem Schiedsrichter wird empfohlen, der Kommission Kopien

(viii) *der von den Parteien unterbreiteten Memoranden,*
(ix) *aller Schriftsätze, Dokumente und Berichte (zum Beispiel schriftliche Stellungnahmen und Sachverständigengutachten) der Schiedsparteien an das Schiedsgericht,*
(x) *aller gewöhnlichen prozessrechtlichen Anordnungen der Schiedsrichter und*
(xi) *die wörtlichen Protokolle der mündlichen Verhandlungen im Schiedsverfahren*

zu übermitteln. Ebenso wie bei der Übermittlung von Informationen an die Kommission nach Ziffer 23 des Entwurfes erfordert auch hier die Parteiautonomie und das Recht der Schiedsparteien, sich nicht selbst beschuldigen zu müssen, eine ausdrückliche Erlaubnis der Schiedsparteien zur Weiterleitung der obigen Informationen. Auch hier sollen die Schiedsgerichte auf die Zustimmung der Schiedsparteien

939 Siehe die Webseite der Anhörungsbeauftragten bei der GD Wettbewerb: http://ec.europa.eu/competition/hearing_officers/hearing_officers.html.

940 Vgl. die Pressemitteilung der Kommission vom 17.10.2011 über die Mandatserweiterung des Anhörungsbeauftragten, abrufbar unter: http://europa.eu/rapid/pressReleasesAction.do?reference=IP/11/1201&format=HTML&aged=0&language=DE&guiLanguage=en

hinwirken. Stimmen die Schiedsparteien der Weiterleitung zu, sollte das Schiedsgericht die Informationen an den Anhörungsbeauftragten weiterleiten.[941]

dd) Teilnahme am mündlichen Verfahren

Die Kommission kann im Interesse der Sicherstellung der Unionsinteressen und in der Erfüllung ihrer Aufgaben als oberste Kartellbehörde um eine Teilnahme an der mündlichen Verhandlung des Schiedsverfahrens bitten. Die Kommission kann dabei entweder als Beobachter nach Ziffer 28 oder als *amicus curiae* nach Ziffer 29 des Entwurfs im Schiedsverfahren auftreten. Beide Vorschriften verweisen auf die analoge Anwendung von Ziffer 25 und 26 des ICC-Entwurfs. Die Schiedsrichter sollen dann die dort aufgelisteten Informationen an die Kommission übermitteln.[942]

Die Bitte der Kommission, als Beobachter an dem Verfahren teilzunehmen, sollte von den Schiedsrichtern nach Ziffer 28 des Entwurfs in Anlehnung an ihre Ermittlungsbefugnisse der Kommission im Europäischen Wettbewerbsrechts behandelt werden, jedoch unter den speziellen Bedingungen der *„Ordinary EC Antitrust Arbitration"* für die Zustimmung der Schiedsparteien. Unklar bleibt insoweit, was dies für „spezielle Zustimmungsbedingungen" sein sollen und ob sich die Zustimmungsbedingungen für die *„Ordinary EC Antitrust Arbitration"* und die *„Remedy Related Arbitration"* unterscheiden, was der Text des ICC-Entwurfs allerdings suggeriert.

Eine Teilnahme als Beobachter im mündlichen Verfahren darf nur nach ausdrücklicher Genehmigung der Schiedsparteien erfolgen. Das Schiedsgericht soll auch hier durch Einflussnahme auf die Schiedsparteien auf eine Zustimmung hinwirken. Wenn eine Zustimmung erfolgt, soll die Kommission den Anhörungsbeauftragten der Kommission als Beobachter in die mündliche Verhandlung entsenden. Die Teilnahme der Kommission am Verfahren als Beobachter bedeutet nicht, dass die Kommission aktiv an dem Schiedsverfahren teilnimmt. Die Beobachterstellung soll der Kommission ermöglichen, sich über das Schiedsverfahren zu informieren, um im Fall einer Anfrage des Schiedsgerichts auf ihre Rolle als *amicus curiae* vorbereitet zu sein.[943]

Die Bitte der Kommission, als *amicus curiae* am Verfahren teilzunehmen, sollte von den Schiedsrichtern nach Ziffer 29 des ICC-Entwurfs als Zugeständnis an die Kommission behandelt werden, jedoch auch hier wieder unter den speziellen Zustimmungsbedingungen der *„Ordinary EC Antitrust Arbitration"*. Auch hier macht der Entwurf nicht klar, was mit diesen „speziellen" Zustimmungsbedingungen gemeint ist. Eine Teilnahme als *amicus curiae* im mündlichen Verfahren darf konsequenterweise nur erfolgen, wenn die Parteien dies in Übereinstimmung mit Ziffer 28 ausdrücklich genehmigen. Bei Zustimmung soll die Kommission den Anhörungsbeauftragten in das Schiedsverfahren als *amicus curiae* entsenden. Wird die Zustimmung nicht erteilt, verfügt die Kommission über kein Recht zur Teilnahme

---

941 ICC-Entwurf Ziffer 26.

942 Siehe oben § 6 C.II.3.c)cc).

943 *Blanke,* The Use and Utility of International Arbitration, S. 168.

am Schiedsverfahren. Ihr bleibt es allerdings frei, ein eigenes Kartellverwaltungsverfahren einzuleiten. Als *amicus curiae* im mündlichen Verfahren sollte die Kommission über die korrekte Anwendung des Europäischen Wettbewerbsrechts oder die korrekte Interpretation einer Kommissionsentscheidung aussagen. Alle Äußerungen der Kommission, die darüber hinausgehen, sollten die Schiedsgerichte unberücksichtigt lassen.[944]

Die Kommission aus eigener Initiative entweder als Beobachter oder als *amicus curiae* im mündlichen Verfahren zuzulassen, ist aufgrund der Vertraulichkeit des Schiedsverfahrens problematisch.[945] Allerdings wird die Problematik durch das Zustimmungserfordernis der Schiedsparteien entschärft. Die Zustimmung zur *amicus curiae*-Tätigkeit sollten die Schiedsparteien nur geben, wenn sie eine *amicus curiae*-Tätigkeit der Kommission sowieso einleiten wollten. Ansonsten sollte die Zustimmung verweigert werden.

Auch die Zustimmung zur Beobachter-Tätigkeit der Kommission sollten die Schiedsgerichte grundsätzlich verweigern. Der Nutzen der Beobachter-Tätigkeit für die Schiedsparteien ist nicht ersichtlich. Die Kommission kann auf die korrekte Anwendung des Wettbewerbsrechts nicht hinwirken, da sie ohne die Zustimmung der Parteien nicht tätig werden kann. Die Kommission würde zum Bewacher der Schiedsgerichtsbarkeit werden, was mit dem privaten Charakter der Schiedsgerichtsbarkeit nicht zu vereinbaren wäre. Eine Möglichkeit, die Kommission als Beobachter in das Verfahren zu schicken, ist noch nicht einmal im Kooperationssystem der VO 1/2003 vorgesehen. Da sie diese Möglichkeit nicht in die VO 1/2003 aufgenommen hat, wird die Kommission keine Notwendigkeit sehen, als Beobachter am staatlichen Verfahren zur Vorbereitung der *amicus curiae*-Tätigkeit teilzunehmen. Die Kommission wird von dieser Möglichkeit bei den Schiedsgerichten erst recht keinen Gebrauch machen. Zudem ist die Entsendung des Anhörungsbeauftragten als Beobachter und als *amicus curiae* in das Schiedsverfahren von seinem Mandat nicht umfasst.[946]

ee) Mitwirkung der Kommission auf Anfrage des Schiedsgerichts

Die Mitwirkung der Kommission auf Anfrage des Schiedsgerichts könnte nach dem ICC-Entwurf durch zwei verschiedene Maßnahmen erfolgen: durch eine Anfrage zur Interpretation (Ziffer 31 ff.) und eine Anfrage zur Information (Ziffer 35 ff.).

Das Schiedsgericht sollte bei Zweifeln oder Unstimmigkeiten zwischen den Schiedsparteien bei der Kommission über die korrekte Interpretation der Anwendung des Europäischen Wettbewerbsrechts (Art. 101 f. AEUV) nach Ziffer 31 des Entwurfs anfragen. Diese Regelung entspricht Art. 15 Abs. 1 VO 1/2003 und stellt damit die Schiedsgerichte den einzelstaatlichen Gerichten im Kooperationssystem aus der VO 1/2003 gleich. Auch dass die Interpretation der Kommission für die

944 ICC-Entwurf Ziffer 29.
945 Siehe § 6 C.II.2.a)aa)(1)(a).
946 Siehe dazu schon § 6 C.II.3.c)bb).

Schiedsgerichte nicht bindend ist, entspricht der VO 1/2003. Eine Selbstbindung der Schiedsgerichte an die Interpretation des Wettbewerbsrechts durch die Kommission wäre auch hier zu überlegen, da sie zum einen verpflichtet sind, ein durchsetzbares Urteil zu schaffen und zum anderen sie mangels direkter Vorlageberechtigung an den EuGH es ihre nahezu einzige Möglichkeit wäre, eine Stellungnahme einer europäischen Institution zu erhalten.[947] Zumindest müssen die Schiedsrichter dann aber überprüfen, ob die Interpretation der Kommission offensichtlich unrichtig ist. In diesem Fall sollten die Schiedsgerichte dann der Kommissionsentscheidung nicht folgen.

Die Schiedsgerichte können sich zudem nach Ziffer 35 des Entwurfs an die Kommission wenden, um Informationen zu ihrer Unterstützung für ein besseres Verständnis der die Schiedsparteien umgebenden Märkte zu erbitten. Die Anfrage zur Information nach dem ICC-Entwurf betrifft daher nicht die Auslegung der Europäischen Wettbewerbsregeln, sondern ausschließlich den Markt, indem sich die kartellrechtliche relevante Problematik bei den Schiedsparteien stellt. Die VO 1/2003 enthält keine entsprechende Regelung für die mitgliedstaatlichen Gerichte. Insbesondere besteht nach Art. 12 VO 1/2003 nur zwischen der Kommission und den nationalen Wettbewerbsbehörden ein ähnlicher Informationsaustausch.[948] Der ICC-Entwurf geht daher hier weit über die VO 1/2003 hinaus.

Die Anfrage zur Interpretation nach Ziffer 31 und zur Information nach Ziffer 35 sollte das Schiedsgericht an den Anhörungsbeauftragten weiterleiten, unabhängig von der vorherigen Zustimmung der Parteien.[949] Der Anhörungsbeauftragte sollte die benötigte Interpretation und Information ohne Verzögerung an das Schiedsgericht übergeben, nachdem er die zuständige Abteilung der Generaldirektion Wettbewerb fachlich konsultiert hat. Die Interpretationen der Kommission sind für die Schiedsgerichte – vorbehaltlich entgegenstehender Vereinbarung in den Mandaten der Schiedsrichter, der Schiedsvereinbarung oder auf ausdrücklichen Wunsch der Schiedsparteien – nicht bindend.[950] Die Schiedsrichter sind auch nicht zur vollständigen Verwertung aller erhaltenen Informationen verpflichtet.[951] Das Schiedsgericht sollte bei seiner Interpretationsanfrage den in Frage stehenden Artikel aus dem AEUV und die Beweggründe für die Anfrage benennen. Zu diesem Zweck wird dem Schiedsgericht geraten, eine kurze nicht geheime Zusammenfassung des Sachverhalts zu verfassen, damit die Kommission die Bedeutung der erbetenen Interpretation erkennt.[952] Bei der Informationsanfrage soll das Schiedsgericht neben den Beweggründen zu der Anfrage und einer Zusammenfassung des Sachverhalts

947 Siehe dazu schon § 6 C.II.2.a)aa)(2)(a).
948 *Hossenfelder*, in: *Loewenheim/Meesen/Riesenkampff (Hrsg.)*, KartellR, VerfVO, Art. 12 Rn. 10.
949 ICC-Entwurf Ziffer 33, 37.
950 ICC-Entwurf Ziffer 33.
951 ICC-Entwurf Ziffer 36.
952 ICC-Entwurf Ziffer 34.

auch die benötigten Dokumente und Art der Informationen (Marktanalysen, Rechercheberichte, etc.) benennen.[953]

Auf den ersten Blick verwundert das fehlende Zustimmungserfordernis der Schiedsparteien zu der Informations- und Interpretationsanfrage, insbesondere da zuvor der Entwurf für jede Handlungsempfehlung der Kommission oder des Schiedsgerichts eine ausdrückliche Zustimmung der Schiedsparteien fordert. Ein Grund dafür könnte sein, dass die bisher erörterten Zustimmungserfordernisse dann bestehen, wenn die Kommission entweder aus eigener Initiative im Schiedsverfahren tätig werden kann oder ihr erhebliche Informationen durch das Schiedsgericht zukommen. Die Verfasser des Entwurfs sahen bei der Anfrage zur Interpretation und Information auf Initiative des Schiedsgerichts eine entsprechende Notwendigkeit zur Zustimmung der Schiedsparteien nicht. Im Ergebnis ist dem jedoch zuzustimmen. Denn anders als bei den bisherigen Zustimmungserfordernissen kann eine Anfrage nach Ziffer 31 und Ziffer 35 so gestellt werden, dass die Vertraulichkeit des Schiedsverfahrens gewahrt bleibt. Es ist bei diesen Anfragen, bei denen es entweder um die Interpretation von Art. 101 f. AEUV oder die Anfrage von Marktanalysen etc., geht, für die Kommission in der Regel nicht entscheidend, vertrauliche Informationen über das Schiedsverfahren (z.B. die Identität der Schiedsparteien) zu erhalten. So sehen deshalb Ziffer 34 und 38 des ICC-Entwurfs vor, dass die Schiedsgerichte der Kommission eine nicht-geheime Zusammenfassung („*non-confidential summary*“) übermitteln. Die Zusammenfassung muss folglich so gefasst sein, dass die Vertraulichkeit des Schiedsverfahrens nicht verletzt ist. Aus diesem Grund ist eine Zustimmung der Schiedsparteien nicht erforderlich.

Allerdings könnte aus Gründen der Parteiautonomie und der Schnelligkeit des Schiedsverfahrens eine Zustimmung der Schiedsparteien erforderlich sein. Die Anfrage an die – ohnehin schon arbeitsmäßig stark belastete – Kommission könnte das Schiedsverfahren erheblich verzögern. Insbesondere Anfragen zur Interpretation von Art. 101 f. AEUV könnten einige Zeit dauern, wohingegen die Herausgabe von – vorhandenen – Informationen wie Marktanalysen schneller bearbeitet werden könnte. Zwar fordert der ICC-Entwurf, dass die Kommission auf solche Anfragen ohne schuldhaftes Zögern („*without undue delay*“) antwortet. Der ICC-Entwurf kann der Kommission jedoch die Schnelligkeit der Bearbeitung von Anfragen nicht vorschreiben, sodass die Kommission hier „ihr eigenes Tempo gehen wird“. Daher besteht hier durchaus ein erhebliches Risiko, dass das Schiedsverfahren durch diese Anfrage verzögert wird, sofern das Schiedsgericht auf die Antwort vor ihrer Entscheidung abwarten möchte. Davon ist auszugehen, da ansonsten solche Anfragen von vornherein nicht hätten gestellt werden müssen. Es würde dann allerdings gegen die Parteiautonomie verstoßen, keine Zustimmung der Schiedsparteien vorzusehen, wenn das Risiko einer Verfahrensverzögerung derart konkret ist. Im Ergebnis hätte ein Zustimmungserfordernis der Schiedsparteien hier vorgesehen werden müssen.

---

953 ICC-Entwurf Ziffer 38.

ff) Amicus curiae-Schriftsätze auf Initiative der Kommission

Der Entwurf räumt der Kommission zwei unterschiedliche Möglichkeiten ein, als *amicus curiae* im Schiedsverfahren aufzutreten: durch die Teilnahme am mündlichen Verfahren[954] und durch die Anfertigung und Entsendung von Schriftsätzen. Ziffern 39–42 erlauben der Kommission amicus curiae-Schriftsätze ohne vorherige Anfrage des Schiedsgerichts. Ziffer 39 und 41 stellen zunächst klar, dass die Kommission als oberste Wettbewerbsbehörde jederzeit dazu in der Lage sein sollte, *amicus curiae*-Schriftsätze in das Schiedsverfahren einzubringen, sofern die Kommission Kenntnis vom Schiedsverfahren hat. Ob die Kommission aus eigener Initiative Schriftsätze auch tatsächlich einreichen würde, bleibt fraglich. Die Kommission wird in der Regel kein Interesse an einem Initiativrecht haben.[955]

Der Inhalt dieser Schriftsätze muss sich auf die wettbewerbsrechtlichen Probleme des konkreten Falles beziehen, ist darüber hinaus aber nicht beschränkt. Die Kommission wird diese Schriftsätze nur erstellen, wenn die korrekte Anwendung der Art. 101 und 102 AEUV gefährdet ist. Die Kommission soll ihre Äußerungen auf eine rechtliche oder ökonomische Analyse der wettbewerbsrechtlichen Problematik und der Fakten des Einzelfalles beschränken. Soweit in den Mandaten der Schiedsrichter, in der Schiedsvereinbarung oder auf ausdrücklichen Wunsch der Schiedsparteien nichts anderes vereinbart wurde, sind die *amicus curiae*-Schriftsätze für das Schiedsgericht nicht bindend.[956] Damit die Kommission solche *amicus curiae*-Schriftsätze anfertigen kann, kann sie die Schiedsgerichte um relevante Informationen oder die Teilnahme an den mündlichen Verhandlungen nach Ziffer 21–29 des Entwurfs bitten.[957]

Die Möglichkeit der Kommission, aus eigener Initiative einen *amicus curiae*-Schriftsatz ohne die vorherige Zustimmung der Parteien in das Verfahren einzubringen, steht im Kontrast mit den Zustimmungserfordernissen des Entwurfs bei den sonstigen Handlungsmöglichkeiten der Kommission aus eigener Initiative im Schiedsverfahren (z.B. Ziffern 23, 26, 28, 29 des ICC-Entwurfs). Die Diskrepanz innerhalb des Entwurfes erklärt sich damit, dass das Kapitel des Entwurfes mit der Überschrift „Assistenz der Kommission für die Schiedsgerichte" (Ziffern 30–42) in seinen Regelungen Art. 15 VO 1/2003 nachempfunden ist, der ein derartiges Zustimmungserfordernis für die einzelstaatlichen Gerichte nicht fordert. Art. 15 VO 1/2003 ist zwar nicht ohne weiteres auf das Schiedsverfahren übertragbar. Im Hinblick auf die Übermittlung von Schriftsätzen auf Initiative der Kommission ist eine solche Zustimmung aber auch nicht erforderlich. Die anderen Zustimmungserfordernisse erklären sich insbesondere dadurch, da es dort um Maßnahmen auf Initiative des Schiedsverfahrens geht und die Kommission da noch keine Kenntnis vom Schiedsverfahren hat, d.h. die Vertraulichkeit des Schiedsverfahrens in Gefahr ist. Wird die

---

954 Siehe § 6 C.II.3.c)dd).
955 Vgl. dazu schon § 6 C.II.2.a)aa)(1)(a).
956 ICC-Entwurf Ziffer 41.
957 ICC-Entwurf Ziffer 42.

Kommission jedoch auf eigene Initiative tätig, hat sie schon Kenntnis vom Schiedsverfahren, sodass dieses Argument hier nicht greift. Da die Schriftsätze der Kommission zudem nicht bindend für das Schiedsgericht sind, können die Schriftsätze der Kommission im Schiedsverfahren nicht beachtet werden. Die Schriftsätze der Kommission (z.B. über die Auslegung des Europäischen Wettbewerbsrechts) können sogar den Schiedsgerichten dabei helfen, ihre Pflicht zu erfüllen, einen durchsetzbaren Schiedsspruch zu erschaffen. Folglich ist eine Zustimmung der Schiedsparteien nicht erforderlich.

Ein Mitglied der ICC-Arbeitsgruppe[958] befürchtet, dass der Entwurf bei der Möglichkeit der Kommission zur Einreichung eines *amicus curiae*-Schriftsatzes dahingehend falsch ausgelegt werden könnte, dass die Schiedsgerichte – unabhängig von der Zustimmung der Parteien – der Pflicht unterliegen würden, die Kommission von dem Verfahren zu unterrichten. Denn die Kommission kann nach Art. 15 VO 1/2003 auch nur dann auf eigene Initiative tätig werden, wenn das einzelstaatliche Gericht die Kommission von dem Verfahren unterrichtet hat. Fraglich ist, ob der Entwurf an dieser Stelle derart missverstanden werden könnte. Ziffer 6 des Entwurfes statuiert ausdrücklich, dass weder Rechte noch Pflichten der Kommission und der Schiedsgerichte begründet werden. Die Möglichkeit, einen *amicus curiae*-Schriftsatzes ohne Zustimmung der Parteien einzubringen, begründet zwar ein Recht der Kommission, da weder die Schiedsgerichte noch die Parteien den Schriftsatz der Kommission ablehnen können. Allerdings ist der Schriftsatz für das Schiedsgericht nicht bindend. Will das Schiedsgericht nicht der Ansicht der Kommission folgen, hat die *amicus curiae*-Tätigkeit keine Auswirkung auf das Schiedsverfahren. Ob in der Praxis die Schiedsgerichte durch die Gefahr der mangelnden Vollstreckbarkeit des Schiedsspruchs der Auslegung des Wettbewerbsrechts durch die Kommission in dem Schriftsatz folgen, ist eine andere Frage. Zumindest sollten die Schiedsgerichte die Interpretation des Wettbewerbsrechts durch die Kommission eingehend prüfen und bei offensichtlicher Unrichtigkeit abweichen.[959] Die Schiedsgerichte können jedoch aus dem Recht der Kommission zur Einreichung von Schriftsätzen nicht zugleich verpflichtet werden, die Kommission über die Einleitung eines Schiedsverfahrens zu unterrichten. Ziffer 6 des Entwurfs ist insoweit eindeutig und verhindert eine derart falsche Auslegung.

d) Kritik und Bewertung

Positiv fällt der Entwurf hinsichtlich seiner Regelungsstruktur auf. Die verschiedenen Arten der Zusammenarbeit werden deutlich voneinander unterschieden und getrennt voneinander geregelt. Zudem macht der Entwurf in Ziffer 6 deutlich, dass Rechte und Pflichten nicht begründet, sondern lediglich Handlungsempfehlungen ausgesprochen werden. Im Hinblick auf die private Natur der Schiedsgerichtsbarkeit und die Flexibilität des Schiedsverfahrens ist diese Einordung richtig, da die

958 *Mourre*, EBLR 2008, 219, 228 Rn. 26.
959 Siehe dazu schon ausführlich § 6 C.II.2.a)aa)(2)(a).

Schiedsgerichte zu einer Zusammenarbeit mit der Kommission weder berechtigt noch verpflichtet werden können. Auch die Reihe von Zustimmungserfordernissen schützen die Vertraulichkeit des Schiedsverfahren und sind daher notwendig. Der ICC-Entwurf fordert sogar mehrmals (z.B. in Ziffern 15 und 26) die Schiedsgerichte sogar dazu auf, die traditionelle Parteiautonomie und das Recht der Parteien, sich nicht selbst belasten zu müssen, zu respektieren.

Die Namensgebung ist allerdings mehr als fragwürdig. Wie kann man einen Entwurf als „*Best Practice*", also als bewährtes Verfahren bezeichnen, wenn die Regelungen in der Praxis noch gar nicht getestet wurden? Die Verfasser begründen die Namensgebung damit, dass der Entwurf lediglich die Ansicht der Autoren enthält, was sie als bewährtes Verfahren ansehen.[960] Diese Ansicht der Verfasser wird in dem Entwurfstext selbst nicht deutlich und kann bei den Lesern bzw. Anwendern ein falsches Bild erzeugen.

Fraglich ist zudem, ob der ICC-Entwurf darüber hinaus die schwierige Balance zwischen den Anforderungen des Europäischen Wettbewerbsrechts und den Besonderheiten der Schiedsgerichtsbarkeit zufriedenstellend umsetzt. Der Entwurf stellt in vielen Punkten die Schiedsgerichtsbarkeit den einzelstaatlichen Gerichten gleich. Es will ein Kooperationssystem schaffen, das ähnlich dem der VO 1/2003 funktioniert. Beispielsweise fordert der Entwurf entsprechend Art. 15 Abs. 2 VO 1/2003 eine Übermittlung der Schiedssprüche und gibt der Kommission entsprechend Art. 15 Abs. 3 Unterabs. 1 VO 1/2003 ein Initiativrecht zur Einreichung von *amicus curiae*-Schriftsätzen. Allerdings geht der Entwurf in vielen Punkten weiter als die VO 1/2003 für die einzelstaatlichen Gerichte. Er empfiehlt z.B. die Übermittlung aller Dokumente des Schiedsverfahrens und erlaubt der Kommission eine Teilnahme am mündlichen Verfahren als Beobachter. Deshalb kritisiert ein Mitglied der ICC-Arbeitsgruppe, *Alexis Mourre,*[961] dass es Zweck des Entwurfs sei, die Schiedsgerichtsbarkeit zur Kooperation mit der Kommission nach Maßgabe der einzelstaatlichen Gerichte im Kooperationssystem der VO 1/2003 zu verpflichten. Die Gleichstellung mit den einzelstaatlichen Gerichten unterlaufe die Autonomie der Schiedsgerichtsbarkeit und beraube sie ihrer Vorteile. Die Schiedsgerichte sollten nach Ansicht der Verfasser des Entwurfs wie die einzelstaatlichen Gerichte in das Europäische Gerichtssystem integriert werden und der Wettbewerbspolitik der Kommission unterliegen. Dies bringe das Schiedsrecht letztendlich und unvermeidlich unter den Einfluss der Kommission, woraus seine Zerteilung und Politisierung resultierten. Das mag nur vom Standpunkt der Kommission richtig sein, nicht von dem der Schiedsgerichte.[962] Im Ergebnis muss *Mourre* zugestanden werden, dass das Kooperationssystem der VO 1/2003 nicht ohne Veränderung als Vorlage für ein alternatives System der Zusammenarbeit der Schiedsgerichte und der Kommission dienen kann. Die Flexibilität und die Vertraulichkeit des Schiedsverfahrens lassen sich nicht mit

960 Vgl. *Nisser/Blanke,* ECLR 2006, 174.
961 *Mourre,* EBLR 2008, 219 ff.
962 *Mourre,* EBLR 2008, 219, 221 Rn. 6 f.

den Rechten und Pflichten der einzelstaatlichen Gerichte aus dem Kooperationssystem der VO 1/2003 vereinen. Allerdings kann eine Einflussnahme der Kommission im Schiedsverfahren nicht gänzlich vermieden werden. Schon durch die Pflicht der Schiedsrichter zur Schaffung eines durchsetzbaren Schiedsspruchs wird man eine Einflussnahme der Kommission durch die Interpretation des Europäischen Wettbewerbsrechts nicht verhindern können. Es muss ein Kompromiss zwischen den widerstreitenden Interessen der Kommission und der Schiedsgerichtsbarkeit gefunden werden. Die Schiedsgerichte sollen Art. 101 Abs. 3 AEUV anwenden können, sodass sich folglich das Problem der Zusammenarbeit mit der Kommission und der Durchsetzbarkeit ihrer Pflichten im Wettbewerbsrecht stellt. Eine zu enge Zusammenarbeit soll jedoch auch vermieden werden, damit die ureigensten Charaktereigenschaften der Schiedsgerichtsbarkeit erhalten bleiben. Das Bedürfnis nach einer Zusammenarbeit kann letztlich nicht abgestritten werden. Die Ausgestaltung eines Systems einer alternativen Zusammenarbeit ist jedoch problematisch. Die Nachbildung des Kooperationssystems der VO 1/2003 in dem ICC-Entwurf ist aufgrund der Besonderheiten des Schiedsverfahrens kein zufriedenstellendes System einer alternativen Zusammenarbeit.

Zusammenfassend ist festzuhalten, dass der ICC-Entwurf ein guter erster Versuch der Ausarbeitung ist, allerdings ein alternatives System der Zusammenarbeit zwischen den Schiedsgerichten und der Kommission nicht völlig zufriedenstellend umsetzt. Zwar haben die Verfasser des Entwurfs erkannt, dass die Ausarbeitung eines Systems der Zusammenarbeit zwischen den Schiedsgerichten und der Kommission notwendig ist, da der Enthusiasmus der Kommission bezüglich einer eigenen Kodifizierung bisher verhalten und eine solche in naher Zukunft auch nicht geplant ist. Bis zu einer Kodifizierung durch die Kommission ist es für die beteiligten Akteure grundsätzlich begrüßenswert, dass eine Institution wie die ICC ein Regelwerk zur Verfügung stellen will, welches Handlungsempfehlungen für das Verfahren der Zusammenarbeit aufstellt. Die Autoren[963] des Entwurfs haben die Schwierigkeiten der Umsetzung durchaus erkannt. Allerdings ist ihnen die Balance zwischen den Besonderheiten des Schiedsverfahrensrechts und den Schwierigkeiten des Europäischen Wettbewerbsrechts nicht vollends gelungen. Der Entwurf stellt das öffentliche Interesse des Europäischen Wettbewerbsrechts in den Vordergrund. Die Individualinteressen der Schiedsgerichtsbarkeit werden nicht ausreichend beachtet.

4. *Fazit*

Die Schiedsgerichte befinden sich bei der Anwendung des Art. 101 AEUV in einem Dilemma: Entweder lassen sie eine Zusammenarbeit mit der Kommission zu, dann könnten aber die Vertraulichkeit und die Privatautonomie gefährdet sein. Oder sie lehnen eine Zusammenarbeit mit der Kommission ab, dann könnten sie ihre Pflicht verletzten, ein durchsetzbares Urteil zu schaffen. Für welche Möglichkeit

---

963 Siehe dazu auch *Nisser/Blanke,* ECLR 2008, 174, 176.

sollen sie sich entscheiden? Die Schiedsgerichte sollten selbst ein großes Interesse daran haben, Teil des Systems der privaten Durchsetzung des Europäischen Wettbewerbsrechts zu werden. Einer Zusammenarbeit mit der Kommission sollten die Schiedsgerichte nicht ablehnend gegenüber stehen.

Gegen die Ausarbeitung eines solches System der Zusammenarbeit könnte jedoch sprechen, dass doch gerade durch die Reform die Arbeitsbelastung der Kommission erheblich vermindert werden sollte. Soll die Kommission zusätzlich mit den Schiedsgerichten zusammenarbeiten, könnte sich ihr Arbeitspensum wieder erhöhen und die Bestrebungen der Reform könnten zunichte gemacht werden. Aber eine Mehrbelastung der Kommission besteht ohnehin, wenn aufgrund von Unklarheiten über die Anwendung des Europäischen Wettbewerbsrechts die Vollstreckung des Schiedsspruchs in Frage steht und dieses durch das einzelstaatliche Gericht überprüft werden muss. In einem solchen Fall werden sich die einzelstaatlichen Gerichte des Kooperationssystems bedienen. Die Schiedsgerichte werden aufgrund der oben genannten Schwierigkeiten sich nur an die Kommission wenden, wenn sie ernsthafte Probleme bei der Anwendung des Europäischen Wettbewerbsrechts haben. Die Kommission muss daher keine übermäßigen und sinnlosen Anfragen von Schiedsgerichten fürchten.

Da die Schiedsgerichte jedoch Art. 101 AEUV in seiner Gesamtheit anwenden und bisher keine Regelungen für eine Zusammenarbeit existieren, besteht das Bedürfnis, dass ein alternatives System der Zusammenarbeit zwischen der Kommission und den Schiedsgerichten ausgearbeitet wird. Ein System der alternativen Zusammenarbeit liegt sowohl im Interesse der Kommission (einheitliche und korrekte Anwendung des Europäischen Wettbewerbsrechts) und der Schiedsgerichte (Schaffung eines durchsetzbaren Schiedsspruchs). Weder die bisherigen Bestrebungen zu einer alternativen Zusammenarbeit noch der ICC-Entwurf werden den Anforderungen an ein solches System gerecht. Der ICC-Entwurf stellt mit der unveränderten Umsetzung des Art. 15 VO 1/2003 das öffentliche Interesse des Wettbewerbsrechts vor die privaten Interessen der Schiedsgerichtsbarkeit. Mit den Bedürfnissen der Schiedsgerichtsbarkeit ist der Vorschlag nicht vereinbar. Die Schiedsgerichte dürfen mit den einzelstaatlichen Gerichten aus dem Kooperationssystem der VO 1/2003 nicht gleichgestellt werden. Es muss ein System ausgearbeitet werden, das sowohl den Anforderungen des Europäischen Wettbewerbsrechts entspricht als auch die Besonderheiten der Schiedsgerichtsbarkeit berücksichtigt.

a) Regelungsinstrumente für ein alternatives System der Zusammenarbeit

Die Ausarbeitung eines alternativen Systems sollte auf europäischer Ebene erfolgen. Die Regelung durch eine Institution wie die ICC gewährleistet eine flächendeckende Durchsetzung einer Zusammenarbeit mit der Kommission nicht, da diese weder für die Schiedsgerichte anderer Institutionen noch für die unzähligen *ad hoc*-Schiedsgerichte Geltung erlangt. Eine autonome nationale Regelung wäre aufgrund ihrer ausschließlichen Wirkung im Hoheitsgebiet des Staates gleichwohl nicht geeignet. Nur eine europäische Regelung könnte eine flächendeckende Umsetzung gewährleisten.

Denkbare Regelungsinstrumente auf europäischer Ebene wären entsprechend zum Problem der Anwendbarkeit des Art. 101 AEUV durch die Schiedsgerichte der Erlass einer Ergänzungsverordnung zur VO 1/2003 oder eine eigene Bekanntmachung über die Zusammenarbeit[964] mit Schiedsgerichten. Eine Verordnung i.S.d. Art. 288 AEUV ist für ein alternatives System der Zusammenarbeit nicht das geeignete Regelungsinstrument. Den Schiedsgerichten könnten zwar durch eine europäische Regelung durchaus Rechte und Pflichten auferlegt werden, wären im Ergebnis wohl aber nicht durchsetzbar. Vielmehr dürften den Schiedsgerichten, so wie auch der ICC-Entwurf es fordert, nur Handlungsempfehlungen gemacht werden.[965]

Eine Zusammenarbeit könnte wie bei der Anwendbarkeit des Art. 101 AEUV durch die Schiedsgerichte jedoch als Bekanntmachung der Kommission ausgestaltet sein. Die Kommission könnte mit dem Erlass einer Bekanntmachung ihre Haltung zu den Schiedsgerichten bei der Anwendung des Europäischen Wettbewerbsrechts abschließend klären. Sie könnte in der Bekanntmachung ein System in Ergänzung zum Kooperationssystem der VO 1/2003 entwerfen, welches weder für sie noch für die Schiedsgerichte Rechte und Pflichten begründet, aber Handlungsempfehlungen für eine Zusammenarbeit skizziert. Sowohl die VO 1/2003 als auch der AEUV würden eine derartige Bekanntmachung zulassen. Eine eigene Bekanntmachung der Zusammenarbeit wäre auch hier ein mildes Instrument, um die Schiedsgerichte in das System der privaten Durchsetzung des Wettbewerbsrechts einzugliedern.[966] Sie würde zur Transparenz des Kooperationssystems zwischen der Kommission und den Schiedsgerichten beitragen. Dadurch könnte sowohl den Schiedsgerichten als auch den Parteien eine größere Sicherheit bei der Anwendung des Wettbewerbsrechts gegeben werden, ohne die Flexibilität und den privaten Charakter der Schiedsgerichtsbarkeit zu beeinträchtigen. Der Erlass einer Bekanntmachung ist das geeignetste Instrument der Kommission zur Regelung einer Zusammenarbeit mit den Schiedsgerichten.

b) Vorschlag eines alternativen Systems der Zusammenarbeit

Zunächst ist abschließend festzuhalten, was ein alternatives System der Zusammenarbeit zwischen der Kommission und den Schiedsgerichten im Gegensatz zum Kooperationssystem der VO 1/2003 nicht enthalten sollte. Die Kommission sollte nicht aus eigener Initiative im Schiedsverfahren intervenieren dürfen. Nicht nur, dass die Vertraulichkeit und die Flexibilität des Schiedsverfahrens dagegen sprechen. Die Kommission wird an einem eigenen Initiativrecht aus Gründen der Arbeitsbelastung wenig Interesse haben.[967] Aus den gleichen Gründen sollte auch eine mündliche Stellungnahme der Kommission als *amicus curiae* im Schiedsverfahren

964 So auch *Idot,* in: *Ehlermann/Atanasiu (Hrsg.),* European Competition Law Annual 2001, S. 307, 318.
965 Siehe dazu schon § 3 B.II.2.
966 So auch *Demgetiotis,* J. Int. Arb. 25 (2008), 365, 377.
967 Siehe dazu schon § 6 C.II.2.a)aa)(1)(a).

nicht möglich sein.[968] Die Schiedssprüche sowie sonstige Informationen des Schiedsgerichts (z.B. die Schriftsätze der Schiedsparteien, Beschlüsse des Schiedsgerichts, etc.) sollten zudem nicht an die Kommission übermittelt werden. Die Gefahr, die Vertraulichkeit des Schiedsverfahrens zu verletzen, wäre zu groß.[969] Eine Übermittlung des Schiedsspruchs und sonstiger Informationen wäre nur bei entsprechender Zustimmung der Schiedsparteien denkbar. Von einer Veröffentlichung des Schiedsspruchs sollte abgesehen werden.[970]

Ein System der Zusammenarbeit sollte jedoch folgende Merkmale enthalten: Das Schiedsgericht sollte die Kommission auffordern können, als *amicus curiae* im Schiedsverfahren aufzutreten. Beide Schiedsparteien müssten zuvor der Aufforderung durch das Schiedsgericht zugestimmt haben. Eine Schiedspartei sollte einen Antrag beim Schiedsgericht stellen können, dass das Schiedsgericht die Aufforderung an die Kommission ausspricht. Die andere Schiedspartei müsste jedoch auch hier ihre Zustimmung erteilen.[971]

Um die Vertraulichkeit und die Parteiautonomie zu wahren, sollten die Schiedsgerichte darauf verzichten, Hinweise auf die Identität der Parteien und Geschäftsgeheimnisse an die Kommission zu übermitteln. Die Schiedsgerichte könnten der Kommission zur Unterstützung einen anonymisierten und zusammengefassten Sachverhalt des Rechtsstreits zuschicken, damit die Kommission einen Einblick in den Rechtsstreit bekommt. Die Vertraulichkeit des Verfahrens wäre gewahrt und die Kommission könnte ihre zentrale Figur in der Durchsetzung des Europäischen Wettbewerbsrechts festigen. Darüber hinaus könnten die Schiedsgerichte weitere Informationen übersenden, die der Kommission bei Bearbeitung der Anfrage behilflich sein könnten. Die Schiedsgerichte müssten jedoch darauf achten, dass nur für die Bearbeitung der Anfrage notwendige Dokumente übermittelt werden. Die Kommission darf keine Informationen über das Schiedsverfahren erhalten, die für die Anfrage nicht notwendig sind. Wenn die Schiedsparteien zustimmen, kann das Schiedsgericht der Kommission auch weitere – u.U. geheimhaltungsbedürftige Informationen dann zukommen lassen. Dies kann zum Beispiel notwendig sein, wenn die Kommission beurteilen soll, ob eine Marktanteilsschwelle einer Schiedspartei erreicht ist oder wenn eine Marktanalyse erarbeitet werden soll, die ohne die Identität der Schiedsparteien nicht durchgeführt werden kann.

Die Schiedsgerichte sollten der Kommission darüber hinaus mitteilen, welcher Art die *amicus curiae*-Tätigkeit sein soll, ob die Kommission eine rechtliche Einschätzung des Sachverhalts in Bezug auf das Europäische Wettbewerbsrechts oder eine ökonomische Analyse tätigen oder nur das Schiedsgericht mit sachlichen Informationen versorgen soll.

---

968 Siehe dazu schon § 6 C.II.2.a)aa)(2)(b)(aa).
969 Siehe dazu schon § 6 C.II.2.a)bb)(2).
970 Siehe dazu schon § 6 C.II.2.a)cc).
971 Siehe dazu schon § 6 C.II.2.a)aa)(1)(c)(aa).

Die *amicus curiae*-Tätigkeit der Kommission könnte durch schriftliche Stellungnahmen an die Schiedsgerichte erfolgen. Schriftliche Stellungnahmen sind für die Wahrung der Interessen der Kommission und der Schiedsgerichte ausreichend. Die Kommission kann ihre Meinung in das Schiedsverfahren einbringen. Ihr öffentliches Interesse an der einheitlichen Durchsetzung des Wettbewerbsrechts wird dadurch gewahrt. Die Schiedsgerichte dagegen wahren die Vertraulichkeit und entziehen sich einem vertieften Einblick der Kommission in das Schiedsverfahren. Trotzdem erhalten sie die erfragten Informationen durch die Kommission. Die schriftlichen Stellungnahmen der Kommission sind wie bei den einzelstaatlichen Gerichten auch für die Schiedsgerichte nicht bindend. Jedoch muss der Vorschlag klarstellen, dass die *amicus curiae*-Tätigkeit der Kommission und die von ihr erteilten rechtlichen Ratschläge in den schriftlichen Stellungnahmen als Alternative zu einer indirekten Vorlage über die einzelstaatlichen Gerichte anzusehen ist. Die Schiedsgerichte sollten die Richtigkeit der Ansicht der Kommission überprüfen und nur bei offensichtlicher Unrichtigkeit abweichen.

Die Schiedsgerichte sollten nach Zustimmung der Parteien auch außerhalb des Rahmens einer *amicus curiae*-Tätigkeit die Kommission um Informationen bitten können. Diese Bitte der Schiedsgerichte unterscheidet sich von einer *amicus curiae*-Tätigkeit der Kommission insoweit, als es hier um die Übermittlung allgemeiner Marktinformationen geht. Die Schiedsgerichte sollten zu diesem Zweck der Kommission auch keine zusammenfassende Darstellung des Sachverhalts übermitteln.

Als Zugeständnis an die Kommission sollte ihr die Möglichkeit gegeben werden, die Schiedsgerichte um Informationen aus dem Schiedsverfahren und um die Übermittlung des Schiedsspruchs zu bitten. Dies entspricht Art. 15 Abs. 2 und 3 Unterabs. 2 VO 1/2003 für die einzelstaatlichen Gerichte. Die Schiedsparteien müssten der Weitergabe von Informationen jedoch zustimmen. Ob sie diese Zustimmung erteilen, bleibt den Schiedsparteien überlassen. Aus Vertraulichkeitsgesichtspunkten ist von einer Zustimmung abzuraten.

Der hier gemachte Vorschlag spricht der Vertraulichkeit des Schiedsverfahrens einen hohen Stellenwert zu. Die öffentlichen Interessen der Kommission bei der einheitlichen Durchsetzung des Wettbewerbsrechts werden gleichwohl berücksichtigt. Der Vorschlag findet die richtige Balance zwischen den öffentlichen Interessen des Europäischen Wettbewerbsrechts und den privatrechtlichen Interessen der Schiedsgerichtsbarkeit.[972]

D. Ergebnis des 6. Paragraphen

Im Kooperationssystem der VO 1/2003 ist eine Zusammenarbeit mit der Kommission sowohl durch die einzelstaatlichen Gerichte als auch durch die nationalen Wettbewerbsbehörden in verschiedenster Weise möglich. Da Schiedsgerichte nicht der

972 Siehe in § 7 einen Vorschlag für die Formulierung einer Bekanntmachung der Kommission über die Zusammenarbeit mit den Schiedsgerichten.

Pflicht der loyalen Zusammenarbeit in Art. 4 Abs. 3 EUV unterliegen, sind sie auch nicht Teil des Kooperationssystems der VO 1/2003. Ein Bedürfnis für eine Zusammenarbeit zwischen den Schiedsgerichten und der Kommission besteht gleichwohl. Sowohl die Schiedsgerichte als auch die Kommission sollten sich der Zusammenarbeit nicht verschließen. Die Schiedsrichter können nur durch Zusammenarbeit mit der Kommission sicherstellen, dass sie einen durchsetzbaren Schiedsspruch schaffen. Die Kommission muss als oberste Wettbewerbsbehörde stets ihre Rolle bei der Durchsetzung des Europäischen Wettbewerbsrechts beachten. Nur durch Einbeziehung der Schiedsgerichte kann die Kommission die einheitliche Anwendung des Europäischen Wettbewerbsrechts im Privatrecht gewährleisten.

Der ICC-Entwurf ist ein erster Schritt zu einer Regelung der Zusammenarbeit zwischen der Kommission und den Schiedsgerichten. Allerdings ist es sowohl den Verfassern des ICC-Entwurfs als auch in den Bemühungen zum bisherigen alternativen System der Zusammenarbeit nicht gelungen, die schwierige Balance zwischen den Besonderheiten der Schiedsgerichtsbarkeit und dem Europäischen Wettbewerbsrecht zu finden. Daher müsste ein neues alternatives System einer Zusammenarbeit zwischen der Kommission und den Schiedsgerichten (in Form einer Bekanntmachung) ausgearbeitet werden.

§ 7 Vorschlag für eine Bekanntmachung zwischen der Kommission und den Schiedsgerichten über die Zusammenarbeit bei der Anwendung der Art. 101 und 102 AEUV

Nach den in § 3 und § 6 gemachten Vorschlägen könnte eine Bekanntmachung der Kommission über die Zusammenarbeit wie folgt formuliert werden. Die Bekanntmachung müsste entsprechend auch für Art. 102 AEUV gelten. Der Vorschlag der Bekanntmachung enthält sowohl Bestimmungen über den Geltungsbereich (I.), die Anwendung der Europäischen Wettbewerbsregeln durch die Schiedsgerichte (II.), die Zusammenarbeit zwischen der Kommission und den Schiedsgerichten (III.) und Schlussbestimmungen (IV.). Er berücksichtigt sowohl die privaten Interessen der Schiedsgerichtsbarkeit als auch die öffentlichen Interessen des Europäischen Wettbewerbsrechts. In seinen Formulierungen orientiert sich der Vorschlag an der Bekanntmachung über die Zusammenarbeit zwischen der Kommission und den Gerichten der EU-Mitgliedstaaten.

I. Geltungsbereich der Bekanntmachung

1. Die vorliegende Bekanntmachung betrifft die Zusammenarbeit zwischen der Kommission und den Schiedsgerichten, wenn letztere den Artikel 101 und 102 AEUV anwenden. Im Sinne dieser Bekanntmachung sind unter Schiedsgerichte die Schiedsgerichte zu verstehen, deren Schiedsspruch im Gebiet der Mitgliedstaaten der Europäischen Union anerkannt und vollstreckt werden soll.

2. Zur Schaffung eines Systems, das gewährleistet, dass der Wettbewerb im Binnenmarkt nicht verfälscht wird, muss für eine wirksame und einheitliche Anwendung der Artikel 101 und 102 AEUV in der Union gesorgt werden. Die Schiedsgerichte erfüllen eine wesentliche Aufgabe bei der Anwendung der unionsrechtlichen Wettbewerbsregeln im Privatrecht. Bei der Ausarbeitung eines Systems der Zusammenarbeit bei der Anwendung der Artikel 101 und 102 AEUV müssen die wesentlichen Merkmale der Schiedsgerichtsbarkeit wie die Vertraulichkeit, die Flexibilität des Verfahrens und die Parteiautonomie beachtet werden.

II. Anwendung der Europäischen Wettbewerbsregeln durch die Schiedsgerichte

3. Die Schiedsgerichte können dazu berufen sein, über die Anwendung von Artikel 101 und 102 AEUV im Rahmen von zivilrechtlichen Streitigkeiten, beispielsweise Vertrags- und Schadensersatzklagen, zu entscheiden.

4. Die Schiedsgerichte sind für die Anwendung des Artikels 101 und 102 AEUV zuständig.

III. Zusammenarbeit zwischen der Kommission und den Schiedsgerichten

1. Ersuchen des Schiedsgerichts um eine schriftliche Stellungnahme der Kommission

5. *Im Rahmen von Verfahren, in denen Artikel 101 und 102 AEUV zur Anwendung kommt, kann das Schiedsgericht die Kommission um Informationen, die sich in ihrem Besitz befinden sowie um schriftliche Stellungnahmen zu Fragen bitten, die die Anwendung der Wettbewerbsregeln der Union betreffen, wenn*

a) *beide Parteien des Schiedsverfahrens dem zugestimmt haben oder*

b) *eine Partei des Schiedsverfahrens dies beantragt und die andere Partei dem zugestimmt hat.*

6. *Zu diesem Zweck kann das Schiedsgericht eine anonymisierte Zusammenfassung des schiedsverfahrensrechtlichen Sachverhalts und die für die Beantwortung der Frage notwendigen sonstigen Dokumente übermitteln. Das Schiedsgericht sollte in seiner Anfrage konkretisieren, welche Unterstützungshandlung es von der Kommission begehrt. Sofern die Schiedsparteien ihre Zustimmung erteilen, kann das Schiedsgericht auch weitere Informationen, Schriftsätze, Beschlüsse oder sonstige Dokumente an die Kommission übermitteln, wenn diese zur Beantwortung der gestellten Anfrage notwendig sind.*

7. *Die Kommission kann zur Beantwortung der Anfrage des Schiedsgerichts*

a) *Informationen über ein Kartellverwaltungsverfahren,*

b) *Informationen über die Gegebenheiten des Marktes,*

c) *sonstige ökonomische Informationen und*

d) *eine rechtliche Einschätzung über die Anwendung des Artikel 101 und 102 AEUV schriftlich übersenden.*

8. *Die schriftlichen Stellungnahmen der Kommission sind für das Schiedsgericht nicht bindend. Das Schiedsgericht sollte die Stellungnahme der Kommission auf ihre Richtigkeit überprüfen und nur bei offensichtlicher Unrichtigkeit davon abweichen. Das Recht des Schiedsgerichts, nach mitgliedstaatlichem Recht über die einzelstaatlichen Gerichte eine Frage zur Vorabentscheidung gemäß Artikel 267 AEUV zum EuGH vorzulegen, bleibt unberührt.*

2. *Ersuchen der Kommission um Übermittlung von Informationen und des Schiedsspruchs*

9. *Die Kommission kann das Schiedsgericht um die Übermittlung von Informationen aus dem Schiedsverfahren und des Schiedsspruchs bitten. Das Schiedsgericht wird der Bitte der Kommission ohne weiteres entsprechen können, wenn die Parteien der Übermittlung zugestimmt haben.*

IV. *Schlussbestimmungen*

10. *Diese Bekanntmachung soll die Schiedsgerichte bei der Anwendung der Artikel 101 AEUV unterstützen. Sie ist weder für die Schiedsgerichte noch für die Europäische Kommission bindend.*

11. *Die Anerkennung und Vollstreckung des Schiedsspruchs richtet sich nach dem Unionsrecht und nach dem Recht des Mitgliedstaates, in dem er anerkannt und vollstreckt werden soll.*

§ 8 Schlussbetrachtung

Die Schiedsgerichtsbarkeit ist eine Form der Streitbeilegung im internationalen Handel, die auch bei der Lösung kartellrechtlicher Probleme immer mehr in den Vordergrund rückt. Das Europäische Wettbewerbsrecht und die Schiedsgerichtsbarkeit sind seit den letzten zwei Jahrzehnten keine „fernen Planeten" mehr, „deren Umlaufbahnen sich kaum jemals schnitten".[973] Aufgrund der vom Reformvorhaben der VO 1/2003 angestoßenen Durchsetzung des Europäischen Wettbewerbsrechts im Privatrecht kann eine inzident zu prüfende, kartellrechtliche Fragestellung vermehrt auch im Schiedsverfahren auftauchen. Strebt die Europäische Union, allen voran die Kommission, eine einheitliche und umfassende Anwendung des Europäischen Wettbewerbsrechts im Privatrecht an, muss sie die Schiedsgerichte im gleichen Ausmaß wie die einzelstaatlichen Gerichte einbeziehen. Die Schiedsgerichtsbarkeit darf grundsätzlich kein Instrument zur Flucht vor dem Europäischen Wettbewerbsrecht sein. Eine Verlagerung der Beantwortung der kartellrechtlichen Fragestellung in das einzelstaatliche Exequaturverfahren entspricht weder den privaten Interessen der Schiedsparteien noch dem öffentlichen Interesse des Wettbewerbsrechts. Die Schiedsparteien wollten die Streitbeilegung der staatlichen Gerichtsbarkeit gerade entziehen. Mit der Prüfung der kartellrechtlichen Fragestellung im einzelstaatlichen Exequaturverfahren würde die Streitbeilegung entgegen den Parteiinteressen zur staatlichen Gerichtsbarkeit zurückverlagert. Da die meisten Schiedssprüche freiwillig erfüllt werden und folglich ein einzelstaatliches Exequaturverfahren nicht durchlaufen müssen, gebieten die öffentlichen Interessen an einem redlichen, unverfälschten und gleichzeitigen wirksamen Wettbewerb im Binnenmarkt die Durchsetzung des Wettbewerbsrechts schon im Schiedsverfahren und nicht erst im Exequaturverfahren. Die einheitliche Anwendung und die Durchsetzung der öffentlichen Interessen erfordern die Anwendung des Europäischen Wettbewerbsrechts auch im Schiedsverfahren.

Zielsetzung der Arbeit war es, die Bedenken gegen die Anwendung des Europäischen Wettbewerbsrechts durch die Schiedsrichter zu beseitigen. Die gefundenen Ergebnisse zeigen, dass die Schiedsgerichte für die Beilegung kartellrechtlicher Streitigkeiten ebenso geeignet sind wie die einzelstaatlichen Gerichte. Es kann nicht nur durch die Bestellung der Schiedsrichter auf die Qualität des Schiedsgerichtsgremiums Einfluss genommen werden. Die flexible Verfahrensgestaltung ermöglicht einen besseren Umgang mit der anspruchsvollen Würdigung des Europäischen Wettbewerbsrechts. Da die Kommission den Schiedsgerichten eine informelle

973 *Shelkoplyas*, The Application of EC Law in Arbitration Proceedings, S. IX: „Über Jahrzehnte haben die Welten des Europäischen Rechts und der internationalen Wirtschaftsschiedsgerichtsbarkeit als ferne Planeten koexistiert, deren Umlaufbahnen sich kaum jemals schnitten". Siehe dazu schon § 1 A.

Zusammenarbeit nicht verweigern würde und die Schiedsgerichte eine problematische Frage zumindest indirekt dem EuGH vorlegen können, sind den Schiedsparteien die Zusammenarbeit mit der Kommission durch die Wahl der Schiedsgerichtsbarkeit nicht gänzlich versagt. Zusammen mit der Schnelligkeit des Schiedsverfahrens und der erleichterten Vollstreckung der Schiedssprüche auf internationaler Ebene ist aus Sicht der Parteien die Schiedsgerichtsbarkeit für die Beilegung von Streitigkeiten mit kartellrechtlicher Fragestellung vorteilhaft. Die Kommission braucht aufgrund der den Schiedsgerichten gegebenen Unterstützungsmöglichkeiten und der Pflicht der Schiedsrichter zur Schaffung eines durchsetzbaren Schiedsspruchs eine falsche Anwendung des Europäischen Wettbewerbsrechts nicht zu befürchten. Das Risiko einer falschen Anwendung des Europäischen Wettbewerbsrechts besteht bei den Schiedsgerichten und den einzelstaatlichen Gerichten gleichermaßen.

Die Schiedsgerichtsbarkeit soll zwar auch bei der Anwendung des Europäischen Wettbewerbsrechts eine private Methode der Streitbeilegung bleiben. Die öffentlichen Interessen des Wettbewerbsrechts müssen gleichwohl auch im Schiedsverfahren geschützt werden. Das Schiedsverfahren muss deshalb einen vergleichbaren Schutz der Interessen der Parteien und der Öffentlichkeit wie ein staatliches Zivilverfahren garantieren. Eine solche Garantie kann nur erreicht werden, wenn die Anwendung des Europäischen Wettbewerbsrechts durch die Schiedsgerichte auf europäischer Ebene einheitlich geregelt ist. Obwohl die Kommission eine derartige Regelung derzeit nicht plant, kann nur nochmals ihre Notwendigkeit betont werden. Bis dahin werden die Schiedsgerichte auch ohne eine ausdrückliche Regelung das Europäische Wettbewerbsrecht unter Berücksichtigung der privaten und öffentlichen Interessen anwenden. Die Schiedsgerichtsbarkeit ist im Rahmen von zivilrechtlichen Streitigkeiten mit kartellrechtlichen Bezügen bei der Durchsetzung des Europäischen Wettbewerbsrechts im Privatrecht eine echte Alternative zur staatlichen Gerichtsbarkeit.

§ 9 Die Thesen im Überblick

- Die Schiedsgerichte können und müssen Art. 101 Abs. 3 AEUV unmittelbar anwenden.
- Eine getrennte Beurteilung von Art. 101 Abs. 1 und 2 AEUV sowie Art. 101 Abs. 3 AEUV widerspricht dem Sinn und Zweck der VO 1/2003, den Grundsätzen des Schiedsverfahrens, insbesondere der Effektivität, sowie den öffentlichen Interessen des Europäischen Wettbewerbsrechts.
- Vorlageberechtigung bedeutet nicht *per se* Vorlageverpflichtung. Schiedsgerichte könnten zwar vorlageberechtigt, aber nicht vorlageverpflichtet sein.
- Die deutsche Vorschrift des § 1050 ZPO eignet sich nicht für eine indirekte Vorlage nach den Maßstäben der *Nordsee-* und *Eco Swiss*-Rechtsprechung des EuGH.
- Die nationalen Rechtsordnungen der Mitgliedstaaten benötigen eine Regelung, die eine indirekte Vorlage des Schiedsgerichts über das einzelstaatliche Gericht an den EuGH ermöglicht.
- Die Maßstäbe der *Nordsee-* und *Eco Swiss*-Rechtsprechung des EuGH für eine indirekte Vorlage sind gewahrt, wenn der einzelstaatliche Richter die Entscheidungserheblichkeit der Vorlagefrage anhand der vom Schiedsgericht übermittelten Informationen überprüft.
- Die Schiedsgerichte sind zumindest mittelbar an die Kommissionsentscheidungen gemäß Art. 16 VO 1/2003 gebunden.
- Ein alternatives System der Zusammenarbeit zwischen der Kommission und den Schiedsgerichten muss gefunden werden, welches die schwierige Balance zwischen den Bedürfnissen des Europäischen Wettbewerbsrechts und den Besonderheiten der Schiedsgerichtsbarkeit Rechnung trägt.
- Die Kommission kann auf Anfrage des Schiedsgerichts mit Zustimmung der Parteien als *amicus curiae* schriftliche Stellungnahmen über Tatsachen oder eine rechtliche Bewertung im Schiedsverfahren abgeben.
- Die *amicus curiae*-Tätigkeit der Kommission ist für die Schiedsgerichte nicht bindend.
- Die Schiedsgerichte müssen die Kommission über das Schiedsverfahren nicht informieren.
- Die Schiedsgerichte sind für die Lösung wettbewerbsrechtlicher Probleme genauso gut geeignet wie die einzelstaatlichen Gerichte.
- Der ICC-Mitteilungsentwurf ist ein erster positiver Schritt hinsichtlich der Kodifizierung einer alternativen Zusammenarbeit zwischen der Kommission und den Schiedsgerichten. Gleichwohl wird der Entwurf der Problematik der Balance zwischen den Interessen der Schiedsgerichtsbarkeit und des Europäischen Wettbewerbsrechts nicht gerecht.

- Zur einheitlichen Regelung der unmittelbaren Anwendbarkeit des Art. 101 AEUV und der alternativen Zusammenarbeit sollte auf europäischer Ebene eine eigene Bekanntmachung über die Zusammenarbeit der Kommission und den Schiedsgerichten erlassen werden.

Literaturverzeichnis

Abdelgawad, Walid, L'arbitrage international et le nouveau règlement d'application des Articles 81 et 82 CE, Rev. Arb. 2004, S. 253–282

Ablasser-Neuhuber, Astrid, Flener, Lukas, Reform des österreichischen Kartellrechts: Begutachtungsentwurf der Kartellgesetznovelle 2005, WuW 2005, S. 254–265

Achterberg, Norbert, Der Begriff „Rechtsprechung im materiellen Sinne", in: *Erichsen, Hans-Uwe, Hoppe, Werner, von Mutius, Albert (Hrsg.),* System des verwaltungsgerichtlichen Rechtsschutzes, FS für Christian-Friedrich Menger, Köln 1985, S. 125–141

Adams, John, The Doctrine of Equity, London 1850

Allkemper, Ludwig, Wege zur Verbesserung des Individualrechtsschutzes im Vorabentscheidungsverfahren nach Art. 177 EG-Vertrag, EWS 1994, S. 253–258

Altenmüller, Reinhard, Zur materiellrechtlichen Überprüfung von Schiedssprüchen, KTS 1974, S. 150–160

Alvarez de Pfeifle, María Elena, Der Ordre Public-Vorbehalt als Versagungsgrund der Anerkennung und Vollstreckbarerklärung internationaler Schiedssprüche, Frankfurt am Main 2009

Andreangeli, Arianna, Courage Ltd. v Crehan and the Enforcement of Article 81 EC before National Courts, ECLR 2004, S. 758–764

Atwood, James R., The Arbitration of International Antitrust Disputes: A Status Report and Suggestions, in: Annual Proceedings of the Fordham Corporate Law Institute 1994, S. 367–401

Baarsma, Barbara, Rewriting European Competition Law from an Economic Perspective, European Competition Journal 2011, S. 559–585

Balthasar, Stephan, Richers, Roman, Europäisches Verfahrensrecht und das Ende der anti-suit injunction, RIW 2009, S. 351–357

Bandel, Stefan, Einstweiliger Rechtsschutz im Schiedsverfahren, München 2000

Barber, Horst, Objektive Schiedsfähigkeit und *ordre public* in der internationalen Schiedsgerichtsbarkeit, Frankfurt a.M. 1994 (zitiert als: *Barber,* Obj. Schiedsfähigkeit u. *ordre public,* [Seite])

Barbieri, Giorgio, Bella, Enrico, Il nouvo diritto dell'arbitrato, Mailand 2007

Barnett, Peter, Res Judicata, Estoppel and Foreign Judgments, Oxford 2001

Bartels, Wolfgang, Kooperation zwischen EU-Kommission und nationalen Gerichten im europäischen Wettbewerbsverfahren, ZfRV 2002, S. 83–94

Bartosch, Andreas, Von der Freistellung zur Legalausnahme: Der Vorschlag der EG-Kommission für eine „neue Verordnung Nr. 17", EuZW 2001, S. 101–107

–, Von der Freistellung zur Legalausnahme – was geschieht mit der Rechtssicherheit?, WuW 2000, S. 462–473

Basedow, Jürgen, Das Kartelldeliktsrecht und der „More Economic Approach", EuZW 2006, S. 97

–, Die Verselbständigung des europäischen ordre public, in: *Coester, Michael, Martiniy, Dieter, Prinz von Sachsen Gessaphe, Karl August (Hrsg.),* Privatrecht in Europa, Festschrift für Hans Jürgen Sonnenberger zum 70. Geburtstag, München 2004, S. 291–319 (zitiert als: *Basedow,* in: FS Sonneberger, [Seite])

Baudenbacher, Carl, Enforcement of EC and EEA Competition Rules By Arbitration Tribunals Inside and Outside the EU, in: *Ehlermann, Claus Dieter, Atanasiu, Isabela (Hrsg.),* European Competition Law Annual 2001: Effective Private Enforcement of EC Antitrust Law, Oxford 2003 (zitiert als: *Baudenbacher,* in: *Ehlermann/Atanasiu (Hrsg.),* European Competition Law Annual 2001, [Seite])

–, The European Commission's Reform Proposals Seen from the Point of View of the EEA/EFTA Countries, the EFTA Surveillance Authority and the EFTA Court, in: *Ehlermann, Claus-Dieter, Atanasiu, Isabela (Hrsg.),* European Competition Law Annual 2000: The Modernisation of EC Antitrust Policy, Oxford 2001, S. 521–537 (zitiert als: *Baudenbacher,* in: *Ehlermann/Atanasiu (Hrsg.),* European Competition Law Annual 2000, [Seite])

Baudenbacher, Carl, Higgins, Imelda, Decentralization of EC Competition Law Enforcement and Arbitration, 8 Colum. J. Eur. L. (2002), S. 1–18

Baumbach, Adolf, Lauterbach, Wolfgang, Albers, Jan, Hartmann, Peter, Zivilprozessordnung mit Gerichtsverfassungsgesetz und anderen Nebengesetzen, Kommentar, 69. Auflage, München 2011

Baur, Fritz, Rechtshängig – Schiedshängig, in: *Holzhammer, Richard, Jelinek, Wolfgang, Böhm, Peter,* Festschrift für Hans W. Fasching zum 65. Geburtstag, Wien 1988, S. 81–92 (zitiert als: *Bauer,* in: FS Fasching, [Seite])

Bechtold, Rainer, Bosch, Wolfgang, Brinker, Ingo, Hirsbrunner, Simon (Hrsg.), EU-Kartellrecht, 3. Auflage, München 2014 (zitiert als: *Bechtold/Bosch/Brinker/Hirsbrunner,* EU-KartellR)

Bechtold, Rainer, Kartellgesetz, Gesetz gegen Wettbewerbsbeschränkungen, 7. Auflage, München 2013 (zitiert als: *Bearbeiter,* in: *Bechtold (Hrsg.),* GWB)

Beckwith, Edmund Ruffin, Sobernheim, Rudolf, Amicus curiae – Minister of Justice, Fordham L. Rev. 17 (1948) S. 38–62

Bellamy&Child, Roth, Peter, Vivien Rose (Hrsg.), European Community Law of Competition, Oxford 2008 (zitiert als: *Bellamy&Child,* [Rn.])

Bělohlávek, Alexander J., West Tankers as a Trojan Horse with Respect to the Autonomy of Arbitration Proceedings and the New York Convention 1958, ASA Bull. 2009, S. 646–669

Benkard, Georg, Patentgesetz, Gebrauchsmustergesetz, 10. Auflage, München 2006

Bensaude, Denis, Thalès Air Defence BV v. GIE Euromissile: Defining the Limits of Scrutiny of Awards Based on Alleged Violations of European Competition Law, J. Int. Arb. 22 (2005), S. 239–244

Berger, Christian, Einstweiliger Rechtsschutz im Zivilrecht, Berlin 2006 (zitiert als: *Bearbeiter,* in: *Berger (Hrsg.),* Einstweiliger Rechtsschutz)

Berger, Klaus Peter, Formalisierte oder „schleichende" Kodifizierung des transnationalen Wirtschaftsrechts, Berlin 1996

–, Aufgaben und Grenzen der Parteiautonomie in der internationalen Wirtschaftsschiedsgerichtsbarkeit, RIW 1994, S. 12–18

–, International Economic Arbitration, Deventer 1993

–, Internationale Wirtschaftsschiedsgerichtsbarkeit, verfahrens- und materiellrechtliche Grundprobleme im Spiegel moderner Schiedsgesetze und Schiedspraxis, Berlin 1992

Bergmann, Jan (Hrsg.), Handlexikon der Europäischen Union, 4. Auflage Baden-Baden 2012

Bernuth, Marie-Louise von, Die Doppelkontrolle von Schiedssprüchen durch staatliche Gerichte, Frankfurt am Main 1995

Beulker, Jette, Die Eingriffsnormenproblematik in internationalen Schiedsverfahren, Tübingen 2005

Binder, Peter, International Commercial Arbitration and Conciliation in UNCITRAL Model Law Jurisdictions, 3. Auflage, London 2010

Blanco, Luis Ortiz, European Competition Procedure, 3. Auflage, Oxford 2013

Blanke, Gordon, Antitrust Arbitration under the Arbitration Act 1996: A Commentary, EBLR 2011, S. 119–169

–, The Case for Supranational Arbitration – Ideas and Prospects, EBLR 2008, S. 17–41

–, The Use and Utility of International Arbitration in EC Commission Merger Remedies, Groningen 2006 (zitiert als: *Blanke,* The Use and Utility of International Arbitration, [Seite])

–, Defining the Limits of Scrutiny of Awards Based on Alleged Violations of European Competition Law, J. Int. Arb. 23 (2006), S. 249–258

–, Decision T 4399–02, Dirland Télécom SA v Viking Telekom AB (publ), Decision of the Court of Appeal for Western Sweden, December 29, 2003, ECLR 2005, S. 432–438

–, The Role of EC Competition Law in International Arbitration: A Plaidoyer, EBLR 2005, S. 169–181

Blessing, Marc, Arbitrating Antitrust and Merger Control Issues, Basel 2003

–, EG/ U.S. Kartellrecht in internationalen Schiedsverfahren – 77 aktuelle Fragen aus der Praxis, Basel 2002

–, Introduction to Arbitration – Swiss and International Perspectives, Basel 1999

Böcker, Christian, Schiedsverfahrensrecht in Spanien – ein Überblick, SchiedsVZ 2003, S. 170–176

Böckstiegel, Karl-Heinz, The Role of Arbitration within Today's Challenges to the World Community and to International Law, Arbitration International 22 (2006), S. 165–177

–, Das UNCITRAL-Modell-Gesetz für die Internationale Wirtschafts-Schiedsgerichtsbarkeit, RIW 1984, S. 670–678

Bogdandy, Armin von, Rechtsgleichheit, Rechtssicherheit und Subsidiarität im transnationalen Wirtschaftsrecht, EuZW 2001, S. 357–365

Bogdandy, Armin von, Venzke, Ingo, Zur Herrschaft internationaler Gerichte: Eine Untersuchung internationaler öffentlicher Gewalt und ihrer demokratischen Rechtfertigung, ZaöRV 2010, S. 1–49

Böge, Ulf, Das Netzwerk der EU-Wettbewerbsbehörden nimmt Gestalt an: Anforderungen an das Bundeskartellamt und Änderungsbedarf im deutschen Kartellrecht, EWS 2003, S. 441–445

Böhm, Peter, Zur Rechtsnatur des Schiedsvertrages unter nationalen und internationalen Gesichtspunkten, ZfRV 1968, S. 262–287

Boisséson, Matthieu de, Le droit français de l'arbitrage – interne et international, ohne Ort 1990

Born, Gary B., International Commercial Arbitration, Den Haag 2001

–, Die Masterfoods-Entscheidung des EuGH, ZWeR 2003, S. 73–86

–, Anwendung des EG-Kartellrechts durch den nationalen Zivilrichter, in: Schwerpunkte des Kartellrechts 1992/93, FIW-Schriftenreihe Heft 158, S. 51–62

Bosch, Wolfgang, Schiedsgerichtliche Beilegung kartellrechtlicher Streitigkeiten?, in: *Brinker, Ingo, Scheuing, Dieter H., Stockmann, Kurt (Hrsg.),* Recht und Wettbewerb, FS für Rainer Bechtold zum 65. Geburtstag, München 2006 (zitiert als: *Bosch,* in: FS Bechtold, [Seite])

Braakman, Maître August J., Die Anwendung der Artikel 85 und 86 des EG-Vertrages durch die Gerichte der Mitgliedstaaten, Brüssel 1997

Braun, Johann, Rechtskraft und Restitution, Zweiter Teil Die Grundlagen des geltenden Restitutionsrechts, Berlin 1985

Bredow, Jens, Das neue 10. Buch der ZPO – ein Überblick, BB-Beilage 1998, Nr. 2, S. 2–6

Bredow, Jens, Mulder, Isabel, Court Assistance in Arbitral Proceedings from the Perspective of Article 27 of the UNCITRAl Model Law, in: *Aksen, Gerald, Böckstiegel, Karl-Heinz, Mustill, Michael J., Patocchi, Paolo Michele, Whitesell, Anne Marie (Hrsg.),* Global Reflections on International Law, Commerce and Dispute Resolution – Liber Amicorum in honour of Robert Briner, Paris 2005, S. 143–153 (zitiert als: *Bredow/Mulder,* in: FS Briner, [Seite])

Breuer, Marten, Urteile mitgliedstaatlicher Gerichte als möglicher Gegenstand eines Vertragsverletzungsverfahrens gem. Art. 226 EG?, EuZW 2004, S. 199–201

Bridgeman, James, The Arbitrability of Competition Law Disputes, EBLR 2008, S. 147–174

Briones, Juan, A Balance of the Impact of Economic Analysis on the EU Competition Policy, World Comp. 2009, S. 27–39

Broches, Aron, Commentary on the UNCITRAL Model Law on International Commercial Arbitration, Deventer 1990

Brown, Christopher, Hardiman, Donogh, The Extent of the Community Institutions' Duty to Co-operate with National Courts – Zwartfeld revisited, ECLR 2004, S. 299–309

Brozolo, Luca G. Radicati di, Arbitration and Competition Law: The Position of the Courts and of Arbitrators, Arb. Int. 2011, S. 1–25

–, Líllicéité "qui Crève les yeux": Critère de contrôle des sentences au regard de l'ordre public international (á propos de l'arrêt Thalès de la cour d'appel de Paris), Rev. Arb. 2005, S. 529–560

–, Antitrust: A Paradigm of the Relations between Mandatory Rules and Arbitration – A Fresh Look at the "Second Look", Int. A.L.R. 2004, S. 23–37

–, Arbitrato, diritto della concorrenza, diritto communitario e regole di procedura nazionali, Riv. dell'Arbitrato 1999, S. 665–697

Brozolo, Luca Radicati di, Blanke, Gordon, Landolt, Phillip, Rowley QC, William, Interim Discussion, EBLR 2008, S. 57–61

Brulard, Yves, Quintin, Yves, European Community Law and Arbitration, National Versus Community Public Policy, J. Int. Arb. 18 (2001), S. 533–547

Bueren, Eckart, Der „New economic approach" der Kommission für horizontale und vertikale Wettbewerbsbeschränkungen, WRP 2004, S. 567–575

Bunte, Hermann-Josef, Kartellrecht, München 2008

Busse, Monika, Anders, Leopold, Entscheidungen über Verpflichtungszusagen nach Art. 9 VO (EG) Nr. 1/2003, WuW 2005, S. 146–155

Cadet, Fabien, Main features of the revised Brussels I Regulation, EuZW 2013, S. 218–222

Cahill, Dermot, Cooke, John D. (Hrsg.), The Modernisation of EU Competition Law Enforcement in the European Union, Cambridge 2004 (zitiert als: *Bearbeiter,* in: *Cahill/Cooke (Hrsg.),* The Modernisation of EU Competition Law Enforcement in the EU, [Seite])

Calavros, Constantin, Das UNCITRAL-Modellgesetz über die internationale Handelsschiedsgerichtsbarkeit, Bielefeld 1988

Calliess, Christian, Ruffert, Matthias, EUV – EGV, Das Verfassungsrecht der Europäischen Union mit Europäischer Grundrechtecharta, 3. Auflage, München 2007 (zitiert als: *Bearbeiter,* in: *Callies/Ruffert (Hrsg.),* EUV/EGV)

Callies, Christian, Ruffert, Matthias, EUV/AEUV, Das Verfassungsrecht der Europäischen Union mit Europäischer Grundrechtecharta, 4. Auflage München 2011 (zitiert als: *Callies/Ruffert (Hrsg.),* EUV/AEUV)

Calvani, Terry, Devolution and Convergence in Competition Enforcement, ECLR 2003, S. 514–423

Capper, Phillip, International Arbitration: A Handbook, 3. Auflage, London 2004

Carbonneau, Thomas E., Cases and Materials on International Litigation and Arbitration, St. Paul 2005 (zitiert als: *Carbonneau,* Int. Litigation and Arbitration, [Seite])

Carducci, Guido, The Arbitration Reform in France: Domestic and International Arbitration Law, Arb. Int. 2012, S. 125–157

Carp, Robert A., Stidham, Ronald, The Federal Courts, 2. Auflage, Washington 1991

Cohn, Ernst J., Schiedsgerichtsbarkeit und EWG-Vertrag, AWD/RIW 1965, S. 267–270

Cooke, John D., Commission White Paper on Decentralisation of Competition Rules: The Threat to Consistency, in: *Ehlermann, Claus-Dieter, Atanasiu, Isabela (Hrsg.),* European Competition Law Annual 2000: The Modernisation of EC Antitrust Policy, Oxford 2001, S. 551–563 (zitiert als: *Cooke,* in: *Ehlermann/Atanasiu (Hrsg.),* European Competition Law Annual 2000, [Seite])

Cremades, Bernado, Madalena, Ignacio, Parallel Proceedings in International Arbitrations, Arb. Int. 24 (2008), S. 507–539

Crookenden, Simon, Why should decide Arbitration confidentially issues?, Int. Arb. 25 (2009), S. 603–613

Cumming, George, Spitz, Bard, Janal, Ruth, Civil Procedure used for the Enforcement of EC Competition Law by the English, French and German Civil Courts, AH Alphen aan den Rijn 2007

Daig, Hans-Wolfram, Aktuelle Fragen der Vorabentscheidungen nach Art. 177 EWG-Vertrag, unter besonderer Berücksichtigung von Rechtsprechung und Praxis des Gerichtshofes der Europäischen Gemeinschaften, EuR 1968, S. 259–294

Dalheimer, Dorothe; Feddersen, Christoph; Miersch, Gerald (Hrsg.); EU-Kartellverfahrensordnung, Kommentar zur VO 1/2003, München 2005 (zitiert als: *Bearbeiter,* in: *Dalheimer/Feddersen/Miersch (Hrsg.),* EU-VerfO)

Dalhuisen, J.H., The Arbitrability of Competition Issues, Arb. Int. 1995, S. 151–167

Däubler, Wolfgang, Die Klage der EWG-Kommission gegen einen Mitgliedstaat, NJW 1968, S. 325–331

Dauses, Manfred A., Handbuch des EU-Wirtschaftsrechts, 29. Ergänzungslieferung, München 2011 (zitiert als: *Bearbeiter,* in: *Dauses (Hrsg.),* EU-Wirtschaftsrecht)

De Aragão, Eugêno José Guilherme, Strategien zur Durchsetzung der völkerrechtlichen Verpflichtung zur Strafverfolgung der Folter am Beispiel Brasiliens, Eine Untersuchung zum Verhältnis zwischen Völkerstrafrecht und Staatenverantwortlichkeit, Berlin 2007

De Bronett, Georg-Klaus, Kommentar zum europäischen Kartellverfahrensrecht, 2. Auflage, München 2012 (zitiert als: *de Bronett*, Europäisches Kartellverfahrensrecht)

De Groot, T. Diederik, The Impact of the *Benetton* Decision on International Commercial Arbitration, J. Int. Arb. 20 (2003), S. 365–373

De Gryse, Ludovic, Quelques propos sur l'arbitrage en matière de brevets d'invention, in: Jura Vigilantibus, Antoine Braun, les droits intellectuells, le barreau, Brüssel 1994, S. 89–115

De Ly, Filip, Sheppard, Audley, ILA Interim Report on Res Judicata and Arbitration, Arb. Int. 25 (2009), S. 35–66

Dempegiotis, Sotiris I., EC Competition Law and International Arbitration in the Light of EC Regulation 1/2003, J. Int. Arb. 25 (2008), S. 365–395

Derains, Yves, Specific Issues arising in the Enforcement of EC Antitrust Rules By Arbitration Courts, in: *Ehlermann, Claus Dieter, Atanasiu, Isabela (Hrsg.)*, European Competition Law Annual 2001: Effective Private Enforcement of EC Antitrust Law, Oxford 2003, S. 323–339 (zitiert als: *Derains*, in: *Ehlermann/Atanasiu (Hrsg.)*, Euroean Competition Law Annual 2001, [Seite])

–, L'arbitre, la commission et la Cour: questions de procedure, Gaz. Pal. 2003, S. 1520–1523

–, La Jurisprudence des Arbitres du Commerce International en Matière de Détermination du Droit Applicable au Contract, RDAI/IBLJ 1996, S. 514–530

Deringer, Arved, Stellungnahme zum Weißbuch der Europäischen Kommission über die Modernisierung der Vorschriften zur Anwendung der Art. 85 und 86 EG-Vertrag (Art. 81 und 82 EG), EuZW 2000, S. 5–11

–, Bericht im Namen des Binnenmarktausschusses zu den Konsultationen des Europäischen Parlaments durch den Rat der Europäischen Gemeinschaft betreffend eine erste Durchführungsverordnung zu den Art. 85 und 86 des EWG-Vertrages, Dokument 57 vom 7.9.1961, in: Europäisches Parlament, Sitzungsdokumente 1961–1962, Luxemburg 1963

Deselaers, Wolfgang, Obst, Silke, Weißbuch zum Europäischen Kartellrecht – Rechtssicherheit ade?, EWS 2000, S. 41–46

Dietrich, Michael, US Style Discovery und die Kartellrechtspraxis in Europa – Chancen und Risiken nach der Intel-Entscheidung des US Supreme Court, GRUR Int. 2006, S. 389–395

Dolmans, Maurits, Grierson, Jacob, Arbitration and the Modernization of EC Antitrust Law: New Opportunities and New Responsibilities, 2003 ICC Bull., S. 37–51

Dore, Isaak I., The UNCITRAL Framework for Arbitration in Contemporary Perspective, London 1993

Dowling-Hussey, Arran, Dunne, Derek, Arbitration Law, Dublin 2008

Durner, Wolfgang, Die Unabhängigkeit nationaler Richter im Binnenmarkt – Zu den Loyalitätspflichten nationaler Gerichte gegenüber der EG-Kommission, insbesondere auf dem Gebiet des Kartellrechts, EuR 2004, S. 547–574

Dütz, Wilhelm, Rechtsstaatlicher Gerichtsschutz im Privatrecht, Berlin 1970

Ebel, Hans-Rudolf, Anmerkung zu EuGH vom 27.4.1994, Rs. C-393/92 – Almelo/Ijsselmij, EWS 1994, S. 241–243

Ebenroth, Thomas, Birk, Axel, Die Rechtsfolgen des Art. 85 EG-Vertrag und ihre Anwendung durch die nationalen Gerichte, EWS-Beilage 2/1996, S. 1–18

Edward, David, Panel Discussion, in: *Ehlermann, Claus-Dieter, Atanasiu, Isabela (Hrsg.),* European Competition Law Annual 2000: The Modernisation of EC Antitrust Policy, Oxford 2001, S. 483–486 (zitiert als: *Edward,* in: *Ehlermann/Atanasiu (Hrsg.),* European Competition Law Annual 2000, [Seite])

–, The Modernisation of EC Antitrust Policy: Issues for Courts and Judges, in: *Ehlermann, Claus-Dieter, Atanasiu, Isabela (Hrsg.),* European Competition Law Annual 2000: The Modernisation of EC Antitrust Policy, Oxford 2001, S. 565–570 (zitiert als: *Edward,* in: *Ehlermann/Atanasiu (Hrsg.),* European Competition Law Annual 2000, [Seite])

Eilmansberger, Thomas, Die Bedeutung der Art. 81 und 82 für Schiedsverfahren, SchiedsVZ 2006, S. 5–17

–, Zum Vorschlag der Kommission für eine Reform des Kartellvollzugs, JZ 2001, S. 365–374

Ehricke, Ulrich, Die Auswirkungen des europäischen Wettbewerbsrechts auf das deutsche Zivilrecht, in: *Breidenbach, Stephan, Grundmann, Stefan, Mülbert, Peter O., Singer, Reinhard (Hrsg.),* Jahrbuch junger Zivilrechtswissenschaftler 1992, Stuttgart 1993, S. 161–184 (zitiert als: *Ehricke,* Jahrbuch junger Zivilrechtswissenschaftler 1992, [Seite])

Elsing, Siegfried H., The Influence of the English Language, in: *Kröll, S., Mistelis, L.A., Viscasillas, P. Perales, Rogers, V.,* International Arbitration and International Commercial Law, New York 2011, S. 85–95

Emmerich, Volker, Unlauterer Wettbewerb, 9. Auflage 2012

–, Kartellrecht, 13. Auflage, München 2014

–, Anmerkungen zu der „neuen" Wettbewerbspolitik der Europäischen Kommission, WRP 2000, S. 858–862

Engelhardt, Hanns, Neuordnung der Schiedsgerichtsbarkeit in Ungarn, BB-Beilage 1996, Nr. 5, S. 6–9

Erauw, John, Reference by Arbitrators to the European Court of Justice for preliminary rulings, in: *Briner, Robert (Hrsg.),* L'Arbitrage et le Droit Européen, Brüssel 2007, S. 101–140

Erfurter Kommentar zum Arbeitsrecht, 14. Auflage, München 2014 (zitiert als: *Bearbeiter,* in: Erfurter Kommentar zum Arbeitsrecht)

Esser-Wellié, Michael, Die Anwendung der Artikel 85 und 86 EG-Vertrag durch nationale Gerichte, WuW 1995, S. 457–474

Europäische Union, EuGH zu Parallelverfahren vor nationalen und Gemeinschaftsgerichten in Wettbewerbssachen, GRURInt. 2001, S. 91

Everling, Ulrich, Rechtsschutz in der Europäischen Union nach dem Vertrag von Lissabon, EuR 2009, S. 71–85

Fasching, Hans W. (Hrsg.), Kommentar zu den Zivilprozessgerichten, 4. Band/2. Teilband, §§ 577 bis 618 ZPO, 2. Auflage, Wien 2007

Fikentscher, Wolfgang, Das Unrecht einer Wettbewerbsbeschränkung: Kritik an Weißbuch und VO-Entwurf zu Art. 81, 82 EG-Vertrag, WuW 2001, S. 446–458

Finizio, Steven P., Speller, Duncan, A Practical Guide to International Commercial Arbitration: Assessment, Planning and Strategy, London 2010 (zitiert als: *Finizio/Speller,* International Commercial Arbitration, [Seite])

Fiss, Owen M., The Supreme Court 1978 Term, 93 Harv. L. Rev. 1 (1979–1980), S. 1–58

Forde, Michael, Arbitration Law and Procedure, Dublin 1994

Forrester, Ian S., The Reform of the Implementation of Articles 81 and 82 Following Publication of the Draft Regulation, Legal Issues of Economic Integration 28 (2001), S. 173–194

Forgoux, Jean Claude, Concurrence: les conflits de compétence entre la Commission et les jurisdictions nationals, source d'insécurité juridique, Recueil Dalloz 2001 Jurisprudence, S. 1863–1867

Frankfurter Kommentar zum Kartellrecht, Band III, EG-Kartellrecht (Teil 3–7), lose Blattsammlung, Köln seit 1982 (zitiert als: *Bearbeiter,* in: FK, Bd. III)

Franzosi, Mario, Torpedoes are here to stay, IIC 2002, S. 154–163

Fuchs, Andreas, Neue Entwicklungen beim Konzept der Wettbewerbsbeschränkung in Art. 81 Abs. 1 EG, ZWeR 2007, S. 369–393

Funck-Brentano, Lise, Schiedsgerichtsbarkeit und Europarecht, EuZW 1995, S. 65

Füßer, Klaus, Höher, Katrin, Das „parallele Vorabentscheidungsverfahren": Zulässigkeit und Grenzen der Beweiserhebung während eines Verfahrens mit Art. 234 EG, EuR 2001, S. 784–793

Gal, Jens, Die Haftung des Schiedsrichters in der internationalen Handelsschiedsgerichtsbarkeit, Tübingen 2009

Gamauf, Christian, Aktuelle Probleme des *ordre public* im Schiedsverfahren, insbesondere im Hinblick auf Eingriffsnormen, ZfRV 2000, S. 41–52

Gauer, Céline, Dalheimer, Dorothe, Kjolbye, Lars, De Smijter, Eddy, Regulation 1/2003: A modernized application of EC Competition Rules, EC Competitition Policy Newsletter 1/2003, S. 3–8

Gaul, Hans Friedhelm, Die Rechtskraft und Aufhebbarkeit des Schiedsspruchs im Verhältnis zur Verbindlichkeit des staatlichen Richterspruchs, in: *Berger, Klaus Peter, Ebke, Werner F., Elsing, Siegfried, Großfeld, Bernhard, Kühne, Gunther (Hrsg.),* Festschrift für Otto Sandrock zum 70. Geburtstag, Heidelberg 2000, S. 285–328 (zitiert als: *Gaul,* in: FS Sandrock, [Seite])

–, Die Grundlagen des Wideraufnahmerechts und die Ausdehnung der Wiederaufnahmegründe, Bielefeld 1956

Gebauer, Martin, Wiedemann, Thomas (Hrsg.), Zivilrecht unter europäischem Einfluss, Die richtlinienkonforme Auslegung des BGB und anderer Gesetze – Erläuterung der wichtigsten EG-Verordnungen, Stuttgart 2005 (zitiert als: *Bearbeiter,* in: *Gebauer/Wiedemann (Hrsg.),* Zivilrecht unter europäischen Einfluss)

Geiger, Andreas, Anmerkung zum Urteil des EuGH vom 14.12.2000 in der Sache *Masterfoods,* EuZW 2001, S. 116–117

–, Das Weißbuch der EG-Kommission zu Art. 81, 82 EG – eine Reform besser als ihr Ruf, EuZW 2000, S. 165–169

Geiger, Rudolf, Khan, Daniel-Erasmus, Kotzur, Markus, EUV/AEUV, 5. Auflage, München 2010

Geradin, Damien, Competition between Rules and Rules of Competition: A Legal and Economic Analysis of the Proposed Modernization of the Enforcement of EC Competition Law, 9 Colum. J. Eur. L. (2002–2003), S. 1–28

Gerber, David J., Modernising European Competition Law: A Developmental Perspective, ECLR 2004, S. 122–130

Germelmann, Claas Friedrich, Die Rechtskraft von Gerichtsentscheidungen in der Europäischen Union, Tübingen 2009

Gessner, Judith, Anerkennung und Vollstreckung von Schiedssprüchen in den USA und Deutschland, Frankfurt am Main 2001

Gharavi, Hamid G., EC Competititon Law and the Proper Scope of Arbitration, Arbitration 1997, S. 59–66

Gibson-Jarvie, Robert, Hawker, Geoffrey, A Guide to Commercial Arbitration under The 1979 Act, London 1980

Girsberger, Daniel, Weber-Stecher, Urs M., Die Einrede der Wettbewerbswidrigkeit vor schweizerischen Schiedsgerichten, in: *Forstmoser, Peter, von der Crone, Hans Caspar, Weber, Rolf H., Zobl, Dieter (Hrsg.),* Der Einfluss des europäischen Rechts auf die Schweiz, Festschrift für Roger Zäch, Zürich 1999, S. 681–694 (zitiert als: *Girsberger/Weber-Stecher,* in: FS Zäch, [Seite])

Glossner, Ottoarndt, Bredow, Jens, Bühler, Michael, Das Schiedsgericht in der Praxis, 3. Auflage, Heidelberg 1990

Goffin, Léon, Arbitrage et droit communautaire, in: *Matray, Lampert, de Leval, Georges (Hrsg.),* L'Arbitrage, Travaux offerts au professeur Albert Fettweis, Brüssel 1989, S. 159–191 (zitiert als: *Goffin,* in: FS Fettweis)

Goldschmidt, Peter, Thomsen, Jakob, Le règlement n° 1/2003 permet-il une application cohérente et uniforme des règles de concurrence prévues aux articles 81 et 82 du traité CE?, Eipascope 2003, Nr. 2, S. 24–30

Goode, Roy, The Role of the Lex Loci Arbitri in International Commercial Arbitration, Arb. Int. 2001, S. 19–39

Gottwald, Peter, Die sachliche Kontrolle internationaler Schiedssprüche durch staatliche Gerichte, in: *Habscheid, Walther J., Schwab, Karl-Heinz (Hrsg.),* Beiträge zum internationalen Verfahrensrecht und zur Schiedsgerichtsbarkeit, Festschrift für Heinrich Nagel, Münster 1987, S. 54–69 (zitiert als: *Gottwald,* in: FS Nagel, [Seite])

Grabitz, Eberhard, Hilf, Meinhard, Nettesheim, Martin Das Recht der Europäischen Union, Band I, II und III EUV, 45. Ergänzungslieferung, München 2011 (zitiert als: *Bearbeiter,* in: *Grabitz/Hilf/Nettesheim (Hrsg.),* EUV/AEUV)

–, Das Recht der Europäischen Union, Band II, 32. Ergänzungslieferung, München April 2007 (zitiert als: *Bearbeiter,* in: *Grabitz/Hilf (Hrsg.),* Bd. II)

Grierson, Jacob, Comment on West Tankers Inc. v. RAS Riunione Adriatica di Sicurta S.p.A. (The Front Comor), JIA 26 (2009), S. 891–901

Groeben, Hans von der, Schwarze, Jürgen, Kommentar zum Vertrag über die Europäische Union und zur Gründung der Europäischen Gemeinschaft, Band 2, Art. 81–97 EGV, Baden-Baden 2003 (zitiert als: *Bearbeiter,* in: *Groeben/Schwarze (Hrsg.)*)

Groh, Thomas, Auslegung des Gemeinschaftsrechts und Vorlagepflicht nach Art. 234 EG – Plädoyer für eine zielorientierte Konzeption, EuZW 2002, S. 460–464

Gröning, Jochem, Die dezentrale Anwendung des EG-Kartellrechts gemäß dem Vorschlag der Kommission zur Ersetzung der VO 17/62, WRP 2001, S. 83–89

–, Zur Gefahr divergierender Entscheidungen bei dezentraler Anwendung des EG-Kartellrechts, WRP 2000, S. 882–886

Gruber, Johannes Peter, Das Wichtigste vom neuen österreichischen Kartellrecht, EuZW 2006, S. 15–16

–, Letzte Änderungen im österreichischen Kartellgesetz 2005, WuW 2005, S. 1134–1137

–, Verpflichtungszusagen im europäischen Kartellrecht, EWS 2005, S. 310–315

Haas, Ulrich, Die Anerkennung und Vollstreckung ausländischer und internationaler Schiedssprüche, Berlin 1991

Habscheid, Walther J., Drei aktuelle Fragen des internationalen privaten Schiedsrechts, KTS 1964, S. 146–166

–, Das Problem der Unabhängigkeit der Schiedsgerichte, NJW 1962, S. 5–12

–, Anmerkung zum BGH-Urteil vom 12.5.1958, VII ZR 436/56, JZ 1959, S. 174–176

–, Anmerkung zu BGH v. 3.10.1956 (V ZR 32/55), JZ 1957, S. 27–28

–, Nationale oder supranationale Schiedssprüche?, ZZP 70 (1957), S. 25–60

Haarmann, Eva Maria, Die Verpflichtungszusage im Europäischen Wettbewerbsrecht, Baden-Baden 2006

Haberland, Stephan, Problemfelder für die richterliche Unabhängigkeit, DRiZ 2002, S. 301–310

Hahn, Dominique, L'arbitrage commercial international en Suisse face aux régles de concurrence de la CEE, Genf 1983

Hamer, Jens, Die Rolle des nationalen Richters im Rahmen der Kartell-Durchführungsverordnung 1/2003/EG, EWS 2003, S. 415–419

Hanotiau, Bernard, Complex Arbitrations, Den Haag 2005

–, L'arbitrage et le Droit européen de la concurrence, in *Briner, Robert (Hrsg.),* L'arbitrage et le Droit Européen, Brüssel 1997, S. 31–64

–, L'arbitrabilité et la *favor arbitrandum:* un réexamen, J.D.I. 1994, S. 899–966

Harbst, Ragnar, Korruption und andere ordre public-Verstöße als Einwände im Schiedsverfahren – Inwieweit sind staatliche Gerichte an Sachverhaltsfeststellungen des Schiedsgerichts gebunden?, SchiedsVZ 2007, S. 22–30

–, Die Rolle der staatlichen Gerichte im Schiedsverfahren, Ein Rechtsvergleich zwischen dem englischen Arbitration Act 1996 und deutschem Schiedsverfahrensrecht, Heidelberg 2002

Harris, Bruce, Planterose, Rowan, Tecks, Jonathan, The Arbitration Act 1996, A Commentary, Oxford 1996

Hatje, Armin, Gemeinschaftliche Grenzen der Rechtskraft gerichtlicher Entscheidungen – zur Entscheidung des EuGH in Rs. C-119/05 (Lucchini) vom 18. Juli 2007, EuR 2005, S. 654–659

Hausmann, Rainer, Die Aufhebung von Schiedssprüchen nach neuem deutschen Schiedsverfahrensrecht, in: *Hohloch, Gerhard, Frank, Rainer, Schlechtriem, Peter (Hrsg.),* Festschrift für Hans Stoll, Tübingen 2001, S. 593–617 (zitiert als: *Hausmann,* in: FS Stoll, [Seite])

Heidrich, Thomas, Das evolutorisch-systemtheoretische Paradigma in der Wettbewerbstheorie, Alternatives Denken zu dem More Economic Approach, Baden-Baden 2009

Heinze, Christian, Choice of Court Agreements, Coordination of Proceedings and Provisional Measures in the Reform of the Brussels I Regulation, RabelsZ 2011, S. 581–618

Hellmann, Hans-Joachim, Bruder, Stefan, Kartellrechtliche Grundsätze der zentralen Vermarktung von Sportveranstaltungen – Die aktuellen Entscheidungen der Kommission zur Bundesliga und FA Premier League, EuZW 2006, S. 359–363

Henn, Günter, Schiedsverfahrensrecht, 3. Auflage, Heidelberg 2000

Hepting, Reinhard, Die Vorlagebefugnis privater Schiedsgerichte nach Art. 177 EWGV, IPRax 1983, S. 101–103

–, Art. 177 EWG und die private Schiedsgerichtsbarkeit, EuR 1982, S. 315–333

Hermanns, Ferdinand, Brück, Johann, Die neue EG-Kartellverfahrensordnung – Umdenken auch in Schiedsverfahren, SchiedsVZ 2004, S. 137–142

Herrmann, Christoph, Die Reichweite der gemeinschaftsrechtlichen Vorlagepflicht in der neueren Rechtsprechung des EuGH, EuZW 2006, S. 231–255

Hess, Burkhard, Die Reform der EuGVVO und die Zukunft des Europäischen Zivilprozessrechts, IPRax 2011, S. 125–130

Hesse, Hannes, Schiedsgerichtsbarkeit in der Investitionsgüterindustrie – eine empirische Untersuchung, in: *Briner, Robert, Fortier, L. Yves, Berger, Klaus Peter, Bredow, Jens (Hrsg.),* Law of International Business and Dispute Settlement in the 21st Century, Liber Amicorum Karl-Heinz Böckstiegel, Köln 2001, S. 277–289 (zitiert als: *Hesse,* in: FS Böckstiegel, [Seite])

Heukamp, Friso, Kartellrecht – faktisch kaum noch schiedsfähig?, SchiedsVZ 2006, S. 214–215

Hilbig, Katharina, Das gemeinschaftsrechtliche Kartellverbot im internationalen Handelsschiedsverfahren, München 2006

Hilgard, Marc C., Electronic Discovery im Schiedsverfahren, SchiedsVZ 2008, S. 122–124

Hilger, Norbert, Zur Geltung des beschränkten Untersuchungsgrundsatzes im neuen Schiedsverfahrensrecht, BB-Beilage 2000, Nr. 8, S. 2–6

Hirsbrunner, Simon, Rhomberg, Lukas, Verpflichtungszusagen im EG-Kartellrechtsverfahren – Erste praktische Erfahrungen mit der Neuregelung der Kartellverfahrensverordnung 1/2003, EWS 2005, S. 61–66

Hirsch, Günter, 50 Jahre Bundeskartellamt – die Sicht der Gerichte, Rede zum Festakt 50 Jahre Bundeskartellamt vom 15. Januar 2008, abrufbar unter: http://www.bundeskartellamt.de/wDeutsch/download/pdf/Publikationen/Hirsch.pdf

–, Anwendung der Kartellverfahrensordnung (EG) Nr. 1/2003 durch nationale Gerichte, ZWeR 2003, S. 233–254

Hober, Kaj, International Commercial Arbitration in Sweden, New York 2011

Hoffet, Franz, Plädoyer für die *ex officio* Anwendung von Kartellrecht durch Schiedsgerichte in der Schweiz, ASA Bull. 2000, S. 697–715

Hoffman, Bernd von, Thorn, Karsten, Internationales Privatrecht, 9. Auflage, München 2007

Hoffmann, Hermann, Schiedsgerichte als Gewinner der Globalisierung? Eine empirische Analyse zur Bedeutung staatlicher und privater Gerichtsbarkeit für den internationalen Handel, SchiedsVZ 2010, S. 96–101

Holm-Hadulla, Moritz, Private Kartellrechtsdurchsetzung untder der VO Nr. 1/2003, Baden-Baden 2009

Holmes, Katherine, Public Enforcment or Private Enforcement? Enforcement of Competition Law in EC and UK, ECLR 2004, S. 25–36

Holtzmann, Howard M., Neuhaus, Joseph E., A Guide to the UNCITRAL Model Law on International Commercial Arbitration: Legislative History and Commentary, Deventer 1989 (zitiert als: *Holtzmann,* Guide, [Seite])

Horn, Norbert, Zwingendes Recht in der Internationalen Schiedsgerichtsbarkeit, SchiedsVZ 2008, S. 209–222

Hossenfelder, Silke, Lutz, Martin, Die neue Durchführungsverordnung zu den Artikeln 81 und 82 EG-Vertrag, WuW 2003, S. 118–129

Huber, Michael, Grundfragen des Tatbestandes im Zivilrecht, JuS 1984, S. 950–953

Hundsdorfer, Stefanie, AG-Handel/Forum Umwelt und Entwicklung, Keine Sicherheit mehr für das Safety Protokoll, abrufbar unter: http://www.forum-ue.de/fileadmin/userupload/positionspapiere/aghandel_2006_ecbiotech.pdf

Hunter, Martin, Landau, Toby, The English Arbitration Act 1996, Text and Notes, Den Haag 1998

Hußlein-Stich, Gabriele, Das UNCITRAL-Modellgesetz über die internationale Handelsschiedsgerichtsbarkeit, Köln 1990

Hwang, Michael, Chung, Katie, Defining the Indefinable: Practical Problems of Confidentiality in Arbitration, J. Int. Arb. 26 (2009), S. 609–645

Idot, Laurence, Droit Communautaire de la concurrence – Le nouveau système communautaire de mise en œuvre des articles 81 et 82 CE, Paris 2004

–, Arbitration and the Reform of Regulation 17/62, in: *Ehlermann, Claus Dieter, Atanasiu, Isabela (Hrsg.),* European Competition Law Annual 2001: Effective Private Enforcement of EC Antitrust Law, Oxford 2003, S. 307–321 (zitiert als: *Idot,* in: *Ehlermann/Atanasiu (Hrsg.),* European Competition Law Annual 2001, [Seite])

–, A French Point of View on the Radical Decentralisation of the Implementation of Article 81 (1) and (3), in: *Ehlermann, Claus-Dieter, Atanasiu, Isabela (Hrsg.),* European Competition Law Annual 2000: The Modernisation of EC Antitrust Policy, Oxford 2001, S. 335–351 (zitiert als: *Idot,* in: *Ehlermann/Atanasiu (Hrsg.),* European Competition Law Annual 2000, [Seite])

–, Anmerkung zu EuGH v. 1. Juni 1999 – *Eco Swiss,* Rev. Arb. 1999, S. 639–653

–, Arbitrage et Droit Communautaire, RDAI/IBLJ 1996, S. 561–591

–, Concurrence – Application des règles communitaires par les arbitres, Europe 1994, Heft 4, S. 12, Nr. 155

–, Anmerkung zu CA Paris v. 19. Mai 1993, J.D.I. 1993, S. 979–989

Illmer, Martin, Schieflage unter der Brüssel I-VO – die Folgen von West Tankers vor dem englischen Court of Appeal, IHR 2011, S. 108–116

–, Brussels I and Arbitration Revisted, Rabels Z 2011, S. 645–670

–, Anti-suit injunctions zur Durchsetzung von Schiedsvereinbarungen in Europa – der letzte Vorhang ist gefallen, IPRax 2009, S. 312–318

Immenga, Ulrich, Mestmäcker, Ernst-Joachim (Hrsg.), Wettbewerbsrecht, Band 1. EG/ Teil 1, Kommentar zum Europäischen Kartellrecht, 5. Auflage, München 2012 (zitiert als: *Bearbeiter,* in: *Immenga/Mestmäcker (Hrsg.)*)

–, Wettbewerbsrecht, Band 1. EG/Teil 2, Kommentar zum Europäischen Kartellrecht, 5. Auflage, München 2012 (zitiert als: *Bearbeiter,* in: *Immenga/Mestmäcker (Hrsg.)*)

–, EG-Wettbewerbsrecht, Band 2, 1. Auflage, München 1997 (zitiert als: *Immenga/ Mestmäcker (Hrsg.)*)

Immenga, Ulrich, Eine Wende in der gemeinschaftrechtlichen Kartellpolitik?, EuZW 1999, S. 609

Ipsen, Hans Peter, Europäisches Gemeinschaftsrecht, Tübingen 1972

Ischia, Hannes, Mayr, Peter G., Das neue österreichische Schiedsverfahrensrecht, RIW 2006, S. 881–889

Jaeger, Wolfgang, Die möglichen Auswirkungen einer Reform des EG-Wettbewerbsrechts für die nationalen Gerichte, WuW 2000, S. 1062–1074

Jahn, Isabel, Das Europäische Verfahren für geringfügige Forderungen, NJW 2007, S. 2890–2895

Jandoli, Vincenzo, The „Italian Torpedo", IIC 2000, S. 783–796

Jarrosson, Charles, Anmerkung zu CA Paris v. 14. Oktober 1993, Rev. Arb. 1994, S. 170–173

–, Anmerkung zu CA Paris vom 19. Mai 1993, Rev. Arb. 1993, S. 653–663

Jarvin, Sigvard, Trappe, Johannes, Schwedisches und deutsches Schiedsverfahrensrecht im Vergleich, in: *Briner, Robert, Fortier, L. Yves, Berger, Klaus Peter, Bredow, Jens (Hrsg.),* Law of International Business and Dispute Settlement in the 21st Century, Liber Amicorum Karl-Heinz Böckstiegel, Köln 2001, S. 319–337 (zitiert als: *Jarvin/Trappe,* in: FS Böckstiegel, [Seite])

Jochum, Heike, Das Bundeskartellamt auf dem Weg nach Europa, VerwArch94 (2003), S. 512–542

Jones, Alison, Sufrin, Brenda, EC Competition Law, 4. Auflage, Oxford 2011

Jung, Peter, Die Reform der Durchsetzung des Europäischen Wettbewerbsrechts – Wird sie funktionieren?, EuR 2005, Beiheft Nr. 1, S. 7–32

Kahlenberg, Harald, Neuhaus, Kai, Erste praktische Erfahrungen mit Zusageentscheidungen nach Art. 9 Verordnung (EG) 1/2003, EuZW 2005, S. 620–624

Kamann, Hans-Georg, Horstkotte, Christian, Kommission versus nationale Gerichte – Kooperation oder Konfrontation im Kartellverfahren, WuW 2001, S. 458–468

Kasolowsky, Boris, Steup, Magdalene, Ordre public-Widrigkeit kartellrechtlicher Schiedssprüche – ein Schritt Richtung einheitlicher Entscheidungen innerhalb der Europäischen Union, IPRax 2011, S. 96–99

–, Ordre public-Widrigkeit kartellrechtlicher Schiedssprüche – der flagrante, effective et concrète-Test der französischen Cour de cassation, IPRax 2009, S. 268–271

–, Révision au fond – Einheitliche europäische Maßstäbe bei der Überprüfung von Schiedssprüchen auf kartellrechtliche ordre public-Verstöße?, SchiedsVZ 2008, S. 72–76

Kaufmann-Kohler, Gabrielle, Bärtsch, Philippe, Discovery in international arbitration: How much is too much?, SchiedsVZ 2004, S. 13–21

Kegel, Gerhard, Schurig, Klaus, Internationales Privatrecht, 9. Auflage, München 2004

Kessedjian, Catherine, Court Decisions on Enforcement of Arbitration Agreements and Awards, J. Int. Arb. 18 (2001), S. 1–11

Kieninger Eva-Maria, Die Abschaffung des Vollstreckbarerklärungsverfahrens in der EuGVVO und die Zukunft des Verbraucherschutzes, VuR 2011, S. 243–249

Kiesow, Bernd-Joachim, Die Vereinbarkeit des Schiedsgerichtswesens mit dem Grundgesetz, KTS 1962, S. 224–233

Kjølbye, Lars, Case C-344/98, Masterfoods v. HB Ice Cream, Judgment of the European Court of Justice of 14 December 2000, Full Court, CMLRev. 2002, S. 175–184

Klees, Andreas, Europäisches Kartellverfahrensrecht mit Fusionskontrollverfahren, München 2005

–, Breaking the Habit: The German Competition Law after the 7th Amendment to the Act against restraints of Competition (GWB), 7 German Law Journal No. 4

Klinger, Michael, „Vernichtet und verloren", RIW 2007, S. 108–113

Kloiber, Barbara, Rechberger, Walter H., Oberhammer, Paul, Haller, Hartmut, Das neue Schiedsrecht, Schiedsrechts-Änderungsgesetz 2006, Wien 2006

Koch, Jens, Beurteilungsspielräume bei der Anwendung des Art. 81 Abs. 3 EG, ZWeR 2005, S. 380–395

Koenigs, Falkmar, Die VO Nr. 1/2003: Wende im EG-Kartellrecht, DB 2003, S. 755–759

Kohler, Christian, Vom EuGVÜ zur EuGVVO: Grenzen und Konsequenzen der Vergemeinschaftung, in: *Schütze, Rolf A.,* Einheit und Vielfalt des Rechts – Festschrift für Reinhold Geimer zum 65. Geburtstag, München 2002, S. 461–484 (zitiert als: *Kohler,* in: FS Geimer, [Seite])

Kohler, Klaus, Die moderne Praxis des Schiedsgerichtswesens in der Wirtschaft, Berlin 1967

Kojović, Tijana, Court Enforcement of Arbitral Decisions on Provisional Relief, J. Int. Arb. 18 (2001), S. 511–532

Kokott, Juliane, Henze, Thomas, Sobotta, Christoph, Die Pflicht zur Vorlage an den Europäischen Gerichtshof und die Folgen der Verletzung, JZ 2006, S. 633–641

Komninos, Assimakis P., EC Private Antitrust Enforcement, Decentralised Application of EC Competition Law by National Courts, Oxford 2008

–, Effect of Commission Descisions on Private Antitrust Litigation: Setting the Story Straight, CMLRev. 2007, S. 1387–1428

–, Assistance to Arbitral Tribunals in the Application of EC Competition Law, in: *Ehlermann, Claus Dieter, Atanasiu, Isabela (Hrsg.)*, European Competition Law Annual 2001: Effective Private Enforcement of EC Antitrust Law, Oxford 2003, S. 363–385 (zitiert als: *Komninos*, in: *Ehlermann/Atanasiu (Hrsg.)*, European Competition Law Annual 2001, [Seite])

–, Arbitration and the Modernisation of European Competition Law Enforcement, World Comp. 2001, S. 211–238

Kommission, Summary of the observations of the White Paper, Brüssel 2000 (abrufbar unter: http://ec.europa.eu/competition/antitrust/others/wp_on_modernisation/summary_observations.pdf)

Koppensteiner, Hans-Georg, Österreichisches und europäisches Wettbewerbsrecht, 3. Auflage, Wien 1997

Körber, Thomas, Die erstmalige Anwendung der Verpflichtungszusage gemäß Art. 9 VO 1/2003 und die Zukunft der Zentralvermarktung von Medienrechten an der Fußballbundesliga, WRP 2005, S. 463–467

Kornblum, Udo, Anmerkung zum BGH-Urteil v. 31. Mai 1972, KZR 43/71, ZZP 86 (1973), S. 216–223

–, Probleme der schiedsrichterlichen Unabhängigkeit, München 1968

Kraayvanger, Jan, Richter, Malte, Wendler, Jan, US-Beweishilfe im Schiedsverfahren – ein Anschlag auf die internationale Schiedsgerichtsbarkeit, SchiedsVZ 2008, S. 161–165

Kraft, Peter, Veränderte Spezialzuständigkeiten für Schiedsverfahren an den Oberlandesgerichten, SchiedsVZ 2007, S. 318–319

Krafzik, Bernd, Die Spruchpraxis der hanseatischen Schiedsgerichte, Berlin 1974

Kraus, Dieter, Die kooperative Sicherung der Rechtsstaatlichkeit der Europäischen Union durch die mitgliedstaatlichen Gerichte und die Gemeinschaftsgerichte, EuR 2008, Beiheft 3, S. 109–112

Kreindler, Richard H., Schäfer, Jan K., Wolff, Reinmar, Schiedsgerichtsbarkeit, Kompendium für die Praxis, Frankfurt a.M. 2006

Kremer, Carsten, Gemeinschaftsrechtliche Grenzen der Rechtskraft, EuR 2007, S. 470–493

Krieger, Heike, Haftung des nationalen Richters für Verletzung des Gemeinschaftsrechts – Das Urteil Köbler des EuGH, EuZW 2003, 718, JuS 2004, S. 855–858

Krimpenfort, Mark Tell, Vorläufige und sichernde Maßnahmen im schiedsrichterlichen Verfahren, Marburg 2001

Krislov, Samuel, The amicus curiae brief: from friendship to advocacy, Yale L. Rev. 72 (1962–63), S. 694–721

Kröll, Stefan, Die Schiedsvereinbarung im Verfahren zur Anerkennung und Vollstreckbarerklärung ausländischer Schiedssprüche, ZZP 117 (2004), S. 453–486

Kröll, S., Mistelis, L.A., Viscasillas, P. Perales, Rogers, V., International Arbitration and International Commercial Law, New York 2011 (zitiert als: *Bearbeiter,* in: *Kröll/Mistelis/Viscasillas/Rogers (Hrsg.),* International Arbitration and International Commercial Law, [Seite])

Kronke, Herbert, Melis, Werner, Schnyder, Anton K. (Hrsg.), Handbuch des Internationalen Wirtschaftsrecht, Köln 2005 (zitiert als: *Bearbeiter,* in: *Kronke/Melis/Schnyder (Hrsg.),* Hdb. Int. WettbewerbsR)

Kropholler, Jan, Internationales Privatrecht, 6. Auflage, Tübingen 2006

–, Europäisches Zivilprozessrecht, Kommentar zu EuGVVO, Lugano-Übereinkommen und Europäischem Vollstreckungstitel, 9. Auflage, Frankfurt am Main 2011 (zitiert als: *Kropholler,* EUZPR)

Kuhla, Wolfgang, Hüttenbrink, Jost, Der Verwaltungsprozess, 3. Auflage, München 2002

Kühn, Werner Miguel, Grundzüge des neuen Eilverfahrens vor dem Gerichtshof der Europäischen Gemeinschaft im Rahmen von Vorabentscheidungsersuchen, EuZW 2008, S. 263–266

Kühn, Wolfgang, Aktuelle Fragen zur Anwendung der New Yorker Konvention von 1958 im Hinblick auf die Anerkennung und Vollstreckung ausländischer Schiedssprüche – Eine Betrachtung der deutschen Rechtsprechung, SchiedsVZ 2009, S. 53–61

–, Kartellrecht und Schiedsgerichtsbarkeit in der Bundesrepublik Deutschland, BB 1987, S. 621–627

Kühner, Detlev, Das neue französische Schiedsrecht, SchiedsVZ 2011, S. 125–131

Kurkela, Matti S., Levin, Richard C., Liebscher, Christoph, Sommer, Patrick, Certain Procedural Issues in Arbitrating Competition Cases, J. Int. Arb. 24 (2007) S. 189–210

Lachmann, Jens-Peter, Handbuch für die Schiedsgerichtspraxis, 3. Auflage, Köln 2008

Landolt, Phillip, Judgment of the Swiss Supreme Court of March 8 2006 – A Commentary, EBLR 2008, S. 129–145

–, Modernised EC Competition Law in International Arbitration, Den Haag 2006

–, Arrêt du Tribunal fédéral du 8 mars 2006 dans la cause 4P.278/2005, ASA Bull. 2006, S. 535–548

Langen, Eugen, Bunte, Hermann-Josef, Kommentar zum deutschen und europäischen Kartellrecht, Band 1 Deutsches Kartellrecht, 12. Auflage, München 2012 (zitiert als: *Bearbeiter,* in: *Langen/Bunte (Hrsg.),* GWB)

–, Kommentar zum deutschen und europäischen Kartellrecht, Band 2 Europäisches Kartellrecht, 12. Auflage, München 2014 (zitiert als: *Bearbeiter*, in: *Langen/Bunte (Hrsg.)*)

Le More, Pauline, Kartellbekämpfung, Verpflichtungszusagen und Grundrechte: Eine schwierige „Ménage à trois" – Anmerkung zum Urteil des EuG vom 11.7.2007 in der Rechtssache Alrosa, EuZW 2007, S. 722–726

Lenarts, Koen, Gerard, Damien, Decentralisation of EC Competition Law Enforcement: Judges in the Frontline, World Comp. 2004, S. 313–349

Lenz, Carl Otto, Borchardt, Klaus-Dieter, EU- und EG-Vertrag, Kommentar zu dem Vertrag über die Europäische Union und zu dem Vertrag zur Gründung der Europäischen Gemeinschaft, 6. Auflage, Köln 2012

Leopold, Anders, Reiche, Esther, Zur Vorlageberechtigung mitgliedstaatlicher Wettbewerbsbehörden nach Art. 234 EG, EuZW 2005, S. 143–144

Lettl, Tobias, Kartellrecht, 3. Auflage, München 2013

Lew, Julian D. M., Mistelis, Loukas A., Kröll, Stefan M., Comparative International Commercial Arbitration, Den Haag 2003

Liebscher, Christoph, The Healthy Award – Challenge in International Commercial Arbitration, Den Haag 2003

–, Arbitration and EC Competition Law – The New Competition Regulation: Back to Square One?, Int. A.L.R. 2003, S. 84–94

–, European Public Policy and the Austrian Supreme Court, Arb. Int. 2000, S. 357–366

–, European Public Policy after *Eco Swiss*, 10 Am. Rev. Int. Arb., S. 81–94

Lindbacher, Walter F., Schiedsspruch und Parteidisposition, KTS 1966, S. 153–157

Linsmeau, Jacqeline, L'arbitrage volontaire en droit privé belge, Brüssel 1991

Lionnet, Klaus, Parteiherrschaft im Schiedsgerichtsprozess bei der Beweisaufnahme, in: *Plantey, Alain, Böckstiegel, Karl-Heinz, Bredow, Jens,* Festschrift für Ottoarndt Glossner, Heidelberg 1994, S. 209–220 (zitiert als: *Lionnet*, in: FS Glossner, [Seite])

Lionnet, Klaus, Lionnet, Annette, Handbuch der internationalen und nationalen Schiedsgerichtsbarkeit, 3. Auflage, Stuttgart 2005

Lissel, Patrick M., Kartellgesetz 2005 und Wettberbsgesetznovelle in Österreich, RIW 2006, S. 128–132

Loewenheim, Ulrich, Meessen, Karl M., Riesenkampff, Alexander (Hrsg.), Kartellrecht, Europäisches und Deutsches Kartellrecht, 2. Auflage München 2009 (zitiert als: *Bearbeiter*, in: *Loewenheim/Meessen/Riesenkampff (Hrsg.)*, KartellR)

Lorenz, Dieter, Der Rechtsschutz des Bürgers und die Rechtsweggarantie, München 1973

Loritz, Karl-Georg, Probleme der Rechtskraft von Schiedssprüchen im deutschen Zivilprozessrecht, ZZP 105 (1992), S. 1–19

Lugard, H.H. Paul, E.C. Competition Law and Arbitration: Opposing Principles?, ECLR 1998, S. 295–301

Maier, Hans Jakob, Zur Tätigkeit von Schiedsgerichten, in: *Blankenburg, Erhard, Gottwald, Walther, Strempel, Dieter (Hrsg.),* Alternativen in der Ziviljustiz, Köln 1982, S. 61–64 (zitiert als: *Maier,* in: *Blankenburg/Gottwald/Strempel (Hrsg.),* Alternativen in der Ziviljustiz, [Seite])

Malferrari, Luigi, Neues zur Kompetenzverteilung zwischen Kommission und nationaler Gerichtsbarkeit auf dem Gebiet des Wettbewerbs und zum Verhältnis zwischen der Nichtigkeitsklage und dem Vorabentscheidungsverfahren – Anmerkungen zum Urteil des EuGH in der Rechtssache Masterfoods, EuR 2001, S. 605–616

Marenco, Giuliano, Does a Legal Exception System Require an Amendment of the Treaty?, in: *Ehlermann, Claus-Dieter, Atanasiu, Isabela (Hrsg.),* European Competition Law Annual 2000: The Modernisation of EC Antitrust Policy, Oxford 2001, S. 145–176 (zitiert als: *Marenco,* in: *Ehlermann/Atanasiu (Hrsg.),* European Competition Law Annual 2000, [Seite])

Markus, Alexander R., Giroud Sandrine, A Swiss Perspective on West Tankers and Its Aftermath, ASA Bull. 2010, S. 230–252

Martiny, Dieter, Die Entwicklung des Europäischen Internationalen Familienrechts – ein juristischer Hürdenlauf, FPR 2008, S. 187–192

–, Die Zukunft des europäischen ordre public im Internationalen Privat- und Zivilverfahrensrecht, in: *Coester, Michael, Martiniy, Dieter, Prinz von Sachsen Gessaphe, Karl August (Hrsg.),* Privatrecht in Europa, Festschrift für Hans Jürgen Sonnenberger zum 70. Geburtstag, München 2004, S. 523–548 (zitiert als: *Martiny,* in: FS Sonnenberger, [Seite])

Martiny, Dieter, Handbuch des Internationalen Zivilverfahrensrecht, Band III/1, Tübingen 1984

Mavroides, Petros C., Neves, Damien J., From the White Paper to the Proposal for a Council Regulation: How to treat the New Kids on the Block?, Legal Issues of Economic Integration 28 (2001), S. 151–171

Mayer, Christian, Europäische und internationale Wettbewerbspolitik: Einen Schritt voraus – Tagungsbericht des XIV. St. Galler Internationalen Kartellrechtsforums, EuZW 2007, S. 503–504

McClellan, Anthony, Commercial Arbitration and European Community Law, Arb. Int. 1989, S. 68–79

McCurdy, Gregory v. S., The Impact of Modernisation of the EU Competition Law System on the Courts and Private Enforcement of the Competition Laws: A Comparative Perspective, ECLR 2004, S. 509–517

McKeever, Robert J., The United States Supreme Court, A political and legal analysis, Manchester 1997

Mehren, Robert B. von, The Eco-Swiss Case and International Arbitration, Arb. Int. 19 (2003), S. 465–469

–, From Vynior's Case to Mitsubishi: The Future of Arbitration and Public Law, Brooklyn Journal of International Law (1986) 12 (3), S. 583–628

Meier, Gert, Zur Einwirkung des Gemeinschaftsrechts auf nationales Verfahrensrecht im Falle höchstrichterlicher Vertragsverletzungen, EuZW 1991, S. 11–15

Meinhardt, Marcel, Ahrens, Jan-Michael, Wettbewerbsrecht und Schiedsgerichtsbarkeit in der Schweiz – ein Würdigung des Entscheids des Bundesgerichts vom 8. März 2006, SchiedsVZ 2006, S. 182–188

Mello, Xavier de, Arbitrage et droit communautaire, Rev. Arb. 1982, S. 349–403

Merkin, Robert, Flannery, Louis, Arbitration Act 1996, 4. Auflage, London 2008

Mertens de Wilmars, J., Verougstraete, J.M., Proceedings against member states for failure to fulfil their obligations, CMLRev. 1970, S. 385–406

Mestmäcker, Ernst-Joachim, The Modernisation of EC Antitrust Policy: Constitutional Challenge or Administrative Convenience?, in: *Ehlermann, Claus-Dieter, Atanasiu, Isabela (Hrsg.),* European Competition Law Annual 2000: The Modernisation of EC Antitrust Policy, Oxford 2001, S. 223–240 (zitiert als: *Mestmäcker,* in: *Ehlermann/Atanasiu (Hrsg.),* European Competition Law Annual 2000, [Seite])

–, Versuch einer kartellpolitischen Wende in der EU, EuZW 1999, S. 523–529

Mestmäcker, Ernst-Joachim, Schweitzer, Heike, Europäisches Wettbewerbsrecht, 3. Auflage, München 2014 (zitiert als: *Mestmäcker/Schweitzer,* Wettbewerbsrecht)

Metzlaff, Karsten, Aufgabenverteilung und Zusammenarbeit zwischen EG-Kommission und nationalen Gerichten im Kartellrecht, EWS 1994, S. 373–379

Meulemeester, Dirk De, Piers, Maud, Brussels Court, Judgement R.G. 2005/7721/A, 8 March 2007 SNF SAS (F) v. Cytec Industrie (NL), ASA Bull. 2007, S. 630–642

Micklitz, Hans.-W., Rott, Peter, Vergemeinschaftlichung des EuGVÜ in der Verordnung (EG) Nr. 44/2001, EuZW 2001, S. 325–334

Miribung, Georg, Die Dezentralisierung des EG-Kartellrechts, Ecolex 2003, S. 307–310

Mok, M.R., Should the "first paragraph" of Article 177 of the E.E.C. Treaty be read as a separate clause?, CMLRev. 1967–1968, S. 458–464

Mok, M.R., Johannes, Hartmut, Schiedsgerichtsbarkeit und EWG-Vertrag, AWD 1965, S. 181–184

Monopolkommission, Sondergutachten Nr. 32, Folgeprobleme der europäischen Kartellverfahrensreform, Baden-Baden 2002 (zitiert als: *Monopolkommission,* Sondergutachten Nr. 32, [Rn.])

–, Sondergutachten Nr. 28, Kartellpolitische Wende in der Europäischen Union?, Zum Weißbuch der Kommission vom 28. April 1999, Baden-Baden 1999 (zitiert als: *Monopolkommission,* Sondergutachten Nr. 28, [Rn.])

Montag, Frank, Reidlinger, Axel, Das neue EG-Kartellverfahrensrecht – Erfahrungen mit der Anwendung durch die Kommission und die österreichischen Kartellbehörden, MR-Int 2005, S. 2–10

Montag, Frank, Rosenfeld, Andreas, A Solution to the Problems? Regulation 1/2003 and the modernization of competition procedure, ZWeR 2003, S. 107–135

Möschel, Wernhard, Systemwechsel im Europäischen Wettbewerbsrecht? – Zum Weißbuch der EG-Kommission zu den Art. 81 ff. EG-Vertrag, JZ 2000, S. 61–68

Mourre, Alexis, Dissenting Opinion on a Dangerous Project, EBLR 2008, S. 219–231

Mourre, Alexis, Brozolo, Luca G. Radicati di, Towards Finality of Arbitral Awards: Two Steps Forward and One Step Back?, J. Int. Arb. 23 (2006), S. 171–188

Müller, Felix, Neue Leitlinien zur Anwendung des Art. 81 III EG im Legalausnahmesystem der Kartellverordnung 1/2003, WRP 2004, S. 1472–1478

Münchener Kommentar zum Bürgerlichen Gesetzbuch, 6. Auflage, München 2013–2015 (zitiert als: *Bearbeiter,* in: MüKo, BGB)

Münchener Kommentar zum Europäischen und Deutschen Wettbewerbsrecht (Kartellrecht), Band 1 Europäisches Wettbewerbsrecht, 2. Auflage, München 2015 (zitiert als: *Bearbeiter,* in: MüKo, KartellR)

Münchener Kommentar zum Europäischen und Deutschen Wettbewerbsrecht (Kartellrecht), Band 2 Gesetz gegen Wettbewerbsbeschränkungen, 2. Auflage, München 2015 (zitiert als: *Bearbeiter,* in: MüKo, GWB)

Münchener Kommentar zur Insolvenzordnung, Band 3, §§ 270–359, Internationales Insolvenzrecht, Insolvenzsteuerecht, 3. Auflage, München 2013 (zitiert als: *Bearbeiter,* in: MüKo, InsO)

Münchener Kommentar zur Zivilprozessordnung, Band 3, 4. Auflage, München 2013 (zitiert als: *Bearbeiter,* in: MüKo, ZPO)

Musielak, Hans-Joachim, Kommentar zur Zivilprozessordnung mit Gerichtsverfassungsgesetz, 12. Auflage, München 2015 (zitiert als: *Bearbeiter,* in: *Musielak (Hrsg.),* ZPO)

Nagel/Gottwald, Internationales Zivilprozessrecht, 7. Auflage, Köln 2013

Nazzini, Renato, A Principle Approach to Arbitration of Competition Law Disputes: Competition Authorities as Amici Curiae and the Status of Their Decisions in Arbitral Proceedings, EBLR 2008, S. 89–114

–, Concurrent Proceedings in Competition Law; Procedure, Evidence and Remedies, Oxford 2004

Nicolaysen, Gert, Vertragsverletzung durch mitgliedstaatliche Gerichte, EuR 1985, S. 368–374

Niggemann, Friedrich, West Tankers, die „exception française" und die Reform der EuGVVO, SchiedsVZ 2010, S. 67–74

–, Europäisches Wettbewerbsrecht und Schiedsgerichtsbarkeit: Eco Swiss und europäischer Ordre Public in der praktischen Anwendung in Franchreich, SchiedsvZ 2005, S. 265–273

Nisser, Carl, Panel Discussion, EBLR 2008, S. 115–125

Nisser, Carl, Blanke, Gordon, ICC Draft Best Practice Note on the European Commission Acting as Amicus Curiae in International Arbitration Proceedings – An Explanatory Note, EBLR 2008, S. 193–197

–, Reflections on the Role of the European Commission as Amicus Curiae in International Arbitration Proceedings, ECLR 2006, S. 174–183

Nordlander, Kristina, Discovering Discovery – US Discovery of EC Leniency Statements, ECLR 2004, S. 646–659

Noussia, Kyriaki, Confidentiality in International Commercial Arbitration, Heidelberg 2010

–, Antisuit Injunctions and Arbitration Proceedings: What Does the Future Hold?, JIA 26 (2009), S. 311–336

Oberhammer, Paul (Hrsg.), Von der EuInsVO zum europäischen Insolvenzrecht – Eine Zwischenbilanz über rechtspolitische Gestaltungsmittel und Ziele, KTS 2009, S. 27–67

–, Schiedsgerichtsbarkeit in Zentraleuropa, Wien 2005 (zitiert als: *Bearbeiter, Land,* in: *Oberhammer,* Schiedsgerichtsbarkeit in Zentraleuropa)

O'Conner, Karen, Epstein, Lee, Amicus curiae participation in U.S. Supreme Court litigation: an appraisal of Hakman's "Folklore", L. Soc. Rev. 16 (1981/1982), S. 311–320

O'Keeffe, Siún, First among equals: the Commission and the national courts as enforcers of E.C. competition law, 26 ELRev. (2001), S. 301–311

Oppermann, Diethard, Richterberufung und richterliche Unabhängigkeit, Marburg 1966

Oppermann, Thomas, Classen, Claus Dieter, Nettesheim, Martin, Europarecht, München 2009

Oppermann, Thomas, Hiermaier, Werner, Zur Einführung: Das Rechtsschutzsystem des EWG-Vertrags, JuS 1980, S. 782–790

Osterthum, Birthe, Das neue deutsche Recht der Schiedsgerichtsbarkeit, TranspR 1998, S. 177–187

Pace, Lorenzo Federico, European Antitrust Law, Prohibitions, Merger Control and Procedures, Cheltenham 2007

Pace, Lorenzo Federico, Seidel, Katja, The Drafting and the Role of Regulation 17, in: *Patel, Kiran Klaus, Schweitzer, Heike (Hrsg.),* The Historicla Foundations of EU Competition Law, Oxofrd 2013, S. 54–88

Pache, Eckhard, Keine Vorlage ohne Anfechtung, EuZW 1994, S. 615–624

Pache, Eckhard, Rösch, Franziska, Die neue Grundrechtsordnung der EU nach dem Vertrag von Lissabon, EuR 2009, S. 769–789

–, Der Vertrag von Lissabon, NVwZ 2008, S. 473–480

Papier, Hans-Jürgen, Die richterliche Unabhängigkeit und ihre Schranken, NJW 2001, S. 1089–1094

Papmehl, Markus A., Der GmbHR-Kommentar, GmbHR 2004, S. 1217–1219

–, Die Schiedsfähigkeit gesellschaftsrechtlicher Streitigkeiten, Frankfurt am Main 2001

Paulus, Christoph G., Die EuInsVO – wo geht die Reise hin?, NZI 2008, S. 1–6

Paulweber, Michael, The End of a Success Story? The European Commission's White Paper on the Modernisation of the European Competition Law, World Comp. 2000, S. 3–48

Paulweber, Michael, Kögel, Rainer, Das Europäisches Wettbewerbsrecht am Scheideweg – Die Reformvorhaben der Kommission zur Modernisierung des europäischen Kartellverfahrensrechts in der Kritik, AG 1999, S. 500–515

Pechstein, Matthias, EU-/EG-Prozessrecht, 4. Auflage, Tübingen 2011

Perry Jr., H.W., Deciding to Decide, Cambridge 1991

Petsche, Alexander, Das neue EG-Kartellverfahrensrecht, Ecolex 2003, S. 304–306

Peukert, A., US-Discovery und EG-Kartellverfahren, GRUR Int. 2004, S. 889

Pfaff, Dieter, Die Außenhandelsschiedsgerichtsbarkeit der sozialistischen Länder, Heidelberg 1973

Philip, Alan, The Eco Swiss Judgment and International Arbitration, in: *Nafziger, James A.R., Symeonides, Symeon C. (Hrsg.),* Law and Justice in a Multistate World, Essays in Honour of Arthur T. von Mehren, Ardsley 2002, S. 527–530 (zitiert als: *Philip,* in: Essays in Honour of von Mehren, [Seite])

Philipp, Otmar, Europäisches Verfahren für geringfügige Forderungen, EuZW 2007, S. 164

Piekenbrock, Andreas, Vorlagen an den EuGH nach Art. 267 AEUV im Privatrecht, EuR 2011, S. 317–356

Pietrek, André, Durchsetzung des EG-Kartellrechts durch deutsche Gerichte, RIW 1990, S. 611–618

Pietzsch, Franziska, Elftes St. Galler Internationales Kartellrechtsforum IKF vom 15./16.4.2004, EuZW 2004, S. 368–369

Pinsolle, Philippe, Private Enforcement of European Community Competition Rules by Arbitrators, Int. A.L.R. 2004, S. 14–18

Poelzig, Dörte, Die Aufhebung rechtskräftiger zivilgerichtlicher Urteile unter dem Einfluss des Europäischen Gemeinschaftsrechts, JZ 2007, S. 858–868

Pontier, Jannet A., Burg, Edwige, EU Principles on Jurisdiction and Recognition and Enforcement of Judgments in Civil and Commercial Matters – according to the case law of the European Court of Justice, Den Haag 2004

Poudret, Jean-François, Besson, Sébastien, Comparative Law of International Arbitration, 2. Auflage, London 2007

Power, Jenny, The Austrian Arbitration Act, A Practitioner's Guide to Sections 577–618 of the Austrian Code of Civil Procedure, Wien 2006

Preece, Steven, Masterfoods Ltd. v. HB Ice Cream Ltd., ECLR 2001, S. 281–288

Prütting, Hanns, Gehrlein, Markus, ZPO Kommentar, 7. Auflage, Köln 2015 (zitiert als: *Bearbeiter,* in: *Prütting/Gehrlein* (Hrsg), ZPO)

Quellmalz, Jens Holger, Die Justiziabilität des Art. 81 Abs. 3 EG und die nichtwettbewerblichen Ziele des EG-Vertrages, WRP 2004, S. 461–470

Raeschke-Kessler, Hilmar, Die Unparteilichkeit und Unabhängigkeit des Schiedsrichters – ein transnationales Rechtsproblem?, ASA Bull. 2008, S. 3–17

–, Binnenmarkt, Schiedsgerichtsbarkeit und ordre public, EuZW 1990, S. 145–150

Ramm, Thilo, Schiedsgerichtsbarkeit, Schlichtung und Rechtsprechungslehre, ZRP 1989, S. 136–145

Rana, Rashda, Sanson, Michelle, International Commercial Arbitration, Sydney 2011

Rapp-Jung, Barbara, Der Energiesektor zwischen Marktwirtschaft und öffentlicher Aufgabe, EuZW 1994, S. 464–466

Rau, Alan Scott, The Arbitrator and "Mandatory Rules of Law", in: *Bermann, George A., Mistelis, Loukas A.,* Mandatory Rules in International Arbitration, S. 77–145, New York 2011

Rechberger, Walter H., Das neue österreichische Schiedsrecht, ZZP 119 (2006), S. 261–278

–, Kommentar zur österreichischen ZPO, Wien 2006

Redfern, Alan, Hunter, Martin, Law and Practice of International Commercial Arbitration, 4. Auflage, London 2004

Rehm, Florian Nikolaus, Die Schiedsgerichtsbarkeit im Rechtssystem, Baden-Baden 2009

Reichel, Hans, Anmerkung zu OLG Hamburg vom 9. Oktober 1934, ZZP 59, 188

Reilly, Louise, Harmonisation of Irish Arbitration Law: Arbitration Act 2010, J. Int. Arb. 2011, S. 163–171

Reiner, Andreas, Das neue österreichische Schiedsrecht, SchiedsRÄG 2006, Wien 2006

Reinhardt, Stefan, Die Bedeutung der EuInsVO im Insolvenzeröffnungsverfahren – Besonderheiten paralleler Eröffnungsverfahren NZI 2009, S. 201–208

Remien, Oliver, Europäisches Kartellrecht (Art. 81 f. EG-Vertrag) als Eingriffsnorm oder ordre public in neueren internationalen Schiedsrechtsfällen, in: *Baetge, Dietmar, von Hein, Jan, von Hinden, Michael (Hrsg.),* Die richtige Ordnung, Festschrift für Jan Kropholler zum 70. Geburtstag, Tübingen 2008, S. 869–884 (zitiert als: *Remien,* in: FS Kropholler, [Seite])

Rengeling, Hans-Werner, Middeke, Andreas, Gellermann, Martin (Hrsg.), Handbuch des Rechtsschutzes in der Europäischen Union, 3. Auflage, München 2014 (zitiert als: *Bearbeiter,* in: *Rengeling/Middeke/Gellermann (Hrsg.),* Hdb. des Rechtsschutzes in der EU)

Riehle, Joachim, Probleme des schiedsrichterlichen Verfahrens, NJW 1950, S. 853–856

Riegler, Stefan, Petsche, Alexander, Fremuth-Wolf, Platte, Martin, Liebscher, Christoph, Arbitration Law of Austria: Practice and Procedure, New York 2007 (zitiert als: *Bearbeiter,* in: *Riegler/Petsche/Fremuth-Wolf/Platte/Liebscher (Hrsg.),* Arbitration Law of Austria)

Rigozzi, Antonio, Arbitrage, ordre public et Droit Communautaire de la Concurrence, Anmerkung zu Tribunal fédéral vom 13. November 1998 und EuGH vom 1. Juni 1999, *Benetton,* 1999 ASA Bull., S. 455–487

Riley, Alan, EC Antitrust Modernisation: The Commission does very nicely – Thank you! Part Two: Between the Idea and the Reality: Decentralisation under Regulation 1, ECLR 2003, S. 657–672

Rittner, Fritz, Kartellpolitik und Gewaltenteilung in der EG, EuZW 2000, S. 129

–, Zurück zum Missbrauchsprinzip im EG-Kartellrecht? – Zum Weißbuch der EG-Kommission, DB 1999, S. 1485–1486

Rivkin, David W., The U.S. Situation, in: *Ball, Markham (Hrsg.),* Competition and Arbitration Law, ICC Publication Nr. 480/3, Paris 1993 (zitiert als: *Rivkin,* in: *Ball,* Competition and Arbitration, [Seite])

Robert, Jean, L'arbitrage – droit interne – droit international privé, 6. Auflage, Paris 1993

Röhling, Andreas, Die Zukunft des Kartellverbots in Deutschland nach In-Kraft-Treten der neuen EU-Verfahrensrechtsordnung, GRUR 2003, S. 1019–1025

Rosen, Rüdiger von, Rechtskollision durch grenzüberschreitende Sonderermittlungen, BB 2009, S. 230–232

Rosenberg, Leo, Schwab, Karl Heinz, Gottwald, Peter, Zivilprozessrecht, 17. Auflage, München 2010

Roth, Wolfgang, Verfassungsgerichtliche Kontrolle der Vorlagepflicht an den EuGH, NVwZ 2009, S. 345–352

Rüggeberg, Jakob, Schinkel, Maarten Pieter, Consolidating Antitrust Damages in Europe: A Proposal for Standing in Line with Efficient Private Enforcement, World Comp. 2006, S. 395–420

Ruzik, Andy, Die Anwendung von Europarecht durch Schiedsgerichte, in: *Tietje, Christian, Kraft, Gerhard, Sethe, Rolf (Hrsg.),* Beiträge zum Transnationalen Wirtschaftsrecht, Band Nr. 17, Halle-Wittenberg 2003

Sachs, Klaus, Schiedsgerichtsverfahren über Unternehmenskaufverträge – unter besonderer Berücksichtigung kartellrechtlicher Aspekte, SchiedsVZ 2004, S. 123–129

Sachslehner, Markus, Schiedsvereinbarungen in wettbewerbsbeschränkenden Verträgen, Frankfurt am Main 2001

Saenger, Ingo, Zivilprozessordnung, 4. Auflage, Baden-Baden 2011

Safra, Jacob E., Yeshua, Ilan, The New Encyclopædia Britannica, Volume 1, 15. Auflage, Chicago 2003

Sanders, Pieter, Het nieuwe arbitragerecht, Deventer 1991

Sanders, Pieter, van den Berg, Albert Jan, The Netherlands Arbitration Act 1986, Deventer 1987

Sandrock, Otto, „Scharfer" ordre public interne und „laxer" ordre public international?, in: *Coester, Michael, Martiniy, Dieter, Prinz von Sachsen Gessaphe, Karl August (Hrsg.),* Privatrecht in Europa, Festschrift für Hans Jürgen Sonnenberger zum 70. Geburtstag, München 2004, S. 615–649 (zitiert als: *Sandrock,* in: FS Sonnenberger, [Seite])

–, Die deutsche Sprache und das internationale Recht: Fakten und Konsequenzen, in: *Hübner, Ulrich, Ebke, Werner F. (Hrsg.),* Festschrift für Bernhard Großfeld zum 65. Geburtstag, Heidelberg 1999, S. 971–995 (zitiert als: *Sandrock,* in: FS Großfeld)

Satar, Sameer, National Courts and International Arbitration – A Double-edged Sword?, J. Int. Arb. 27 (2010), S. 51–73

Schaack, Haimo, Internationales Zivilverfahrensrecht, 5. Auflage, München 2010

Schaub, Alexander, Dohms, Rüdiger, Das Weißbuch der Europäischen Kommission über die Modernisierung der Vorschriften zur Anwendung der Artikel 81 und 82 EG-Vertrag, WuW 1999, S. 1055–1070

Schiffer, K. Jan, Normen ausländischen „öffentlichen" Rechts in internationalen Handelsschiedsverfahren, Köln 1990

Schilken, Eberhard, Die Sicherung der Unabhängigkeit der Dritten Gewalt, JZ 2006, S. 860–868

Schilling, Theodor, Bestand und allgemeine Lehren der bürgerbeschützenden allgemeinen Rechtsgrundsätze des Gemeinschaftsrechts, EuGRZ 2000, S. 3–43

Schima, Bernhard, Das Vorabentscheidungsverfahren vor dem EuGH, 2. Auflage, Wien 2004

Schlosser, Peter, Das Recht der internationalen privaten Schiedsgerichtsbarkeit, 2. Auflage, Tübingen 1989

Schmahl, Stefanie, Köber, Michael, Durchbrechung der Rechtskraft nationaler Gerichtsentscheidungen zu Gunsten der Effektivität des Unionsrechts?, EuZW 2010, S. 927–932

Schmidt, Eike Ingwer, Politische Bestätigung von Richtern – Ein Beitrag zur Unabhängigkeit der Richter – am Beispiel des § 4 DRiG, ZRP 2008, S. 242–245

Schmidt, Karsten, Gesetzliches Kartell-Zivilprozessrecht, ZWeR 2007, S. 394–418

–, Kartellrecht im Schiedsverfahren – Neuorientierung durch VO 1/2003 und 7. GWB-Novelle, BB 2006, S. 1397–1405

–, Umdenken im Kartellverfahrensrecht! Gedanken zur Europäischen VO Nr. 1/2003, BB 2003, S. 1237–1245

–, Vorlageverfahren nach Art. 177 EGV und Zivilprozessordnung, in: *Prütting, Hanns, Rüssmann, Helmut (Hrsg.),* Verfahrensrecht am Ausgang des 20. Jahrhunderts – Festschrift für Gerhard Lüke, München 1997, S. 721–739 (zitiert als: *Schmidt,* in: FS Lüke, [Seite])

Schmidtchen, Dieter, Albert, Max, Voigt, Stefan, The More Economic Approach to European Competition Law, Tübingen 2007

Schmitthoff, Clive M., Arbitration and EEC Law, CMLRev. 1987, S. 143–157

Schneider, Egon, Beiträge zum neuen Zivilprozessrecht (Teil V), MDR 1978, S. 89–92

Schnelle, Ulrich, Bartosch, Andreas, Hübner, Alexander, Das neue EU-Kartellverfahrensrecht, Auswirkungen der Verordnung (EG) Nr. 1/2003 auf die Kartellrechtspraxis, Stuttgart 2004

Schnyder, Anton K., Pflicht schweizerischer Schiedsgerichte zur Prüfung der Anwendbarkeit von Eingriffsnormen, insbesondere des EG-Wettbewerbsrecht, IPRax 1994, S. 465–468

Schoch, Friedrich, Schmidt-Aßmann, Eberhard, Pietzner, Rainer, Verwaltungsgerichtsordnung, München 2008

Schoibl, Norbert A., Europäische Rechtshilfe bei der Beweisaufnahme in Zivil- und Handelssachen durch ordentliche Gerichte für Schiedsgerichte, in: *Bittner, Ludwig, Klicka, Thomas, Kodek, Georg E., Oberhammer, Paul (Hrsg.),* Festschrift für Walter H. Rechberger zum 60. Geburtstag, Wien 2005, S. 513–537 (zitiert als: *Schoibl,* in: FS Rechberger)

Schöndorf-Haubold, Bettina, Die Haftung der Mitgliedstaaten für die Verletzung von EG-Recht durch nationale Gerichte, JuS 2006, S. 112–115

Schönke, Adolf, Die Schiedsgerichtsbarkeit in Zivil- und Handelssachen in Europa, Band 1, Berlin 1944

Schottelius, D.J., Die kaufmännische Schiedsgerichtsbarkeit, Bremen 1953

Schreiber, Klaus, Schiedsgericht und Verjährung, in: *Geimer, Reinhold,* Wege zur Globalisierung des Rechts – Festschrift für Rolf A. Schütze, München 1999, S. 807–817 (zitiert als: *Schreiber,* in FS Schütze, [Seite])

Schroeder, Dirk, Anmerkung zu EuGH vom 27.4.1994, Rs. C-393/92 – Alemelo/Ijsselmij, EWiR 1994, S. 669–670

Schroeder, Hans-Patrick, Die lex mercatoria arbitralis, München 2007

–, Mareva Injunctions and Freezing Orders in International Commercial Arbitration, SchiedsVZ 2004, S. 26–31

Schroeder, Werner, Die Auslegung des EU-Rechts, JuS 2004, S. 180–186

Schröder, Meinhard, Die Vorlagepflicht zum EuGH aus europarechtlicher und nationaler Perspektive, EuR 2011, S. 808–827

Schroth, Hans Jürgen, Einstweiliger Rechtsschutz im deutschen Schiedsverfahren, SchiedsVZ 2003, S. 102–109

Schuhmacher, Hubertus, Ein Schiedsspruch – und was nun? – Berichtigung, Erläuterung, Ergänzung und Aufhebung des Schiedsspruchs nach dem neuen österreichischen Schiedsverfahrensrecht, SchiedsVZ 2006, S. 70–78

Schuhmacher, Klaus, Das neue 10. Buch der Zivilprozessordnung im Vergleich zum UNCITRAL-Modellgesetz über die internationale Handelsschiedsgerichtsbarkeit, BB-Beilage 1998, Nr. 2, S. 6–17

Schultz, David, Encyclopedia of the Supreme Court, New York 2005

Schütz, Jörg, Zur Änderung des Kartellverfahrens gemäß Artikel 81 EGV, WuW 2000, S. 686–696

Schütze, Rolf A., Institutionelle Schiedsgerichtsbarkeit, Köln 2011

–, Die Vorlageberechtigung von Schiedsgerichten an den EuGH, SchiedsVZ 2007, S. 121–124

–, Schiedsgericht und Schiedsverfahren, 5. Auflage, München 2012

–, Die Ermessensgrenzen des Schiedsgerichts bei der Bestimmung der Beweisregeln, SchiedsVZ 2006, S. 1–5

–, Ausgewählte Probleme des deutschen und internationalen Schiedsverfahrensrechts, München 2006

–, Deutsches Internationales Zivilprozessrecht unter Einschluss des Europäischen Zivilprozessrechts, 2. Auflage, Berlin 2005

–, Einstweiliger Rechtsschutz im Schiedsverfahren, BB 1998, S. 1650–1652

–, Zur Präzedenzwirkung von Schiedssprüchen, in: *Plantey, Alain, Böckstiegel, Karl-Heinz, Bredow, Jens (Hrsg.),* Festschrift für Ottoarndt Glossner zum 70. Geburtstag, Heidelberg 1994, S. 333–340 (zitiert als: *Schütze,* in: FS Glossner, [Seite])

–, The Precedential Effect of Arbitration Decisions, J. Int. Arb. 11 (1994) 3, S. 69–75

–, Zur Vertragsgestaltung im Ost-West-Handel, AWD 1971, S. 390–394

Schütze, Rolf A., Tscherning, Dieter, Wais, Walter, Handbuch des Schiedsverfahrens, Praxis der deutschen und internationalen Schiedsgerichtsbarkeit, 2. Auflage, Berlin 1990

Schwab, Karl Heinz, Bemerkungen zur Rechtskraft inter omnes und zur Geltung der Grundrechte im Schiedsverfahren, in: *Schilken, Eberhard, Becker-Eberhard, Ekkehard, Gerhardt, Walter (Hrsg.),* Festschrift für Hans Friedhelm Gaul zum 70. Geburtstag, Bielefeld 1997, S. 719–737 (zitiert als: *Schwab,* in: FS Gaul, [Seite])

Schwab, Karl Heinz, Walter, Gerhard, Schiedsgerichtsbarkeit, Systematischer Kommentar zu den Vorschriften der Zivilprozessordnung, des Arbeitsgerichtsgesetzes, der Staatsverträge und der Kostengesetze über das privatrechtliche Schiedsgerichtsverfahren, 7. Auflage, München 2005

Schwarze, Jürgen, EU-Kommentar, 3. Auflage, Baden-Baden 2012 (zitiert als: *Bearbeiter,* in: *Schwarze (Hrsg.),* EU-Kommentar)

–, Der Reformvertrag von Lissabon – Wesentliche Elemente des Reformvertrags, EuR 2009, S. 9–27

Schwarze, Jürgen, Weitbrecht, Andreas, Grundzüge des europäischen Kartellverfahrensrechts, Die Verordnung (EG) Nr. 1/2003, Baden-Baden 2004

Schwenn, Dirk M., Die Dezentralisierung der Wettbewerbskontrolle nach dem „Weißbuch", RIW 2000, S. 179–182

Sellmann, Christian, Augsberg, Stefan, Entwicklungstendenzen des Vorlageverfahrens nach Art. 234 EG, DÖV 2006, S. 533–541

Semler, Franz-Jörg, Schnelligkeit und Wirtschaftlichkeit im Schiedsverfahren, SchiedsVZ 2009, S. 149–152

Shattuck, H. Francis, Claims against the Sovereign and its Instrumentalities: The Arbitration Agreement, Arb. J. 1986, S. 7–20

Shelkoplyas, Natalya, The Application of EC Law in Arbitration Proceedings, Groningen 2003

Shore, Laurence, What Lawyers need to know about International Arbitration, J. Int. Arb. 20 (2003), S. 67–74

Simont, Lucien, Arbitrage et Droit de la Concurrence, RDAI/IBLJ 1998, S. 547–556

Simons, Thomas, Zum Verhältnis von Wettbewerbsverfahren vor der Kommission und vor den nationalen Gerichten, EuLF 2000/01, S. 199–200

Slot, P.J., The Enforcement of EC Competition Law in Arbitral Proccedings, 23 LIEI (1996), S. 101–113

Smeureanu, Ileana M., Confidentially in International Commercial Arbitration, Alphen aaan den Rijn 2011

Snijders, H.J., Nederlands Arbitragerecht, een artikelsgewijze commentaar op de art. 1020–1076 Rv, Deventer 2000

Söderlund, Christer, Recognition of Foreign Arbitral Judgements: the Practice in Sweden, in: *Trunk, Alexander, Nuutila, Ari-Matti, Nekrošius, Vytautas (Hrsg.),* Schiedsgerichtsbarkeit und andere Formen alternativer Streitbeilegung – Erfahrungen und Tendenzen im Ostseeraum, Berlin 2006, S. 77–82 (zitiert als: *Söderlund*, in: *Trunk/Nuutila/Nekrošius (Hrsg.)*, Schiedsgerichtsbarkeit, [Seite])

–, Lis Pendens, Res Judicata and the Issue of Parallel Judicial Proceedings, J. Int. Arb. 22 (2005), S. 301–322

Solomon, Dennis, Die Verbindlichkeit von Schiedssprüchen in der internationalen privaten Schiedsgerichtsbarkeit – Zur Bedeutung nationaler Rechtsordnungen und der Entscheidungen nationaler Gerichte für die Wirksamkeit internationaler Schiedssprüche, München 2007

Sonnauer, Heinz, Die Kontrolle der Schiedsgerichte durch die staatlichen Gerichte, Köln 1992

Spencer Bower, George, Turner, Sir Alexander Kingcome, Handley, KR, The Doctrine of Res Judicata, London 1996

Spiegel, Nico, Anmerkung zum EuGH vom 1.6.1999, Rs. C-126/97 – *Eco Swiss/Benetton*, EuZW 1999, S. 568–569

Spragge, Charles, Arbitration in Czech Republic, Arb. 1999, S. 60–62

Staudinger, Julius von, Kommentar zum Bürgerlichen Gesetzbuch mit Einführungsgesetz und Nebengesetzen, Berlin 2013 und 2014 (zitiert als: *Bearbeiter*, in: *Staudinger (Hrsg.)*, BGB)

Stein, Friedrich, Jonas, Martin, Kommentar zur Zivilprozessordnung, 22. Auflage, Tübingen 2002 (zitiert als: *Bearbeiter*, in: *Stein/Jonas (Hrsg.)*, ZPO)

Stein, Ursula, Lex mercatoria, Frankfurt am Main 1995

Steindorff, Ernst, Aufgaben und Zuständigkeiten im europäischen Kartellverfahren, ZHR 162 (1998), S. 291–317

–, Kartellrecht und Schiedsgerichtsbarkeit, WuW 1984, S. 189–200

Stober, Rolf, Staatsgerichtsbarkeit und Schiedsgerichtsbarkeit, NJW 1979, S. 2001–2008

Storme, Marcel, Demeulenaere, Bernadette, International Commercial Arbitration in Belgium, Deventer 1989

Streinz, Rudolf, Europarecht, JuS 2006, S. 637–639

–, EUV/AEUV, Vertrag über die Europäische Union und Vertrag über die Arbeitsweise der Europäischen Union, 2. Auflage, München 2012 (zitiert als: *Bearbeiter*, in: *Streinz (Hrsg.)*, EUV/AEUV)

Streinz, Rudolf, Ohler, Christoph, Herrmann, Christoph, Der Vertrag von Lissabon zur Reform der EU, 3. Auflage, München 2010

Stumpf, Herbert, Steinberger, Christian, Bedeutung von internationalen Schiedsgerichten und ihre Vereinbarung in verschiedenen Ländergruppen, RIW 1990, S. 174–187

Sufrin, Brenda, The evolution of Article 81 (3) of the EC Treaty, Antitrust Bull. 2006, S. 915–981

Sutton, David St. John, Gill, Judith, Gearing, Matthew, Russell on Arbitration, 3. Auflage, London 2007

Temple Lang, John, Commitment Decisions under Regulation 1/2003: Legal Aspects of a New Kind of Competition Decision, ECLR 2003, S. 347–356

–, wiederggb. in: Panel Discussion, in: *Hawk, Barry E.,* Annual Proceedings of the Fordham Corporate Law Institute, International Antitrust Law & Policy 1994, Den Haag 1995, S. 415, 418–422

Terhechte, Jörg Philipp, Grundwissen – Öffentliches Recht: Der Vorrang des Unionsrechts, JuS 2008, S. 403–405

Thalhammer, Dieter, Die Rolle der Schiedsgerichte bei der Durchsetzung von EG-Kartellrecht unter dem Regime der VO 1/2003, wbl 2005, S. 62–70

Thomas Stefan, Die Bindungswirkung von Mitteilungen, Bekanntmachungen und Leitlinien der EG-Kommission, EuR 2009, S. 423–443

Torggler, Hellwig, Praxishandbuch Schiedsgerichtsbarkeit, Wien 2007 (zitiert als: *Bearbeiter,* in: *Torggler,* Praxishandbuch Schiedsgerichtsbarkeit, [Seite])

Tomuschat, Christian, Die gerichtliche Vorabentscheidung nach den Verträgen über die europäischen Gemeinschaften, Köln 1964

Train, François-Xavier, Compte rendu du colloque de línstitut pour l'arbitrage international (Paris, 4 Octobre 2002): „Les réformes du droit communautaire de la concurrence et l'arbitrage international: un nouveau rôle pour les arbitres?", Rev. Arb. 2002, S. 1069–1073

Trappe, Johannes, „Révision au fond" bei der Vollstreckung eines Schiedsspruchs – Eine Anmerkung, BB-Beilage 2000, Nr. 8, S. 7–9

–, The Arbitration Proceedings, Fundamental Principles and Rights of the Parties, J. Int. Arb. 15 (1998), Nr. 3, S. 93–102

Ullrich, Gerhard, Internationale Gerichte bzw. Beschwerdeausschüsse und das Vorlageverfahren an den EuGH nach Art. 267 AEUV, EuR 2010, S. 573–579

United Nations Commission on International Trade Law, UNCITRAL Model Law on International Commercial Arbitration 1985, with amendments as adopted in 2006, United Nations Publication Sales No. E.08.V.4., Wien 2008 (zitiert als: *UN Commission on International Trade Law,* UNCITRAL Model Law)

Van den Berg, Albert Jan, van Delden, R., Snijders, H. J., Arbitrage recht, Zwolle 1988

Van Gerven, L'arbitrage dans le droit européen, 72 Rev. dr. int. dr. comp. (1995), S. 67–74

Van Hof, Jacomijn, Commentary on the UNCITRAL Arbitration Rules, Den Haag 1991

Van Houtte, Hans, The Application by Arbitrators of Articles 81 & 82 and Their Relationship with the European Commission, EBLR 2008, S. 63–75

–, Arbitration and Arts. 81 and 82 EC Treaty – A State of Affairs, ASA Bull. 2005, S. 431–448

Van Houtte, Vera, Party-Appointed Experts and Tribunal-Appointed-Experts, in: Arbitral Procedure at the Dwan of the New Millennium, Reports of the International Colloquium of CEPANI October 15, 2004, Brüssel 2005, S. 133–154

van Kappel, Antonio Pérez, Auf dem Weg zur Anwendung von Art. 81 Abs. 3 EG durch die nationalen Gerichte, EWS 2001, 228–233

Venit, James S., Brave New World: The Modernization and Decentralization of Enforcement of the Articles 81 and 82 of the EC Treaty, CMLRev. 2003, S. 545–580

Verbist, Herman, The Application of European Community Law in ICC Arbitrations, ICC Bull., Special Supplement 1994, S. 33–55

Véron, Pierre, ECJ restores torpedo power, IIC 2004, S. 638–642

Vischer, Frank, Huber, Lucius, Oser, David, Internationales Vertragsrecht, 2. Auflage, Bern 2000

Vogel, Hans-Jochen, Gewaltenvermischung statt Gewaltenteilung, NJW 1996, S. 1505–1511

Vogenauer, Stephan, Hodges Christopher (Bearb.), Studies of the OIECL, Civil Justice Systems in Europe: Implications for Choise of Forum and Choice of Contract Law, geplante Veröffentlichung im Hart Publishing Verlag: April 2015

Voit, Wolfgang, Privatisierung der Gerichtsbarkeit, JZ 1997, S. 120–125

Vollmer, Lothar, Kartell-Schiedsklauseln in internationalen Wirtschaftsverträgen, GRUR Int. 1986, S. 589–601

Wagner, Rolf, Die Rechtsinstrumente der justiziellen Zusammenarbeit in Zivilsachen – Eine Bestandsaufnahme, NJW 2013, 3128–3132

–, Die neue EG-Verordnung zum Europäischen Vollstreckungstitel, IPRax 2005, S. 189–200

Weber, Dolf, Für und wider eine Berufungsinstanz im Schiedsverfahren, in: *Schütze, Rolf A. (Hrsg).,* Einheit und Vielfalt des Rechts, FS für Reinhold Geimer, München 2002, S. 1445–1464 (zitiert als: *Weber,* in: FS Geimer, [Seite])

Webster, Thomas H., Party Control in International Arbitration, Arb. Int. 19 (2003), S. 119–142

Weidenbach, Georg, Saller, Michael, Das Weißbuch der Europäischen Kommission zu kartellrechtlichen Schadensersatzklagen, BB 2008, S. 1020–1026

Weigand, Frank-Bernd (Hrsg.), Practitioner's Handbook on International Arbitration, München 2002 (zitiert als: *Bearbeiter,* in: *Weigand (Hrsg.),* Practitioner's Handbook)

–, Das neue englische Schiedsverfahrensrecht, RIW 1997, S. 904–911

–, Evading EC Competition Law by Resorting to Arbitration?, Arb. Int. 1993, S. 249–258

Weitbrecht, Andreas, Das neue EG-Kartellverfahrensrecht, EuZW 2003, S. 69–73

Weitbrecht, Andreas, Mühle, Jan, Europäisches Kartellrecht 2003–2008, EuZW 2008, S. 551–560

Weizsäcker, C. Christian v., Konsumentenwohlfahrt und Wettbewerbsfreiheit: Über den tieferen Sinn des „Economic Approach“, WuW 2007, S. 1078–1084

Weller, Matthias, Mandatory Elements of the Choice-of-Law Process in International Arbitration, in: *Gottschalk, Eckart, Michaels, Ralf, Rühl, Giesela, von Hein, Jan (Hrsg.),* Conflict of Laws in a Globalized World, Cambridge 2007, S. 243–266 (zitiert als: *Weller,* in: *Gottschalk (Hrsg.),* Conflict of Laws in a Globalized World, [Seite])

Whish, Richard, Competition Law, 7. Auflage, Oxford 2012

Wieczorek, Bernhard, Schütze, Rolf A. (Hrsg.), Zivilprozessordnung und Nebengesetze, 4. Auflage, Berlin 2014 (zitiert als: *Bearbeiter,* in: *Wieczorek/Schütze (Hrsg.),* ZPO)

Wiedemann, Gerhard, Auf der Suche nach der verlorenen Rechtssicherheit – Eine Zwischenbilanz zwei Jahre nach Inkrafttreten der EG-Kartellverfahrens-Verordnung Nr. 1 /2003, in: *Brinker, Ingo, Scheuing, Dieter H., Stockmann, Kurt (Hrsg.),* Recht und Wettbewerb, Festschrift für Rainer Bechtold zum 65. Geburtstag, München 2006 (zitiert als: *Wiedemann,* in: FS Bechtold, [Seite])

–, Handbuch des Kartellrechts, 3. Auflage, München 2016 (zitiert als: *Bearbeiter,* in: *Wiedermann (Hrsg.),* Kartellrecht)

Wilbert, Stefan, Joint Selling of Bundesliga media rights – first Commission decision pursuant to Art. 9 of Regulation 1/2003, EU Competition Policy Newsletter 2/2005, S. 44–46

Wils, Wouter P. J., The Relationship between Public Antitrust Enforcement and Private Actions for Damages, World Comp. 2009, S. 3–26

–, Efficiency and Justice in European Antitrust Enforcement, Oxford 2008

–, Community Report, in: *Cahill, Dermot, Cooke, John D., Wils, Wouter (Hrsg.),* The Modernisation of EU Competition Law Enforcement in the European Union, FIDE 2004 National Reports, Cambridge 2004, S. 661–736 (zitiert als: *Wils,* in: FIDE 2004 National Reports, [Seite, Rn.])

–, Should Private Antitrust Enforcement Be Encouraged in Europe, World Comp. 2003, S. 473–488

Wirth, Markus, Hoffmann-Novotny, Urs, Rechtshilfe deutscher Gerichte zugunsten ausländischer Schiedsgerichte bei der Beweisaufnahme – ein Erfahrungsbericht, SchiedsVZ 2005, S. 66–71

Wissenbach, Kay, Systemwechsel im europäischen Kartellrecht: Dezentralisierte Rechtsanwendung in transnationalen Wettbewerbsbeziehungen durch die VO 1/03, in: *Tietje, Christian, Kraft, Gerhard, Sethe, Rolf (Hrsg.),* Beiträge zum transnationalen Wirtschaftsrecht, Halle-Wittenberg 2005 (abrufbar unter: www.wirtschaftsrecht.uni-halle.de/publikationen.html)

Wissmann, Tim, Decentralised Enforcement of EC Competition Law and the New Policy on Cartels, World Comp. 2000, S. 123–154

Wolf, Christian, Die (un-) dramatischen Auswirkungen der Köbler-Entscheidung des EuGH auf das gemeinschaftsrechtliche Staatshaftungsrecht und das deutsche Revisionsrecht, WM 2005, S. 1345–1351

–, Zwischen Schiedsverfahrensfreiheit und notwendiger staatlicher Kontrolle, RabelsZ 57 (1993), S. 643–663

Wölker, Ulrich, Wann verletzt eine Nichtvorlage an den EuGH die Garantie des gesetzlichen Richters?, EuGRZ 1988, S. 97–103

Zeiler, Gerold, Steindl, Barbara, Arbitration in Austria, A Basic Primer, 2. Auflage, Wien 2007

–, Erstmals einstweilige Maßnahmen im Schiedsverfahren, SchiedsVZ 2006. S. 79–85

Zekos, Georgius I., Antitrust / Competition Arbitration in EU versus U.S. Law, J. Int. Arb. 25 (2008), S. 1–29

–, The European Union's New Competition Approach and Arbitration, Hertfordshire Law Journal 4 (1), S. 36–43

Zerbe, Götz, Die Reform des deutschen Schiedsverfahrensrechts auf der Grundlage des UNCITRAL-Modellgesetzes über die internationale Handelsgerichtsbarkeit, Baden-Baden 1995

Zimmer, Daniel, Kruman, Empagran und die Folgen: Internationale Wettbewerbspolitik in Zeiten exorbitanter Durchsetzung nationalen Kartellrechts, in: *Fuchs, Andreas, Schwintowski, Hans-Peter, Zimmer, Daniel (Hrsg.),* Wirtschafts- und Privatrecht im Spannungsfeld von Privatautonomie, Wettbewerb und Regulierung, Festschrift für Ulrich Immenga, München 2004, S. 475–494 (zitiert als: *Zimmer,* in: FS Immenga, [Seite])

–, Schiedsgerichtsbarkeit und Kartellrecht, Entscheidung des CA Paris vom 19. Mai 1993, ZEuP 1994, S. 163–172

–, Zulässigkeit und Grenzen schiedsgerichtlicher Entscheidung von Kartellrechtsstreitigkeiten, Baden-Baden 1991

Zobel, Petra, Schiedsgerichtsbarkeit und Gemeinschaftsrecht, Tübingen 2005

Zöller, Richard, Zivilprozessordnung mit Gerichtsverfassungsgesetz und den Einführungsgesetzen, mit Internationalen Zivilprozessrecht, EG-Verordnungen, Kostenanmerkungen, Kommentar, 30. Auflage, Köln 2014 (zitiert als: *Bearbeiter,* in: *Zöller (Hrsg.),* ZPO)

Zuber, Andreas, Die EG-Kommission als amicus curiae, Köln 2001

Zuberbühler, Tobias, Oetiker, Christian (Hrsg.), Practical Aspects of Arbitrating EC Competition Law, Zürich 2007 (zitiert als: *Bearbeiter,* in: *Zuberbühler/Oetiker (Hrsg.)*)

Rechtsprechungsübersicht

A. EuGH

Urteil vom 30. Juni 1966, Rs. 61/65, Slg. 1966, 584 – *Witwe G. Vaassen-Göbbels / Vorstand des Beambtenfonds voor het Mijnbedrijf*

Urteil vom 30. Juni 1966, Rs. 56/65, Slg. 1966, 282 – *Société Technique Minière (L.T.M.) / Maschinenbau Ulm GmbH (M.B.U.)*

Urteil vom 13. Juli 1966, verbundene Rs. 56/64 und 58/64, Slg. 1966, 322 – *Établissements Consten S.à.R.L. und Grundig-Verkaufs-GmbH / Kommission der Europäischen Wirtschaftsgemeinschaft*

Urteil vom 13. Februar 1969, Rs. 14/68, Slg. 1969, 1 – *Walt Wilhelm und andere / Bundeskartellamt*

Urteil vom 16. Januar 1974, Rs. 166/73, Slg. 1974, 33 – *Rheinmühlen-Düsseldorf / Einfuhr- und Vorratsstelle für Getreide und Futtermittel*

Urteil vom 14. Februar 1980, Rs. 53/79, Slg. 1980, 273 – *Office national des pensions des travailleurs salariés (ONPTS) / Fioravante Damiani*

Urteil vom 18. Juni 1980, Rs. 138/80, Slg. 1980, 1975 – *Jules Borker*

Urteil vom 10. Juli 1980, Rs. 37/79, Slg. 1980, 2481 – *Anne Marty SA gegen Estée Lauder SA*

Urteil vom 10. Juli 1980, Rs. 253/78 und 1–3/79, Slg. 1980, 2327 – *Procureur de la République / Bruno Giry und Guerlain SA*

Urteil vom 5. Mai 1981, Rs. 804/79, Slg. 1981, 1045 – *Kommission / Vereinigtes Königsreich von Großbritannien und Nordirland*

Urteil vom 6. Oktober 1981, Rs. 246/80, Slg. 1981, 2311 – *C. Broekmeulen / Huisarts Registratie Commissie*

Urteil vom 16. Dezember 1981, Rs. 244/80, Slg. 1981, 3045 – *Pasquale Foglia / Mariella Novello*

Urteil vom 23. März 1982, Rs. 102/81, Slg. 1982, 1095 – *„Nordsee“ Deutsche Hochseefischerei GmbH / Reederei Mond Hochseefischerei Nordstern AG & Co. KG und Reederei Friedrich Busse Hochseefischerei Nordstern AG & Co. KG*

Urteil vom 6. Oktober 1982, Rs. 283/81, Slg. 1982, 3415 – *Srl CILFIT und Lanificio di Gavardo SpA / Ministero della Sanità*

Urteil vom 18. Februar 1986, Rs. 174/84, Slg. 1986, 559 – *Bulk Oil (Zug) AG / Sun International Ltd. and Sun Oil Trading Co.*

Urteil vom 4. Februar 1988, Rs. 145/86, Slg. 1988, 645 – *Horst Ludwig Martin Hoffmann / Adelheid Krieg*

Urteil vom 21. April 1988, Rs. 338/85, Slg. 1988, 2041 – *Fratelli Pardini Spa / Ministero del Commercio con l'estero und Banca Toscana*

Urteil vom 17. Oktober 1989, Rs. 109/88, Slg. 1989, 3199 – *Handels-OG Kontorfunktionaerternes Forbung I Danmark / Dansk Arbejdsgiverforening for Danfoss*

Urteil vom 13. Juli 1990, Rs. C-2/88 Imm., Slg. 1990, I-3365 – *J. J. Zwartveld u. a.*

Urteil vom 18. Oktober 1990, verbundene Rs. C-297/88 und C-197/89, Slg. 1990, I-3763 – *Massam Dzodzi / Belgischer Staat*

Urteil vom 28. Februar 1991, Rs. C-234/89, Slg. 1991, I-935 – *Delimitis / Henninger Bräu AG*

Urteil vom 30. März 1993, Rs. C-24/92, Slg. 1993, I-1277 – *Pierre Corbiao / Adminitsration des contributions*

Urteil vom 3. März 1994, verbundene Rs. C-332/92, C-333/92 und C-335/92, Slg. 1994, I-711 – *Eurico Italia Srl, Viazzo Srl und F & P SpA / Ente Nazionale Risi*

Urteil vom 9. März 1994, Rs. C-188/92, Slg. 1994, I-833 – *TWD Textilwerke Deggendorf GmbH / Bundesrepublik Deutschland*

Urteil vom 27. April 1994, Rs. C-393/92, Slg. 1994, I-1477 – *Gemeinde Almelo u.a. / N.V. Energiebedrijf Ijsselmij*

Urteil vom 12. Dezember 1996, verbundene Rs. C-74/95 und C-129/95, Slg. 1996, I-6609, 6635 – *Rechtssache gegen X*

Urteil vom 27. Dezember 1995, verbundene Rs. C-430/93 und 431/93, Slg. 1995, I-4705 – *Jeroen van Schijndel und Johannes Nicolaas Cornelis van Veen / Stichting Pensioenfonds voor Fysiotherapeuten*

Urteil vom 12. Dezember 1996, Rs. C-241/95, Slg. 1996, I-6699 – *The Queen / Intervention Board for Agricultural Produce, ex parte Accrington Beef Co. Ltd.*

Urteil vom 30. Januar 1997, Rs. C-178/95, Slg. 1997, I-585 – *Wiljo NV / Belgische Staat*

Urteil vom 4. November 1997, Rs. C-337/95, Slg. 1997, I-06013 – *Parfums Christian Dior SA und Parfums Christian Dior BV / Evora BV*

Urteil vom 11. November 1997, Rs. C-408/95, Slg. 1997, I-6315 – *Eurotunnel SA / SeaFrance*

Urteil vom 22. Oktober 1998, Rs. C-9/97 und C-118/97, Slg. 1998, I-6267 – *Raija-Liisa Jokela und Laura Pitkäranta*

Urteil vom 12. November 1998, Rs. C-134/97, Slg. 1998, I-7023 – *Victoria Film A/S*

Urteil vom 1. Juni 1999, Rs. C-126/97, Slg. 1999, I-3055 – *Eco Swiss China Time Ltd / Benetton International NV*

Urteil vom 14. Dezember 2000, Rs. C-344/98, Slg. 2000, I-11369 – *Masterfoods Ltd / HB Ice Cream Ltd.*

Urteil vom 13. März 2001, Rs. C-379/98, Slg. 2001, I-2099 – *PreussenElektra AG / Schhleswag AG*

Urteil vom 22. Januar 2002, Rs. C-447/00, Slg. 2002, I-735 – *Holto Ltd.*

Urteil vom 19. Februar 2002, Rs. C-35/99, Slg. 2002, I-1529 – *Strafverfahren gegen Manuele Arduino*

Urteil vom 26. November 2002, Rs. C-275/00, Slg. 2002, I-10943 – *Europäische Gemeinschaft / First NV und Franex NV*

Urteil vom 30. September 2003, Rs. C-224/01, Slg. 2003, I-10239 – *Gerhard Köbler / Republik Österreich*

Urteil vom 8. Juni 2004, Rs. C-220/02, Slg. 2004, I-5907 – *Österreichischer Gewerkschaftsbund*

Urteil vom 27. Januar 2005, Rs. C-125/04, Slg. 2005, 923 – *Denuit, Cordenier / Transorient*

Urteil v. 7. Juni 2005, Rs. C 17/03, Slg. 2005, I-4983 – *Vereniging voor Energie, Milieu en Water u.a. / Directeur van de Dienst uitvoering en toezicht energie*

Urteil vom 22. November 2005, Rs. C-144/04, Slg. 2005, I-9981 – *Werner Mangold / Rüdiger Helm*

Urteil vom 27. November 2005, Rs. C-125/04, Slg. 2005, I-923 – *Denuit, Cordenier/ Transorient*

Urteil vom 6. Dezember 2005, Rs. C-461/03 – *Gaston Schul Douane-expediteur BV / Minister van Landbouw*

Urteil vom 16. März 2006, Rs. C-234/04, Slg. 2006, I-2585 – *Rosmarie Kapferer / Schlank & Schick GmbH*

Urteil vom 19. September 2006, verbundene Rs. C-392/04 und C-422/04, Slg. 2006, I-8559 – *i-21 Germany GmbH und Arcor AG & Co. KG / Bundesrepublik Deutschland*

Urteil vom 18. Juli 2007, Rs. C-119/05, Slg. 2007, I-6199 – *Ministero dell'Industria, del Commercio e dell'Artigianato / Lucchini SpA*

Urteil vom 10. Februar 2009, Rs. 185/07, Slg. 2009, I-663 – *Allianz SpA und Generali Assicurazioni Generali SpA / West Tankers Inc.*

Urteil vom 11. Juni 2009, Rs. C-429/07, Slg. 2009, I-4833 – *Inspecteur van de Belastingdienst / X BV*

Urteil vom 3. September 2009, Rs. C-2/08, Slg. 2009, I-7501 – *Amministrazione dell'Economia e delle Finanze und Agenzia delle entrate / Fallimento Olimpiclub Srl*

Urteil vom 6. Oktober 2009, Rs. C-40/08, Slg. 2009, I-9579 – *Asturcom Telecomunicaciones SL / Cristina Rodríguez Nogueira*

Urteil vom 8. November 2012, Rs. C-433/11 – *SKP k.s. / Kveta Polhošová*

B. EuG

Urteil vom 18. September 1996, Rs. T-353/94, Slg. 1996, II-921 – *Postbank NV / Kommission*

C. Deutsche Gerichte

I. Bundesverfassungsgericht

BVerfG, Urteil vom 18. Dezember 1953, Az. 1 BvL 106/53, BVerfGE 3, 225 = NJW 1954, 65

BVerfG, Beschluss vom 22. Oktober 1986, Az. 2 BvR 197/83, BVerfGE 73, 339

BVerfG, Beschluss vom 8. April 1987, Az. 2 BvR 687/85, EuGRZ 1988, 113

II. Bundesgerichtshof

BGH, Urteil vom 28. Mai 1951, Az. IV ZR 6/50, NJW 1951, 964

BGH, Urteil vom 14. Februar 1952, Az. IV ZR 137/51, NJW 1952, 666

BGH, Urteil vom 25. Juni 1952, Az. II ZR 104/51, BGHZ 6, 335

BGH, Urteil vom 27. Februar 1954, Az. II ZR 17/53, BGHZ 13, 5

BGH, Urteil vom 3. Oktober 1956, Az. V ZR 32/55, NJW 1956, 1838

BGH, Urteil vom 22. Juni 1957, Az. I ZR 225/53, BGHZ 14, 72

BGH, Urteil vom 11. April 1958, Az. VIII ZR 190/57, NJW 1958, 950

BGH, Urteil vom 12. Mai 1958, Az. VII ZR 436/56, BGHZ 27, 249

BGH, Urteil vom 23. April 1959, Az. VII ZR 2/58, BGHZ 30, 89

BGH, Urteil vom 29. April 1959, Az. IV ZR 311/58, NJW 1959, 1369

BGH, Urteil vom 12. Dezember 1963, Az. VII ZR 23/62, NJW 1964, 593

BGH, Urteil vom 25. Oktober 1966, Az. KZR 7/65, BGHZ 46, 365

BGH, Urteil vom 14. Dezember 1966, Az. IV ZR 241/65, NJW 1967, 630

BGH, Urteil vom 27. Februar 1969, Az. KZR 3/68, WuW/E BGH 1000

BGH, Urteil vom 23. Mai 1969, Az. II ZR 75/58, NJW 1960, 1462

BGH, Urteil vom 16. Dezember 1968, Az. VII ZR 83 und 84/66, BGHZ 51, 255

BGH, Urteil vom 27. Februar 1969, Az. KZR 3/68, NJW 1969, 978

BGH, Urteil vom 5. November 1970, Az. VII ZR 31/69, BGHZ 54, 392

BGH, Urteil vom 31. Mai 1972, Az. KZR 43/71, WuW/E BGH 1226

BGH, Urteil vom 3. Juli 1975, Az. III ZR 78/73, BGHZ 65, 59

BGH, Urteil vom 12. Mai 1977, Az. VII ZR 167/76, NJW 1977, 1686

BGH, Urteil vom 13. März 1981, Az. V ZR 115/80, NJW 1981, 1517

BGH, Urteil vom 29. September 1983, Az. III ZR 213/82, WM 1983, 1207

BGH, Urteil vom 10. Mai 1984, Az. III ZR 206/82, NJW 1984, 2763

BGH, Urteil vom 5. Dezember 1985, Az. III ZR 180/84, WM 1986, 688

BGH, Urteil vom 5. Mai 1986, Az. III ZR 233/84, BGHZ 98, 32

BGH, Urteil vom 15. Mai 1986, Az. III ZR 192/84, NJW 1986, 3027

BGH, Urteil vom 9. Dezember 1987, Az. IVb ZR 4/87, BGHZ 102, 332

BGH, Urteil vom 1. Februar 2001, Az. III ZR 332/99, NJW-RR 2001, 1059

BGH, Urteil vom 13. Juli 2004, Az. KZR 10/03, EuR 2005, 79

BGH, Urteil vom 5. Juni 2003, Az. X ZR 14/03, WuW/E DE-R 1537

BGH, Beschluss vom 13. März 2005, Az. X ZB 26/04, NJW 2005, 1947

BGH, Beschluss vom 7. Mai 2007, Az. VI ZR 233/05, NJW 2007, 3429

III. Oberlandesgerichte und Landgerichte

OLG Bonn, Urteil vom 31. März 2004, Az. 6 U 158/03, BeckRS 2004, 4527

OLG Celle, Urteil vom 1. November 1957, Az. 11 U 78/57, BB 1958, 1107

OLG Düsseldorf, Urteil vom 15. Juli 2002, Az. 6 Sch 5/02, NJOZ 2002, 2480

OLG Düsseldorf, Beschluss vom 21. Juli 2007, Az. IV-Sch (Kart) 1/02, abrufbar unter: http://www.justiz.nrw.de/ses/nrwesearch.php

OLG Hamburg, Urteil vom 1. Oktober 1954, Az. 1 U 66/54, NJW 1955, 390

OLG Hamm, Urteil vom 28. Mai 1998, Az. 4 U 251/97, MDR 1999, 316

OLG Karlsruhe, Urteil vom 2. August 1974, Az. 4 U 37/72, FamRZ 1975, 507

OLG Köln, Urteil vom 25. Juni 1964, Az. 1 U 281/63, BB 1965, 354

OLG Thüringen, Urteil vom 8. August 2007, Az. 4 Sch 03/06, SchiedsVZ 2008, 44

LG Mönchengladbach, Urteil vom 14. Juli 2006, Az. 2 O 134/05, SchiedsVZ 2007, 104

IV. Reichsgericht

RG, Urteil vom 25. Oktober 1910, Az. VII 609/09, RGZ 74, 307

RG, Urteil vom 30. Juni 1925, Az. VI 29/25, RGZ 111, 276

RG, Urteil vom 29. Juni 1942, Az. II 22/42, RGZ 169, 240

D. Französische Gerichte

CA Paris, Urteil vom 19. Mai 1993, J.D.I. 1993, 957 – *Société Labinal / Société Mors et Société Westland Aerospace Ltd.*

CA Paris, Urteil vom 16. März 1995, Rev. Arb. 1996, 146 – *SARL Enodis / société SNC Prodim*

CA Paris, Urteil vom 14. Juni 2001, Rev. Arb. 2001, 773, 805 – *SA Compagnie commercial André / SA Tradigrain France*

CA Paris, Urteil vom 18. November 2004, JCP – Ed.Gen. 2005, S. 570 – SA Thalès Air defense / GIE Euromissile

E. Belgische Gerichte

CA Brüssel, Urteil vom 8. März 2007, Revue de l'Arbitrage 2007, 303 ff. – SNF SAS (F) / Cytec Industrie (NL) (R.G. 2005/7721/A)

F. Österreichische Gerichte

OHG, Urteil vom 23. Februar, Az. 3 Ob 115/95, ZfRV 1999, 24

G. Schweizer Gerichte

Bundesgericht, Urteil vom 28. April 1992, BGE 118, II, 193 – *G.S.A. / V.S.p.A.*

Bundesgericht, Urteil vom 9. Januar 1995, SZIER 1996, 554 – *Inter Maritime Management SA c / Russin & Vecchi*

Bundesgericht, Urteil vom 8. März 2006, ASA Bull. 2006, 521 – *X. S.p.A / Y. S. r. I.*

Bezirksgericht Affoltern, Urteil vom 26. Mai 1994, SZIER 1997, 617, ASA Bull. 1997, 262 – *X / Y*

Cour de Justice de Genève, Urteil vom 11. Dezember 1997, SZIER 1998, 608 – *G. SA c / C. Import and Export Company*

Tribunal fédéral, Urteil vom 13. November 1998, 1999 ASA Bull., 529 – *X. SA und Y. SA*

H. Amerikanische Gerichte

Supreme Court, Urteil vom 2. Juli 1985, GRUR Int. 1987, S. 617 – *Mitsubishi Motors Corp. / Soler Chrysler-Plymouth, Inc.*

I. Englische Gerichte

Queen's Bench Division, Commercial Court, Urteil vom 20., 21. Dezember 1982, [1983] 1 Lloyd's Rep 655 – *Bulk Oil (Zug) A.G. / Sun International Ltd. And Sun Oil Trading Co*

Queen's Bench Division, Commercial Court, Urteil vom 7., 8., 9., 10., 14., 15., 16., 17. November 1983, [1984] 1 Lloyd's Rep 531 – *Bulk Oil (Zug) A.G. / Sun International Ltd. and Sun Oil Trading Co. (No. 2)*

Queen's Bench Division, Commercial Court, Urteil vom 19. Dezember 1997, [1998] 2 Lloyd's Rep 111 – *Westacre Investments Inc. v. Jugoimport-SDPR Holding Co. Ltd. and others*

Queen's Bench Division, Commercial Court, Urteil vom 24. Mai 1999, [1999] 2 Lloyd's Rep 222 – *Omnium de Traitement et de Valorisation S.A. v. Hilmarton Ltd.*

CA, Urteil vom 30.9.1983, [1983] 2 Lloyd's Rep 587, [1984] 1 All ER 386, [1984] 1 WLR 147 – *Bulk Oil (Zug) A.G. / Sun International Ltd. And Sun Oil Trading Co.*

J. Irische Gerichte

Supreme Court, Urteil vom 31. Januar 1989, [1989] ILRM 619 – *Hynes Ltd. V. O'Malley Proberty Ltd.*

Verzeichnis der Kommissionsentscheidungen

KomE vom 12. Dezember 1983, IV/30.525, ABl. (EG) 1983, L-376/30 – *Internationale Energieagentur*

KomE vom 11. Juni 1993, IV/32.150, ABl. (EG) 1993, L-179/23 – *EBU/Eurovision*

KomE vom 21. Februar 1994, IV/30.525, ABl. (EG) 1994, L-68/35 – *Internationale Energieagentur*

KomE vom 29. April 1994, IV/34.456, ABl. (EG) 1994, L-131/15 – *Stichting Baksteen*

KomE vom 18. Mai 1994, IV/33.640, ABl. (EG) 1994, L-144/20 – *Exxon/Shell*

KomE vom 6. Oktober 1994, IV/34.776, ABl. (EG) 1994, L-309/1 – *Pasteur Mérieux/ Merck*

KomE vom 16. Dezember 1994, IV/33.863, ABl. (EG) 1994, L-354/87 – *Asahi/ Saint-Gobain*

KomE vom 11. März 1998, IV/34.073, IV/34.395 und IV/35.436, ABl. (EG) 1998, L-246/1 – *Van den Bergh Foods Ltd.*

KomE vom 30. April 2004, COMP/C-2/38.173, ABl. (EG) 2004, C-115/03 – *FAPL*

KomE vom 19. Januar 2005, COMP/C-2/37.214, ABl. (EG) 2005, L-134/46 – *Deutsche Bundesliga*

KomE vom 22. Juni 2005, COMP/A.39.116/B2, ABl. (EG) 2005, L-253/21 – *Coca Cola*;

KomE vom 22. Februar 2006, COMP/B-2/38.381, ABl. (EG) 2006, L-205/24 – *Alrosa/ De Beers*

KomE vom 12. April 2006 – COMP/B-1/38.348, ABl. (EG) 2006, C-152/6 – *Repsol C.P.P.*

KomE vom 4. Oktober 2006, COMP/C2/38.681, ABl. (EG) 2007, L-296/27 – *Die erweiterte Vereinbarung von Cannes*

KomE vom 13. September 2007, COMP/E-2/39.142, ABl. (EG) 2007, L-329/52 – *Toyota*

KomE vom 13. September 2007, COMP/E-2/39.140, ABl. (EG) 2007, L-317/76 – *Daimler Chrysler*

KomE vom 13. September 2007, COMP/E-2/39.141, ABl. (EG) 2007, L-332/77 – *Fiat*

KomE vom 13. September 2007, COMP/E-2/39143, ABl. (EG) 2007, L-330/44 – *Opel*

KomE vom 11. Oktober 2007, COMP/B-1/37.966, ABl. (EG) 2008, C-9/8 – *Distrigas*

Stichwortverzeichnis

Schriftenreihe zum deutschen und europäischen Gesellschafts- und Wirtschaftsrecht

Herausgegeben von Christoph Teichmann und Florian Bien
Begründet von Günter Christian Schwarz †

Band 1 Matthias Scheifele: Die Gründung der Europäischen Aktiengesellschaft (SE). 2004.

Band 2 Julia Zwiener: Die Auswirkungen der Verordnung Nr. 1/2003 auf das europäische und deutsche Kartellverfahren. 2005.

Band 3 Cornelius Koke: Die Finanzverfassung der Europäischen Aktiengesellschaft (SE) mit Sitz in Deutschland. 2005.

Band 4 Martin Weger: Haftungsgrundlagen bei kompetenzwidriger Geschäftsführung im Personen- und Kapitalgesellschaftsrecht. Ein Beitrag zur Transformation des bürgerlich-rechtlichen Rechtsinstituts der Geschäftsführung ohne Auftrag in das Gesellschaftsrecht. 2005.

Band 5 Axel Zang: Sitz und Verlegung des Sitzes einer Europäischen Aktiengesellschaft mit Sitz in Deutschland. 2005.

Band 6 Björn Holland: Das amerikanische „board of directors" und die Führungsorganisation einer monistischen SE in Deutschland. Amerikanische Erfahrungen in Fragen der Corporate Governance als Beitrag zur Ausgestaltung der Unternehmensführung und Unternehmenskontrolle in einer Deutschen SE. 2006.

Band 7 Nils K. Roitsch: Auflösung, Liquidation und Insolvenz der Europäischen Aktiengesellschaft (SE) mit Sitz in Deutschland. Art. 63–65 SE-VO. 2006.

Band 8 Timo Wanner: Die GmbH in der Krise. Geschäftsführerverantwortlichkeit im Vorfeld der Insolvenz. 2015.

Band 9 Wolf-Amelung Böhm: Die Sicherung der Abfindung beim Ausscheiden aus der GmbH. Haftung der Mitgesellschafter beim Eingreifen der Kapitalerhaltungsschranke. 2016.

Band 10 Christina Eschenfelder: Rechtsnachfolge in die Kommanditistenhaftung. Zur Rechtsnachfolge in die unbeschränkte Kommanditistenhaftung aufgrund rechtsgeschäftlicher Übertragung von Kommanditanteilen. 2016.

Band 11 Christoph Teichmann / Martin Kraushaar (Hrsg.): Mitbestimmungsvielfalt in Deutschland und Europa. 2018.

Band 12 Julian Wacker: Persönliche Schadensersatzhaftung von Vorstandsmitgliedern einer Aktiengesellschaft für Kartellverstöße. Ein Beitrag zur kartellzivilrechtlichen Organhaftung. 2017.

Band 13 Tobias Alexander Begemann: Die SE & Co. KGaA als Rechtsform für Familienunternehmen. 2018.

Band 14 Adams, Matthias: Mittelbare Beteiligung an einer Publikumspersonengesellschaft über einen Treuhänder. 2018.

Band 15 Manuel Bernhard Schütt: Die deutsche Unternehmensmitbestimmung – Reformdruck aus Europa? Reichweite und Grenzen der Grundfreiheiten. 2018.

Band 16 Olga Gurman: Die Vorstandsvergütung nach der Finanzkrise. Eine rechtsvergleichende Analyse der deutschen, britischen und US-amerikanischen Lösungsansätze. 2018.

Band 17 Anna-Katharina Friese Europäisches Kartellrecht und Schiedsverfahrensrecht nach der Reform durch die VO 1/2003. 2018.

www.peterlang.com

www.ingramcontent.com/pod-product-compliance
Ingram Content Group UK Ltd.
Pitfield, Milton Keynes, MK11 3LW, UK
UKHW021840290926
8980IPUK00005B/554